技術連携の経済分析

中小企業の企業間共同研究開発と産学官連携

岡室博之 著

同友館

目　次

序　章　中小企業の技術連携をどのように捉えるか ……………………… 1
　　1．はじめに：本書の目的と背景 ……………………………………… 1
　　2．技術連携に関する研究の視点 ……………………………………… 4
　　3．中小企業の技術連携のメリットとデメリット …………………… 8
　　4．本書の研究方法とデータソース …………………………………… 10
　　5．本書の構成 …………………………………………………………… 13

第1章　中小企業のイノベーション ……………………………………… 19
　　1．はじめに ……………………………………………………………… 19
　　2．研究開発における中小企業の位置づけ …………………………… 21
　　3．シュンペーター仮説と研究開発における規模の経済性 ………… 27
　　4．研究開発に取り組む中小企業の特徴 ……………………………… 30
　　5．中小企業のイノベーションの特徴と戦略 ………………………… 35
　　6．むすび ………………………………………………………………… 38
　　　［コラム］研究開発型スタートアップ企業のイノベーション …… 40

第2章　技術連携の制度・歴史と現状 …………………………………… 45
　　1．はじめに ……………………………………………………………… 45
　　2．企業間の共同研究開発 ……………………………………………… 46
　　3．産学官連携 …………………………………………………………… 59
　　4．むすび ………………………………………………………………… 69
　　　［コラム1］事業協同組合による共同研究開発の成功事例 ……… 70
　　　［コラム2］東京農工大学の産学連携への取り組み ……………… 72

第3章　技術連携の要因
　　　　　―どのような企業が技術連携に取り組むのか― …………… 77
　　1．はじめに ……………………………………………………………… 77

2．先行研究の整理 ………………………………………………………… 78
　3．データソースとサンプル企業の概要 ………………………………… 81
　4．仮説と分析モデル ……………………………………………………… 85
　5．企業間連携に関する分析結果 ………………………………………… 89
　6．産学官連携に関する分析結果 ………………………………………… 94
　7．むすび …………………………………………………………………… 100
　　　［コラム］（国立）大学はなぜ中小企業と連携するのか ………… 103

第4章　技術連携への取り組み方
　　　　　―中小企業と大企業の比較分析― ……………………………… 111
　1．はじめに ………………………………………………………………… 111
　2．サンプル企業の概要 …………………………………………………… 112
　3．企業間連携への取り組み ……………………………………………… 115
　4．産学官連携への取り組み ……………………………………………… 122
　5．むすび …………………………………………………………………… 129
　　　［コラム］大企業はなぜ中小企業と連携するのか ………………… 131

第5章　中小企業の産学連携の実態
　　　　　―バイオ、ME、ソフトウェア分野の比較調査結果― ……… 135
　1．はじめに ………………………………………………………………… 135
　2．サンプルとデータ ……………………………………………………… 137
　3．中小企業の産学連携への取り組みの実態 …………………………… 139
　4．むすび …………………………………………………………………… 149
　　　［コラム］バイオベンチャーの産学官連携の事例 ………………… 150

第6章　産学連携の国際比較
　　　　　―日本と韓国のサイエンス型産業における産学連携― ……… 155
　1．はじめに ………………………………………………………………… 155
　2．日本と韓国における産学連携の歴史的概観 ………………………… 157
　3．産学連携の日韓比較分析 ……………………………………………… 160
　4．むすび …………………………………………………………………… 170

第7章　企業間事業連携の効果
―個票データによる中小企業と大企業の比較分析― …………… 175
1．はじめに ……………………………………………………… 175
2．分析モデルと変数 …………………………………………… 178
3．サンプル企業の概要 ………………………………………… 182
4．仮説の提示 …………………………………………………… 185
5．分析の結果 …………………………………………………… 187
6．むすび ………………………………………………………… 191

第8章　企業間共同研究開発と知的財産 …………………………… 197
1．はじめに ……………………………………………………… 197
2．分析モデルと仮説 …………………………………………… 199
3．サンプル企業の概要 ………………………………………… 204
4．分析の結果と議論 …………………………………………… 207
5．むすび ………………………………………………………… 211

第9章　企業間共同研究開発の成功要因 …………………………… 215
1．はじめに ……………………………………………………… 215
2．共同研究開発の成果への影響：過去の実証研究に関する概説 …… 216
3．データソースとサンプル企業の概要 ……………………… 218
4．分析モデルと仮説 …………………………………………… 222
5．分析結果と考察 ……………………………………………… 232
6．むすび ………………………………………………………… 238
　　［コラム］共同研究開発の組織と契約は何に影響されるのか（試論）……… 241

第10章　中小企業による産学官連携相手の選択と連携成果 …………… 247
1．はじめに ……………………………………………………… 247
2．サンプル企業の概要 ………………………………………… 248
3．連携相手の選択と連携の成果 ……………………………… 250
4．産学官連携相手の選択の要因 ……………………………… 258
5．むすび ………………………………………………………… 265

第11章　産学官連携とクラスター ……………………………………… 271
　1．はじめに ……………………………………………………………… 271
　2．産業クラスター計画 ………………………………………………… 273
　3．データ ………………………………………………………………… 279
　4．分析の方法 …………………………………………………………… 281
　5．産業クラスター計画の参加企業と非参加企業の比較 …………… 285
　6．分析の結果 …………………………………………………………… 288
　7．むすび ………………………………………………………………… 293
　　［コラム］海外のクラスタープロジェクト………………………… 295

終　章　中小企業の技術連携の課題と展望 ……………………………… 301
　1．はじめに ……………………………………………………………… 301
　2．本書の内容のまとめ ………………………………………………… 301
　3．分析結果の含意と提言 ……………………………………………… 306
　4．今後の研究課題と研究方法 ………………………………………… 310

あとがき ……………………………………………………………………… 317

付録資料1：2002年調査票 ………………………………………………… 321
付録資料2：2005年調査票 ………………………………………………… 330
付録資料3：2008年調査票 ………………………………………………… 343

索引 …………………………………………………………………………… 355

序章　中小企業の技術連携をどのように捉えるか

1．はじめに：本書の目的と背景

　1990年代以降、中小企業がイノベーションの担い手として注目を集めている（Acs and Audretsch 1990; Audretsch 1995; 中小企業庁編 2009）。しかし、経営資源に乏しい中小企業には研究開発活動の制約が大きい。そのような中小企業がイノベーションを活発に行うためには、社外の組織との連携によって外部の補完的な経営資源を活用することも重要である。したがって、他社との共同研究開発や大学・公的研究機関との技術連携（産学官連携）は、中小企業にとってこそ、有効な技術戦略のひとつである[1]。

　日本では10年ほど前から中小企業の戦略的連携やネットワークが注目を集めるようになった（商工総合研究所 1999、小川 2000、中山 2001）。ほぼ同じ頃から、中小企業の産学官連携も政策的関心の対象になった（中小企業庁編 1998）。その背景には、1）下請関係に代表される垂直的ネットワークが大きく変化し、異業種交流を含む水平的ネットワークが相対的に重要な意味を持つようになったこと（中小企業庁編 2003）、2）中小企業がイノベーションの担い手として期待されるようになり、研究開発のネットワークにも関心が寄せられるようになったこと、3）中小企業基本法が1999年に改正され、その前後から経営革新や研究開発、企業間連携・産学官連携など、個別中小企業の創造的活動や経営基盤強化が政策支援の重点課題になったこと[2]、4）とくに産学官連携については、1990年代末頃から国立大学とその教員に関する規制緩和が急速に進み、

---

(1)　イノベーションを活発に行うハイテク中小企業が外部組織との連携に積極的であることは、海外のいくつかの研究でも報告されている。たとえば Dodgson (1993)、141頁以下を参照。

(2)　中小企業基本法の大幅な改正に先立ち、中小企業政策の方向転換を示す重要な政策は、1995年に施行された「創造法」（中小企業創造活動促進法）である。これについては、第2章で触れる。

産学官連携が大いに推進されたこと(詳細は本書第2章参照)、などの事情があると考えられる。

研究開発における連携は、世界的にみても増加傾向にある。新聞報道や有価証券報告書等の記載情報に基づいて、1960年以降の全世界の研究連携(research partnership)の動向を明らかにした Hagedoorn (2002) によれば、研究連携の件数は1970年代末以降大きく増加した(**図表序－1**)。このデータベースは企業間連携のみを対象として産学官連携を含まず、また主に大企業の連携を対象にしていると考えられるので、技術連携の一部しか把握していない。しかしそれでも、全体的な増加傾向は明白である。日本についてはこのような企業間連携の包括的なデータベースはないが、少なくとも国立大学等との共同研究が1990年代末以降急速に活発化しており、とくに中小企業の取り組みが急増している証拠がある(本書第2章)。

企業間・産学官のこのような技術連携の増加は、イノベーション・システムの大きな変化を示唆している。西村(2003)はこれを「中央研究所の時代から産学連携の時代へ」(9頁)と表現している。欧米では1970年代後半頃に始まったとされるこの転換は、①自前主義から連携協力へ、②大企業の組織的活動から企業家精神の旺盛な個人の活動へ、③企業研究所から大学へ、という3つの

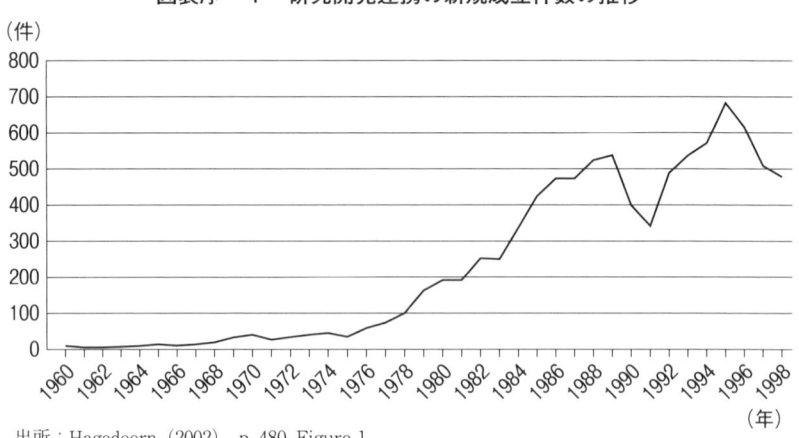

図表序－1　研究開発連携の新規成立件数の推移

出所:Hagedoorn (2002), p. 480, Figure 1.

側面をもつ。また、小田切（2006）は、戦後日本のイノベーションの変遷を、①技術輸入に基づくキャッチアップの時代（石油危機前後まで）、②自主技術開発の時代（石油危機前後から1980年代末頃）、③サイエンス型産業の時代（1990年代以降）に区分している。「サイエンス型産業」とは、基礎科学との関連が強く、科学に依拠してイノベーションが行われる産業であり、そこではまさに産学官連携が重要な意味を持つ。

　元橋（2006）によれば、日本のイノベーション・システムが大企業の自前主義から外部連携によるネットワーク型に変化する中で、システム全体の鍵を握るのは研究開発型中小企業の役割である。しかしこれまでは、大企業の技術連携に関心が集中し、中小企業の連携については、データの制約のためもあって研究の蓄積が乏しい。そこで本書は、日本の中小企業の技術連携について、統計データや独自のアンケート調査データに基づいて、主に以下の基本的な論点を定量的に明らかにすることを目的とする。

　　1）どのような企業や企業家が技術連携に取り組むのか。
　　2）中小企業は技術連携にどのように取り組んでいるのか。
　　3）技術連携にはどのような効果があるのか。
　　4）技術連携の成功する要因は何か。

　本書は、つぎの3つの特徴を持っている。第1に、本書は中小企業を主な対象とする。これまでの研究の多くは、海外を含めて、前述のように大企業を主な対象にしているか、中小企業を対象に含めていても企業規模の違いを考慮していない。しかし、しばしば指摘されるように、中小企業と大企業の間に質的な違いがあるのなら、技術連携についても中小企業の特徴が見られるはずである。第2に、本書は企業間と産学官の連携をともに対象とする。多くの中小企業にとって、外部の経営資源の活用という点で両者は同様の意味をもつ課題であり、戦略である。もちろん産学官連携には企業間連携とは異なる独自の制度的背景・政策や動機付けがあり、本書でもこれらを区別して分析する。しかし、これらの技術連携に関する分析結果を関連づけ、比較することは有意義であろう。

　第3に、本書は計量経済学的・ミクロ経済学的アプローチをベースにしてい

る。日本の中小企業の技術連携に関するこれまでの研究の多くは事例調査に基づいているが[3]、平均的な傾向を把握し、仮説を厳密に検証するためには計量分析は有効な方法であるので、その成果をまとめて示すことには十分な意味があると思われる。また、従来の日本の研究は経営学的・社会学的視点からのものが多いが、本書の研究は、近年発展の著しい、ミクロ経済学的なイノベーション研究の方法と成果をできる限りベースにしている。

以下、次節では技術連携に関するこれまでの研究の視点を整理し、それに基づいて第3節で中小企業の技術連携のメリットとデメリットを考察する。第4節では本書の分析の主なデータソース(3つのアンケート調査)を紹介する。最後に、第5節で本書の構成とともに各章の初出文献等を示す。

2. 技術連携に関する研究の視点

1980年代以降、アメリカで法制度の変化に伴って企業間連携や産学官連携が急増したことにより、これらの技術連携は学術研究の対象として注目を集め、とくに1990年代以降、様々なアプローチから理論的・実証的な研究が行われるようになった[4]。日本の大企業間の研究組合方式による共同研究開発については、1980年代後半以降経済学的な研究が行われるようになったが(若杉 1986、伊藤他 1988、後藤 1993、宮田 1997)、日本の産学連携についての本格的な研究が現れるのはごく最近のことである(原山編 2003、後藤・小田切編 2003、玉井・宮田編 2007、馬場・後藤編 2007など)。日本の中小企業の技術連携については、前述のようにまだ研究の蓄積が十分ではない。

企業の技術連携についての研究にはいくつかの基本的な課題・論点と様々な研究アプローチがある。Ozman (2009) は、技術連携の研究課題を1)起源(要因とインセンティブ)、2)参加企業の成果、3)構造(形成のプロセス、組織構

---

(3) 中小企業のマイクロデータに基づく計量分析は、本書のベースとなる筆者の一連の研究の他に、前出の中山 (2001) (第6章) や元橋 (2006) などいくつかあるが (詳細は本書第3章以下を参照)、体系的・包括的な分析はまだきわめて不十分である。

(4) アメリカにおける1980年代の法改正と企業間連携・産学官連携の進展については、宮田 (1997) および宮田 (2002) を参照。

造の要因、連携の安定と成功の要因等）に大別した上で、従来の研究の多くが連携の成果の分析に集中していたと述べている。経済学的視点による研究（とくに理論的研究）は、これらのうち技術連携の要因と効果（参加企業の成果および社会全体の効率性）に主な関心を向けてきた（Vonortas 1997, Hagedoorn et al. 2000）。

Hagedoorn et al.（2000）によれば、技術連携に関する研究の理論的な基盤は、①取引費用経済学、②戦略的経営論、③産業組織論に分類される。以下、この区分にしたがって、他のサーベイも交えながら、技術連携に関する研究のアプローチを整理する。

取引費用の経済学によれば、企業と市場の境界（垂直的分業の範囲）は、企業内部（垂直統合）と市場（分業）における取引費用の高さによって決定される（Williamson 1975）。組織間の連携は、この視点からは、垂直統合と市場の間にあるハイブリッドな組織形態と理解される（Williamson 1996）。知識の取引の費用が高いほど研究の内製、つまり自社研究開発が選好され、それが低いほど共同研究、委託研究、ライセンスなど技術連携が行われやすくなる（小田切 2006）。取引費用の理論に基づいて、どのような条件の下で連携が行われやすいのか、またその際にどのような連携組織が選好されるのかを解明することができる。

戦略的経営論は、連携を、企業の持続的な競争優位を作り上げる手段と捉える。企業は連携によって研究開発の費用とリスクを分担し、規模の経済・範囲の経済を活かして生産費用を削減し、取引費用を節約する他、以下の議論にみられるように、外部の資源を活用し、学習能力を高めることができる（Hagedoorn et al. 2000, Link and Siegel 2003）。戦略的経営論に分類されるアプローチはいくつかあるが、ここでとくに重要と思われるものは「資源ベースの企業観」（resource-based view of the firm）と「ダイナミックな能力」（dynamic capabilities）の理論である。これらは、企業が技術連携を行うかどうかだけでなく、連携相手の選択や連携の成果について考える際に重要な示唆を与える。

資源ベースの企業観は、1990年代以降の戦略的経営論の中で重要な位置を占めるようになった[5]。その源流とされる Penrose（1959）は、企業を多様な資源の集合体と捉え、その資源が企業ごとに異なり、また資源に希少性があるた

めに、企業の成長が異なると議論した。資源ベースの企業観は、その考え方を発展させて、企業の持続的な競争優位をもたらすのは、企業間の移動に制限のある(模倣困難な)、異質で希少価値の高い資源であると主張する (Peteraf 1993)。また、企業間の連携は企業の持つ資源の補完性によって説明される (Wernerfelt 1984)。企業は自社の資源が不十分なときに、他社の持つ補完的な資源へのアクセスを得るために他社と連携するのである (Pfeffer and Salancik 1978)。

ダイナミックな能力の理論は、企業が資源と能力を蓄積する過程に注目する。Teece et al. (1997)によれば、ダイナミックな能力とは、企業が環境の急速な変化に対処するために自社の内外の資源を統合し、再構築する能力と定義される。技術連携はそのような組織的学習と能力形成のための有力な手段のひとつである。他方、組織の学習能力は技術連携の要因でもある。技術連携の成果を挙げるためには、外部の知識を吸収・消化する受容能力 (absorptive capacity) が必要なので (Cohen and Levinthal 1989)、受容能力のある企業ほど技術連携に積極的になると予想される。

産業組織論の視点による技術連携の理論は「非トーナメント理論」と「トーナメント理論」に整理される (Vonortas 1997)。これらは正反対の状況を想定しているが、いずれもイノベーションにおける市場の失敗を前提にしている[6]。

企業間の競争が勝ち抜き戦(トーナメント)でなく、技術のスピルオーバー(=正の外部性)が大きければ、どの企業も他社からのスピルオーバーを期待して(あるいは他社へのスピルオーバーを恐れて)自ら研究開発を行おうとせず、市場全体で研究開発が過少になってしまう (D'Aspremont and Jacquemin 1988, Suzumura 1992)。

反対に、技術のスピルオーバーがなく、企業間の技術競争が勝ち抜き戦であ

---

(5) 淺羽 (2004) 第13章は、資源ベースの企業観とペンローズの議論を分かりやすく説明している。
(6) イノベーションにおける市場の失敗は、技術知識が本質的に公共財であり、外部性と不確実性を持つことに起因する。以下の議論の詳細については、伊藤他 (1988) 第Ⅴ部の各章と小田切 (2001) 第9章を参照。

る場合を考えてみよう。典型的には、特許出願を目指す競争（patent race）である。この場合は、イノベーションのタイミング、つまり最初に研究開発を成功させることが重要であり、2番手になっても意味はない。しかし、ライバルより1日でも早く成果を出すことの私的な収益は社会的な収益よりも通常は大きいため、1番乗り競争をめぐって研究開発投資が社会的に過剰になる（Barzel 1968）。ここでは、ある企業の研究開発投資が他企業の利益を下げるという負の外部性が生じている。さらに、複数の企業が同一目的のために研究開発の重複投資を行うため、社会的にみれば無駄が生じることになる。

技術連携、とくに本書第2章で紹介する技術研究組合による技術連携は、同一市場のライバル企業間での一種の技術カルテルを認めるものである。それによってスピルオーバーが内部化されて過少投資の問題が緩和され、また研究開発の投資のタイミングが調整されて過剰投資の問題も緩和されうる。しかし、市場の失敗のもうひとつの要因（公共財）から生じるフリーライディング（ただ乗り）の問題がメンバー間に発生するだけでなく、技術普及の阻害や成果物の生産・販売における競争制限など、技術カルテルにともなう弊害が生じる可能性がある。

このアプローチからの理論的研究は、企業がなぜ技術連携を行うのかを説明し、その多くは、技術連携によって（条件付きではあるが）企業の研究開発が適切な水準で行われ、効率性が高まり、競争も活発になることを示している（Link and Siegel 2003）[7]。多くの実証的研究も、上記の理論をベースとして企業が技術連携に取り組む要因を検証し、技術連携の効果や成功要因を明らかにしている（Hagedoorn et al. 2000, Link and Siegel 2003, Ozman 2009）[8]。

これまでに整理した技術連携の研究アプローチのうち、産業組織論的視点か

（7）そのため、日本を含む多くの国や地域の競争法では、企業間の共同研究開発を、企業間の共同行為の例外として条件付きで認めている。日本については公正取引委員会（2005）参照。

（8）たとえばOdagiri（2003）とNakamura and Odagiri（2005）は、研究開発における企業の境界、つまり共同研究・委託研究・ライセンス取引の程度が取引費用の理論と能力形成の理論によって説明できることを検証した。技術連携の実証分析についての詳細は、各章を参照。

らの議論は企業間の連携、それも同一市場の企業間の連携を前提にしているが、戦略的経営論の考え方は、連携相手が企業であれ大学等であれ、同様に当てはまると考えられる。大学や公的研究機関は異質で高度な科学知識の源泉であり、それを活用して企業の能力を高めることは、戦略上重要である。取引費用のアプローチについては、機会主義的行動の可能性が企業と大学等（ないしその研究者）では異なるかもしれないが、基本的な考え方は産学官連携にも適用可能であろう。

Poyago-Theotoky et al. (2002) は、産学官連携によって大学等の収入が増えて研究が促進されるだけでなく、知識の双方向の移転が促進され、それが地域の発展に貢献し、また教育にも良いフィードバックが得られる可能性があると主張している。しかし、産学官連携が、1）（特許出願や成果の秘匿によって）科学知識への一般的なアクセスを制限する、2）大学等の研究課題の重心を実用的研究にシフトさせ、基礎研究が質量ともに低下する、3）大学等の教員が教育を疎かにするなど、知識の普及と大学等の研究に対して負の影響を持つ可能性も同時に指摘されている（同上）。

このように、取り組みの要因や成果を超えて、一国全体のイノベーション・システムにおける大学や公的機関の役割が研究のひとつの焦点になるところが、企業間連携とは異なる産学官連携の特徴といえる（後藤・馬場 2007）。しかし、これまでの研究は産学官連携の産業（民間企業）への影響に集中し、大学等の研究・教育への影響に関する実証研究は比較的少ない[9]。また、この点に関して先行研究の結果は様々で、見解の一致をみていない。本書は中小企業の技術連携に注目するので、産学官連携の大学等への影響に関する議論にはこれ以上立ち入らず、別の機会に譲ることにする。

3．中小企業の技術連携のメリットとデメリット

本書の研究は、中小企業の視点から技術連携を捉え、分析するものである。

---

(9) 鈴木他（2007）と七丈・馬場（2007）は、日本の大学教員について、産学連携の科学研究への影響を分析している。日本における産学連携の研究はまだ始まったばかりであり、これまでは制度・政策の解説や現状の紹介、事例に基づくプロジェクトマネージメントの議論が大半を占めている。

序章 中小企業の技術連携をどのように捉えるか 9

図表序－2 技術連携のメリットとデメリット

連携企業の私的なメリット	社会的視点からのメリット
外部資源の活用	過少投資問題の緩和
相乗効果	過剰投資問題の緩和
費用の分担（資本節約）	科学知識の融合と移転を促進
リスクの分担	地域の発展を支援
規模の経済・範囲の経済の活用	
連携企業の私的なデメリット	社会的視点からのデメリット
技術・ノウハウの漏洩	「技術カルテル」による市場支配
連携メンバー間の調整のコスト	科学知識の普及を阻害
連携メンバーの「ただ乗り」	大学の基礎研究の水準低下

　そこで、前節の議論に基づいて、中小企業の技術連携の一般的なメリットとデメリットを改めて整理しておきたい（**図表序－2**）。
　技術連携は、参加企業にとって様々なメリットがある。そのひとつは、外部の資源の活用である。また、異なる専門能力を持つ企業が連携することにより、様々な相乗効果が期待できる。費用を分担することにより、単独ではできない大規模なプロジェクトに取り組むことができ、プロジェクトのリスクも分担される。規模の経済と範囲の経済を活かして、研究開発が効率化される。以上の点は、企業間の共同研究開発にも産学官連携にも共通するが、産学官連携についてはとくに外部資源の活用が重要である。
　前節では明示しなかったが、技術連携には参加企業にとっての私的なデメリットもある。そのひとつは、連携相手に自社の技術やノウハウが漏れてしまう可能性で、これはとくに相手が同業者である場合に問題になりうる。もうひとつは連携相手との調整のコストであり、これはとくに参加者の数が多い場合や異業種連携・産学官連携において深刻になりうる。最後の問題は参加者の「ただ乗り」によるインセンティブ低下である。ただ乗りの可能性は、産学官連携のほうが企業間連携よりは低いと予想される。
　技術連携には、個別の参加者にとっての利益だけでなく、社会全体の視点から見ても大きな利益がある。企業間の共同研究開発は、イノベーションに関する市場の失敗に対処する重要な手段である。共同研究開発によって技術のスピ

ルオーバーは内部化され、あるいは連携相手との調整によって過剰な開発競争や重複投資が回避されて、研究開発投資が社会的に望ましい水準に近づく。しかし、スピルオーバーの内部化や過剰な開発競争の回避は、中小企業よりも大企業の共同研究開発に当てはまるので、中小企業の共同研究開発についてはこのような意味での社会的メリットは弱いと考えられる。

共同研究開発には、社会全体の観点から問題がないわけではない。共同研究開発が技術カルテルに転化し、新技術の開発や普及を妨げ、新規事業者の参入を阻止して競争を制限するという問題が指摘されている。しかし、これは主に、同一業種の企業の大半が集まって共同研究開発を行う場合に生じることである。実際には、第2章以下でみるように、中小企業の共同研究開発には異業種間の連携が多い。業界団体を母体として同一産業のすべての企業が共同研究開発に参加する場合を除けば、技術カルテルは問題にならない。

産学官連携の社会的な効果としては、それぞれのもつ知識の双方向の移転が促進され、それが地域の発展に貢献する可能性がある。しかし、産学官連携がオープン・サイエンスの理念に反して科学知識への自由なアクセスを阻害し、大学での基礎研究が質量ともに低下するなど、負の影響を持つ可能性も指摘されている。大学等の連携相手が大企業か中小企業かで大きな違いはないかもしれないが、知識の移転・普及や地域の発展については、東京にある少数の大企業との連携よりも地元の多数の中小企業との連携のほうが効果は大きいと考えられる。

4．本書の研究方法とデータソース

本書の目的は、中小企業の技術連携の要因・成果と取り組みの内容を、大企業との比較の視点から、できるだけ定量的に把握し、分析するところにある。そのために、企業ないしプロジェクトベースのマイクロデータを用いて、グループ間の比較検定および回帰分析を行い、いくつかの仮説を検証する。検証すべき仮説にはそれぞれに理論的な根拠があるが、中小企業の技術連携については今なお十分な知識の蓄積がないことから、一部の章では事実発見（fact-finding）的な分析に重点が置かれる。

本書の第1章と第2章は各種統計・調査からの引用をベースにしているが、

序章　中小企業の技術連携をどのように捉えるか　11

　主要部分を構成する9つの章（第3章～第11章）における記述と分析は、官庁統計の個票データに基づく第7章と第8章以外は、すべて筆者がこれまでに行った3回の大規模な企業アンケート調査のデータに基づくものである。第9章のみ2002年調査、第5章と第6章は2008年調査、残り（第3、4、10、11章）はすべて2005年調査のデータを用いている。また、第4章から第6章までは記述統計とグループ間の比較検定、第3章と第7章から第11章までは回帰分析の結果をまとめている。

　筆者がこれまでほぼ3年おきに行った3回の調査の概要を、**図表序－3**にまとめる。また、3つの調査票を、付録資料として本書の巻末にまとめて掲載する。

　2002年と2005年の調査はともに製造業の全業種を対象にしているが、前者が中小企業のみを調査対象として、調査内容を企業間の共同研究開発に限定して

図表序－3　アンケート調査の概要

	2002年調査	2005年調査	2008年調査
調査時期	2002年7～8月	2005年3～4月	2008年7～8月
対象企業数	6,300社	10,579社	9,882社
対象業種・技術	製造業全業種	製造業全業種	バイオ、ME、ソフトウェア
対象規模	従業者数50～300人（中小企業のみ）	従業者数20人以上（大企業を含む）	従業者数20人以上（大企業を含む）
対象プロジェクト	過去3年間の取り組みのうち最も重要なもの	過去3年間の取り組みのうち最も重要なもの	過去3年間に取り組み、終了した中で直近のもの
調査方法	郵送調査	郵送調査	郵送調査
企業データベース	東京商工リサーチ	JADEデータベース　帝国データバンク	東京商工リサーチ　JBA会員名簿
調査内容	企業間共同研究開発	企業間共同研究開発　産学官連携	産学連携（共同研究のみ）
有効回答数	1,577	1,857	1,726
有効回答率	25.0%	17.6%	17.5%
財源	科研費	科研費	VW財団（ドイツ）

いるのに対して、後者は大企業を調査対象に含め（対象規模の下限も異なる）、企業間の共同研究開発とともに産学官連携についても調査している。企業概要と企業間の共同研究開発については、両調査で比較可能な質問項目が多い。しかし、2008年調査はバイオテクノロジー・マイクロエレクトロニクス・ソフトウェアという3つの先端技術分野に対象を限定しており、このうちソフトウェアは製造業に含まれないので、調査対象分野が前の両調査とは大きく異なる。2005年調査と2008年調査の対象規模は同じで、ともに産学連携を対象とするが、前者が公的研究機関との連携や共同研究以外の技術連携（委託研究や技術相談等）を対象に含むのに対し、後者は大学との共同研究のみを調査の対象とする。

　3つの調査とも、信用調査機関等の大規模な企業データベースから、従業者規模と業種の範囲を限定した上で、調査対象企業を無作為に抽出し、郵送方式で行われた。調査対象企業が技術連携に取り組んでいたかどうかは事前には分からないので、技術連携への取り組みの有無を調査票で確認した。いずれも回答の対象を調査時点の前年（度）までの3年間に取り組まれたプロジェクトのひとつに限定しているが、2008年調査は、未了（継続中）のプロジェクトを除外する点と、複数のプロジェクトがある場合に「最も重要」なものでなく「直近」のものに絞るという点で、前の2つの調査と異なる。

　これらの調査データを用いた本書の実証分析は、技術連携への取り組みの要因の分析（第3章）を除いて、技術連携を行った企業のみを分析対象にしている。それぞれの分析における対象企業の数と属性等については、各章で説明する。

　なお、2002年と2005年の調査はそれぞれ日本学術振興会科学研究費補助金・基盤研究C（2）プロジェクト「中小企業の戦略的連携と経営成果」（2001～2002年度、課題番号13630135）および「中小企業の共同研究開発及び産学官連携の経済効果に関する計量的分析」（2004～2005年度、課題番号16530147）の一環として、2008年の調査はドイツのフォルクスワーゲン財団からの支援を受けた国際共同研究「イノベーション・システムにおける産学連携の決定要因、組織および成果：ドイツ・アメリカ・日本・韓国の比較」（2006年11月～2009年8月）[10]の一環として行われた。この場を借りて、研究助成に感謝申し上げたい。

5. 本書の構成

　本書の構成は以下の通りである。**図表序－4**に概要を整理する。
　企業間・産学官の技術連携は、参加企業が自ら研究開発に取り組むことを前提とする。そこで第1章は、技術連携の分析に先立ち、官庁統計や各種調査結果に基づいて、日本の中小企業の研究開発への取り組みを概観する。研究開発に取り組む中小企業の割合とそのような企業の特徴、研究開発を行う中小企業における研究開発の集約度と生産性、中小企業の研究開発活動の特徴等を、大企業との比較の視点から明らかにする。
　第2章は、日本の技術連携の進展とその制度的背景について考察する。まず企業間連携について、大企業の技術研究組合との対比で中小企業の事業協同組合や異業種交流の支援措置を論述し、企業間の共同研究開発に取り組む中小企業の割合を明らかにする。続いて産学官連携について、その制度的背景の変化と中小企業の取り組み状況の変化を示す。
　続く第3章から第11章が本書の主要部分であり、そこでは官庁統計や上記のアンケート調査のマイクロデータに基づく定量的分析の結果が報告される。第3章と第4章は企業間連携と産学官連携の両方、第7章、第8章と第9章は企業間連携のみ、それ以外は産学官連携のみを対象としている。また、第3章、

図表序－4　各章の内容の整理（第3章～第11章）

	連携の要因	取り組み内容	連携の効果	成功要因	その他
企業間連携	第3章	第4章	第7章 第8章	第9章	
産学官連携	第3章	第4章 第5章 第6章		第10章	第10章 第11章

注）下線を引いた章では規模別の比較も行われる。

---

(10)　メンバーは、筆者の他に、ブレーメン大学 Klaus Ruth（ドイツ）、高麗大学 Martin Hemmert（韓国）、ニューハンプシャー大学 Ludwig Bstieler（アメリカ）の3名である。

第4章、第7章と第8章では中小企業と大企業の比較も行われる。

第3章は、どのような企業が技術連携に参加するのか（技術連携への取り組みの要因）を、企業と経営者の属性に注目し、企業間の共同研究開発と産学官連携に分けて分析する。

第4章から第6章までは、技術連携への取り組みの具体的な内容を示し、取り組み方の規模別・分野別比較と国際比較を行う。第4章は、企業間の共同研究開発と産学官連携への取り組みの内容について、中小企業と大企業の比較を行い、規模間の違いを明らかにする。第5章は、産学連携への取り組み方をバイオテクノロジー、マイクロエレクトロニクス、ソフトウェアの3つの先端技術分野の企業間で比較し、第6章はそれらの3分野を合わせて産学連携への取り組み方を韓国企業と比較する。韓国でも近年、産学連携のための規制緩和や諸制度の整備が急速に進んでいるが、韓国の産学連携についてはまだほとんど知られていない。

第7章と第8章は、経済産業省「企業活動基本調査」の数年分の個票データを用いて企業間の共同研究開発の効果を明らかにし、企業規模間で比較する。第7章は、共同研究開発の経営成果（利益率・労働生産性等）への影響を、共同購入などその他の共同事業と比較検証する。第8章は、共同研究開発の技術成果（研究開発生産性）への影響を検証する。

第9章と第10章は、アンケート調査のデータを用いて、中小企業の技術連携の成功要因を分析する。第9章は企業間の共同研究開発の成功要因を、技術的成功と商業的成功に分けて解明する。どのような相手とどのように協力するかがプロジェクトの成功を左右することが示される。第10章は産学官連携の成功要因として、連携相手の探索と選択が重要であることを示し、またそれが企業と経営者の属性に影響されることを検証する。

第11章は、アンケート調査データと特許出願データをマッチングして、経済産業省の産業クラスター計画に参加することによって産学官連携企業の研究開発生産性が向上するかどうかを分析する。

終章は、本書の分析と考察の主な結果を整理し、企業経営者および政策担当者・中小企業支援関係者に対する含意をまとめ、今後の研究課題や研究方法に言及して、本書を締めくくる。

序章　中小企業の技術連携をどのように捉えるか　15

　本書の序章、第 1 章、第 2 章、第 3 章、第11章と終章は書き下ろしであるが、他の章は筆者の既出論文に分析の追加や重複部分の削除等を含めて大幅な加筆・修正等を行っている。また、第 6 章はフォルクスワーゲン財団助成プロジェクトのメンバー全員による共同論文（原文は英文）、第11章は西村淳一氏（一橋大学大学院経済学研究科博士後期課程）との未公刊の共同論文である。それぞれ、共著者の了解を得て本書に収録することにした。

〔初出一覧〕
序　章：書き下ろし。
第 1 章：書き下ろし。
第 2 章：書き下ろし。
第 3 章：書き下ろし。
第 4 章：拙稿「中小企業の技術連携への取り組みは大企業とどのように異なるのか」『商工金融』（商工総合研究所）56巻 6 号、2006年 6 月（35-51頁）に加筆・修正。
第 5 章：拙稿「中小企業の産学連携の実態：バイオ、ME、ソフトウェア分野の比較調査結果」『信金中金月報』（信金中央金庫総合研究所）2009年 1 月号（1-16頁）に加筆・修正。
第 6 章：拙稿 "An Inquiry into the Status and Nature of University-Industry Research Collaborations in Japan and Korea"（M. Hemmert, L. Bstieler, K. Ruth との共著）、*Hitotsubashi Journal of Economics*（一橋大学）49巻 2 号、2008年12月（163-180頁）に加筆・修正。
第 7 章：拙稿「企業間事業連携の効果―個票データによる中小企業と大企業の比較分析―」『企業研究』（中央大学企業研究所）第10号、2007年 2 月（35-54頁）に加筆・修正。
第 8 章：拙稿「中小企業の共同研究開発と知的財産」『日本中小企業学会論集』第24号、2005年 6 月（3-16頁）に加筆・修正。
第 9 章：拙稿 "Determinants of successful R&D cooperation in Japanese small businesses: The impact of organizational and contractual characteristics"、*Research Policy* 36巻、2007年12月（1529-1544頁）に分析を追加し、加筆・修正。
第10章：拙稿「中小企業による産学官連携相手の選択と連携成果」『中小企業総合研究』（中小企業金融公庫総合研究所）第 5 号、2006年11月（21-36頁）に分析を追加し、加筆・修正。
第11章：書き下ろし（西村淳一との共著）。
終　章：書き下ろし。

【参考文献】

Acs, Z. J. and D. B. Audretsch (1990), *Innovation and Small Firms*, Cambridge, Massachusetts (MIT Press).

Audretsch, D. B. (1995), *Innovation and Industry Evolution*, Cambridge, Massachusetts (MIT Press).

Barzel, Y. (1968), "Optimal Timing of Innovation", *Review of Economics and Statistics* 50, pp. 348-355.

Cohen, W. M. and D. A. Levinthal (1989), "Innovation and Learning: the Two Faces of R&D", *Economic Journal* 99, pp. 569-596.

Dodgson, M. (1993), *Technological Collaboration in Industry*, London (Routledge).

d'Aspremont, C. and A. Jacquemin (1988), "Cooperative and Non-cooperative R&D in Duopoly with Spillovers", *American Economic Review* 78, pp. 1133-1137.

Hagedoorn, J., Link, A. N. and N. S. Vonortas (2000), "Research partnerships", *Research Policy* 29, pp. 567-586.

Hagedoorn, J. (2002), "Inter-firm R&D partnership: An overview of major trends and patterns since 1960", *Research Policy* 31, pp. 477-492.

Link, A. N. and D. S. Siegel (2003), *Technological Change and Economic Performance*, London (Routledge).

Nakamura, K. and H. Odagiri (2005), "R&D boundaries of the firm: An estimation of the double-hurdle model on commissioned R&D, joint R&D, and licensing in Japan", *Economics of Innovation and New Technology* 14, pp. 583-615.

Odagiri, H. (2003), "Transaction Costs and Capabilities as Determinants of the R&D Boundaries of the Firm: A Case Study of the Ten Largest Pharmaceutical Firms in Japan", *Managerial and Decision Economics* 24, pp. 187-211.

Ozman, M. (2009), "Inter-firm networks and innovation: a survey of literature", *Economics of Innovation and New Technology* 18, pp. 39-67.

Penrose, E. (1959), *The Theory of the Growth of the Firm*, 2nd ed., Oxford (Basil Blackwell)（末松玄六訳、『会社成長の理論（第2版）』ダイヤモンド社、1980年）。

Peteraf, M. A. (1993), "The cornerstones of competitive advantage: A resource-based view", *Strategic Management Journal* 14, pp. 179-191.

Pfeffer, J. and G. Salancik (1978), *The External Control of Organizations: A Resource Dependence Perspective*, New York (Harper and Row).

Poyago-Theotoky, J. A., Beath, J., and D. S. Siegel (2002), "Universities and Fundamental Research: Reflections of University-Industry Partnerships", *Oxford Review of Economic Policy* 18-1, pp. 10-21.

Suzumura, K. (1992), "Cooperative and Non-cooperative R&D in Oligopoly with

Spillovers", *American Economic Review* 82, pp. 1307-1320.
Teece, D. J., Pisano, G. and A. Shuen (1997), Dynamic capabilities and strategic management", *Strategic Management Journal* 18, pp. 509-533.
Vonortas, N. S. (1997), *Cooperation in Research and Development*, Boston (Kluwer).
Wernerfelt, B. (1984), "A resource-based view of the firm", *Strategic Management Journal* 5, pp. 171-180.
Williamson, O. E. (1975), *Markets and Hierarchies*, New York (Free Press)(浅沼萬里・岩崎晃訳、『市場と企業組織』日本評論社、1980年)。
Williamson, O. E. (1996), *The Mechanisms of Governance*, Oxford (Oxford University Press).
淺羽茂（2004）『経営戦略の経済学』日本評論社。
伊藤元重・清野一治・奥野正寛・鈴村興太郎（1988）『産業政策の経済分析』東京大学出版会。
小田切宏之（2001）『新しい産業組織論：理論・実証・政策』有斐閣。
小田切宏之（2006）『バイオテクノロジーの経済学 「越境するバイオ」のための制度と戦略』東洋経済新報社。
公正取引委員会（2005）『共同研究開発に関する独占禁止法上の指針』（公正取引委員会ホームページ http://www.jftc.go.jp/dk/kyodokenkyu.html）。
後藤晃（1993）『日本の技術革新と産業組織』東京大学出版会。
後藤晃・小田切宏之編（2003）『サイエンス型産業』NTT出版。
後藤晃（2006）「日本のイノベーション・システム 強みと弱み」、後藤晃・児玉俊洋編『日本のイノベーション・システム 日本経済復活の基盤構築にむけて』東京大学出版会、序章、1-17頁。
後藤晃・馬場靖憲（2007）「産学連携とイノベーション」、馬場靖憲・後藤晃編『産学連携の実証研究』東京大学出版会、序章、1-18頁。
七丈直弘・馬場靖憲（2007）「緊密な連携が大学の科学研究に与える影響」、馬場靖憲・後藤晃編『産学連携の実証研究』東京大学出版会、第4章、97-128頁。
鈴木潤・後藤晃・馬場靖憲（2007）「大学教員の研究活動と産学連携」、馬場靖憲・後藤晃編『産学連携の実証研究』東京大学出版会、第2章、41-63頁。
中小企業庁編（1998）『平成10年版中小企業白書』大蔵省印刷局。
中小企業庁編（2003）『中小企業白書2003年版』ぎょうせい。
中小企業庁編（2009）『中小企業白書2009年版』経済産業調査会。
西村吉雄（2003）『産学連携 「中央研究所の時代」を超えて』日経BP社。
原山優子編（2003）『産学連携 「革新力」を高める制度設計に向けて』東洋経済新報社。
元橋一之（2006）「中小企業の産学連携と研究開発ネットワーク」、後藤晃・児玉俊

洋編『日本のイノベーション・システム　日本経済復活の基盤構築にむけて』東京大学出版会、第 5 章、137-167頁。
若杉隆平（1986）『技術革新と研究開発の経済分析　日本の企業行動と産業政策』東洋経済新報社。
宮田由紀夫（1997）『共同研究開発と産業政策』勁草書房。
宮田由紀夫（2002）『アメリカの産学連携　日本は何を学ぶべきか』東洋経済新報社。

第1章　中小企業のイノベーション

1．はじめに

　本書のテーマは企業の技術連携である。他企業や大学、公的研究機関等との技術連携は、それに参加する企業が自ら研究開発を行っていることを前提とする。他者との共同研究開発に触発されて自社の研究開発がより活発になることはあっても、これまで研究開発を行ったことのない企業が、いきなり技術連携に取り組むことは考えにくい。むしろ、それまで行ってきた研究開発が困難な課題に直面したときに、あるいは研究開発の新たな展開のために、他者との連携を考えることが多い。したがって、中小企業の技術連携を論じる前に、その前提として、中小企業の研究開発の程度や特徴を把握することは重要である。

　日本の企業の99％以上は中小企業である。非一次産業の従業者数のおよそ7割が中小企業で働いている[1]。製造業についてみると、従業者の7割以上が中小企業で働いており、付加価値額の半分以上が中小企業から生み出されている。日本だけでなく、他の多くの国でも、ほとんどの企業が中小企業に区分され、雇用や付加価値の創出において大きな役割を果たしている。このように圧倒的な多数派で、経済全体への貢献が大きい中小企業が、大企業と比べて研究開発にどのように、またどの程度関わっているのかは、それ自体重要な論点である。

　これまで長い間、「近代的」で「ハイテク」な大企業に対して、中小企業といえば一般的に「遅れた」「技術レベルの低い」企業であるというイメージが

---

(1)　総務省「事業所・企業統計調査」より。なお、ここでは、1999年中小企業基本法改正後の定義に基づいて、従業者数300人以下（卸売業・サービス業では100人以下、小売業・飲食店では50人以下）または資本金3億円以下（卸売業では1億円以下、小売業・飲食店・サービス業では5,000万円以下）の会社と従業者数300人以下（卸売業・サービス業では100人以下、小売業・飲食店では50人以下）の個人事業者を中小企業とする。

広く持たれていた。今日では、大企業のハイテク技術や大学等の研究機関の先端研究を支える中小企業の力が認識され、またニッチ分野で世界の先端を行く技術を持つ中小企業が紹介されるなどして、中小企業の技術力に注目が集まっている。果たして中小企業は大企業に比べて、研究開発において一般的に不利と言えるのだろうか。また、同じ業種の中でも、研究開発に積極的に取り組む企業もあれば、そうでない企業もある。どのような中小企業が研究開発に取り組む傾向にあるのか。これが本章の第2と第3の論点である。

中小企業は単に大企業より規模が小さいだけでなく、小規模であるために質的にも異なるものであると、これまでしばしば指摘されてきた[2]。大企業と中小企業は、多くの場合、直接競合するよりもむしろ需要の特性に応じて分業関係を形成し、それぞれの得意分野への棲み分けをしている（中小企業庁編2003、50-59頁）。それでは、中小企業と大企業ではイノベーションへの取り組み方も異なるのだろうか。これが本章の第4の論点である。

以上のように、本章は、1）中小企業の研究開発への取り組みは、大企業と比べてどのくらいであるのか、2）中小企業は研究開発において大企業よりも一般的に不利なのか、3）どのような中小企業が研究開発に取り組む傾向にあるのか、4）中小企業のイノベーションへの取り組み方は、大企業と比べてどのように異なるのか、という疑問に答えることを目的とする[3]。官庁統計や大規模な調査のデータを用いて、できる限り一般的な姿を定量的に把握・記述するように努めたい。

本章の構成は以下の通りである。まず、次節（第2節）で、最近の統計データに基づいて研究開発における中小企業の地位を明らかにする。第3節では、研究開発への取り組みに関するいわゆるシュンペーター仮説を紹介し、その妥

（2） この点については、たとえば渡辺他（2006）第3章の記述を参照。
（3） イノベーションは、本来、研究開発に基づく技術革新にとどまらず、新たな販路や原料の開拓、企業内部や企業間の組織の革新、制度の改革等を含む幅広い概念である。ここでは、研究開発に関する議論に焦点を当てるため、イノベーションを技術革新、すなわち新しい製品・サービスやその生産方法の創造に限定して捉える。研究開発は、ここではイノベーションを導くための技術的なプロセスと理解される。

当性を検証する。さらに、研究開発における規模の経済性（不経済性）について考察する。第4節は研究開発に取り組む中小企業の特徴を計量分析によって解明する。第5節では、主に文部科学省科学技術政策研究所の調査データに依拠して、中小企業と大企業のイノベーション戦略の違いを検討する。第6節は本章の内容をまとめ、次章以後への橋渡しをする。

2．研究開発における中小企業の位置づけ

それでは、各種統計データにしたがって、研究開発における中小企業の位置づけや大企業との違いを定量的に確認しよう。

最新の総務省「科学技術研究調査」（2008年）によれば、研究開発を行っている企業の比率は対象産業全体で4.4％、製造業では12.8％である（**図表1－1**）[4]。規模が大きいほどこの比率は高くなり、従業者数300人未満の企業では3.9％（製造業では11.5％）であるが、同1万人以上の企業では77.5％（製造業で

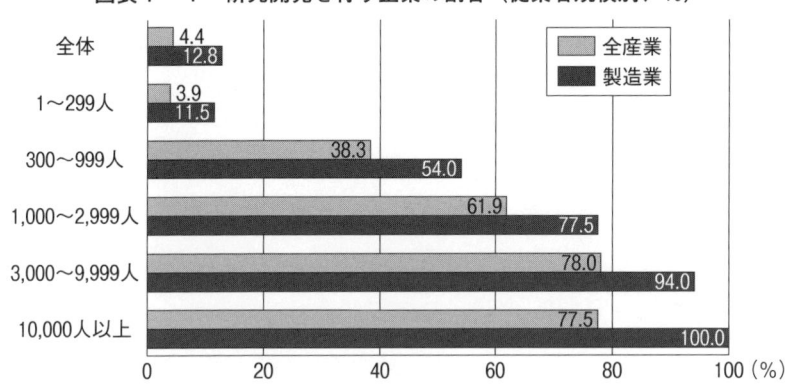

図表1－1　研究開発を行う企業の割合（従業者規模別、％）

出所：総務省「科学技術研究調査報告書」2008年版に基づいて筆者作成。

（4）　この調査は、民間企業、非営利団体・公的機関、大学等を対象として、研究実施の有無、研究費の額と内訳、研究関係従業者の数と内訳等を調査している。企業については標本調査である。対象産業は、農林水産業、鉱業、建設業、製造業、電気・ガス・水道業、情報通信業、運輸業、卸売業、学術研究・専門・技術サービス業、その他サービス業である。

は100％）になる。資本金規模別でもほぼ同じ傾向が見られる。このように、研究開発を行うのは中小企業のごく一部ということになるが、その割合は近年増加傾向にある。また、全国の企業のほとんどが中小企業であるから、研究開発を行うのがその一部であるといっても、研究開発を行う企業の大半は中小企業なのである。

研究開発への取り組みについては、産業間の違いがきわめて大きい。**図表1－2**に示すように、研究開発を行う中小企業の比率が際立って高いのは製造業であり、情報通信業がそれに次ぐ。もっとも、この傾向は大企業を含む産業全体の傾向と連動しているので、中小企業を含めて研究開発に取り組む企業が製造業に集中しているとみることができる。製造業の中でも業種間の違いが大きく、研究開発に取り組む中小企業の割合は化学工業でとくに高く（約50％）、また金属・機械産業でおおむね平均を超えている（**図表1－3**）。

次に、研究開発を行った企業に対象を限定して、研究開発への取り組みの程度を規模別に見てみよう。研究開発への取り組みの程度は、「従業者全体のうちの研究者の比率」と「売上高に対する研究開発費（ここでは社内使用研究費）の比率」として示すことができる。

全従業者に対する研究者の比率は、対象産業全体で8.2％、製造業で9.7％である。この比率も規模とともに高くなり、従業者数300人未満の企業では5.3％

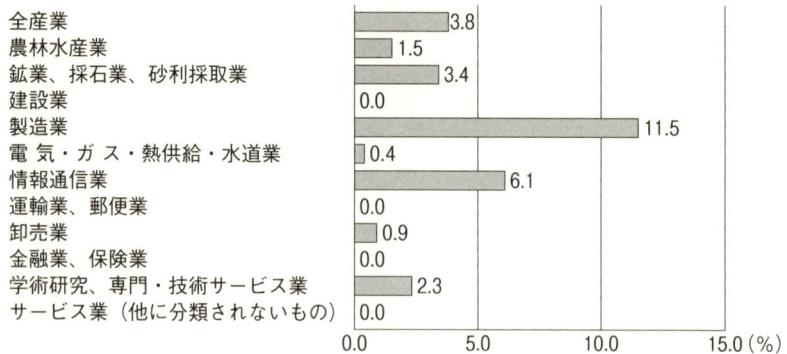

図表1－2　研究開発を行う中小企業の割合（全産業、％）

出所：総務省「科学技術研究調査報告書」2008年版に基づいて筆者作成。

図表1-3　研究開発を行う中小企業の割合（製造業、%）

業種	%
食料品製造業	14.7
繊維工業	1.1
パルプ・紙・紙加工品製造業	2.6
印刷・同関連業	0.5
化学工業	49.8
石油製品・石炭製品製造業	18.6
プラスチック製品製造業	11.4
ゴム製品製造業	9.5
窯業・土石製品製造業	9.1
鉄鋼業	3.1
非鉄金属製造業	12.4
金属製品製造業	17.5
はん用機械器具製造業	4.0
生産用機械器具製造業	12.6
業務用機械器具製造業	21.2
電子部品・デバイス・電子回路製造業	13.4
電気機械器具製造業	20.4
情報通信機械器具製造業	23.3
輸送用機械器具製造業	12.0
その他の製造業	7.9

出所：総務省「科学技術研究調査報告書」2008年版に基づいて筆者作成。

（製造業4.7%）であるが、同1万人以上の企業では12.4%（製造業16.3%）になる（**図表1-4**）。売上高に対する研究開発費（社内使用研究費）の割合は、全体平均で2.9%（製造業3.6%）、従業者数300人未満の企業では2.1%（製造業2.0%）で、同1万人以上の企業では4.9%（製造業5.7%）である（**図表1-5**）。このように、研究開発に取り組む程度は一般的に企業規模が大きくなるほど上昇するが、規模間の差は製造業でより際立っている。また、売上高研究開発費比率については、産業全体では従業者1万人未満までは規模間の違いはほとんどないが、1万人以上になると一気に高くなる。このような明瞭な違いは、製造業では従業者数3千人を境にして観察される。

　以上のデータから、研究開発への取り組みは企業規模と強く関連しているように思われる。しかし、次節で述べるように、企業規模と研究開発の関係はそれほど単純ではない。これまでの実証研究の多くは、一定の規模までは比例的以上に研究開発費が増加するが、それを超えると比例的あるいはそれ以下にし

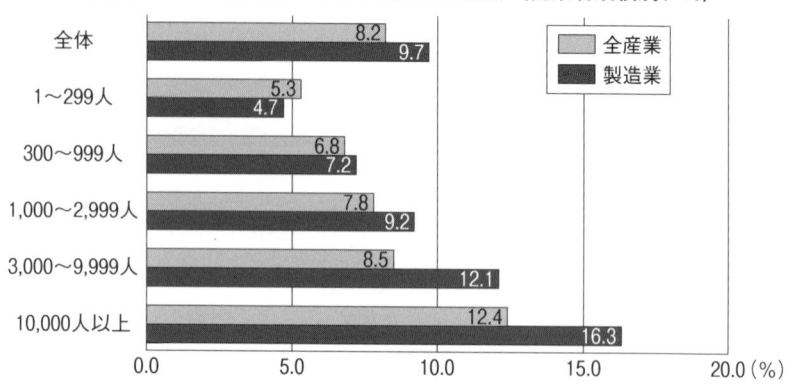

図表1－4　従業者のうちの研究者の割合（従業者規模別、％）

出所：総務省「科学技術研究調査報告書」2008年版に基づいて筆者作成。

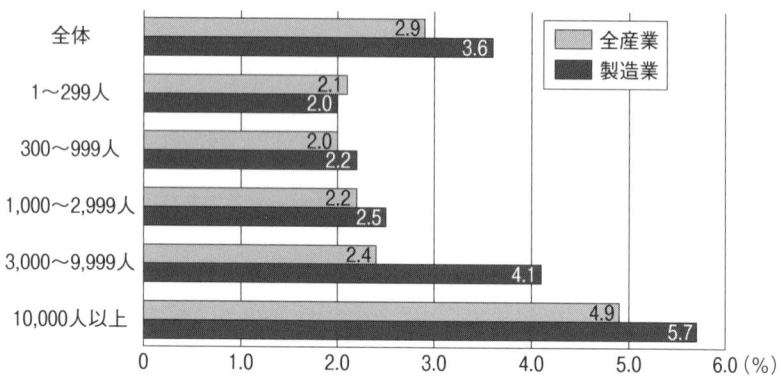

図表1－5　売上高に対する研究開発費の割合（従業者規模別、％）

出所：総務省「科学技術研究調査報告書」2008年版に基づいて筆者作成。

か増加しないことを示している。また、研究開発と企業規模の関係は、産業によって大きく異なる。さらに、規模の小さい企業ほど研究開発が定量化されにくいインフォーマルな形で行われる傾向が強く、研究開発への取り組みが過小評価されがちになる（Kleinknecht 1987, Kleinknecht and Reijnen 1991）。

次に、研究開発のアウトプット面（成果）に注目して、企業規模間の違いを見てみよう。研究開発の成果は、新製品や新製法、特許等の知的財産、研究者

の学術論文など、いくつかの指標を用いて測定することができる。ここでは、統計的にデータの得られる特許出願件数によって研究開発の成果を計ることにする。研究者1人あたり、また研究費1億円あたり年間何件の特許が出願されたかによって、研究開発の生産性を計ることができる。

最新の特許庁「知的財産活動調査」（2008年）によれば、対象産業全体で、2007年に企業の研究者1人あたり平均0.386件の特許が出願された（国内出願0.256件、外国出願0.130件）[5]。研究者1人あたりの特許出願件数は、資本金5千万円未満の企業では0.311件、同5千万円以上1億円未満の企業では0.403件であり、資本金100億円以上の企業（0.566件）と比べてあまり大きな違いはない

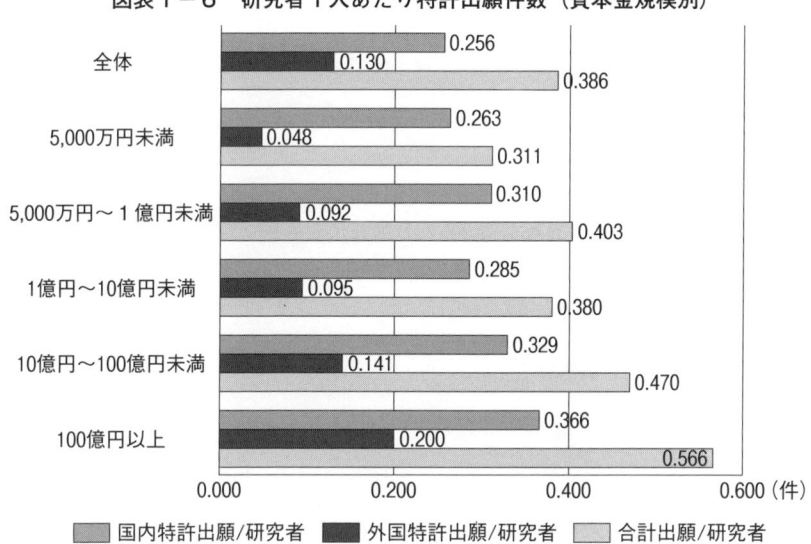

図表1－6　研究者1人あたり特許出願件数（資本金規模別）

出所：特許庁「知的財産活動調査報告書」2008年版より算出・作成。

（5）　この統計は、前々年に特許・実用新案登録・意匠・商標のいずれかを5件以上出願した個人、企業と大学等公的研究機関に対して行われ、主に研究開発のアウトプットとその管理（知的財産の出願・利用とライセンス、知的財産部門の活動）についての前年の実績を調査する。対象産業は、農林水産業、鉱業、建設業、製造業、運輸・公益業、情報通信業、卸売業、小売業、金融・保険業、不動産業、飲食店・宿泊業、その他サービス業（研究開発業など）である。

(**図表１－６**)。他方、研究費１億円あたりの出願件数は、対象産業の全規模平均で2.2件（国内出願1.4件、外国出願0.7件）であるが、規模別にみると資本金100億円以上の企業で2.3件であるのに対し、同５千万円以上１億円未満の企業では5.8件、同５千万円未満の企業では11.4件になり、小規模ほど多くなる（**図表１－７**)。

　この調査は前々年に特許等の産業財産権のいずれかを５件以上出願した企業、つまりイノベーションを実現した企業のみを対象にしているので、上記の数字には当然かなりの上方バイアスが掛かっていると考えられる。この調査に回答した資本金５千万円未満の企業は、すべて2006年に特許等を５件以上出願した企業であるから、翌2007年に平均3.5件の特許を出願しても驚くには当たらない。しかしそれでも、イノベーティブな中小企業の研究開発生産性が、研究費に対する特許出願件数で測定すると、相対的に大企業の水準を大きく上回っていることは注目に値する。

　日本の最近の統計データに見られるこのような傾向は、アメリカではより顕

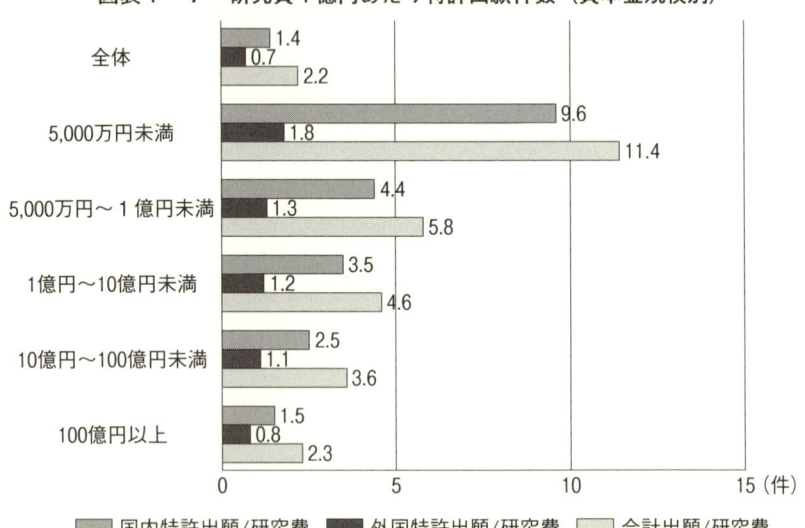

図表１－７　研究費１億円あたり特許出願件数（資本金規模別）

出所：特許庁「知的財産活動調査報告書」2008年版より算出・作成。

著に表れている。合衆国中小企業庁が実施した最近の委託研究によって、1）合衆国特許を15件以上保有する企業の3分の1は中小企業、2）中小企業の特許のサイエンスリンケージ（論文の引用等で計る科学との関連性）は大企業の特許の2倍以上、3）中小企業の特許は、平均被引用回数で見て大企業の特許より高い価値を持ち、被引用回数上位1％に入る特許のうち中小企業の特許は大企業の特許の2倍以上、4）中小企業の従業者1人あたり特許件数は、大企業のそれの13倍以上であることが明らかにされた（アメリカ合衆国中小企業庁 2006、199-201頁）[6]。Plehn-Dujowich（2009）も、研究開発と特許出願を行った小規模企業が研究開発ストック1単位あたり大規模企業の約4倍の特許を出願し、特許登録後の被引用件数（研究開発ストック1単位あたり）で見て、小規模企業の特許の価値が大規模企業のそれより約2倍高いことを報告している[7]。このように、イノベーティブな中小企業は、特許の生産性や質に関して大企業を大きく超える成果を示すのである[8]。

3．シュンペーター仮説と研究開発における規模の経済性

　企業規模と研究開発の関係は、過去半世紀にわたって、イノベーションの経済分析の中心課題のひとつであった。はじめてイノベーション（ないし「新結合」）を経済学の中に明確に位置づけたシュンペーターは、その担い手として完全競争企業ではなく、ある程度の規模や市場支配力を持つ企業を想定した。この考えをまとめた以下の2つの仮説が、一般にシュンペーター仮説と呼ばれるものである（小田切 2001、179頁）[9]。
①規模の大きい企業ほど、研究開発を比例以上に活発に行う。

（6）　この調査は、1996年から2000年の間に15件以上の合衆国特許を保有していた1,071社の合計約19万4千件の特許を分析している。なお、ここでは全産業にわたって従業者数500人未満の企業を中小企業と定義している。
（7）　ここでは企業規模が中央値以上のものを大規模企業、中央値以下のものを小規模企業としている。1976年に出願され、後に登録された特許の件数を計測し、それらの1976年から2002年までの被引用件数をカウントしている。
（8）　Plehn-Dujowich（2009）は、企業規模の内生的決定と研究開発の規模に関する収穫逓減を前提に、この点を理論的に解明している。

②集中度の高い市場ほど、また企業の市場シェアが高いほど、研究開発は活発
に行われる。

　企業規模との関係に限定すれば、この仮説の主な根拠として、研究開発に規模の経済があることと（大規模に行うほど効率的である）、大企業のほうが豊富な内部資金を持ち、外部資金の調達機会に恵まれ、規模と多角化によって研究開発にともなうリスクを負担する能力も高く、また製造・販売・財務などの補完的機能が充実していて、研究開発の成果を自分で享受しやすい（専有可能性が高い）ことが挙げられる（Cohen and Levin 1989, Cohen 1995）。市場集中度ないし市場シェアについては、研究開発のための資金が外部から調達しにくいため、競争制限によって超過利潤を得ている（高集中産業の）企業のほうが内部資金（キャッシュ・フロー）も豊富で研究開発を行いやすいと考えられる。また、市場シェアの高い企業のほうがブランド力も強く、流通網もできていることが多いので、イノベーションの成果を販売しやすく、収益が大きいと予想される[10]。

　これらのいわゆるシュンペーター仮説をめぐって、アメリカを中心に、多くの研究が行われてきた[11]。しかし、その結果は、全体としてシュンペーター仮説を支持するものとは言いがたい。企業規模については、研究開発投資が一律に企業規模の比例以上に増加するという一般的な結論は得られていない。最近では、企業規模や市場集中度よりもむしろ技術の専有可能性（appropriability）や技術機会（technological opportunity）のような産業固有の基本的な要因が、研究開発活動の決定要因としてはより重要であるとされる[12]。

　日本では、研究開発活動の決定要因に関する計量的な研究は少ない。植草

---

(9)　なお、これらの仮説はシュンペーター自身が提起したものではなく、彼の考えに基づいて後の研究者たちが提唱したものである。シュンペーター自身は、企業規模ないし市場集中度と研究開発の間に単純な関係を想定していない。

(10)　市場集中度と研究開発の関係についての詳細は、小田切（2001）の180頁以降を参照。

(11)　これについては、Cohen and Levin（1989）やCohen（1995）によるサーベイを参照されたい。

(1982)、土井 (1986)、土井 (1993) は企業規模と研究開発支出の間に比例的な関係ないし比例以上の関係を見いだしているが、分析対象は大企業に限定されている。中小企業の研究開発活動の決定要因に関する研究は、次節で紹介する岡室 (2004) (2005) 等に限られる。

　シュンペーター仮説の根拠のひとつは、上述のように、研究開発における規模の経済である。しかし、多くの先行研究の結果は、むしろ反対に、研究開発における規模の不経済を示唆するものである。たとえば、1999年度に公開された特許出願件数を用いた中小企業庁の推計によれば、研究開発費の1％の増加は特許出願件数を約0.6％しか増加させない（中小企業庁編 2002、105頁）。海外の先行研究も、おおむね同様の結果を示している[13]。つまり、研究開発費の増加に対して、特許出願件数は比例的以下にしか増えないのである。したがって、研究開発と特許出願をともに行うイノベーティブな企業については、規模が小さいほど（研究開発費が少ないほど）研究開発の生産性が高いということになる。また、前節で確認したように、規模が小さいほど特許の質も高くなる傾向が見られる。

　ではなぜ、研究開発に規模の経済が働きにくく、小規模企業ほど研究開発の生産性が高いのか。第5節で述べるように、中小企業では研究開発のプロセスにおける意思決定が早く、状況変化への機動的・柔軟な対応が可能であり、また企業家や研究者のイノベーションへのインセンティブが高いために、研究開

(12) 専有可能性とは、革新者が研究開発からの利益のどれだけを確保できるかということであり、これが十分に高ければ革新者は研究開発投資から十分な利益を確保できる見込みがあるので、研究開発が活発に行われることになる。他方、技術機会が豊富な産業とは、密接に関連する科学分野の進展が著しく、新製品や新製法に結びつきやすい知識が豊富に存在するため、研究開発が効率的・効果的に行われやすい産業である。
(13) 推定された係数は、Pakes and Griliches (1980) によれば0.61、Hausman et al. (1984) によれば0.81、Henderson and Cockburn (1996) によれば0.4と0.5の間、Nesta and Saviotti (2005) によれば0.65、Plehn-Dujowich (2009) によれば0.73であり、いずれも1よりも有意に低い。なお、これらの係数は、研究開発費と特許出願件数の両方について正の値が得られる企業を対象にして、特許出願件数の自然対数を研究開発費の自然対数に回帰することによって推定される。

発の生産性が高くなることが考えられる。さらに、Cohen and Klepper（1992）によれば、大企業は中小企業よりも広い市場を相手にしているため、イノベーションからの期待収益はニッチ市場を相手にする中小企業よりはるかに大きく、研究開発費を相対的に多く支出する傾向がある。その結果、研究開発の限界生産性が中小企業より低くなるというのである。

4．研究開発に取り組む中小企業の特徴

　これまでの議論から、研究開発に取り組む中小企業は相対的に見て大企業よりも革新的であることが明らかになった。しかし、はじめに見たように、実際に研究開発を行う企業は全体のごく一部にすぎない。では、どのような中小企業が積極的に研究開発を行うのだろうか。以下、岡室（2004）と岡室（2005）を要約する形で、中小企業における研究開発の決定要因について考察する。研究開発投資の決定要因に関する計量的な分析は他にも行われているが（たとえば土井 1986、土井 1993、後藤他 2002）、岡室（2004）の分析の特徴は、大量の未上場中小企業を対象にしていること、また中小企業について一般に入手しにくい企業財務や経営者属性、出資者・取引銀行に関する情報を用いていることである。

　研究開発の決定要因に関するこれまでの経済学的な議論は、いわゆるシュンペーター仮説に基づいて企業規模と市場集中度、さらに産業固有の要因に注目するものと、規模以外の企業固有の要因、特に資金調達に注目するものに大別される（後藤他 2002）。

　研究開発投資に関する最近の研究で注目されているのは、企業規模以外の企業固有の要因、特に資金調達に関する変数である。資本市場が完全であり、資金の提供者と受給者の間に情報の非対称性がなければ、内部資金（キャッシュフロー）と外部資金（株式・社債・銀行借入による調達）の間に資本コストの差は生じない。しかし現実には資本市場は不完全で、特に研究開発のようにリスクの高い行動については情報の非対称性が大きな問題になる。そのためモニタリングのコストやリスク・プレミアムがついて外部資金のコストは割高になり、研究開発投資は内部資金の量に制約される。したがって、内部資金が豊富な企業ほど研究開発に多くの投資ができるということになる[14]。

とくに未上場の中小企業には元々直接金融によって資金を調達する可能性は少なく、資金調達の主要な方法は、経営者及びその関係者の自己資金を含む内部資金と銀行借入に限定される。しかし、銀行借入による資金調達は研究開発投資の資金源には適さない。資金の貸し手はプロジェクトがどれほど成功しても最初に取り決めた一定の利子しか得られず、プロジェクトが失敗した場合には利子だけでなく元本を回収できないリスクを負うからである。特に研究開発には大きなリスクがともなうため、公的な補助金あるいは信用保証がない限り、研究開発プロジェクトに対して銀行は融資を行わないか、あるいは高い利子率を要求する。したがって、中小企業の研究開発は、内部資金に強く依存しているのである[15]。

以上の議論に基づいて、岡室（2004）は、中小企業の研究開発活動の決定要因を、主に企業規模・産業属性の視点と資金調達方法の視点から計量的に分析する。より具体的には、企業が研究開発を行うかどうかは、1）企業規模、2）経営者属性（社長の学歴）、3）資金調達に関する属性（内部資金、株主・出資者の数、銀行借入比率、主たる取引銀行の業態）、4）産業属性（技術専有可能性、技術機会、需要成長率）に依存する、と想定される。

企業の財務データに研究開発費の記載がある場合に1、ない場合に0をとるダミー変数を被説明変数とし[16]、研究開発を行う確率を、上記のそれぞれの属性にかかわる説明変数に回帰するモデルを推計する（プロビット分析）。企業

---

[14] Hall（2002）は、研究開発資金の調達に関する最近の優れた研究展望論文のひとつである。

[15] Acs and Isberg（1991）および Himmelberg and Petersen（1994）は、資本市場の不完全性のために、ハイテク分野の中小企業の研究開発投資に対してキャッシュフローが有意に影響していることを示した。

[16] ただし、記載された研究開発費が0である場合には、この変数の値も0とする。また、研究開発費を計上していても、それがデータベースに記載されていないケースが実際にはあるかもしれないが、ここではそのようなことは少ないと想定されている。分析対象企業のうち研究開発費のデータが得られる（研究開発ダミーが1になる）のは17％であるが、対象時期に研究開発を行った製造業中小企業の割合は総務省「科学技術研究調査」によれば10％前後であるから、研究開発費のデータがない企業の多くが研究開発を行っていたとは考えにくい。

規模の変数として従業者数の自然対数、社長学歴の変数として大学卒業かどうかのダミー変数、内部資金の変数として売上高に対するキャッシュフロー（税引き後当期利益＋減価償却費）の比率を用いる。主たる取引銀行の業態として都市銀行、地方銀行、第2地方銀行、信用金庫・信用組合を区別する。産業の属性のうち、技術の専有可能性と技術機会の変数は文部科学省科学技術政策研究所（2004）のデータを元に作成し、需要成長率は経済産業省「工業統計調査」産業編から算出した。

分析の対象企業は、ビューロー・ヴァン・ダイク社のJADEデータベースに収録されている日本企業約11万社のうち、直近の財務データの得られる製造業未上場中小企業（従業者数300人以下）13,830社である。ただし、いくつかの変数に欠損値が多く含まれるため、実際に推計に用いられたのは9,888社のデータである。これらの企業の産業別構成は総務省「2001年事業所・企業統計調査報告」による会社企業の産業別分布に近似しており、産業別構成についてはサンプルに十分な代表性があると言える。

推計結果はおおむね予想通りであり、研究開発活動に対して企業規模、社長の学歴、キャッシュフロー比率、株主・出資者数、専有可能性は有意な正の効果を示す。つまり、規模が大きく、内部資金が豊富で、外部からの出資の可能性が高いほど研究開発は活発に行われる。また、社長が大卒である場合はそうでない場合と比べて、技術の専有可能性の高い産業ではそれが低い産業と比べて、企業が研究開発を行う確率は高い。銀行借入比率の影響は統計的に有意ではないが、都市銀行が主たる取引銀行である場合は、それ以外の場合より研究開発を行う確率が高い。このように、研究開発活動に対して企業規模、内部資金と専有可能性が有意な正の効果を持つことは、多くの先行研究と一致する。しかし、経営者の学歴と主たる取引銀行の業態が研究開発活動に有意に影響するという結果は、先行研究で明示的には検証されていない、新たな発見である[17]。

---

(17) Scherer and Huh（1992）は大企業の社長の出身学部が研究開発集約度に有意に影響することを明らかにしたが、中小企業の社長の学歴水準はこれまで考慮されてこなかった。岡室（2004）では、社長の学歴水準を、経営者の能力および研究開発志向の代理変数として用いている。

中小企業の中でも最近とくに関心と期待を集めているのは、新規開業（スタートアップ）企業である。新たな企業は新しいアイディアに基づく製品やサービスをもって市場に参入し、あるいは新たな市場を自ら開拓する（中小企業庁編 2004）。成熟企業もイノベーションを行い、技術進歩に貢献するが、新たな企業の研究開発や技術革新への貢献は決して無視できない。しかし、新規開業企業が研究開発をどの程度行っているかについては、統計調査が行われていないこともあり、ほとんど知られていない[18]。さらに、どのような要因が新規開業企業の研究開発に影響するかについては、これまで本格的な研究がほとんど行われてこなかった。そこで、岡室（2005）（英語版は Okamuro 2009として刊行）は、前掲の岡室（2004）と同じデータベースから製造業における設立後15年以内の若い企業を選び[19]、研究開発活動の決定要因を企業別・産業別・地域別データを組み合わせて計量的に分析している。以下、この論文の内容を要約して解説しよう。

　岡室（2005）の分析モデルは、岡室（2004）とは異なり、研究開発を行うかどうかだけでなく、研究開発集約度（売上高に対する研究開発費の割合）をも被説明変数にしている。また、地域属性に関する2つの変数（企業の立地する都道府県内の研究機関の数と、その都道府県の就業者に占める専門的・技術的職業従事者の比率[20]）を新たに追加しているところが重要な特徴である。さらに、企業属性のひとつとして業歴（設立後の経過年数）を加えている。分析対象は、

---

(18)　筆者の知る限り、新規開業企業の研究開発に関する、体系的な調査に基づく最初の研究は、伊藤・明石（2005）である。（財）中小企業総合研究機構の2002年の調査に基づく彼らの研究は、アンケート調査結果に基づくためにサンプルの偏りの問題があるが、研究開発を行う新規開業企業の比率や研究開発集約度が、中小企業全体と比べてはるかに高いことを示している。

(19)　スタートアップ期を開業から何年までと考えるかについて統一的な定義はないが、一般には数年間、長く見ても10年前後であろう。しかし岡室（2005）では、データの制約により、設立から15年までをスタートアップ期とする。

(20)　専門的・技術的職業とは、「日本標準職業分類」（平成9年改訂）によれば、科学研究者、各種技術者、医師・薬剤師・保健士・看護士等保健医療従事者、社会福祉専門職業従事者、弁護士等法務従事者、公認会計士等経営専門職業従事者、教員、芸術家等である。

前述のJADEデータベースから抽出された製造業中小企業1,593社と、そのうち設立後15年以内のスタートアップ企業92社である。2つのサンプルに関する分析結果を比較することで、スタートアップ期中小企業の研究開発の決定要因を明らかにできると考える。

上記の2つの地域属性変数は、地域における高度な技術知識と人的資本の集積度を示す。Roper (2001)、Bagella and Becchetti (2002)、Smith et al. (2002)、Beaudry and Breschi (2003) 等の先行研究は、都市化と集積の進んだ地域ほど中小企業の研究開発が促進されるかどうかを分析しているが、岡室（2005）の独自の貢献は、スタートアップ企業について知識集積の効果を検証する点に見られる。

分析の結果、需要成長率を除いて、企業属性（企業規模、社長の学歴、内部資金）、産業属性（専有可能性、技術機会）、地域属性（研究機関数、専門的・技術的職業従事者比率）はすべて製造業中小企業の研究開発を促進する効果を持つことが検証された。ただし、研究開発を行うかどうかの決定要因と研究開発集約度の決定要因にはいくつかの違いがある（学歴、内部資金、技術機会はこれらの一方にのみ有意な効果）。また、若い企業ほど研究開発を行う確率も研究開発集約度も高いということが明らかにされた（**図表1－8**）。

図表1－8　中小企業の研究開発の要因

変　　数	製造業中小企業一般		スタートアップ企業	
	研究開発実施確率	研究開発集約度	研究開発実施確率	研究開発集約度
企　業　規　模	＋＋＋	＋＋＋	＋＋	＋＋＋
企　業　業　歴	－－	－－－		
社　長　大　卒	＋			
内　部　資　金		＋＋		
専　有　可　能　性	＋＋＋	＋＋＋	＋＋	＋＋＋
技　術　機　会		＋＋＋		＋＋＋
需　要　成　長　率		－－－		
研　究　機　関　数		＋＋＋		＋＋＋
専門技術職集積度	＋＋	＋＋＋		＋＋＋

注）岡室（2005）を元に筆者作成。正の符号は正の有意な効果、負の符号は負の有意な効果を示す。
　　＋＋＋と－－－は1％水準、＋＋と－－は5％水準、＋は10％水準で統計的に有意。

スタートアップ企業のサブサンプルによる分析の結果をみると、中小企業一般と異なり、業歴、社長学歴、内部資金は研究開発に有意な効果を持たない。研究開発を行うかどうかと研究開発集約度の両方に影響するのは企業規模と専有可能性のみであり、技術機会と地域変数は研究開発集約度のみに有意な効果を持つ。社長の学歴や内部資金の余裕がスタートアップ企業では研究開発の程度に関連しないという結果は予想と異なり、この点については一層の分析と考察が求められる。また、データの制約のため、岡室（2005）の分析は岡室（2004）と同様に研究開発費というフォーマルな指標のみによって研究開発活動を把握し、インフォーマルな活動を考慮していない。この点には十分な留意が必要である。

以上の結果をまとめると、研究開発に積極的に取り組む中小企業の一般的な特徴として、1）規模が比較的大きい、2）若い（業歴が浅い）、3）社長の学歴が高い、4）キャッシュフローが多い、5）都市銀行から借り入れをしている、5）技術の専有可能性の高い事業を行う、6）専門的な知識と人材が集積した地域に立地している、ということが言えそうである。これに加えて、最近の研究（Okamuro and Zhang 2006; Da Rin and Penas 2007）は、ベンチャー・キャピタルからの出資が未上場中小企業の研究開発を促進することを指摘している。

5．中小企業のイノベーションの特徴と戦略

第2節で、中小企業と大企業の研究開発の量的な違いを考察したが、質的な違いも重要である。中小企業のイノベーションは、大企業のそれとどのように異なるのだろうか。

第1に、中小企業のイノベーションにおいてはとくに経営者のリーダーシップが重要な役割を果たす（中小企業庁編 2009）。このことは、以下に挙げる他の特徴に直接関連する。中小企業は一般的に大企業よりも経営組織が単純で分権化も進んでおらず、経営者の資質と考え方が経営全体により強く影響する。また、製造等の現場への経営者の関与も強い。これはイノベーション活動にもそのまま当てはまると考えられる。

第2に、第2節で示したように、中小企業は小規模であるために資金や人材

の制約を強く受けやすく、フォーマルな研究開発支出が大企業よりも相対的に少ない。むしろ、経営者や兼務従業員が日常業務の延長として取り組むインフォーマルな活動が、重要な意味を持つ（Kleinknecht 1987、中小企業庁編 2009）。

第3に、中小企業の一般的な強みとしてしばしば指摘される機動性と柔軟性は、イノベーションへの取り組みにも当てはまる。中小企業はイノベーションに関する意思決定を素早く行うことができ、また状況の変化に柔軟に対応できる。これは、「大企業の研究開発の実施方法や組織運営には、官僚的な特色がある」（アメリカ合衆国中小企業庁 2006、199頁）のとは対照的である。

第4に、中小企業では意思決定のプロセスが単純であるために発明者のアイディアが実現しやすく、大企業に比べて発明者が高いリスクを負い、強いインセンティブを持つ。したがって、リスクの高い画期的なイノベーションは中小企業で生まれやすい。アメリカ合衆国中小企業庁（2006）によれば、「大企業に内在する研究開発プロセスに対する保守性が、大企業は漸進的改善に特化し、画期的な発明がともなう未知のリスクを避ける方向にもっていく」のであり、「未知のリスクは多くの場合、中小企業や創業間もない企業に託され、進取の気性に富んだ企業家によって導かれる。」（同199頁）。中小企業庁編（2005、62-63頁）も、大規模なアンケート調査の結果に基づいて、規模の小さい企業ほど競合他社がまったく手を付けていない独自の研究開発を行うことが多く、また製品開発の面では「市場においてまったく新しい製品」に取り組む割合が高いことを示している[21]。

第1節で、中小企業と大企業の市場の棲み分けを考察したが、このような性質に基づいて、両者はイノベーションに関しても棲み分けを行っていると考えることができる。Rothwell and Zegveld（1982）は、いくつかの国における中小企業のイノベーションを注意深く観察した結果、必要資本が少なく、大規模な研究開発や大量販売が必要でない分野では、とくに産業発展の初期段階で中小企業にイノベーションの優位性があると結論づけた。アメリカ合衆国中小企

---

(21) ただしこれについては、認識の違いや、競合他社による模倣・追随の程度、競合他社の戦略・市場の状況に関する情報の不足に影響される面もあるので、注意が必要である。

業庁（2006）も、中小企業（の一部）が画期的なイノベーションを追求し、大企業がそれを受けて技術の漸進的な改善を受け持つという分業関係が一般的に見られることを指摘している。中小企業庁編（2009）は、中小企業を「ニッチ市場でのイノベーションの担い手」と位置づけている（同46頁）。

中小企業のイノベーション戦略の事例研究は日本でもさまざまに行われているが、統計的な把握はあまり進んでいない。2003年に文部科学省科学技術政策研究所（NISTEP）が実施した「全国イノベーション調査」の報告書（文部科学省科学技術政策研究所 2004）が、現在のところ、この点に関する唯一の体系的かつ包括的な調査資料である[22]。この調査の結果によれば、中小企業のイノベーション戦略には大企業と比べてとくに際立った特徴はない。むしろ、中小企業の特徴はイノベーション戦略の弱さにある。以下に示すように、大企業のほうが様々な戦略をより積極的に用いる傾向が見られる。

まず、企業規模が大きいほど、イノベーションのために企業内外の多くの情報源を活用している。どの情報源についても従業者数250人以上の大規模層のほうが同50人未満の小規模層よりも利用企業の比率が高く、その重要度もおおむね高い。たとえば、新規のイノベーション・プロジェクトに関して販売先を情報源として利用したのは、製造業の大規模企業で81％、小規模企業で67％である。大学を情報源としたのは大規模企業で56％、小規模企業では23％である。

次に、企業規模が大きいほど、外部の組織とイノベーションのための協力の取り決めを行った企業の割合が高く、協力相手の範囲も広い。製造業についてみると、研究開発を行った企業の中で協力の取り決めを行った企業の比率は、大規模企業では54％であるが、小規模企業では21％である。そのような取り決めを行った企業だけをみると、グループ内他企業、仕入先、販売先、同業者、大学、研究機関等のすべてにおいて、大規模企業のほうが連携に積極的であり、

---

[22] この調査は、1999年から2001年までの3年間を対象期間として2003年に実施され、全国の従業者数10人以上の企業を対象とする。回答数は9,257、回答率は21％である。農林水産業、鉱業、製造業、電気・ガス・熱供給・水道業およびサービス業の一部（卸売業、運輸・通信業、金融・保険業、ソフトウェア業、情報処理・提供サービス業、学術研究機関等）を対象分野とする。従業者数250人以上の企業は悉皆調査、それ以下の企業は標本調査である。

とくに大学との協力について小規模企業との差が明瞭である。

さらに、企業規模が大きいほど、イノベーションを保護するために特許出願を行う傾向が強いが、特許以外の方法（企業機密、商標、意匠登録、リードタイム等）を用いることも多い。イノベーションを実現した製造業の企業のうち特許出願を行ったのは、大規模層で75％、小規模層で26％であった。企業機密にするのは大規模企業67％に対して小規模企業38％である。小規模企業では、特許以外で保護の方法として用いられるのは主に企業機密（38％）とリードタイム（25％）であり、大規模企業で商標（52％）や意匠登録（47％）がよく用いられるのとは対照的である。

以上の結果については、大規模企業のほうがより多くの専門的研究者を抱え、同時にいくつものプロジェクトを実施し、様々な成果を得ているので、情報源が広く、外部組織との協力も多く、いろいろな方法を使ってイノベーションを保護するのは、いわば自明と言えるかもしれない。

6．むすび

本書のテーマである企業間や産学官の共同研究は、参加企業が自ら研究開発に取り組んでいることを前提とする。本章の課題は、このような技術連携について分析や考察を行う前に、中小企業の研究開発やイノベーションへの取り組みについて、官庁統計や大規模調査のデータを用いて、以下の4つの論点に対して定量的な回答を与えることであった。

(1) 中小企業の研究開発への取り組みの程度は、大企業と比べてどのくらいであるのか

中小企業の中で研究開発を行う企業の割合は、大企業に比べてきわめて低い。中小企業のうち、研究開発を行うのは僅か数％である（製造業では1割程度）。また、研究開発を行う企業についても、中小企業のほうが大企業より研究者や研究費の比率が低い。しかし、革新的な中小企業に限定すると、特許出願で計った研究開発の生産性はむしろ大企業よりも高い。このように、一部の革新的な中小企業が大企業よりも高いイノベーションの生産性を示すことは、アメリカでも指摘されている。

(2) 中小企業は研究開発において大企業よりも一般的に不利なのか

　規模の大きい企業や集中度の高い市場の企業のほうが研究開発に比例以上に積極的に取り組むという、いわゆるシュンペーター仮説は、日本を含む多くの実証研究によって支持されたとは言えない。また、研究開発の成果については、先行研究はむしろ研究開発に関する規模の不経済性（収穫逓減）を検証している。つまり、研究開発を行った企業に限定すれば、規模が大きいほど研究開発の成果は相対的に少なくなるのである。したがって、少なくとも成果に注目する限り、中小企業は必ずしもイノベーションにおいて大企業より不利であるとは言えない。

(3) どのような中小企業が研究開発に取り組む傾向にあるのか

　筆者自身の分析の結果によれば、研究開発に積極的に取り組む中小企業の一般的な特徴として、規模が比較的大きく、業歴が浅く、社長の学歴が高く、内部資金（キャッシュフロー）が多いことが挙げられる。都市銀行からの融資やベンチャー・キャピタルによる出資といった外部資金源やガバナンスも、研究開発に影響する。さらに、技術の専有可能性が高いという産業特性と、専門的な知識と人材の集積という周辺地域の特性も、中小企業の研究開発を促進する。

(4) 中小企業のイノベーションへの取り組み方は、大企業と比べてどのように異なるのか

　大企業と中小企業の研究開発における質的な違いについては、これまでに以下のような指摘がなされている。すなわち、中小企業は小規模であるために資金や人材の制約を受けており、研究開発に対してインフォーマルな取り組みが多い。組織が単純であるために機敏な意思決定ができ、状況変化に柔軟に対応できる。高いリスクとインセンティブに基づいて、画期的なイノベーションを生み出すことができる。

　最近の大規模な調査によって、大企業と中小企業では研究開発への取り組み方法に重要な違いがあることが示された。企業規模が大きいほど、イノベーションのために多くの外部情報源を活用し、他企業や大学等とイノベーション

のための協力の取り決めを行う可能性が高い。また、規模が大きいほど、イノベーションを保護するために特許出願を行う傾向が強いが、特許以外の様々な方法を用いることも多くなる。

　以上より、中小企業はイノベーションに対して大企業と異なる取り組みを行っていることが明らかにされた。次章以降の内容に関してとりわけ重要なのは、規模が大きいほど他企業や大学等との連携を行う企業の割合が高くなることである。中小企業には研究開発のための資金や人材が少ないため、中小企業にとってこそ外部機関と連携し、イノベーションに関する情報を獲得することは重要だと考えられるが、実際のところ、企業規模が小さいほど技術連携を行う企業が少なくなるのである。そこで、次章以降、技術連携の要因や効果について、独自のアンケート調査の結果に基づいて順次分析していくことにする。

【コラム】研究開発型スタートアップ企業のイノベーション

　研究開発型のスタートアップ企業が注目を集めているが、そのような企業に関するデータが乏しく、どのようにイノベーションに取り組んでいるのか、それが時間の経過とともにどのように変化するのかは、これまでほとんど知られていない。そこで、筆者を代表とする研究グループは、日本学術振興会からの助成を受けて2008年度に開始された研究プロジェクト「研究開発型企業のライフサイクルとイノベーションに関する定量的・定性的研究」において、新規開業企業に対する追跡調査を通じて、研究開発への取り組みとその変化を動態的に把握しようとしている。

　2007年1月以降の新設法人企業約14,000社（製造業とソフトウェア業）を対象として2008年末に行われた第1回調査では、回答企業約1,500社のうち約3分の2が、開業時または調査時点に研究開発に従事する正社員がいるか、経営者自身が研究開発に携わっているという意味で、研究開発型企業に区分された[23]。この調査結果に基づいて、研究開発型スタートアップ企業のイノベーションへの取り組みを概観してみよう[24]。

　まず、研究開発型スタートアップの創業者の半分以上が、開業前から研究開発に取り組んでいた。開業以前に新製品を開発していたケースが

30％、特許を出願していたケースも21％ある。ソフトウェア業よりも製造業で、開業前に研究開発の成果を出していた企業家の割合が高い。開業前に開発した新製品は平均4.3件（中央値2件）、開業前に出願した特許は平均5.0件（中央値2件）である。

調査対象企業はまだ開業したばかり（5ヶ月〜2年未満）であるが、開業後に新製品を開発した企業が28％、特許を出願した企業が11％あることは興味深い。開業後の新製品開発の平均は5.9件（中央値2件）、特許出願の平均は2.3件（中央値1件）である。

研究開発に関する外部の情報源は様々であるが、重要な情報源として挙げられたのは販売先（54％）、同業他社（48％）、仕入先（39％）、見本市・展示会（32％）である。新規開業企業が取引先や同業者、とくに販売先から重要な技術情報を得ていることが分かる。

研究開発型スタートアップは、小規模の割には共同研究開発に積極的である。全体の約3割が取引先企業と、約1割が大学と共同研究開発を行っている。取引先や大学等から技術指導を受けたことのある企業の割合はこれよりさらに高い。しかし、企業間の技術取引は低調で、他社へライセンスを供与したのは7％、他社からライセンスを受けた企業は9％に過ぎない。

年間換算した研究開発支出額の平均値は約500万円、中央値は0円である。目標額（十分な研究開発を行うのに必要な金額）の平均が1,500万円弱（中央値300万円）であるので、研究開発型スタートアップは平均で目標額の3分の1しか研究開発に投資できていない。研究開発費の「目標達成率」（実績/目標）の平均値は30％、中央値は20％である。研究開発支出の中央値が0円ということは、半分以上の企業が研究開発費を支出していない（現

---

(23) このことから、製造業とソフトウェア業の新規開業企業全体の3分の2が研究開発型であると結論づけることはできない。研究開発に取り組む企業のほうが回答率が高いというサンプル・セレクション・バイアスの可能性を否定できないからである。

(24) このプロジェクトと第1回調査結果の詳細については、同プロジェクトのホームページ（http://www.econ.hit-u.ac.jp/~hokamuro/）を参照されたい。

在は研究開発を中止しているか、インフォーマルに行っている）ことを意味する。これらの企業のほとんどは開業時に予定通りの開業資金を調達できているのだが、研究開発資金の調達は開業資金の調達よりもはるかに困難だということである。

　実際、ほぼ半数（50%）が、研究開発について現在直面している問題として、「研究開発のための資金調達が困難である」ことを挙げている。それに次いで多いのは「研究者・技術者の確保が困難」である（40%）。「とくに問題はない」という企業は18%にとどまる。

　なお、経営成果をみると、研究開発型企業のほうが、その他の企業と比べて採算が「赤字基調」という回答の割合が高い（52%、差は統計的に有意）。研究開発型企業のほうが研究開発の費用が多く掛かり、研究開発から利益を得るまでに時間が掛かることから、黒字を達成しにくいと考えられる。また、予想月商の達成率（開業時の予想と現状の比率）の中央値がその他企業では100%（当初の予想通り）であるのに対し、研究開発型企業では80%である（現実は期待を2割下回る）。研究開発型企業では将来の売上への期待が大きい一方で、技術の商品化に時間が掛かるために、計画達成率が低いのかもしれない。

【参考文献】

Acs, Z. and S. C. Isberg (1991), "Innovation, firm size, and corporate finance", *Economics Letters* 35, pp. 323-326.

Bagella, M. and L. Becchetti (2002), "The 'geographical agglomeration – private R&D expenditure' effect: Empirical evidence on Italian data", *Economics of Innovation and New Technology* 11, pp. 233-247.

Beaudry, C. and S. Breschi (2003), "Are firms in clusters really more innovative?", *Economics of Innovation and New Technology* 12, pp. 325-342.

Cohen, W. M. and R. C. Levin (1989), "Empirical Studies of Innovation and Market Structure", in R. Schmalensee and R. D. Willig eds., *Handbook of Industrial Organization*, Vol. II, Chapter 18, North-Holland, pp. 1059-1107.

Cohen, W. M. and S. Klepper (1992), "The Anatomy of Industry R&D Intensity

Distributions", *American Economic Review* 82, pp. 773-799.
Cohen, W. M. (1995), "Empirical Studies of Innovative Activity", in P. Stoneman ed., *Handbook of the Economics of Innovation and Technological Change*, Blackwell, pp. 182-264.
Da Rin, M. and M. F. Penas (2007), "The Effect of Venture Capital on Innovation Strategies", NBER Working Paper Series No. 13636, National Bureau of Economic Research.
Hall, B. (2002), "The Financing of Research and Development", *Oxford Review of Economic Policy* 18, pp. 35-51.
Hausman, J., Hall, B., and Z. Griliches (1984), "Econometric Models for Count Data with an Application to the Patents-R&D Relationship", *Econometrica* 52, pp. 909-938.
Henderson, R. and I. Cockburn (1996), "Scale, Scope, and Spillovers: The Determinants of Research Productivity in Drug Discovery", *RAND Journal of Economics* 27, pp. 32-59.
Himmelberg, C. and B. Petersen (1994), "R&D and Internal Finance: a Panel Study of Small Firms in High-Tech Industries", *Review of Economics and Statistics* 76, pp. 38-51.
Kleinknecht, A. (1987), "Measuring R&D in small firms: How much are we missing?", *Journal of Industrial Economics*, 36, pp. 253-256.
Kleinknecht, A. and Reijnen, J.O.N. (1991), "More evidence on the undercounting of small firm R&D", *Research Policy*, 20, pp. 579-587.
Nesta, L. and P. P. Saviotti (2005), "Coherence of the knowledge base and the firm's innovative performance: Evidence from the US pharmaceutical industry", *Journal of Industrial Economics* 53, pp. 123-142.
Okamuro, H. and J. X. Zhang (2006), "Ownership Structure and R&D Investment of Japanese Start-up Firms", COE-RES Discussion Paper Series No. 160, Hitotsubashi University.
Okamuro, H. (2009), "Determinants of R&D Activities by Start-up Firms: Evidence from Japan", in J. E. Michaels and L. F. Piraro eds., *Small Business: Innovation, Problems, and Strategy*, Nova Science Publishers, Chapter 1.
Pakes, A. and Z. Griliches (1980), "Patents and R&D at the firm level: A first report", *Economics Letters* 5, pp. 377-381.
Plehn-Dujowich, J. M. (2009), "Firm size and types of innovation", *Economics of Innovation and New Technology* 18, 205-223.
Roper, S. (2001), "Innovation, Networks and Plant Location: Some Evidence for Ire-

land", *Regional Studies* 35, pp. 215-228.

Rothwell, R. and W. Zegveld (1982), *Innovation and the small and medium sized firm: their role in employment and in economic change*, London (Pinter)（間苧谷努他訳、『技術革新と中小企業：雇用と経済発展への役割』有斐閣、1987年）。

Scherer, F. M. and K. Huh (1992), "Top managers education and R&D investment", *Research Policy* 21, pp. 507-511.

Smith, V., Broberg, A. L. and J. Overgaard (2002), "Does Location Matter for Firms' R&D Behaviour? Empirical Evidence of Danish Firms", *Regional Studies* 36, pp. 825-832.

アメリカ合衆国中小企業庁（2006）『アメリカ中小企業白書2005年版』（中小企業総合研究機構訳編）同友館。

伊藤康・明石芳彦（2005）「研究開発—外部研究機関との連携と補助金の活用」、忽那憲治・高橋徳行・安田武彦編著『日本の新規開業企業』白桃書房、第8章。

植草益（1982）『産業組織論』筑摩書房。

岡室博之（2004）「デフレ経済下における中小製造業の研究開発活動の決定要因」、『商工金融』（商工総合研究所）54巻6号、5-19頁。

岡室博之（2005）「スタートアップ期中小企業の研究開発投資の決定要因」、RIETI Discussion Paper 05-J-015、（独）経済産業研究所。

小田切宏之（2001）『新しい産業組織論　理論・実証・政策』有斐閣。

後藤晃・古賀款久・鈴木和志（2002）「日本の製造業における研究開発投資の決定要因」、『経済研究』（一橋大学経済研究所）53巻、18-23頁。

中小企業庁編（2002）『中小企業白書2002年版』ぎょうせい。

中小企業庁編（2003）『中小企業白書2003年版』ぎょうせい。

中小企業庁編（2004）『中小企業白書2004年版』ぎょうせい。

中小企業庁編（2005）『中小企業白書2005年版』ぎょうせい。

中小企業庁編（2009）『中小企業白書2009年版』経済産業調査会。

土井教之（1986）『寡占と公共政策』有斐閣。

土井教之（1993）「研究開発と企業規模：日本の製造業」、『経済学論究』（関西学院大学）、46巻4号、1-30頁。

文部科学省科学技術政策研究所（2004）『全国イノベーション調査統計報告』、科学技術政策研究所調査資料110。

渡辺幸男・小川正博・黒瀬直宏・向山雅夫（2006）『21世紀中小企業論　新版』有斐閣。

第2章　技術連携の制度・歴史と現状

1．はじめに

　本章の目的は、日本における技術連携の展開を、とくに中小企業に注目しつつ概観することである。第1章で確認したように、中小企業の中でフォーマルな研究開発を行う企業は少なく、中小企業は長い間、イノベーションの主要な担い手とは認識されてこなかった。そのため、企業間および企業と大学等の間の技術連携は、主に大企業について把握され、議論されてきた。しかし、本章で明らかにされるように、最近では技術連携を行う中小企業は決して少なくない。産学官連携にしても、日本では以前から公設試験研究機関が中小企業との技術連携で大きな役割を果たしていたが、国立大学の民間企業との連携においても、中小企業は昨今では大きな比重を占めるようになってきている。むしろ、日本の産学連携は中小企業を中心に進んでいると言ってもよい（榊原・伊地知2001）。今や、日本の技術連携を議論するときに、中小企業による技術連携を軽視することはできないのである。

　序章で議論したように、企業間や産学官の間での技術連携には、参加企業にとっても社会全体にとっても様々なメリットがある。とくに、小規模であるがゆえに経営資源の制約を受ける中小企業にとって、他の企業や研究機関との連携によって、社外の専門知識や高度な科学的知見を得ることは重要な意味を持つ。そのような技術連携が中小企業のイノベーションを促進し、その社会的な便益が社会的な費用よりも大きければ、それを政策的に支援することには十分な意義がある。

　そこで本章では、次章以後の個別の実証分析に先立って、日本における企業間の共同研究開発や産学官連携がどのような制度的背景を持ち、それがどのように変化しているのか、またそれがとくに中小企業にとってどのような意味を持っているのかを明らかにする。さらに、そのような制度的背景の下で中小企業の技術連携がどのように発展し、現在どのような状況にあるのかを、可能な

限り統計資料や調査資料を引用して、大企業のそれと対比させながら定量的に把握する。以下、本章の前半では企業間の共同研究開発、後半では産学官連携の制度と歴史および現状を、中小企業に重点を置いて概観する。

2. 企業間の共同研究開発
2-1. 共同研究開発の類型

　企業間の共同研究開発には、様々なパターンがある。同業者間の共同研究開発もあれば、異業種の企業間のものもあり、それには鋼材メーカーと機械メーカー、自動車メーカーと部品メーカーのように垂直的な取引関係にある企業間の連携も含まれる。国内企業同士の連携もあれば、国境を越えた外国企業との連携もある。大企業同士、中小企業同士、そして大企業と中小企業との共同研究開発もある。参加者の数を見ても、2社のみの連携から数十社によるコンソーシアムまで多様である。大学や公的研究機関を含むプロジェクトもある。

　公正取引委員会が1982年に実施した、製造業企業間の共同研究開発に関する調査（六波羅編 1985）によれば、共同研究開発はその実施形態によって次の3つのタイプに分けられる。①契約に基づくもの、②共同出資により別会社を設立して行うもの、③技術研究組合によるもの、である。この調査は電機・自動車・化学など特定産業の大企業237社を対象にしており、日本の企業間共同研究開発を必ずしも代表するものではないが、大多数の共同研究開発が異業種企業間、とくに垂直的な取引関係にある企業の間で行われていることを明らかにしている。プロジェクト件数でみると①がほとんど（94.2％）で、②と③はそれぞれ0.3％、5.5％にすぎない。

　中小企業の共同研究開発も同様に契約ベースのものが多いが、文書での正式な契約のないインフォーマルなものも少なくない。次章以降の分析で用いられる筆者自身の2005年の調査データによれば、中小企業の共同研究開発プロジェクトのほとんど（9割以上）が正式な組織を持たないインフォーマルなもので、文書化された契約のないプロジェクトも全体の3割近くあった。中小企業に特徴的と考えられる、事業協同組合をベースとする共同研究開発も全体のごく一部（4％）にすぎず、ほとんどのプロジェクトがインフォーマルに行われているのである。

このように、大企業も中小企業も多くの場合は正式の組織を持たずに契約のみに基づいて共同研究開発を行っている。しかし、これまで主に関心を集めてきたのは、技術研究組合に基づく大企業同士の共同研究開発プロジェクトであった。とくに、1970年代後半における超LSI（大規模集積回路）技術研究組合の成功は、アメリカのSEMATECやヨーロッパのESPRIT・EUREKAのような同様の組織の設立を促し、アメリカで1984年にNational Cooperative Research Act（国家共同研究法）が制定されるきっかけのひとつになったと言われている[1]。

２−２．大企業の共同研究組織：鉱工業技術研究組合

技術研究組合（鉱工業技術研究組合）は、1961年制定の「鉱工業技術研究組合法」の下で設立された、企業間の共同研究開発の管理・運営のための組織である[2]。この制度は、1960年代に進展した貿易自由化を背景として、日本企業の研究開発を効率的な共同化によって促進し、欧米先進国への技術的なキャッチアップを図るものであった。

技術研究組合における共同研究の方法は、１）参加企業が共同で設置した研究所に参加企業や大学・公的研究機関の研究者が集まって共同研究を行う、２）研究課題をいくつかのサブテーマに分けて各参加企業に割り振り、各社がそれぞれのテーマについて自社で研究した成果を定期的な会合を通じて共有する、という２つに大別される。成功例として有名な超LSI技術研究組合では第１の方法がとられたが、この方法をとるものは実際にはかなり少なく、ほとんどが第２の方法を採用している。技術研究組合の研究費と運営費の一部は政府の

（１） 超LSI技術研究組合には富士通、日立、日本電気、東芝、三菱電機の５社が参加し、1976年度から４年間、約740億円（うち補助金が290億円）をかけて共同研究を行った。このプロジェクトの詳細については、若杉（1986）176-180頁および宮田（1997）142-149頁を参照。欧米の大規模共同研究開発プロジェクトの事例は宮田（1997）164-172頁および188-200頁に、アメリカの1984年法とその背景については宮田（1997）41-49頁に詳しく記述されている。

（２） 鉱工業技術研究組合に関する以下の論述は、とくに断らない限り、後藤（1993）第５章に基づく。技術研究組合の全体的傾向や評価については、若杉（1986）第14章も参照されたい。

財政支援（委託研究費・補助金）によって賄われ、残りは参加企業が分担した。費用分担について標準的なルールはなく、均等にあるいは売上高に比例して割り振られた。

　日本の技術研究組合は、英国のリサーチ・アソシエーションをモデルにしている[3]。しかし、それが主に伝統産業の小規模企業の共同研究開発を、産業単位の事業者団体の下で補助するものであるのに対して、日本の技術研究組合の参加企業のほとんどは大企業で、複数の業種にまたがり垂直的な取引関係にあるものが多い。また、日本の技術研究組合は、大規模で長期的な、リスクの大きい研究課題に取り組むことと、研究課題の終了後に（もしくは解決困難と判断された場合に）解散することを特徴としている[4]。初期には英国型の研究組合、つまり伝統的産業の中小企業の研究開発を支援するタイプも見られたが、1971年以降設立が増加するとともに組合の規模も拡大し、大企業を中心として政府の主要な研究助成プログラムの受け皿となっていく[5]。1980年代には組合設立がさらに増加したが、研究テーマはより長期的でリスクが高く、基礎研究に近いものに移っていった。

　研究テーマがこのように時代とともに変化していく中で、共同研究の組織も多様化していった。長期的で基礎研究に近い課題は、技術研究組合よりも参加企業が共同設立した研究所で実施される一方、商業化に近い研究開発は相互契

（３）　英国のリサーチ・アソシエーションについての詳細は、宮田（1997）182-185頁を参照。
（４）　中には、次々に新たな研究テーマに取り組み、長期的に活動を続ける組合もある。たとえば、1981年に設立された「バイオテクノロジー開発技術研究組合」は2009年４月時点でも活動を続けているが、これまでに23件の研究事業を終了し、６件を継続中である。各研究事業の期間は２年から10年程度で、しばしば複数の事業が並行して行われる。現在の組合員は医薬品・化学・食品・製紙・電気機械・精密機械・建設等様々な産業に属する57社であるが、各研究事業にはそれぞれ数社が参加し、研究事業ごとに参加企業が異なる。詳細は同技術研究組合ホームページを参照（http://www.ra-bio.or.jp/index.html）。
（５）　若杉（1986）157頁によれば、1980年代初め頃に研究組合による研究開発費は民間の研究開発費全体の1.6％に過ぎなかったが、研究組合への助成金は研究開発への公的助成の47％を占めていた。政府の研究開発助成が主に研究組合を通じて行われたことが分かる。

約に基づく柔軟な企業間連携によって進められるようになった。1990年代後半以降、技術研究組合の新規設立は急減し、組合の数も減少して（吉川2002）、現在も活動しているのは29組合のみである。これは、企業間共同研究の衰退ではなく、その形態が多様化していることの現れであろう。

前述のように、企業間の共同研究開発への関心は、これまで主に大企業間の共同研究開発、とくに政府が支援する技術研究組合に基づくコンソーシアムに向けられていた。それに対して、中小企業が参加する共同研究開発は、それぞれの規模が小さく、非公式なものが多いために注目を集めず、資料も多くはない。中小企業の共同研究開発を支える制度としては、事業協同組合と異業種交流グループが代表的である。つぎに、これらの制度を中心にして、中小企業の共同研究開発の制度と歴史・現状を見てみよう。

2－3．中小企業の共同研究組織

前述のように、中小企業の共同研究開発は多くの場合、特定の企業間組織を利用しない非公式な形で行われているが、一部には事業協同組合をベースとして行われるものもある。特定の企業間組織を利用しない共同研究開発の中には、後述する異業種交流グループを母体としてその参加企業間で行われるものも含まれていると考えられる。以下、中小企業の共同研究開発のための組織として、事業協同組合と異業種交流グループに注目し、それらの制度的背景と発展を概観する。

事業協同組合は、1951年施行（2007年改正法施行）の「中小企業等協同組合法」に基づいて、組合員である中小企業等の相互扶助により、購買、生産、販売、研究開発等の事業を共同で行う法人組織である。事業協同組合は2007年度末に37,584を数え、中小企業の組合の約8割を占める[6]。その22％が製造業、66％が非製造業、12％が（産業大分類レベルで）異業種企業の組合である（全国中小企業団体中央会 2008）。4人以上の事業者の参加を設立要件とし、組合員の有限責任、加入・脱退の自由、議決権の平等が法で定められている。組合員資格

---

(6) その他の組合は、信用組合、協同組合連合会、企業組合、協業組合、商工組合、商店街振興組合等である。

を持つのは同じ地区内の小規模事業者（中小企業者）に限られる。

全国中小企業団体中央会の最近の調査によれば[7]、事業協同組合が行っている事業の主なものは共同購買・仕入（44.0％）、共同受注（24.7％）、共同宣伝（24.7％）、共同販売（21.2％）のような共同化と情報の収集・提供（37.7％）であり、製品・技術の研究開発に取り組む組合は少ない（6.7％）（かっこ内はその事業を行う組合の比率、複数回答方式）。さらにそれを重点事業として行っているのは3.5％にすぎない（**図表２－１**）。ただし、製造業の組合では実施比率はより高い（14.2％）。共同研究開発に取り組む組合の比率がとくに高い業種は繊維・衣服（18.5％）、食料品・飲料（18.2％）、窯業・土石製品（17.5％）である。異業種連携組合の取り組み比率は10.9％である（**図表２－２**）。

事業協同組合のメリットは、法人格と有限責任にある。そのために、外部の組織との契約行為を行いやすく、融資や補助金を受けやすい。事実、後述する「融合化法」の支援対象は組合に限定されていた。他方、事業協同組合は、共同事業によって規模の経済を追求することを重要な目的のひとつとしているの

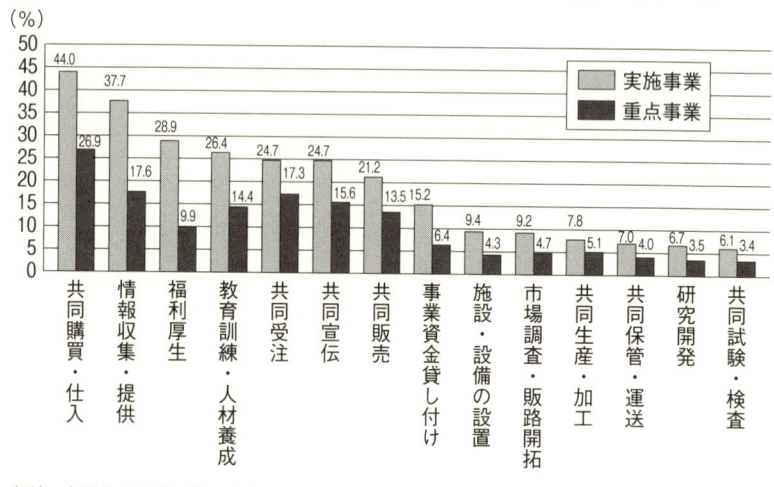

図表２－１　事業協同組合の事業内容（実施している組合の比率：％）

事業内容	実施事業	重点事業
共同購買・仕入	44.0	26.9
情報収集・提供	37.7	17.6
福利厚生	28.9	9.9
教育訓練・人材養成	26.4	14.4
共同受注	24.7	17.3
共同宣伝	24.7	15.6
共同販売	21.2	13.5
事業資金貸し付け	15.2	6.4
施設・設備の設置	9.4	4.3
市場調査・販路開拓	9.2	4.7
共同生産・加工	7.8	5.1
共同保管・運送	7.0	4.0
研究開発	6.7	3.5
共同試験・検査	6.1	3.4

出所：全国中小企業団体中央会（2007a）５頁より筆者作成。

（７）　この調査は2006年７月に約３万の事業協同組合に対して行われ、回収率43.7％である。集計結果の概要は、全国中小企業団体中央会（2007a）に公表されている。

図2-2 共同研究開発に取り組む組合の比率（％）

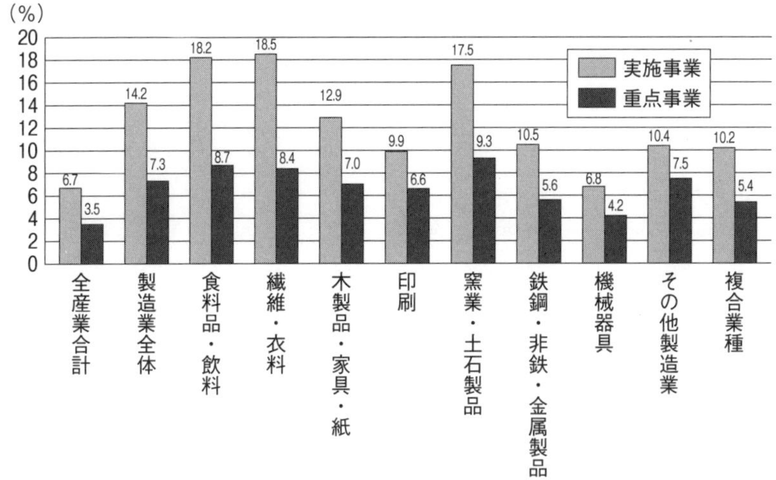

区分	実施事業	重点事業
全産業合計	6.7	3.5
製造業全体	14.2	7.3
食料品・飲料	18.2	8.7
繊維・衣料	18.5	8.4
木製品・家具・紙	12.9	7.0
印刷	9.9	6.6
窯業・土石製品	17.5	9.3
鉄鋼・非鉄・金属製品	10.5	5.6
機械器具	6.8	4.2
その他製造業	10.4	7.5
複合業種	10.2	5.4

出所：全国中小企業団体中央会（2007b）27、33頁より筆者作成。

で、多くの場合は同業種の中小企業によって組織されている。しかし、研究開発のために外部の様々な技術知識を活用するには、同業者の組織では限界がある。そこで1980年代以降、中小企業政策の見直しが進む中で、異業種企業間の連携が注目を集めるようになった[8]。

異業種交流グループの結成は1970年代初め頃に遡ると言われるが、政策的な支援が行われるようになるのは1980年代に入ってからである。1981年に中小企業庁の施策として「技術交流プラザ事業」が創設され、その後毎年、各都道府県で異業種企業による「技術交流プラザ」が開催されるようになった。1988年には「中小企業知識融合化法」（融合化法）が施行され、異業種の中小企業の組合による研究開発を中心とする新事業分野の開拓に、公的な補助金が出ることになった。

1995年には「融合化法」は新たに施行された「中小企業創造活動促進法」（創

---

(8) 異業種交流グループとその政策支援に関する以下の論述は、とくに断りのない限り、小川（2000）149-156頁、中山（2001）23-33頁、中小企業異業種交流財団ホームページ、中小企業基盤整備機構ホームページの記述に基づく。

造法）に統合され、異業種交流支援はこの新たな法律の下で継続された。「創造法」は中小企業の創業と研究開発の支援・促進を目的として制定され、個人・企業とその組合を補助金・融資・投資・信用保証等の支援措置の対象としていた。ただし、対象期間10年間における認定約1万1千件のほとんどが個人および個別企業で、組合は220件のみであり、グループ単位の支援としてはあまり成果を挙げていない。

　その後、2005年には「創造法」を統合した「中小企業新事業活動促進法」に基づく「新連携」支援が開始された。「新連携」とは、異業種の事業者が有機的に連携し（コア企業、規約等の存在）、経営資源を有効に組み合わせて新製品開発等の新事業活動を行うことにより、新たな事業分野の開拓を図ることを指す。事業参加者には中小企業の他、大学・研究機関も含まれる。認定事業には、研究開発等への補助金と低利ないし無利子の融資、信用保証の特例といった資金面の支援が行われ、また「市場志向型ハンズオン支援事業」として、事業の構想段階から認定後の事業化まで専門家による助言とノウハウが提供される。新連携事業の認定を受けたプロジェクトの数は支援開始以降大きく伸び（中小企業庁編 2008、190頁）、2009年3月末の時点で595件が認定済みである。

　さらに2008年には、「農商工等連携促進法」に基づいて、商工業の中小企業者と農林漁業者が連携し、相互の経営資源を活用して新商品・サービスを開発する「農商工連携」の公的支援が始まった（2008年度末までに172件を認定）。これにより、異業種間の事業連携の範囲が、製造業から農林漁業と商業に拡がった。認定事業には、「新連携」とほぼ同じ内容の補助金・融資等の支援と「ハンズオン支援」が行われる。このように、異業種交流活動を支える法制度は変化しつつ今日まで継続し、拡充されている[9]。

　以上に述べた支援制度の変化と拡充の中で、公的支援の対象者は「融合化法」時代の組合から「創造法」時代には個人・企業または組合、そして「新連携」では連携事業の代表者へと変化した。つまり、法人格と有限責任という事業協同組合のメリットは今なお有効であるが、それは企業間連携への公的支援の前

（9）「新連携」と「農商工連携」の詳細については、中小企業基盤整備機構のホームページ（http://www.smrj.go.jp/）を参照されたい。

提ではなくなったのである。

　それでは、このような支援制度の下で、異業種交流グループはこれまでどれだけ発展・普及したのだろうか。また、異業種交流グループは実際にどのような活動を行い、中小企業の事業連携、とくに共同研究開発にどのように貢献しているのだろうか。

　中小企業基盤整備機構（旧・中小企業事業団）の調査によれば、異業種交流グループの数は「融合化法」施行の1988年には1,527であったが、10年後の1998年には倍以上になり、3,000を超えた。その後は現在まで減少傾向にあるが（2008年には2,557）、参加企業数は1988年以降ほぼ一貫して増加傾向にある（**図表２－３**）。そのため、平均組合員数は1988年の34社から、1998年には41社、2008年には57社へと、ほぼ一貫して増加している。

　最新の調査（中小企業基盤整備機構 2009）によれば、異業種交流グループの

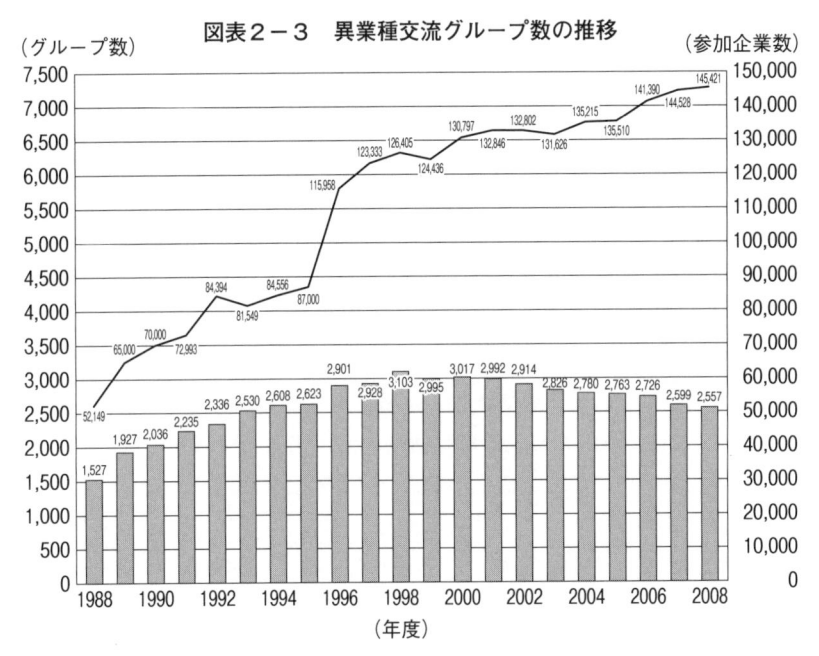

図表２－３　異業種交流グループ数の推移

注）1989年、1990年、1995年の参加企業数は概数であると考えられる。
出所：中小企業基盤整備機構（2009）、商工総合研究所編（1999）より筆者作成。

半数以上では参加企業が20社以下である。組織形態としては（法人格を持たない）任意団体が8割以上を占め、事業協同組合として活動しているのは13％である。参加企業のほとんどは中小企業だが、大企業、公的支援機関、大学・研究所、金融機関等もメンバーに含まれている。回答企業の参加するグループの4分の1が公的な補助金を受けている。

　事業の主な目的は、交流が89％、購買・販売等の共同事業が25％、新規事業（製品・技術）開発が34％である（複数回答方式）。ただし、実際に共同事業に取り組んでいるのは19％、新規事業開発に取り組んでいるのは15％であり、グループの目的が十分に達成されているとは言えない。通常、新規事業に取り組むのはグループ参加企業の一部であり、分科会やプロジェクトチーム、株式会社等の別組織を新たに作って取り組むことが少なくない。なお、調査回答グループのうち41％が産学官連携・交流を行い、13％が「新連携」、7％が「農商工連携」に取り組んでいる。

　中小企業庁の調査でも（中小企業庁編 2003、202-204頁）、異業種交流グループの大半は人的交流を目的としているが、参加企業の22％がそれをきっかけに事業連携を実現した経験を持つ。したがって、異業種交流グループが事業連携の苗床であることは否定できない。この調査データに基づく分析によれば、新製品開発に取り組むグループは、その他と比べて会員数が少なく、新しく、定例会の回数が多く、その参加率も高い（Fukugawa 2006）。すなわち、少数者間の密接なコミュニケーションと高いコミットメントが、異業種交流を新製品開発事業に導く要因なのである。

　異業種交流グループの活動は、参加者の間の人的交流と情報交換に始まり、新製品等の開発、そしてその事業化・市場展開へと段階的に進化すると期待される（中山 2001）。しかし、実際には活動の大半が人的交流や情報交換にとどまり、新製品の開発にまでなかなか進まないこと、また開発ができても大半は試作品のみで終わっていることが、以前から指摘されている（商工総合研究所1999、小川 2000）。それは上記の中小企業基盤機構による調査でも確認される。小川（2000）は、異業種交流グループの多くが所期の成果を挙げていないことの理由として、1）目的が明確でない、2）リーダーシップの欠如、3）市場ニーズを無視した取り組み、4）異質な（外部の）情報を活用する能力の不足、

の4点を指摘している。しかし、これらの点は中山（2001）が指摘する異業種交流組織の特質（メンバー間の対等関係、柔軟でルースな組織、資源の多様性）の裏返しであり、異業種交流が本質的に抱える課題であると言える。

　最近登場した新たな事業連携支援施策、とくに「新連携」は、これまでの異業種交流グループに共通するこのような課題に対処したものである。「新連携」支援の認定を受けるためには、1）異業種の中小企業の連携、2）経営資源の有効な組み合わせ、の他に、3）有機的な連携（コア企業が明確で、組織の規約があること）、4）新製品開発等により新分野開拓を図ること（目的の限定・明示）、5）10年以内に融資返済を可能とする持続的なキャッシュフローの確保、という要件をすべて満たさなければならない。中小企業基盤整備機構によれば、2008年末までに認定された事業計画540件のうち、新製品等の事業化（販売）を達成したのは約7割（373件）、平均販売額は1億4,400万円である。同時期に、異業種交流グループ全体で新規事業開発を達成したものが18％であること（中小企業基盤整備機構 2009）と比較すると、新連携認定グループの成果は際立っている。

2-4．中小企業の事業連携への取り組み

　つぎに、官庁統計や中小企業庁の調査のデータに基づいて、中小企業の事業連携、とくに共同研究開発への取り組みの状況を見ておこう。

　企業間の事業連携を企業規模別に把握し、公表しているのは、経済産業省の『平成4年企業活動基本調査』（1992年調査）と『平成10年商工業実態基本調査』（1998年調査）のみである[10]。どちらも製造業と商業（卸売・小売業）が主な対象業種であるが、前者は従業者数50人以上または資本金・出資金3千万円以上の企業、後者は従業者数50人未満の企業を調査対象にしている。資料が古いが、まずはこれらのデータを確認しよう。

　『企業活動基本調査』によれば、1991年の時点で製造業中小企業の19.3％が何らかの共同事業を行っていた（**図表2-4**）。その割合は企業規模が大きい

---

(10)　『平成10年企業活動基本調査』でも共同研究開発を含む共同事業についての調査が行われたが、その結果は公表されていない。それ以降の同調査では、質問内容が共同事業から外注に変更された。また、『商工業実態基本調査』は第1回調査以降再び実施されることはなく、事実上廃止状態となっている。

図表2－4　製造業企業の共同事業への取り組み（1991年、％）

産業・規模区分	共同事業 実施企業比率	共同研究開発 実施企業比率	共同仕入 実施企業比率	共同販売 実施企業比率	共同生産 実施企業比率
製　造　業　全　体	22.1	11.9	3.3	3.0	3.7
中小企業（従業者数300人未満）	19.3	8.9	3.0	2.6	3.5
50～　99人	18.5	7.6	3.1	2.8	3.7
100～　199人	19.7	9.3	2.9	2.4	3.4
200～　299人	19.9	10.6	2.9	2.5	3.1
300～　499人	22.8	13.6	3.4	2.6	3.1
500～　999人	27.5	17.5	3.6	2.9	3.1
1,000～4,999人	44.0	34.2	5.6	7.2	6.0
5,000人以上	68.1	57.4	10.6	16.3	19.1
食　料　品　製　造　業	20.3	7.8	7.8	2.5	3.6
飲料・飼料・たばこ製造業	23.4	12.3	8.2	2.9	7.0
繊　維　工　業	15.6	5.9	1.1	0.6	2.0
衣服・その他の繊維製品製造業	13.5	5.3	1.2	0.9	5.1
木　材・木　製　品　製　造　業	20.5	9.6	6.0	3.0	7.2
家　具・装　備　品　製　造　業	20.7	9.3	2.1	2.6	4.7
パルプ・紙・紙加工品製造業	13.5	2.0	2.6	0.9	1.5
出　版・印　刷・同　関　連　産　業	16.4	5.6	2.5	2.1	3.7
化　　学　　工　　業	21.5	15.9	2.0	1.7	2.6
石油製品・石炭製品製造業	31.6	13.2	15.8	5.3	7.9
プラスチック製品製造業	19.5	10.1	2.5	0.8	5.3
ゴ　ム　製　品　製　造　業	12.1	6.1	3.0	2.0	2.0
なめし革・同製品・毛皮製造業	20.8	5.7	0.0	0.0	3.8
窯業・土石製品製造業	35.3	9.5	5.9	21.4	4.3
鉄　　　　鋼　　　　業	18.5	6.7	2.8	2.0	3.4
非　鉄　金　属　製　造　業	13.6	7.0	1.9	1.6	2.7
金　属　製　品　製　造　業	15.5	8.1	2.1	1.2	2.9
一　般　機　械　器　具　製　造　業	19.8	11.1	1.2	1.0	3.5
電　気　機　械　器　具　製　造　業	19.3	10.3	1.5	1.7	3.5
輸　送　用　機　械　器　具　製　造　業	20.0	8.5	4.7	1.4	2.6
精　密　機　械　器　具　製　造　業	17.3	11.9	1.2	0.8	1.5
そ　の　他　の　製　造　業	18.8	6.0	1.4	2.8	2.3

注1）「実施企業比率」はすべて、各規模層ないし産業に属する全企業に対する比率である。
　2）「共同事業実施企業比率」の計算には、この表に掲載されていない各種共同事業も含まれる。
　3）産業別の数値は中小企業（従業者数300人未満）に関するものである。
出所：通商産業省「企業活動基本調査報告書」平成4年版より算出・作成

ほど高くなるが（5,000人以上では68％）、中小企業に限定すれば規模間の差は小さい。どの規模層でも最も多く行われている共同事業は研究開発であり、中小企業の9％がこれを実施している。それに対して、生産、仕入、販売を共同で行った中小企業の比率はいずれも3％前後で、研究開発と比べてかなり低い。産業別にみると、中小企業による共同事業が最も活発なところは窯業（35％）と石油・石炭製品（32％）である。共同研究開発は化学（16％）と石油・石炭製品（13％）、飲料（12％）、および精密機械、一般機械、電気機械産業で多い。

つぎに、『商工業実態基本調査』によれば、1997年の時点で何らかの共同事業を行っていたのは、従業者数50人未満の製造業企業では4.5％である（**図表2－5**）。その割合は企業規模が大きいほど高くなるが、従業者数50人以上の企業を対象とする調査の結果と比べて、共同事業に従事する企業の比率は明らかに低い。共同研究開発を行っているのは0.9％であり、取り組み企業の比率は従業者数50人以上の企業と比べて10分の1である[11]。従業者数50人未満の規模層では、研究開発よりも受注・仕入・販売・宣伝が共同事業として重要であり、この傾向は規模が小さいほど強くなる。産業別にみると、小規模企業による共同事業が比較的活発なところは飲料（14％）と窯業（10％）である。共同研究開発は、化学（3.5％）、石油・石炭製品（2.5％）、および食料品、精密機械、電気機械で比較的多い。

これ以降の展開については、中小企業庁の調査を参照しよう。中小企業庁の2002年11月の調査によれば（中小企業庁編 2003、194頁以下）、製造業の中小企業の26.5％が、1998年から2002年の間に企業間の共同事業に取り組んだ経験を持っていた。共同事業への取り組み企業の割合は規模が大きいほど高い。共同事業の内容別にみると、様々な事業連携の中で、どの規模層でも共同研究開発の実施比率が最も高いが、企業規模が大きいほど実施比率が高まる[12]。それ

---

(11) ただし、『企業活動基本調査』と『商工業実態基本調査』では調査時点が6年違い、また回答率の違いもあるので、これらの結果を厳密に比較することは困難である。
(12) 正確な数値は示されていないが、図によれば、製造業で共同事業を行った中小企業の約55％が共同研究開発を実施している。したがって、製造業の中小企業のうち、共同研究開発を実施したのは全体の14-15％と概算される。

図表2－5　製造業の小規模企業の共同事業への取り組み（1997年、%）

産業・規模区分	共同事業実施企業比率	共同研究開発実施企業比率	共同受注実施企業比率	共同仕入実施企業比率	共同販売実施企業比率	共同宣伝実施企業比率
製造業50人未満企業計	4.5	0.9	1.3	1.2	1.0	1.1
1〜4人	3.4	0.6	1.2	0.9	0.8	0.9
5〜9人	4.8	1.0	1.1	1.4	0.9	1.1
10〜19人	6.9	1.7	1.7	1.6	1.7	1.6
20〜29人	9.1	2.4	2.1	1.8	2.5	1.8
30〜49人	8.5	2.6	1.7	1.8	1.7	1.6
食料品製造業	7.3	1.1	0.8	3.8	1.6	2.3
飲料・たばこ・飼料製造業	14.2	1.8	1.2	6.1	5.5	5.5
繊維工業	3.8	1.0	0.5	0.7	1.1	1.4
衣服・その他の繊維製品製造業	3.8	0.4	1.4	0.6	1.0	0.8
木材・木製品製造業	6.1	0.4	1.4	2.5	2.1	1.4
家具・装備品製造業	4.8	0.4	1.2	2.3	1.1	0.8
パルプ・紙・紙加工品製造業	3.9	0.4	1.6	1.2	0.7	0.5
出版・印刷・同関連産業	3.9	1.0	1.8	0.2	0.5	0.5
化学工業	7.0	3.5	0.5	0.8	0.5	0.5
石油製品・石炭製品製造業	8.0	2.5	1.9	3.3	2.5	0.8
プラスチック製品製造業	2.0	1.1	0.6	0.4	0.3	0.4
ゴム製品製造業	1.4	0.4	0.1	0.3	0.0	0.6
なめし皮・同製品・毛皮製造業	2.0	0.3	1.0	0.2	0.3	0.5
窯業・土石製品製造業	10.0	1.5	3.0	1.8	6.6	2.9
鉄鋼業	3.6	0.3	0.6	1.3	0.4	0.4
非鉄金属製造業	3.4	1.2	0.7	0.6	0.1	0.3
金属製品製造業	2.9	0.6	1.3	0.5	0.1	0.3
一般機械器具製造業	3.4	1.0	1.1	0.4	0.2	0.6
電気機械器具製造業	4.2	1.7	1.3	0.5	0.3	0.5
輸送用機械器具製造業	3.4	0.6	1.2	0.3	0.2	0.5
精密機械器具製造業	3.8	1.9	0.8	0.5	0.2	0.5
その他の製造業	6.6	1.5	2.3	2.2	1.8	2.9

注1）「実施企業比率」はすべて、各規模層ないし産業に属する全企業に対する比率である。
　2）「共同事業実施企業比率」の計算には、この表に掲載されていない各種共同事業も含まれる。
　3）産業別の数値は従業者数50人未満の企業に関するものである。
出所：経済産業省『平成10年商工業実態基本調査報告書』より算出・作成。

に対して、共同仕入、共同販売、共同受注、共同広告宣伝については規模が小さいほど実施比率が高い。2007年12月の中小企業庁委託調査によれば（中小企業庁編 2008、188頁以下）、製造業中小企業の24.6％が何らかの事業連携に取り

組んでいた⁽¹³⁾。ここでも、規模が大きいほど共同研究開発の実施比率が高い。最近の調査によれば（中小企業庁編 2009、72頁）、研究開発に取り組む中小企業の39％が顧客と、22％が同業他社と、22％が異業種企業と、8％が仕入先と連携している。

　統計調査においても共同事業の内容、たとえば共同研究開発は厳密に定義されていない。また、統計調査とアンケート調査では対象企業の範囲も回答率も異なるので、正確な比較は困難である。したがって、以上の結果から、企業間の事業連携、とくに共同研究開発への中小企業の取り組みの変化を明確に論じることはできない。全体として言えることは、1990年代以降、製造業の中小企業のうち20-25％ほどが他企業と何らかの共同事業を行っており、その中で共同研究開発が最も多く取り組まれていること、規模の大きい企業ほど共同研究開発に取り組む割合が高く、とくに従業者数50人未満の規模層ではその割合が非常に低いこと、また業種間で違いが大きいこと、であろう。

3．産学官連携
3－1．産学官連携の制度的背景

　産学官連携には様々な形態がある。共同研究、委託（受託）研究、大学等の設備・機材の利用、技術相談、技術のライセンス、奨学寄付金、研究員の派遣や教育・研修が、産学官連携の主なパターンである。さらに、最近注目を集めている大学発ベンチャー（アカデミック・スピンオフ）も、産学官連携のひとつの形態と考えられる⁽¹⁴⁾。本節の考察は、データの制約のために、最もフォーマルな形態である共同研究を中心に進められるが、日本では大学と企業の間に卒業生の就職等を通じたインフォーマルな関係が形成され、それが重要な意味を持っていたことが指摘されている（Branscomb et al. 1999）。

　産学官連携の「学」は大学、「官」は国公立の研究機関を指す。民間企業と大学との連携（産学連携）は公的研究機関との連携（産官連携）とはかなり異

---

(13)　そのうち共同研究開発を行った企業の比率は明示されていないが、図から判断すると36％程度である。したがって、製造業中小企業のうち、共同研究開発を実施したのは全体の9％程度と概算される。
(14)　日本の大学発ベンチャーの概要については、渡辺編（2008）を参照されたい。

なる制度的背景を持つので、ここではまず産学連携の制度的背景とその変化を概観する[15]。

日本では明治時代以降長期にわたって、非公式のものを含めて産学連携が活発に行われてきた（小田切 2001、後藤・馬場 2007）。したがって、日本の産学連携がこれまで未発達で、欧米諸国の後塵を拝してきたという通説は必ずしも正しくない。しかし、第二次世界大戦後は、戦前・戦中の軍部への協力に対する反省や、大学紛争の影響で、産学連携には法的な制約が強く、とくに1960年代以降は産学連携が後退した。1983年に文部省（当時）が国立大学への民間資金導入を推進する方向へ方針を変更し、共同研究の制度が正式に発足し、1987年には国立大学で共同研究センターの整備が開始されたが、産学連携の推進に向けての環境整備が本格的に進展するのは1990年代後半からである（図表２－６）。

産学連携の制度環境は、1995年の「科学技術基本法」以来大きく変化した。その後５年間（1996-2000年）にわたる「第１期科学技術基本計画」の下で、産学連携を支援する２つの重要な法律が施行された。ひとつは1998年の「大学等技術移転促進法」（TLO法）、もうひとつは1999年の「産業活力再生特別措置法」である。前者は大学に付属する技術移転機関（Technology Licensing Organization: TLO）に補助金を与えてTLOの設立を推進する目的を持っている[16]。後者は「日本版バイ・ドール法」と言われる条項を含み、国の資金による研究の成果（知的財産）を大学に帰属させることを可能にして、大学の知的財産戦略の基盤を築いた[17]。

第２期科学技術基本計画（2001-05年）の下で、日本の大学制度はさらに大き

---

[15] 日本の産学連携の制度的背景に関する以下の記述は、とくに断りのない限り、長平・西尾編（2006）第１章、後藤・馬場（2007）、玉井・宮田編（2007）第１章・第２章に基づく。また、小田切（2006）第４章は、とくに国立大学に関する規制緩和の視点から、産学連携に関する制度の変化を整理している。本章では外国との比較は割愛するが、アメリカにおける産学連携の発展については宮田（2002）・ケネラー（2003）、ドイツについては近藤（2002）第２章、韓国については本書第７章を参照されたい。

[16] 1998年に４機関から始まった承認TLO（文部科学省と経済産業省から事業計画に対する承認を受けたTLO）は2008年４月までに48機関に増え、特許出願件数も2007年度末までに累計で15,000件を超えた（科学技術振興機構2009）。

図表2-6　産学連携に関する制度の発展

年度	法律	施策
1983		国立大学等と民間企業等との共同研究制度発足
1987		国立大学等において共同研究センターの整備を開始
1995	科学技術基本法制定	
1996-2000		第1期科学技術基本計画
1998	大学等技術移転促進法（TLO法）制定	
1999	産業活力再生特別措置法（日本版バイ・ドール）制定	
2000	産業技術力強化法制定（国立大学教員兼業規制緩和）	
2001-2005		第2期科学技術基本計画
2001		産業クラスター計画（経済産業省）第1期開始 産学官連携支援事業（文部科学省）開始
2002	知的財産基本法制定 「知的財産戦略大綱」公表	知的クラスター創成事業（文部科学省）第1期開始 大学発事業創出の支援を開始（経済産業省）
2003	国立大学法人法制定	知的財産本部の整備を開始（文部科学省）
2004		国立大学が独立行政法人に移行
2006-2010		第3期科学技術基本計画
2006		産業クラスター計画（経済産業省）第2期開始
2007		知的クラスター創成事業（文部科学省）第2期開始

出所：長平・西尾編（2006）、後藤・馬場（2007）、玉井・宮田編（2007）等に基づいて筆者作成。

な変化を遂げた。文部科学省は2001年に「産学官連携支援事業」として大学等への産学官連携コーディネーターの派遣を始めた[18]。また、2002年制定の「知的財産基本法」に基づき、2003年に、大学における知的財産の管理と有効活用のために、大学への「知的財産本部」の設置を開始した。2004年にはすべての国立大学が自律性の高い独立行政法人に移行した。また、2000年以降、「産業

---

[17]　2001年に国内・海外を合わせて641件だった国立大学の特許出願は、2004年の独立行政法人化以降急増し、2007年には7,642件になった（科学技術振興機構2009）。

[18]　産学連携コーディネーターとは、文部科学省が各大学等に合った産学官連携の推進のために配置している専門家で、共同研究の企画、契約、渉外等について、大学等では不足している分野での専門知識や実務経験を持つ。

技術力強化法」等に基づいて、国立大学教員に対する民間企業役員等の兼業規制が段階的に緩和された。一方、経済産業省は2001年に「大学発ベンチャーを3年間で1,000社以上設立する」という目標（平沼プラン）を提示し、その支援事業を開始し、2004年度中に目標を達成した[19]。

さらに、地域レベルで産学連携を推進するため、経済産業省は2001年度に「産業クラスター計画」、文部科学省は2002年度に「知的クラスター創成事業」と「都市エリア産学官連携促進事業」を開始した[20]。

産業クラスター計画は、各地の経済産業局が結節点となって、「世界市場を目指す地域の企業や大学等から成る産学官の広域的な人的ネットワークを形成するとともに、地域関連施策を総合的・効果的に投入することにより、世界に通用する新事業が次々と展開される産業集積の形成を目指している」（文部科学省編 2008）。2005年度末までの第1期に全国19プロジェクトで約5,800社の中堅・中小企業と約220の大学、2006年度からの2期目には18プロジェクトで1万社以上の企業と約290の大学を含む広域的な産学官のネットワークが形成され、様々な公的支援の対象になっている。

知的クラスター創成事業は、「各地域の中核機関に設置した『知的クラスター本部』を司令塔として…企業ニーズを踏まえた新技術シーズを生み出す産学官共同研究や、研究成果の事業化の促進等を実施する事業である」（同上）。2006年度末までの第1期に全国18地域で実施され、2007年度から第2期に入っている。知的クラスター計画が世界レベルの高度な知識の集積を目指しているのに対して、都市エリア産学官連携促進事業は地域の特色をより重視し、「大学等の『知恵』を活用して新技術シーズを生み出し、新規事業等の創出、研究開発型の地域産業の育成等を目指す」（同上）。都道府県の都市エリアの企業と大学

---

(19) 大学発ベンチャーの2006年度までの設立累計は1,574社である。そのうち清算・廃業・解散・休眠したものが60社、株式上場あるいは企業売却を行ったものが27社あり、現在未上場で活動中のものは1,499社である。科学技術振興機構（2009）参照。

(20) これらの計画・事業の詳細な内容や対象地域については、石倉他（2003）32-38頁、文部科学省編『科学技術白書』各年版および同省ホームページ（http://www.mext.go.jp）を参照。なお、「産業クラスター計画」の具体的内容とその効果は、本書第11章で扱われる。

を対象に、2007年度末までに全国延べ69地域で実施されている。

　このように、科学技術の振興を担当する文部科学省と産業の振興を担当する経済産業省（旧通商産業省）の両者が、産学連携の施策をこれまでそれぞれの立場から立案・実行してきた。また、政府（内閣）も、知財立国という政策方針の下、知的財産の活用のための法制度を整備してきた。そのため、大学等にはTLO（技術移転機関）と知的財産本部、特許流通アドバイザーと産学官連携コーディネーター、また産業クラスター計画と知的クラスター創成事業というように、事業内容の関連・重複する組織や事業が併存している状況である（谷地向 2009）[21]。大学によって産学連携への取り組み方も推進・運営のための組織も異なるので、一般的な評価は困難であるが、日本の産学連携支援政策には施策の調整や整理の必要があると考えられる。

　以上のような産学連携の支援制度はすべて、日本の産学連携を多少とも促進する効果があったと期待される。とくに、多くの大学等に共同研究センターやTLO、知的財産本部ないし産学連携本部が設置されて、連携相手が探しやすくなり、連携のためのルールが明確化され、窓口が統合されたことが、中小企業の産学連携の発展に貢献したと考えられる。独立行政法人化によって地方の国立大学が地域企業との連携に活路を見出すようになったことや、産業クラスター計画によって地域の大学等と中小企業のマッチングや相互の情報収集等が容易になったことも、中小企業の産学連携を進める力になったと言えるだろう。

　つぎに、民間企業と公的研究機関の連携（産官連携）について見てみよう。これまで長い間、中小企業の技術連携において重要な役割を担ってきたのは、地域の公設試験研究機関、いわゆる公設試であった[22]。公設試は、一般に都

---

(21)　たとえばTLOと知的財産本部の関係については長平・西尾編（2006）第5章第2節を参照。
(22)　公設試と並んで、国立試験研究機関、とくに産業総合技術研究所（旧工業技術院）の全国7か所の地域研究所も、地域の中小企業への技術支援を積極的に行ってきた。本章における産官連携制度の記述は公設試に限定されるが、産業総合技術研究所の民間企業との技術連携については藤本（2003）および長平・西尾編（2006）第4章を参照。

道府県や政令指定都市等の自治体が設置した、地域の産業振興を目的とする試験研究機関を指す。全国に600か所以上あると言われる公設試が担当する分野は農林水産業、鉱工業、環境等様々な分野にわたるが、中小企業との技術連携に主に関係するのは工業系の公設試である。公設試の業務は多様であり、それぞれの独自性が強いが、一般的には自ら研究開発を行うとともに試験・分析作業を受託し、研究施設を開放し、また地域の企業に対する様々な技術支援（助言、指導、研修）を行う機関とされる（植田 2006）。

　公設試は明治中期以降、在来産業や地場産業の支援を目的として各地に設置され、日本の工業化や中小企業の経営近代化の過程を通じて、地域の中小企業の技術向上に大きな役割を果たした[23]。多くの中小企業者にとって、大学は研究水準のギャップが強く感じられ、近づきにくい研究機関であるかもしれないが、それに比べて地域の公設試は昔から身近な存在で、地域企業への技術支援を主要な業務のひとつとしていることから見ても、技術的な相談や試験等の委託を行いやすい。その点で、公設試は中小企業の産学官連携の入り口として重要な意味を持つ[24]。中小企業庁の2002年の調査でも、産学官連携を行った中小企業の半分以上が、連携相手として公設試を挙げている（中小企業庁編 2003、205頁）。

　「日本の公設試はその歴史、数、カバーする技術分野の多様性、立地範囲の面から見て、世界に類を見ない、充実した地域イノベーション政策ツールと言える」（福川 2007、21頁）。しかし、公設試をめぐる政策的環境は近年大きく変化した。2001年に国立試験研究機関、2004年に国立大学が独立行政法人に移行し、地域の中小企業との連携を重視するようになって、公設試との競合が強くなっている。また、2002年以降の知的クラスター創成事業の指定地域において、公設試には大学・企業との連携パートナーおよびクラスターの推進主体として

---

(23) 明治時代以降の公設試の歴史についての詳細は田中（2006）、日本の科学技術政策および地域産業政策における公設試の位置づけについては田口（2006）と桑原（2006）を参照。
(24) Izushi (2003) は、公設試を利用する中小企業の調査データに基づいて、中小企業者が公設試との技術連携を技術相談のような情報ギャップの低い関係から始め、徐々に情報のギャップの大きい共同研究に移っていることを明らかにしている。

新たな役割が求められている。他方で、近年公設試の総予算・事業費の削減が続き、地域の科学技術関係経費における公設試の比率も低下傾向にある（田口 2006）。このような環境変化への対応が、公設試にとって重要な課題となっている[25]。

3-2. 産学官連携に取り組む中小企業

前節で論じた制度や政策に支えられて、産学連携はとくに1990年代末以降大きく発展した（**図表2-7**）。国立大学等と民間企業等の共同研究の件数は、調査が開始された1983年の56件から2007年には13,654件まで急増した[26]。とくに、1990年代末以降の増加が際立つ。公立・私立の大学等と民間企業等の共

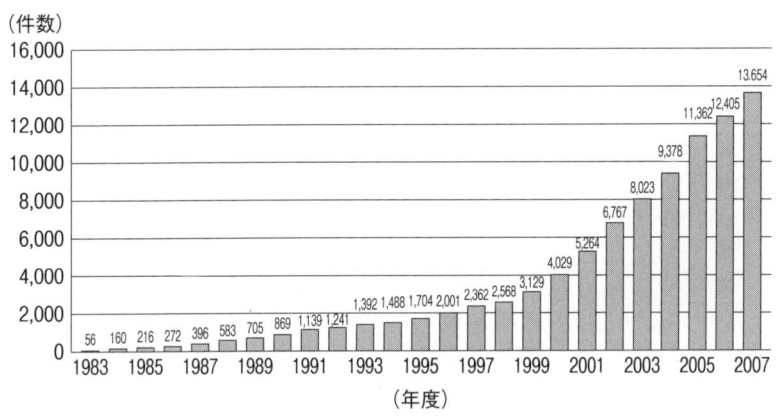

図2-7　国立大学等と民間企業等の共同研究の実施件数

（件数）

年度	件数
1983	56
1984	160
1985	216
1986	272
1987	396
1988	583
1989	705
1990	869
1991	1,139
1992	1,241
1993	1,392
1994	1,488
1995	1,704
1996	2,001
1997	2,362
1998	2,568
1999	3,129
2000	4,029
2001	5,264
2002	6,767
2003	8,023
2004	9,378
2005	11,362
2006	12,405
2007	13,654

注）国立大学には国立の大学院大学、短期大学、高等専門学校を含む。民間企業等には、民間企業の他に、公益法人や地方公共団体等を含む。
出所：文部科学省（2008）と同省報道発表資料（同省ホームページ）に基づいて筆者作成。

---

(25)　福川（2007）の分析結果は、近年の公設試の技術戦略が、多くの場合に地域の技術需給の特性（地域の中小企業の技術需要と地域の国立大学の技術供給）に合っていないことを示唆している。

(26)　共同研究には、企業側だけが資金を負担する受託研究は含まれない。「国立大学等」には国立大学の他に国立の大学院大学・短期大学・高等専門学校、「民間企業等」には民間企業の他に公益法人や地方自治体が含まれる。

同研究の件数は、2007年に2,557に達したが、共同研究開発の大部分（件数で見て8～9割）は国立大学等によって担われている。

国立大学等との共同研究の中で、中小企業の占める比率が長期的に高まっていることは注目すべきである[27]。共同研究の件数に占める中小企業のシェアは、1980年代半ばには13％に過ぎなかったが、21世紀初めにはほぼ40％でピークを迎えた（**図表２－８**）。前述のように共同研究の大半は国立大学によって行われているので、共同研究に占める中小企業の比重は、公立・私立大学を加えてもほとんど変わらない。ただし、最近の数年間は、中小企業との共同研究の件数は増加を続けているが、大企業との共同研究の件数がそれを大きく上回って増加しており、中小企業の比率は低下している。

文部科学省科学技術政策研究所（2003）によれば、国立大学との共同研究の制度が始まった1980年代には、共同研究の半分以上が旧7帝大を含む10大学に

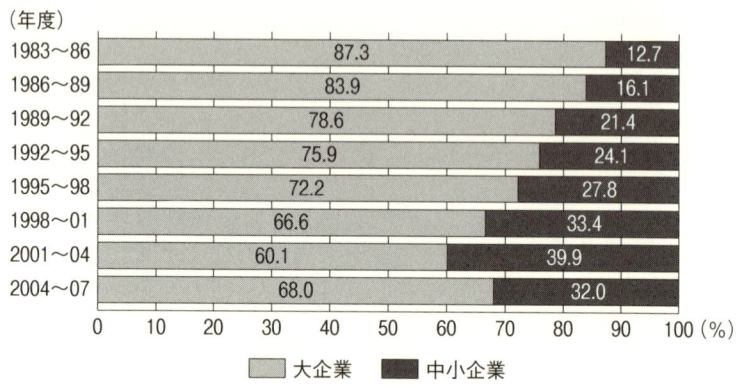

図２－８　国立大学における中小企業との共同研究の比率

（年度）	大企業	中小企業
1983～86	87.3	12.7
1986～89	83.9	16.1
1989～92	78.6	21.4
1992～95	75.9	24.1
1995～98	72.2	27.8
1998～01	66.6	33.4
2001～04	60.1	39.9
2004～07	68.0	32.0

注）中小企業の定義は、中小企業基本法（1999年改正）に基づく。
出所：2001年度以前は文部科学省科学技術政策研究所（2003）表4.1.1、2001年度以降は文部科学省発表資料に基づいて筆者算出・作成。

---

(27)　ここでは、中小企業の定義は1999年改正中小企業基本法の規定に従う。たとえば製造業では、従業者数300人以下あるいは資本金3億円以下の企業が中小企業と定義される。また、シェアの計算においては、分母を民間企業との共同研究の件数に限定している（公益法人・地方自治体との共同研究を除く）。

集中しており、その相手は主に大企業であった。しかし、1980年代末以降、地方国立大学が「共同研究センター」の設置によって産学連携に参入し、それにともなって多くの中小企業が共同研究に参加するようになり、地域内の連携が活発になった。文部科学省科学技術政策研究所（2005）によれば、国立大学との共同研究への新規参入については中小企業の伸長が著しい。中小企業の新規参入企業数・実施件数はともに1995年に大企業のそれを超え、両者の差はそれ以降開く一方にある。

つぎに、近年の受託研究（企業から見れば委託研究）の状況を見てみよう。大学における受託研究の6〜7割（国立大学では8割以上）は公益法人または地方公共団体からの委託であるので、それを除いて民間企業からの受託研究に対象を限定する。最近の5年間（2003〜2007年度）の平均では、民間企業からの受託研究件数に占める中小企業のシェアは27％であり、同じ期間の共同研究件数に占める中小企業のシェア（33％）よりも低い。

なお、共同研究でも受託研究でも、国立大学よりも公立大学のほうが全体的には中小企業とのプロジェクトの件数シェアが高い。これは、国立大学のほうが地域の中小企業との関係が弱いことを示唆する。とくに共同研究件数の上位を占める旧帝国大学7校では、大企業との連携の比率が8〜9割と高い一方で、地域内（同一都道府県）の企業との連携の比率は東京大学以外では4割以下である（文部科学省科学技術政策研究所 2007）。しかし、地方の国立大学には中小企業との共同研究に力を入れているところが少なくない。濱田（2007）によれば、岐阜、群馬、三重、岩手などの地方国立大学が、中小企業との共同研究のシェアが高い大学のランキングの上位に並んでいる。

なお、最近の調査によれば、2006年度における大学やTLOの技術移転先の5％が大学発ベンチャー等の新規設立企業、45％が一般の中小企業で、大企業は50％である（大学技術移転協議会編 2008）。アメリカの同種の調査（2005年）によれば、技術移転先の14％が新規設立企業、54％が一般の中小企業で、大企業は33％であった。中小企業は、大学やTLOの技術移転先としても重要な位置を占めており、また大学等が保有する知的財産への中小企業の関心と需要が非常に高いことが窺われる。

産学官連携については公的な統計調査が行われていないので、どのくらいの

中小企業が取り組んでいるのか、また取り組み状況が企業規模によってどのように異なるのかを、正確に知ることはできない。大学（2002年度までは国立大学のみ）に対する文部科学省の上記の調査がこの点に関する唯一の資料であるが、大学、とくに国立大学からの届出に基づく資料であるので、この資料から企業側の取り組みを全体的に把握することはできない。そこで、中小企業庁の調査から、企業規模別の取り組み状況についての情報を補足することにする。

中小企業庁の2001年12月の調査（中小企業庁編 2002、107頁以下）によれば[28]、企業規模が大きいほど産学連携を実施した企業の比率が高く、産学連携に関心のない企業の比率は低い（**図表２－９**）。産学連携を行ったことのある企業の比率は、従業者数20人以下の層では6.4％であるが、同101人以上300人未満の層では25.0％、同301人以上の大企業では48.3％である。つぎに、中小企業庁の2007年12月の調査によれば（中小企業庁編 2008、193-200頁）[29]、産学官連携に

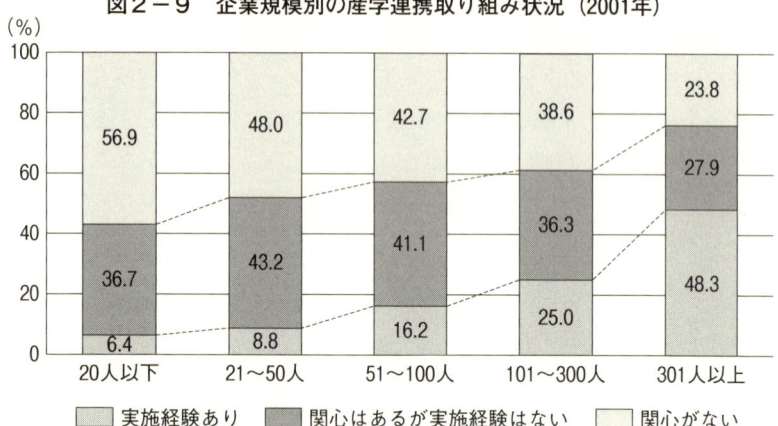

図２－９　企業規模別の産学連携取り組み状況（2001年）

企業規模	実施経験あり	関心はあるが実施経験はない	関心がない
20人以下	6.4	36.7	56.9
21～50人	8.8	43.2	48.0
51～100人	16.2	41.1	42.7
101～300人	25.0	36.3	38.6
301人以上	48.3	27.9	23.8

原資料：中小企業庁「企業経営革新活動実態調査」（2001年12月）
出所：中小企業庁編（2002）、108頁、第2-2-20図

---

(28)　この調査は製造業・卸売業・小売業の企業１万５千社（産業別・規模別の無作為抽出）を対象に行われ、回収率は36.7％である。
(29)　この調査は農林水産業と公務を除く全産業の中小企業１万社を対象に三菱総合研究所への委託によって行われ、回収率は16.5％である。

取り組んだ中小企業の比率は全業種で5.2％、製造業で10.1％にのぼる。また、最近の調査によれば（中小企業庁編 2009、72頁）[30]、研究開発に取り組む中小企業（全体の8％）のうち30％が大学と、22％が公的研究機関と連携している。このように、産学官連携への取り組みは中小企業のごく一部に限られるが、研究開発を行う中小企業の間では産学官連携への取り組みはかなり活発である。

4．むすび

　本章では、日本の企業間・産学官の技術連携の制度的背景とその変化・発展、また技術連携における中小企業の位置づけを、様々なデータを駆使して概観した。

　これまで、企業間および産学官の技術連携は、主に大企業について把握され、議論されてきた。とくに経済学的視点からは、共同研究開発といえば大企業の鉱工業技術研究組合のような大型のコンソーシアム、産学官連携といえば国立大学と大企業の共同研究プロジェクトに関心が集中していた。たしかに、統計や各種調査のデータは、企業規模が大きいほど技術連携を行う企業の割合が高くなることを示している。各種調査の結果を総合すると、製造業の中小企業で他企業との共同研究開発や産学連携に取り組むのは1割以下と推定される。しかし、第1章で明らかにしたように、もともとフォーマルな研究開発を行う企業の比率が低い状況を考慮すると、中小企業の技術連携への取り組みが特段に弱いとは言えない。産学官連携については、以前から公設試が中小企業の技術連携で大きな役割を果たしていたが、大学との連携においても中小企業は最近では大きな比重を占め、連携への新規参入件数でみるとむしろ中小企業が産学連携の主役になっている。今や、日本の技術連携を議論するときに、中小企業による技術連携を軽視することはできないのである。

　大企業の共同研究開発の組織として、上述の通り技術研究組合がよく知られているが、大企業ですら、共同研究開発の大半を組合方式ではなく、当事者間の契約によって行っている。中小企業の共同研究開発も、一部は事業協同組合

---

(30)　この調査は2008年12月に三菱UFJリサーチ＆コンサルティングへの委託によって行われ、営利法人5万5千社から15.7％の回答を得た。

を基盤にしているが、ほとんどが企業間の契約に基づいて、あるいは契約もなしに行われる。中小企業の共同事業、とくに共同研究開発の苗床として注目されてきたのは異業種交流グループである。新製品・技術の開発を行うグループは全体のごく一部に過ぎないが、政府はこのような取り組みを、1988年以降、中小企業の知識融合化・創造活動支援等の名の下に補助金・融資等によって支援してきた。とくに2005年以降の新連携支援措置が注目される。

1980年代以降、国立大学の民間企業との共同研究開発件数に占める中小企業の割合はほぼ一貫して増加しており、産学連携への新規参入でみると1995年以来中小企業が大企業を上回っている。1980年代以来の一連の産学連携促進政策は、大企業以上に中小企業の産学連携を促進する効果を挙げたと言える。とくに、多くの大学等に共同研究センターやTLO、知的財産本部・産学連携本部等の窓口機関が設置されて、連携相手が探しやすくなり、連携の手続やルールが明確化されたことが、中小企業の産学連携の発展に貢献したと考えられる。独立行政法人化によってとくに地方の国立大学が地域企業との連携に活路を見出すようになったことや、産業クラスター計画によって地域の大学等と中小企業のマッチングや情報交換等が容易になったことも、中小企業の産学連携を進める力になったと言えるだろう。

【コラム1】事業協同組合による共同研究開発の成功事例

ふなばしインタックス協同組合（千葉県船橋市）は、1989年に設立された事業協同組合である。前身の船橋潮見機械金属協同組合は、1980年に川崎市からの移転にともなって設立された。理事長の篠原敬治氏（しのはらプレスサービス社長）は、千葉県中小企業団体中央会理事・副会長を務めている。同組合は、全国でも早くから異業種連携に取り組んできた組合のひとつであり、当初からプレス機械用の搬送ロボット（1984年発売）やシート材搬送装置（1992年発売）、プレス機械の安全装置（2001年発売）など、プレス周辺機器の共同開発に次々に取り組み、販売実績を挙げ、融合化促進財団の優秀製品賞をはじめ、いくつかの表彰を受けている。

組合設立の直接のきっかけは、船橋市内の工業団地への移転（1980年）であった。プレス機械のメンテナンス事業を行っていた理事長は、プレス

機械の高度化・高速化にその周辺設備が十分に対応していないと感じていた。プレスに材料を送り込むロボットの開発を思い立ったが、中小企業1社だけでは開発は難しく、リスクも大きい。その頃、千葉県の異業種交流プラザを通じて、理事長は異業種連携に関心を持つ。この時はまだ融合化法がなく、異業種連携事業に対する公的な補助はなかったが、同じ工業団地の組合員22社が集まって1983年にロボットの開発に着手し、翌年には開発に成功した。中小企業が集まってロボットを開発したということで県や市、さらにマスコミにも注目され、新製品は予想以上の販売を達成した。このようにニーズを的確に把握し、明確な事業目的を設定したことが、ふなばしインタックスの成功の要因と言えるだろう。

このロボット開発の際、メンバー間で契約はなかったが、みな近隣に立地するので、意思疎通に問題はなかった。各自の専門に応じて担当部分とその精度・単価をはじめに設定し、担当部分の開発費用は担当者が負担するという方法で開発が進められた。ただし、製品はすべて理事長の会社が買い上げて販売し、メンバーには販売リスクを負わせなかった。このような理事長のコミットメントとリーダーシップも、共同事業の成功の鍵であったと考えられる。

同組合はその後1988年に融合化法による認定を受け、1989年に組合員5社で現在の組織に改組された。地元の千葉大学や千葉工業大学との産学連携も進め、マツダから技術移転を受けるなど、組合の外部との連携も活発に行われている。理事長によれば、異業種連携においては個別の事業の効果よりもその積み重ねが大切である。共同事業を通じてメンバーの持つ様々な知識や情報がうまく結びついて蓄積され、また技術に対する関心が高まり、メンバーが外部組織との連携に積極的になったという。ただし、共同事業はあくまでメンバーの本業をサポートするものであり、共同事業の成功がそのままメンバーの事業の成功につながるとは限らない。共同事業を利用して発展できるかどうかは、まさにその企業次第なのである。

【コラム２】東京農工大学の産学連携への取り組み

　筆者の所属する一橋大学には自然科学系の学部や研究所がないので、技術面での産学連携は行われておらず、産学連携支援組織もない。そこで、一橋大学の近隣に所在し、単位互換協定もある東京農工大学（以下、農工大）の取り組み状況を紹介しよう。農工大は東京都多摩地区に立地する国立大学法人で、農学部と工学部およびその大学院を擁する理系の大学である。2009年4月現在の学生数は約6千人、教員数は約440人である。

　農工大は産学連携に非常に積極的で、教員1人あたりの共同研究の受入件数（0.6件）と受入金額（約140万円）は、国立大学の中でトップクラスである。東京大学をはじめとする旧帝国大学の教員1人あたり共同研究受入件数はこの半分以下の水準である。2005年には文部科学省から全国6か所のみの「スーパー産学官連携本部」に採択され、2007年には「国際的な産学官連携推進体制」の整備対象に選定された。このように産学連携に熱心であることの背景には、実学重視の伝統や、農学部と工学部のみを持つという組織上の理由があると考えられる。

　農工大は1988年に産学連携の窓口として共同研究開発センターを開設し、それを2004年の国立大学法人化にともなって、産官学連携推進部・知的財産部・総合戦略調整室から成る「産官学連携・知的財産センター」に拡充・改組した。さらに同大学は、上記の「スーパー産学官連携本部」等のプログラム採択によって、産学官連携を全学的な戦略の中核に位置づけ、国際的な技術連携と知財戦略の展開を図っている。

　農工大の産学官連携の窓口は、今もこの産官学連携・知的財産センターである。教員との共同研究等の連携を希望する企業は、まずこのセンターに常駐するコーディネーターと相談し、所定のルールと書式にしたがって契約を締結し、共同研究を開始する。一方、農工大には、技術移転を促進するために、2001年に技術移転機関TLOが設立された。これは、教員と卒業生が出資した株式会社であり、大学外部の組織である。2004年の国立大学法人化の際に、農工大はTLOと業務提携基本契約を締結し、それに基づいて農工大TLOは産官学連携・知的財産センターと密接に連携している。具体的には、同センターが特許の出願と維持、共同研究・受託研究

のための技術相談やリエゾン活動など広範な産学連携業務を担い、TLOは特許のライセンスを担当している。2008年度末までの累積ライセンス件数は71件、ロイヤリティ収入の累積は1億1千万円を超える。
（東京農工大学ホームページ http://www.tuat.ac.jp/index.html、および『東京農工大学産学官連携の実績2008』より）

【参考文献】

Branscomb, L. M., Kodama, F., and R. Florida (eds.) (1999), *Industrializing Knowledge: University-Industry Linkages in Japan and the United States*, Cambridge Massachusetts (MIT Press).

Fukugawa, N. (2006), "Determining Factors in Innovation of Small Firm Networks: A case of Cross Industry Groups in Japan", *Small Business Economics* 27, pp. 181-193.

Izushi, H. (2003), "Impact of the length of relationships upon the use of research institutes by SMEs", *Research Policy* 32, pp. 771-788.

石倉洋子・藤田昌久・前田昇・金井一頼・山﨑朗（2003）『日本の産業クラスター戦略——地域における競争優位の確立』有斐閣。

植田浩史（2006）「公設試験研究機関研究の課題」、植田浩史・本多哲夫編『公設試験研究機関と中小企業』創風社、序章、17-30頁。

小川正博（2000）『企業のネットワーク革新——多様な関係による生存と創造——』同文舘。

小田切宏之（2001）「日本の技術革新における大学の役割：明治から次世代まで」、青木昌彦・澤昭裕・大東道郎・『通産研究レビュー』編集委員会編『大学改革 課題と争点』東洋経済新報社、第5章、117-134頁。

小田切宏之（2006）『バイオテクノロジーの経済学 「越境するバイオ」のための制度と戦略』東洋経済新報社。

科学技術振興機構編（2009）『産学官連携データブック2008-2009』(http://sangakukan.jp)。

桑原武志（2006）「地域産業政策と公設試験研究機関」、植田浩史・本多哲夫編『公設試験研究機関と中小企業』創風社、第3章、89-108頁。

ケネラー、R.（2003）「産学連携制度の日米比較——イノベーションへの影響—」、後藤晃・長岡貞男編『知的財産制度とイノベーション』東京大学出版会、第2章、51-99頁。

後藤晃(1993)『日本の技術革新と産業組織』東京大学出版会。
後藤晃・馬場靖憲(2007)「産学連携とイノベーション」、馬場靖憲・後藤晃編『産学連携の実証分析』東京大学出版会、序章、1-18頁。
近藤正幸(2002)『大学発ベンチャーの育成戦略 大学・研究機関の技術を直接ビジネスへ』中央経済社。
榊原清則・伊地知寛博(2001)「日本における産学連携の実態と利益相反問題」、青木昌彦・澤昭裕・大東道郎・『通産研究レビュー』編集委員会編『大学改革 課題と争点』東洋経済新報社、第16章、369-392頁。
商工総合研究所(1999)『中小企業の戦略的連携』商工総合研究所。
全国中小企業団体中央会(2007a)『平成19年度中小企業組合白書』全国中小企業団体中央会。
全国中小企業団体中央会(2007b)『中小企業組合(事業共同組合・同連合会)実態調査報告書』全国中小企業団体中央会。
全国中小企業団体中央会(2008)『平成20年度中小企業組合白書』全国中小企業団体中央会。
大学技術移転協議会編(2008)『大学技術移転サーベイ 大学知的財産年報2007年度版』発明協会。
田口直樹(2006)「科学技術政策と公設試験研究機関」、植田浩史・本多哲夫編『公設試験研究機関と中小企業』創風社、第2章、57-88頁。
田中幹大(2006)「公設試験研究機関の歴史」、植田浩史・本多哲夫編『公設試験研究機関と中小企業』創風社、第1章、33-56頁。
玉井克哉・宮田由紀夫編(2007)『日本の産学連携』玉川大学出版部。
中小企業異業種交流財団ホームページ(http://www.igyoshu-fdn.or.jp/index.html)。
中小企業基盤整備機構(2009)『平成20年度異業種交流グループ情報調査報告書』。
中小企業庁編(2002)『中小企業白書2002年版』ぎょうせい。
中小企業庁編(2003)『中小企業白書2003年版』ぎょうせい。
中小企業庁編(2008)『中小企業白書2008年版』ぎょうせい。
中小企業庁編(2009)『中小企業白書2009年版』経済産業調査会。
東京農工大学ホームページ(http://www.tuat.ac.jp/index.html)。
東京農工大学(2008)『産学官連携の実績2008』東京農工大学研究支援・産学連携チーム(大学ホームページ掲載)。
長平彰夫・西尾好司編(2006)『競争力強化に向けた産学官連携マネジメント』中央経済社。
中山健(2001)『中小企業のネットワーク戦略』同友館。
濱田康行編(2007)『地域再生と大学』中央公論新社。
福川信也(2007)「地域イノベーションシステムにおける公設試験研究機関の位置

づけと戦略」『中小企業総合研究』(中小企業金融公庫総合研究所) 第7号、20-34頁。
藤本昌代 (2003)「産学官連携―工業技術院と産業技術総合研究所の比較」、原山優子編『産学連携 「革新力」を高める制度設計に向けて』東洋経済新報社、第6章、179-215頁。
宮田由紀夫 (1997)『共同研究開発と産業政策』勁草書房。
宮田由紀夫 (2002)『アメリカの産学連携 日本は何を学ぶべきか』東洋経済新報社。
文部科学省ホームページ (http://www.mext.go.jp)。
文部科学省編 (2008)『平成20年版科学技術白書』ぎょうせい。
文部科学省科学技術政策研究所 (2003)『産学連携1983-2003』科学技術政策研究所調査資料96。
文部科学省科学技術政策研究所 (2005)『国立大学の産学連携：共同研究1983年―2002年と受託研究1995年―2002年』科学技術政策研究所調査資料119。
文部科学省科学技術政策研究所 (2007)『地域における産学官連携―地域イノベーションシステムと国立大学―』科学技術政策研究所調査資料136。
谷地向ゆかり (2009)「中小企業の産学官連携を成功に導くためのポイント」『信金中金月報』(信金中央金庫総合研究所) 2009年4月号、64-79頁。
吉川宗史郎 (2002)「鉱工業技術研究組合40年の推移」研究・技術計画学会第17回年次学術大会 (2002年10月、北九州研究学術都市) 講演要旨集、571-574頁 (http://www.jaist.ac.jp/coe/library/jssprm_p/2002/index.html)。
六波羅昭編 (1985)『研究開発と独占禁止政策：共同開発・技術取引・新分野開拓』ぎょうせい。
若杉隆平 (1986)『技術革新と研究開発の経済分析 日本の企業行動と産業政策』東洋経済新報社。
渡辺孝編 (2008)『アカデミック・イノベーション 産学連携とスタートアップス創出』白桃書房。

第3章 技術連携の要因
――どのような企業が技術連携に取り組むのか――

1. はじめに

　近年、企業間の共同研究開発や産学官連携に対する関心が高まっている。前章で議論したように、中小企業の持つ経営資源は大企業と比較して乏しく、そのことが中小企業の発展を制約している。したがって、まさに中小企業にとって、競争優位を持つ得意分野に経営資源を集中する一方で、その他の分野については目的に応じて外部の企業や機関と柔軟に連携してその経営資源を積極的に活用し、相互に補完し合うことが重要である。

　実際、技術連携によって、中小企業の経営成果と技術成果が高められることは、既に様々に検証されている。本書の第7章と第8章では、筆者のこれまでの研究をベースとして、官庁統計の個票データの分析を通じて、他社との共同研究開発によって中小企業の利益率や生産性、研究開発の効果が高まることが明らかにされる。中小企業の産学連携が特許出願を有意に増加させることも既に知られている（中小企業庁編 2002）。

　しかし、それにもかかわらず、第2章で示されたように、技術連携に取り組むのは中小企業の一部にすぎない。しかも、技術連携のメリットは内部資源の乏しい中小企業にとってこそ重要であるはずなのに、中小企業よりも大企業のほうが技術連携を行う企業の比率は明らかに高い。では、技術連携に取り組むのはどのような企業であるのか。技術連携を行う中小企業の特性は、大企業のそれとどのように違うのだろうか。

　1990年代の後半以降、企業間連携と産学官連携の要因についての実証研究は、主に欧米諸国で多数行われてきた。その詳細は次節で報告するが、その大半がアメリカの大規模データベースや欧州連合（EU）加盟国のCIS[(1)]のマイクロデータを用いており、大企業を中心とするか、または大企業と中小企業を区別していない。また、産業と企業の要因に関心を集中し、経営者（社長）の

属性を考慮していない。一方、日本企業については、技術連携の要因に関する実証研究は非常に乏しい。企業間の共同研究開発の要因に関する研究は、上場企業の共同研究開発（Miyata 1995）または政府の支援を受けた大企業間の研究開発協同組合（Sakakibara 2001）に対象を限定し、産業要因のみを考慮している。産学官連携への取り組み要因についての定量的研究は、中小企業庁による分析しかない（中小企業庁編 2003）。

　そこで本章は、筆者が2005年に行った大規模な企業アンケート調査の回答データを用いて、企業間の共同研究開発と産学官連携のそれぞれについて参加要因を定量的に分析し、中小企業と大企業に関する結果を比較する。先行研究にあるように産業特性と企業特性の影響を調べるだけでなく、経営者（社長）の特性（学歴と年齢）に注目する。このように、本章の分析の特徴は、日本企業を対象とする同一の調査サンプルを用いて、企業間連携と産学官連携の参加要因の違いおよび中小企業と大企業の連携参加要因の違いを示すことと、経営者（社長）の属性の影響を検証することにある。

　本章の構成は、以下の通りである。次節では技術連携の決定要因に関する先行研究を展望する。第3節で、データソースと分析対象企業の概要について述べる。第4節では、分析の方法とモデル、変数について説明する。第5節では企業間の共同研究開発の要因、第6節では産学官連携への参加の要因について、実証分析の結果を示し、考察を加える。第7節で主要な結果を整理し、今後の研究課題を示して、本章を締めくくる。

2．先行研究の整理

　本節では、企業間の共同研究開発のみを分析対象にするもの、産学官連携のみを分析対象にするもの、その両方を分析対象にするものの3つに分けて、先行研究を概観する。

　企業間の共同研究開発の実証分析における初期の代表例のひとつは、アメリカのRJV（research joint venture）登録データベース（NCRA-RJV）を用いた

（1）　CIS（Community Innovation Survey）は、EU各国の統計局が1992年以降数回にわたって（2008年までに4回）実施している、事業所レベルの大規模なイノベーション調査である。詳細については、次節に引用された文献を参照されたい。

Vonortas（1997）であろう。彼は上場企業を対象にして産業レベルと企業レベルの分析を行い、企業レベルでは規模と過去の連携経験のみがRJV形成に有意な効果を持つことを示した。同じアメリカの製造業を対象にしたAngel（2002）は、大規模で製造業集積地に立地する企業が共同研究開発に参加する傾向があることを見出した。

　欧州では、Bayona et al.（2001）が、スペインの研究開発実施企業のデータを用いて、共同研究開発の参加要因を企業の参加目的から検証した。すなわち、技術が複雑な産業で、研究開発におけるリスク軽減と資本節約を志向する企業が共同研究開発に参加する傾向がある。Hernan et al.（2003）は、EUプログラムに基づく大型RJVへの参加が、産業の研究開発集約度、企業規模、過去の参加経験の他に、技術のスピルオーバーの早さと専有可能性の程度に依存することを示した。Colombo et al.（2006）は、イタリアのハイテク・スタートアップの連携参加要因を、技術的連携と商業的連携に分けて分析し、創業者の事業経営経験が長いほど技術的連携が行われやすいことを明らかにした。Lopez（2008）は、変数の内生性を考慮した分析により、技術のスピルオーバーは技術連携の重要な要因であるが、費用とリスクの分担がより重要であることを見出した。

　日本については、Miyata（1995）が公正取引委員会の調査データ（東京証券取引所上場企業対象）を用いて、またSakakibara（2001）が技術研究組合を対象にして、共同研究開発が行われやすい産業の特徴（研究開発集約度が高い等）を明らかにしているが、企業要因は扱われていない。中小企業庁編（2003）が、中小企業を対象とする簡単な分析によって、規模、営業利益率、研究開発活動、異業種交流と共同研究開発に正の有意な相関が見られることを示しているのが、企業要因に関するほぼ唯一の成果である。

　産学官連携の実証分析は最近の数年間に集中しており、EU加盟国のCISデータを用いるものが多い。Mohnen and Hoareau（2003）は、EU4か国のCISデータを用いて、大学や公的研究機関から情報を入手する企業と産学官の共同研究開発に参加する企業の特徴を分析し、特許出願数の多い大企業が共同研究開発を行う傾向を明らかにした。英国のCISデータを用いたLaursen and Salter（2004）も、大学を情報源として利用する企業の特徴を分析し、規模と

研究開発集約度の他に、オープンな情報探索戦略が重要な特徴であることを発見した。Veugelers and Cassiman（2005）は、ベルギーの CIS データにより、産学連携と他のイノベーション活動（自社研究開発、大学以外の組織との連携等）の補完性を考慮した分析に基づいて、大企業と化学・医薬品産業の企業が産学連携にとくに積極的であることを示した。Fontana et al.（2006）は、EU 7 か国のイノベーティブな中小企業を対象として、外部環境への開放性、つまり外部情報を探索・選別し、相手に自社の能力をシグナルする能力が、産学連携への取り組みを促進することを明らかにした。

日本では、小田切・加藤（1997）がバイオテクノロジー関連産業について、研究開発支出が多い企業ほど産学連携件数が多いことを検証した。Motohashi（2005）は、規模が大きく技術力の高い企業ほど産学連携に取り組む傾向があることを見出した。また、中小企業庁編（2003）によれば、業歴が古く、規模が大きく、経営者が技術・研究開発を担当する企業が産学連携に取り組む傾向が見られる。

他企業との共同研究開発と産学官連携を同時に分析したものもいくつかある。Fritsch and Lukas（2001）は、ドイツの製造業のデータを用いて、企業規模と研究開発集約度が、企業（販売先、仕入先、競争相手）および公的研究機関との連携のすべてに影響することを示した。Tether（2002）、Miotti and Sachwald（2003）、Belderbos et al.（2004）も、それぞれ英国、フランス、オランダの CIS データを用いて、仕入先、販売先、同業者、大学等の連携相手を区別して、企業規模や自社研究開発等の要因の影響を検証している。Muscio（2007）は、イタリアの中小企業を対象にして、企業、大学、TTC（Technology Transfer Organization）との連携を区別して、人的資本に関する受容能力の影響を調べた。企業規模は大学との連携についてのみ影響するが、研究開発の人的資本はどの連携についても正の有意な効果を持つことが明らかにされた。

ここに紹介した先行研究は、序章で説明した様々なアプローチに基づいて、とくに資源ベースの企業観や能力理論に依拠して連携の要因を検証している。多くの研究が知識の受容能力、研究開発のリスクと費用分担、技術のスピルオーバーに言及し、とくに受容能力の代理変数としての企業規模と研究開発指標は先行研究の大半において用いられ、有意な影響が確認されている。

しかし、ほとんどがEU各国のCISデータか、アメリカの大規模データベースを使用しており、大企業と中小企業の違いを考慮していない。以上に紹介した研究の中で、中小企業に対象を絞っているのは、Colombo et al. (2006)（スタートアップの企業間連携）、Fontana（2006）（産学連携）、Muscio（2007）（両方）のみである。ただし、Bayona et al. (2001) は大企業と中小企業を分けて分析している。

また、ほとんどが産業と企業の変数を用いて分析しており、創業者の経営経験等の効果を検証したColombo et al. (2006) を除いて、経営者（社長）の属性は考慮されていない。前章で、中小企業のイノベーション活動には経営者が大きな役割を果たすことを述べた。Scherer and Huh (1992) や岡室（2004、2005）においても、経営者の学歴が研究開発への取り組みに影響することが明らかにされている。それにもかかわらず、技術連携の要因分析において経営者の属性の影響がこれまでほとんど考慮されなかったのは、大企業を対象とするものが多く、また分析に用いられたデータベースに、経営者の属性がほとんど含まれていないからであろう。

つぎに紹介する筆者自身のアンケート調査データは、企業間連携・産学官連携に関する情報の他に、基本情報として企業および経営者の特性に関する質問項目をいくつか含んでおり、経営者の学歴や年齢を分析に用いることができる。このように、経営者の属性の影響を明示的に検証することが、本章の分析の主要な特徴のひとつである。

3．データソースとサンプル企業の概要
3-1．アンケート調査

本章の分析で用いるデータは、序章で紹介された、筆者自身による2005年春のアンケート調査から得られた。この調査は、ビュロー・ヴァン・ダイク社のJADEデータベースから抽出された[2]、従業者数20人以上の製造業企業10,579社に対して郵送方式で行われ、1,857社（約18％）から回答を得た。この調査は企業間の共同研究開発と産学官連携をともに対象としている。

本調査では、企業間の共同研究開発を、「1年以上にわたって他の企業と共同で継続的に行われる研究開発事業」と定義している。相手企業には販売先や

仕入先などの取引先を含むが、通常の取引の一環として日常的に行われる作業とは別に、対象や期間が限定されたプロジェクトとして行われるものだけを対象とする。役務の提供に対して対価を支払うだけの関係（業務委託、技術供与など）は本調査における共同研究開発には含まれない。

　また、本調査における産学官連携は、「民間企業が研究開発や技術移転、技術的問題の解決を目的として大学等の研究機関（大学、高等専門学校、国公立の試験研究機関）と協力関係を結ぶこと」を指す。具体的には、共同研究開発、委託研究、ライセンシング、技術的な相談、設備・機材の利用、従業員の教育・研修、大学院生・研究者の受け入れ等が含まれる。回答企業が実際に行った産学官連携の内容では共同研究開発が最も多く（63％）、技術的相談（47％）、設備・機材の利用（46％）、委託研究（42％）がそれに続く。従業員教育（17％）、ライセンシング（12％）、大学院生受け入れ（7％）はあまり行われていない（複数回答方式、詳細は第4章参照）。大学等の研究機関の他に民間企業を含むプロジェクトは、企業間の共同研究開発に区分される。

　企業間共同研究開発についても産学官連携についても、調査の対象は前年までの3年間（2002〜2004年）に行われたプロジェクト（継続中のものも含む）である。複数のプロジェクトに参加した場合には、その中で最も重要だと思われるものに限定して、質問に回答していただくことにした。

　調査回答企業の平均従業者数は424人（中央値100人）で、調査対象企業（平均値316人、中央値82人）よりも多い。つまり、規模の大きい企業のほうがこの調査によく回答しているということになる。業種別の分布をみると、一般機械器具製造業の企業の割合が回答企業で相対的にやや少ないこと以外は、対象企業と回答企業の間で大きな違いはない（**図表3−1**）。したがって、この調査

（2）　このデータベースは、（株）帝国データバンクのデータベースから約12万社を抽出して、企業の名称・住所・業種分類等の基本情報、社長の氏名・住所・生年月日・出身地・出身大学等の基本情報および詳細な財務データを英語で整理し、提供している。信用調査会社のデータベースに依拠するので、JADEは新設企業の収録が少なく、収録企業の大半が法人企業であるという特徴を持つが、全産業の法人企業の網羅的なデータベースとして、代表性は十分に高いと考えられる。なお、このデータベースの販売は既に中止されている。

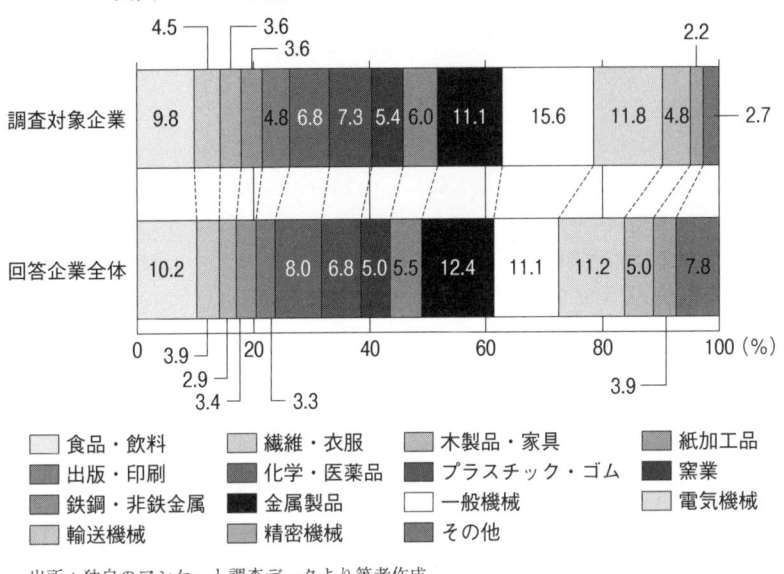

図表3－1　調査対象企業と回答企業の業種別分布（％）

	食品・飲料	繊維・衣服	木製品・家具	紙加工品	出版・印刷	化学・医薬品	プラスチック・ゴム	窯業	鉄鋼・非鉄金属	金属製品	一般機械	電気機械	輸送機械	精密機械	その他
調査対象企業	9.8	4.5	3.6	3.6		4.8	6.8	7.3	5.4	6.0	11.1	15.6	11.8	4.8	2.2 / 2.7
回答企業全体	10.2	3.9	2.9	3.4	3.3	8.0	6.8	5.0	5.5	12.4	11.1	11.2	5.0	3.9	7.8

出所：独自のアンケート調査データより筆者作成。

の回答企業は対象企業よりもやや大規模寄りであるが、業種についての代表性はほぼ確保されている。

3－2．サンプル企業

回答企業のうち従業者数300人以下の中小企業は1,547社、同301人以上の大企業は294社で、残りの16社は従業者数不明である。本章では、中小企業と大企業を分けて比較と分析を行うので、分析対象企業は従業者数の分かる1,841社に絞られる。以下、これらの企業の特徴を見てみよう（**図表3－2**）。

サンプル1,841社のうち、過去3年間に他企業と共同研究開発を行ったのは38％、何らかの形で産学官連携に取り組んだのは32％、両方に取り組んだのは21％である（調査時点で継続中を含む）。これを規模別にみると、中小企業のうち、他企業との共同研究開発を行ったのは33％、産学官連携を行ったのは26％、両方を行ったのは16％である。大企業のうち他企業と共同研究開発を行ったのは63％、産学官連携を行ったのは67％、両方を行ったのは50％である

図表3－2　サンプル企業の概要（規模別の平均値）

企業・経営者特性	全体	中小企業	大企業	回答数合計
共同研究開発に参加	37.6%	32.7%	63.3%	1,841
産学官連携に参加	32.2%	25.7%	66.7%	1,841
両方に参加	21.3%	16.0%	49.7%	1,841
従業者数（人）	424	101	2,125	1,841
自社研究開発	41.2%	33.6%	81.0%	1,840
会社業歴（年）	45.7	43.7	56.5	1,841
社長中高卒	21.0%	23.7%	6.6%	1,822
社長大卒	73.5%	71.3%	85.1%	1,822
社長大学院卒	5.5%	5.0%	8.3%	1,822
社長文系	44.8%	42.7%	55.7%	1,822
社長理系	34.2%	33.6%	37.7%	1,822
社長60歳以上	49.1%	46.7%	61.9%	1,837
東京・大阪立地	29.9%	27.3%	43.9%	1,841

注1：会社業歴と従業者数以外はすべてダミー変数。したがって、平均値は該当企業の比率を示す。
注2：自社研究開発：研究開発予算を毎年計上している＝1、その他0。
注3：中小企業は従業者数300人以下、大企業は同301人以上の企業とする。
注4：企業の立地に関する情報は、（株）東京商工リサーチのデータベースより入手。また、同データベースから業歴（設立年）の欠損を補完。

（**図表3－2**）。大企業のほうが企業間の共同研究開発にも産学官連携にも積極的であると言える。

　業歴（法人設立からの経過年数）は約46年で、大企業のほうが業歴は長い。平均従業者数は前述の通り424人（中央値は100人）である。約3割が東京都内または大阪府内に立地している。社内の研究開発への取り組みについては、41％が研究開発予算を毎年計上しており、フォーマルな研究開発を恒常的に実施しているといえる。大企業では中小企業よりも研究開発への取り組みの割合が高い。また、社長の8割近くは大学卒業または大学院修了で、文系（45％）のほうが理系（34％）よりも多い。社長の半数は60歳以上である。

4. 仮説と分析モデル

本節では、先行研究に基づいて企業間連携および産学官連携への参加要因についていくつかの仮説を提示し、それを検証するためのモデルと変数について説明する。

4-1. 仮説

企業が他社との共同研究開発を行う主な目的は、外部の技術・知識へのアクセス、またその活用によるシナジー効果の達成、研究開発の費用やリスクの分担、規模の経済・範囲の経済の活用である（**図表序-2**参照）。これらは基本的には産学官連携にも当てはまるが、産学官連携においてはとくに外部の知識へのアクセスが重要である。前述のように、とりわけ内部資源の制約の強い中小企業にとって、他社あるいは大学等との技術連携は重要である。この点からすれば、企業の規模が小さいほど、また技術力の低い企業ほど、外部との技術連携のメリットが大きく、技術連携に参加する確率が高いと言えるかもしれない。

しかし、技術連携、とくに共同研究開発は、すべての参加者がそれぞれの知識や技術を含む経営資源を提供し、それらを融合させるものである。したがって、連携のために提供する人材、知識、資金等がなければ技術連携、とくに共同研究開発は成立しない。また、連携を通じて新たな知識や技術を吸収・学習し、さらに発展させる受容能力（Cohen and Levinthal 1989）が足りないと、メリットを十分に享受できない。したがって、先ほどの議論とは逆に、規模が大きく、技術力のある企業、あるいは研究開発を活発に行う企業ほど、技術連携に取り組む傾向が強いということになる。実際、多くの先行研究が、技術連携の要因分析において、企業規模と研究開発ないし技術力の指標を受容能力の変数として用いている（Bayona et al. 2001, Fritsch and Lukas 2001, Tether 2002, Miotti and Sachwald 2003, Laursen and Salter 2004, Nakamura and Odagiri 2005, Fontana et al. 2006, Hanel and St-Pierre 2006, Muscio 2007）。

以上の考察から、次の仮説が導かれる。

仮説1a：規模の大きい企業ほど企業間連携を行う傾向が強い。
仮説1b：規模の大きい企業ほど産学官連携を行う傾向が強い。

仮説 2 a：自社で研究開発を行う企業のほうが企業間連携を積極的に行う。
仮説 2 b：自社で研究開発を行う企業のほうが産学官連携を積極的に行う。

中小企業庁の最近の調査によれば（中小企業庁編 2008、198頁）、産学官連携の実績がない中小企業の挙げる主な問題点は、内部資源の不足（人手不足22％、資金不足17％、技術力不足17％）と情報不足（連携相手の情報がない19％、連携の手続が分からない13％）である（複数回答方式）。内部資源の不足は受容能力の不足に関連し、情報の不足は経営者の人脈を含む情報収集能力に関係する。中小企業庁編（2002）も、産学連携への取り組みが、業歴や経営者の年齢に示される人的ネットワークに影響されやすいことを示している。

第1章でも論じたように、とくに中小企業では、イノベーションにおける経営者の役割が大きい（中小企業庁編 2009）。したがって、社長の能力や経験、人脈は、その企業の事業連携において重要な意味を持つ。とくに学歴は（受容）能力、年齢は経験と人脈の代理変数と見なされる。

社長の学歴については、大学卒あるいは大学院修了という最終学歴のレベルだけでなく、文系出身か理系出身かということも、中小企業の技術連携には意味のあることかもしれない。理系出身者のほうが社外の技術情報に敏感で、他企業や大学等の技術者・科学者とのネットワークを築いている可能性があり、また外部知識の受容能力も高いと考えられるからである[3]。技術連携の決定要因に関する先行研究は、前述のように経営者の属性をほとんど考慮していないが、本章の分析ではこれを重視する。なお、大企業ではイノベーションにおける経営者の役割は中小企業ほどには大きくなく、専門の研究者とその組織がより大きな意味を持つので、社長の属性の影響はとくに中小企業において強いと予想される。以上の考察から、次の仮説が導かれる。

仮説 3 a：業歴の長い企業ほど企業間連携を行う傾向が強い。
仮説 3 b：業歴の長い企業ほど産学官連携を行う傾向が強い。

（3）　本書第10章では、文系・理系を含めた経営者の学歴を、連携相手の探索費用の代理変数として分析に用いている。

第3章 技術連携の要因　87

仮説4a：中小企業では社長の学歴が高いほど企業間連携を行う傾向が強い。
仮説4b：中小企業では社長の学歴が高いほど産学官連携を行う傾向が強い。
仮説5a：中小企業では社長が理系出身であるほうが企業間連携を積極的に行う。
仮説5b：中小企業では社長が理系出身であるほうが産学官連携を積極的に行う。
仮説6a：中小企業では社長の年齢が高いほど企業間連携を行う傾向が強い。
仮説6b：中小企業では社長の年齢が高いほど産学官連携を行う傾向が強い。

　岡室（2005）は、企業の立地条件が研究開発行動に影響することを示している。技術連携への取り組みも、地域要因に影響されるかもしれない。東京・大阪のような、周囲に補完的な技術を持つ企業や重要な知識を創造する大学・研究機関の多い、産業・知識集積地域では、連携相手を見つけることが比較的容易であろう[4]。しかし、そのような環境にあると、人的交流等を通じて周囲の企業や機関から技術や知識のスピルオーバーを得やすいため、かえって技術連携に積極的に取り組む必要が少ないかもしれない。したがって、中小企業の技術連携が立地条件に左右されるとしても、産業・知識集積地域のほうが技術連携が盛んになるかどうかは明確ではない。なお、大企業の取引や情報交流の範囲は一般に中小企業よりも広く、地方の企業も都会の企業と同様に外部からのスピルオーバーを得やすいため、立地条件の影響はとくに中小企業に対して強く現れると予想される。以上の考察から、最後の仮説が導かれる。

仮説7a：中小企業の企業間連携への取り組みは立地条件に影響される。
仮説7b：中小企業の産学官連携への取り組みは立地条件に影響される。

4－2．分析モデルと変数

　本章では、上記の仮説を2段階で検証する。まず、いくつかの企業属性と経営者属性について参加企業と非参加企業の平均値を示し、その差の比較検定を

（4）　Angel（2002）は、製造業の集積地に立地する企業のほうが、その他の地域の企業よりも共同研究開発に参加する傾向が強いことを検証している。

行う。つぎに、連携に参加すれば1、そうでなければ0の値をとるダミー変数（参加企業ダミー）を被説明変数とするプロビット分析を行い、企業が連携に参加する確率を企業属性、経営者属性、産業属性に回帰する。比較検定では様々な要因の影響を区別してコントロールできないが、重回帰分析ではそれが可能である。参加要因の推定に用いる分析モデルは以下の通りである。

技術連携に参加する確率 = f（企業属性、経営者属性、産業属性）

　技術連携に参加する確率を示す変数は、企業間共同研究開発ダミーと産学官連携ダミーである。前者は当該企業が他社と共同研究開発を行う場合に1、そうでなければ0をとる二値変数、後者は当該企業が産学官連携を行う場合に1、そうでなければ0をとる二値変数である。被説明変数が二値変数であるので、分析方法として最小二乗分析ではなくプロビット分析を用いる。

　企業属性の変数として、規模（従業者数の対数）、自社研究開発ダミー、業歴（会社設立からの経過年数）、東京・大阪立地ダミーを用いる。自社研究開発ダミーは、当該企業が研究開発予算を毎年計上している場合に1、そうでなければ0の値をとる二値変数である。東京・大阪立地ダミーは、当該企業が東京都内あるいは大阪府内に立地している場合に1、そうでなければ0の値をとる二値変数である。

　経営者（社長）の属性の中では、最終学歴と年齢に注目する。最終学歴の変数として、中高卒ダミー、大学院卒ダミー、文系ダミー、理系ダミーを用いる。これらはそれぞれ、社長の最終学歴が中学または高校卒である場合、大学院修了である場合、大学・大学院の文系コースである場合、同じく理系コースである場合に1、そうでなければ0の値をとる二値変数である。これらの変数間で相関関係がかなり高いことから、回帰分析は中高卒ダミーと大学院卒ダミーの組み合わせ（モデル1）、文系ダミーのみ（モデル2）、理系ダミーのみ（モデル3）の3つのパターンに分けて行う。モデル1ではモデルに含まれない大卒ダミー（社長が大卒であれば1、そうでなければ0の値をとる二値変数）、モデル2とモデル3ではモデルに含まれない中高卒ダミーが比較のベース（baseline reference）になる。社長の年齢の変数として、60歳以上ダミー（60歳以上であれば1、そうでなければ0の値をとる）を用いる。モデルに含まれない、60歳未

満の年齢層が比較のベースになる。

　産業の属性は、本章の分析では14種類の産業ダミー変数（**図表３－１**における食品・飲料から精密機械までのそれぞれの産業に対応）で代理する。モデルに含まれない、15番目の「その他製造業」が比較のベースになる。

５．企業間連携に関する分析結果

５−１．グループ間の比較検定

　まず、中小企業について、企業間共同研究の参加企業と非参加企業の平均的な属性を比べてみよう（**図表３－３**）。図表の右端の列は、平均値の差の検定（連続変数）ないし比率の検定（離散変数）の結果を示す。ここに *** ないし ** の印のあるものは、２つのグループの平均値が統計的に有意に異なっている（前者は１％水準、後者は５％水準）。

　中小企業について有意な差があるのは、従業者数、自社研究開発、社長の中高卒ダミーである。すなわち、企業間連携に参加する企業はそうでない企業と

図表３－３　企業間共同研究開発への参加企業と非参加企業の特性比較（中小企業サンプル）（参加企業＝506社、非参加企業＝1,041社）

企業・経営者特性	参加企業平均	非参加企業平均	回答数	差の検定
従業者数（人）	119	92	1,547	***
自社研究開発	0.534	0.240	1,546	***
会社業歴（年）	44.3	43.3	1,547	
社長中高卒	0.197	0.256	1,533	***
社長大卒	0.739	0.700	1,533	
社長大学院卒	0.064	0.044	1,533	
社長文系	0.446	0.418	1,533	
社長理系	0.357	0.326	1,533	
社長60歳以上	0.487	0.457	1,543	
東京・大阪立地	0.271	0.274	1,547	

注１）平均値の差について、連続変数（業歴と従業者数）についてはt検定、それ以外の特性（離散変数）については比率の検定を行った。*** は１％水準で有意、** は５％水準で差が統計的に有意であることを示す。
注２）変数の定義については本文および図表３－２の注を参照。

図表3−4　企業間共同研究開発への参加企業と非参加企業の特性比較
（大企業サンプル）（参加企業＝183社、非参加企業＝106社）

企業・経営者特性	参加企業平均	非参加企業平均	回答数	差の検定
従業者数（人）	2,794	973	294	**
自社研究開発	0.892	0.667	294	***
会社業歴（年）	57.8	54.4	294	
社長中高卒	0.027	0.132	289	***
社長大卒	0.863	0.830	289	
社長大学院卒	0.109	0.038	289	**
社長文系	0.563	0.547	289	
社長理系	0.410	0.321	289	
社長60歳以上	0.618	0.620	294	
東京・大阪立地	0.500	0.333	294	***

注）図表3−3と同じ。

比べて従業者数でみた規模が大きく、自社で研究開発を行うものが多く、社長の学歴が比較的高い。会社の業歴、都会に立地する企業の比率、ほとんどの社長属性については、両グループ間に有意な差は見られない。

　つぎに大企業について見てみよう（**図表3−4**）。基本的な傾向は中小企業とあまり変わらないが、大企業ではさらに社長の大学院卒ダミーと東京・大阪立地ダミーが有意である。つまり、参加企業のほうが、社長が大学院を修了していることが比較的多く、東京都あるいは大阪府内に立地していることが多い。しかし、それ以外の社長属性については、中小企業と同様に、グループ間で有意な違いはない。

5−2．回帰分析

　今度は重回帰分析によって企業間連携への参加の確率を推定することにより、企業間連携の要因をより厳密に検証する（**図表3−5、図表3−6**）。

　被説明変数は、他社と共同研究開発を行ったら1、そうでなければ0の値をとるダミー変数である。社長の最終学歴の変数間で相関関係が高いので、ここではそれらを別々にモデルに入れて分析する。モデル1は社長の大卒ダミーを

図表3−5 企業間共同研究開発への参加要因に関する回帰分析結果（中小企業）

プロビット分析：被説明変数＝企業間共同研究開発参加ダミー

変数	モデル1	モデル2	モデル3
従業者数対数	0.0318 (1.74)*	0.0334 (1.84)*	0.0336 (1.85)*
自社研究開発	0.262 (9.12)***	0.264 (9.24)***	0.265 (9.28)***
会社業歴	0.000638 (0.76)	0.000749 (0.89)	0.000856 (1.03)
社長中高卒	−0.0383 (−1.24)		
社長大学院卒	0.0268 (0.46)		
社長文系		0.0160 (0.62)	
社長理系			0.0123 (0.47)
社長60歳以上	0.0349 (1.35)	0.0283 (1.12)	0.0271 (1.08)
東京・大阪立地	−0.0601 (−2.12)**	−0.0582 (−2.06)**	−0.0579 (−2.05)**
観測数	1,525	1,525	1,525
対数尤度	−874.8	−875.6	−875.7
χ二乗検定	179.95***	178.46***	178.29***
擬似決定係数	0.0933	0.0925	0.0924

注1）定数項と14個の産業ダミー変数をモデルに含むが、結果表示を省略する。
注2）回帰係数に代えて（各変数の平均値における）限界効果を表示。ダミー変数については、0から1に変化したときの効果の違いを示す。
注3）かっこ内はz値。
注4）有意水準：*** 1％、** 5％、* 10％。

ベースとして中高卒と大学院修了の影響を、モデル2とモデル3は社長の中高卒ダミーをベースとして文系出身と理系出身の効果を、それぞれ検証する。すべてのモデルは定数項と14種類の産業ダミー変数を含むが、ここでは表記を省略している。また、ここでは回帰係数の代わりに限界効果（変数の値が1単位増加したときに、被説明変数の確率がどれだけ変化するか）を示す。プロビット分析は非線形の推定なので、各変数の影響の大きさを回帰係数でみることはできないからである。かっこ内の数値は回帰係数の有意水準を示すZ値である。

図表3−5は、中小企業に関する分析結果を示している。最も強い効果を持つのは自社研究開発への取り組みであり[5]、分析結果は、フォーマルな研究開発を自社で継続的に行う（研究開発予算を毎年計上する）企業では、そうでない企業に比べて、他社と共同で研究開発を行う確率が26％ほど高いことを示して

図表3－6　企業間共同研究開発への参加要因に関する回帰分析結果（大企業）
プロビット分析：被説明変数＝企業間共同研究開発参加ダミー

変数	モデル1	モデル2	モデル3
従業者数対数	0.111 (2.72)***	0.119 (2.90)***	0.117 (2.86)***
自社研究開発	0.363 (3.81)***	0.358 (3.83)***	0.362 (3.88)***
会社業歴	−0.00277 (−1.54)	−0.00221 (−1.23)	−0.00209 (−1.17)
社長中高卒	−0.257 (−1.78)*		
社長大学院卒	0.173 (1.53)		
社長文系		0.00308 (0.05)	
社長理系			0.0568 (0.88)
社長60歳以上	−0.0417 (−0.63)	−0.0704 (−1.09)	−0.0641 (−0.99)
東京・大阪立地	0.0589 (0.88)	0.0667 (1.01)	0.0665 (1.01)
観測数	288	288	288
対数尤度	−152.9	−155.9	−155.6
χ二乗検定	71.98***	65.97***	66.75***
擬似決定係数	0.191	0.175	0.177

注）図表3－5と同じ。

いる。従業者数でみた企業規模も企業間連携への参加に対して正の有意な効果を持つが、係数の有意水準がかなり低く、その効果は自社研究開発よりも弱い。また、平均値の差の検定では有意な差が見られなかった立地の変数が、ここでは有意な負の効果を示している。つまり、大都市圏の企業のほうが他社との研究開発を行わない傾向がみられる。業歴と社長の学歴・年齢は、企業間連携への参加に対して有意な影響を与えない。なお、擬似決定係数はいずれも10％に届かないが、χ二乗検定の結果は、これらのモデルがいずれも全体として有効であることを示している。

　同じモデルによる大企業に関する分析の結果が、**図表3－6**に示されてい

(5)　ここでは、企業の研究開発への取り組みの変数として「研究開発費を毎年計上しているかどうか」のダミー変数を用いているが、これを他の研究開発指標に置き換えても、基本的な結果は変わらない。これは、大企業サンプルについても同様である。

る。中小企業サンプルの結果と同じく、従業者規模と自社研究開発が企業間連携への参加に対して正の有意な効果を示している。中小企業と比べて従業者規模の影響がより強く、有意水準も高いのは、大企業サンプルのほうが規模のばらつきが大きく、自社研究開発の変数との相関が中小企業ほど強くないからであろう。また、大企業については中小企業と違って立地条件が他社との共同研究開発に影響しない。さらに、社長の中高卒ダミーが弱いけれども有意な負の効果を持つことは、予想と異なって、大企業のほうが企業間連携への参加が社長の学歴に影響されやすいことを示している。なお、大企業のほうが中小企業よりもモデルの説明力は高い。

　図表３－５と３－６では産業別ダミー変数に関する分析結果をすべて省略している。大企業ではプラスチック・ゴム製品、窯業、輸送用機械器具の各産業で、中小企業ではそれらに加えて繊維・衣服、電気機械器具、精密機械器具の各産業で、企業が他社と共同研究開発を行う確率が相対的に高い。繊維・衣服、電気機械、輸送用機械、精密機械等の産業では下請取引が広範に見られるが、そこで垂直的な取引関係を通じた連携が活発に行われていることが窺われる。

5－3．考察

　以上の結果をまとめると、中小企業についても大企業についても、規模が大きく自社研究開発が活発な企業ほど企業間連携に取り組む傾向が強い。しかし、中小企業では社長の学歴や年齢が企業間連携とは無関係であるのに対し、大企業では社長の学歴が弱いながらも企業間連携への取り組みに影響することが確認された。また、中小企業では地方に立地するほうが企業間連携に取り組む傾向が強いが、大企業にはそのような傾向は見られない。したがって、仮説１ａ、２ａ、７ａは支持されたが、仮説３ａ、４ａ、５ａ、６ａは支持されなかった。

　グループ間の平均値の比較では、中小企業でも社長の学歴（中高卒者の比率）に有意な差が見られたが、他の要因でコントロールした重回帰分析ではその差が消えてしまった。立地条件については、グループ間の比較検定ではむしろ中小企業ではなく大企業に有意な差が見られたが（東京・大阪立地のほうが企業間連携への取り組みが活発）、回帰分析の結果はこれと異なって、中小企業についてのみ立地条件の影響が確認された。

規模が大きく、研究開発に活発に取り組む企業ほど、他社と共同研究開発を行う傾向が強いという分析結果は、予想通りであり、多くの先行研究の結果と一致する。中小企業の企業間連携への立地条件の影響、大企業の連携への社長学歴の影響は、先行研究にはほとんど見られない点であり、独自の研究成果である。

地方の中小企業ほど技術連携への取り組みに積極的であるという結果は、地方の企業のほうが企業の密度が低いために地域の企業からのスピルオーバーを受けにくく、連携によって外部の資源を得ようとする、と解釈できる。大企業で立地条件の影響が見られないのは、大企業の取引や情報交流の範囲が一般に中小企業よりも広く、地方に所在する企業も都会の企業と同様に外部からのスピルオーバーを得やすいからであると考えられる。

解釈が難しいのは、中小企業でなく大企業において社長の学歴が有意な効果を持つことである。企業経営者の高学歴化が進んだ現在、大企業では中小企業と違って社長が大学卒業でないのはかなり稀なケースであり（本章で用いた調査では19社、6.6％のみ）、この19社の動向が分析結果に強く影響したのかもしれない。

6．産学官連携に関する分析結果
6－1．グループ間の比較検定

中小企業について、産学官連携の参加企業と非参加企業の平均的な属性を比べてみよう（**図表3－7**）。図表の右端の列は、平均値の差の検定（連続変数）ないし比率の検定（離散変数）の結果を示す。ここに *** ないし ** の印のあるものは、2つのグループの平均値が統計的に有意に異なっている（前者は1％水準、後者は5％水準）。

中小企業について有意な差があるのは、従業者数、自社研究開発、社長の中高卒ダミー・大学院卒ダミー・理系ダミーである。すなわち、産学官連携に参加する企業はそうでない企業と比べて従業者数でみた規模が大きく、自社で研究開発を行うものが多く、社長の学歴が高く、理系出身であることが比較的多い。企業間共同研究開発への参加に関するグループ間比較結果（**図表3－5**）と比べて、産学官連携では社長の学歴（大学院卒、理系）による違いがより明

図表3-7　産学官連携への参加企業と非参加企業の特性比較
（中小企業サンプル）（参加企業＝398社、非参加企業＝1,149社）

企業・経営者特性	参加企業平均	非参加企業平均	回答数	差の検定
従業者数（人）	122	94	1,547	***
自社研究開発	0.577	0.253	1,546	***
会社業歴（年）	44.0	43.5	1,547	
社長中高卒	0.195	0.251	1,533	**
社長大卒	0.732	0.707	1,533	
社長大学院卒	0.073	0.042	1,533	**
社長文系	0.420	0.430	1,533	
社長理系	0.385	0.319	1,533	**
社長60歳以上	0.446	0.474	1,543	
東京・大阪立地	0.275	0.272	1,547	

注）図表3-3と同じ。

図表3-8　産学官連携への参加企業と非参加企業の特性比較
（大企業サンプル）（参加企業＝193社、非参加企業＝96社）

企業・経営者特性	参加企業平均	非参加企業平均	回答数	差の検定
従業者数（人）	2,820	737	294	***
自社研究開発	0.923	0.582	294	***
会社業歴（年）	58.8	51.9	294	***
社長中高卒	0.016	0.165	289	***
社長大卒	0.891	0.773	289	***
社長大学院卒	0.094	0.062	289	
社長文系	0.609	0.454	289	**
社長理系	0.375	0.381	289	
社長60歳以上	0.663	0.531	294	**
東京・大阪立地	0.469	0.378	294	

注）図表3-3と同じ。

瞭に現れている。会社の業歴と都会立地ダミーについては、両グループ間に有意な差は見られない。

　大企業についても（**図表3-8**）、従業者規模と自社研究開発に関する結果

は中小企業と変わらないが、大企業では業歴の長さと社長の年齢についてもグループ間に有意な差がある。つまり、産学官連携の参加企業のほうが相対的に古く、社長の年齢が高い。また、産学官連携企業のほうが大卒社長の比率が有意に高く、とくに文系出身社長の比率が高い。

6-2. 回帰分析

つぎに、重回帰分析を用いて産学官連携を行う確率を推定することにより、産学官連携の参加要因をより厳密に検証しよう（**図表3-9、図表3-10**）。

被説明変数は、産学官連携に参加すれば1、そうでなければ0の値をとるダミー変数である。前の推定と同様に、社長の最終学歴の変数間で相関関係が高いので、ここではそれらを別々にモデルに入れて分析する。モデル1は社長の大卒ダミーをベースとして中高卒と大学院修了の影響を、モデル2とモデル3は社長の中高卒ダミーをベースとして文系出身と理系出身の効果を、それぞれ

図表3-9　産学官連携への参加要因に関する回帰分析結果（中小企業）
プロビット分析：被説明変数＝産学官連携参加ダミー

変数	モデル1	モデル2	モデル3
従業者数対数	0.0432 (2.62)***	0.0445 (2.71)***	0.0436 (2.65)***
自社研究開発	0.223 (8.43)***	0.227 (8.57)***	0.224 (8.51)***
会社業歴	0.000237 (0.31)	0.000420 (0.55)	0.000328 (0.43)
社長中高卒	-0.00995 (-0.35)		
社長大学院卒	0.0403 (0.77)		
社長文系		-0.0198 (-0.84)	
社長理系			0.0290 (1.20)
社長60歳以上	-0.0278 (-1.18)	-0.0342 (-1.48)	-0.0301 (-1.31)
東京・大阪立地	-0.0464 (-1.80)*	-0.0448 (-1.74)*	-0.0461 (-1.79)*
観測数	1,525	1,525	1,525
対数尤度	-779.4	-779.4	-779.1
χ二乗検定	183.75***	183.69***	184.42***
擬似決定係数	0.105	0.105	0.106

注）図表3-5と同じ。

図表3-10 産学官連携への参加要因に関する回帰分析結果(大企業)
プロビット分析:被説明変数=産学官連携参加ダミー

変数	モデル1	モデル2	モデル3
従業者数対数	0.219 (4.57)***	0.228 (4.82)***	0.226 (4.78)***
自社研究開発	0.493 (5.25)***	0.477 (5.19)***	0.474 (5.27)***
会社業歴	−0.000981 (−0.54)	−0.000565 (−0.32)	0.000045 (0.03)
社長中高卒	−0.557 (−3.61)***		
社長大学院卒	0.145 (1.39)		
社長文系		0.157 (2.51)**	
社長理系			−0.0301 (−0.47)
社長60歳以上	0.0913 (1.40)	0.0400 (0.64)	0.0373 (0.60)
東京・大阪立地	−0.101 (−1.45)	−0.0859 (−1.26)	−0.0764 (−1.14)
観測数	288	288	288
対数尤度	−128.5	−134.5	−137.6
χ二乗検定	109.55***	97.67***	91.53***
擬似決定係数	0.299	0.266	0.250

注)図表3-5と同じ。

検証する。すべてのモデルは定数項と14種類の産業ダミー変数を含むが、ここでは表記を省略している。また、ここでは回帰係数の代わりに限界効果を示す。

図表3-9は、中小企業に関する分析結果を示している。従業者規模と自社研究開発が産学官連携に正の有意な効果を持つ[6]。この結果は、中小企業の中でも規模の大きいものほど産学官連携に取り組む傾向が強く、フォーマルな研究開発を自社で継続的に行う企業では、そうでない企業に比べて、産学官連携を行う確率が22%ほど高いことを示している。また、東京・大阪立地は産学官連携に負の(弱いが)有意な効果を持つ。東京あるいは大阪にある企業については、その他の地域の企業に比べて、産学官連携を行う確率が4〜5%ほど低

---

(6) ここでは、企業の研究開発への取り組みの変数として「研究開発費を毎年計上しているかどうか」のダミー変数を用いているが、これを他の研究開発指標に置き換えても、基本的な結果は変わらない。これは、大企業サンプルについても同様である。

いことになる。企業の業歴と社長の学歴・年齢は、産学官連携に対して有意な影響を与えない。なお、擬似決定係数はいずれも10％程度であるが、χ二乗検定の結果は、これらのモデルがいずれも全体として有効であることを示している。

同じモデルによる大企業に関する分析の結果が、**図表３－10**に示されている。モデルの説明力はいずれも中小企業より高く、同じ大企業の企業間連携と比べても高い。中小企業サンプルの結果と同じく、従業者規模と自社研究開発が産学官連携に対して正の有意な効果を示している。また、大企業については中小企業と違って立地条件が産学官連携への取り組みに影響しない。さらに、社長の中高卒ダミーが有意で強い負の効果を持つことは、予想と異なって、大企業の産学官連携への参加が社長の学歴に影響されやすいことを示している。

以上の結果は、企業間の共同研究開発と基本的に同じだが、これと異なるのは、文系社長の有意な正の効果である。産学官連携については文系出身の社長のほうが産学官連携に取り組む傾向が強いということになる。大学・大学院の理系出身の社長と中高卒の社長の間で産学官連携への取り組みに違いがなく、文系出身社長のほうで違いが見られるのは、文系社長のほうが理系社長よりも研究開発の「自前主義」（西村 2003）意識が弱く、産学官連携への障壁が低いということを示しているのかもしれない。

なお、図表では産業ダミー変数に関する結果を省略しているが、中小企業でも大企業でも精密機械器具産業で産学官連携の確率が相対的に高く、中小企業では紙加工品産業と出版・印刷業で、産学官連携の確率が相対的に低い。しかし、全体として、産学官連携への取り組みに関する産業間の違いは、企業間連携と比べてかなり小さい。先端科学との関わりが強く、科学の発展に強く影響されるいわゆる「サイエンス型産業」で産学官連携が活発であると考えられるが（後藤・小田切 2003）、少なくとも本章の分析結果を見る限り、産学官連携一般への取り組みについては、産業間の違いは明瞭ではない[7]。

（7） その理由として、本章の分析における産学官連携が、技術相談等を含む幅の広いものであること、産業の区分が広いこと、また分析対象に研究開発を行わない企業を多く含んでいることが考えられる。

6-3. 考察

　以上の結果をまとめると、中小企業についても大企業についても、規模が大きく自社研究開発が活発な企業ほど産学官連携に取り組む傾向が強い。しかし、中小企業では社長の学歴や年齢が産学官連携とは無関係であるのに対し、大企業では社長の学歴が産学官連携への取り組みに強く影響することが確認された。また、中小企業では地方に立地するほうが産学官連携に取り組む傾向が強いが、大企業にはそのような傾向は見られない。したがって、仮説1b、2b、7bは支持されたが、仮説3b、4b、5b、6bは支持されなかった。これは、企業間連携についての分析結果と基本的に同じである。唯一の違いは、大企業のみ、文系出身社長が産学官連携に正の効果を持つことである。

　比較検定では、中小企業の社長の学歴（中高卒、大学院卒、理系）と大企業の業歴および社長の年齢について、グループ間で有意な差が見られたが、この差は他の要因をコントロールした重回帰分析では有意でなくなった。逆に、比較検定では中小企業の立地条件についてグループ間に有意な差はなかったが、回帰分析の結果は立地条件の有意な影響を示している。

　規模が大きく、研究開発に活発に取り組む企業ほど、産学官連携を行う傾向が強いという分析結果は、予想通りであり、多くの先行研究の結果と一致する。中小企業の技術連携への立地条件の影響、大企業の技術連携への社長学歴の影響は、先行研究にはほとんど見られない点であり、独自の研究成果である。

　地方の中小企業のほうが産学官連携に積極的であるという結果は、地方の企業のほうが大学や公的研究機関が周囲に少ないために知識のスピルオーバーを受けにくく、連携によって科学知識を得ようとする、と解釈できる。また、既に述べたように地方の国立大学のほうが地元の企業との産学連携に積極的であるという、相手側の事情も影響しているのだろう。大企業で立地条件の影響が見られないのは、大企業のほうが地域外の大学や研究機関との連携が多いからであると考えられる。

　解釈が難しいのは、中小企業でなく大企業において社長の学歴が有意な効果を持ち、しかも大学・大学院の理系でなく文系出身の社長のほうが（中高卒の社長に比べて）産学官連携に前向きであることである。前述のように、理系出身者が社長になるような大企業は今でも研究開発の「自前主義」を貫き、産学

官連携に消極的ということなのだろうか。

　なお、中小企業庁の調査によれば（中小企業庁編 2002、112頁）、中小企業が産学連携を行わないことの最大の理由は「大学を利用する研究テーマがない」（56％）、次いで「産学連携の方法が分からない」（24％）、「大学に関する情報がない」（24％）ことであった（複数回答方式）。このような理由は本章の分析結果と関係がなさそうに見えるが、だからといって本章の分析結果が実態に合っていないとか、分析の内容に意味がないとは、筆者は考えない。むしろ、企業の従業者規模や自社研究開発への取り組みの程度が、上記の理由と関連していると考えられる。つまり、人的資本が少ない企業や、ふだんあまり本格的に研究開発を行っていない企業は、産学連携のニーズを持たず、大学の教員や研究員と何をすべきか分からないことが多い。また、そのような企業は、産学連携のニーズを持っていたとしても、どの大学・教員とどのように連携を進めるべきか分からない。ここに、小規模でフォーマルな研究開発への取り組みの少ない、中小企業の多数派にとっての障壁がある。本書の第10章では、この点に注目して、中小企業による連携相手の探索コストという視点から、連携相手の探索・選択の要因が分析される。

　ところで、本章では企業間連携と産学官連携を相互に独立と考え、個別に分析した。しかし、回答企業の中にはこの両方を行うものが多く、企業間連携と産学官連携の参加要因には共通点も多い。したがって、これらはそれぞれ独立に推定するのではなく、同時に推定すべきなのかもしれない。そこで、二変量プロビット分析（bivariate probit analysis）を用いて、企業間連携と産学官連携の参加要因推定における誤差項の相関を考慮した同時推定を行った。誤差項の相関係数が高く有意であるので、二変量プロビットによる同時推定が支持された。しかし、中小企業についても大企業についても、分析結果はこれまでと基本的に変わらないので、ここでは結果の表示を省略する。

7．むすび

　本章は、筆者が2005年に実施した企業アンケートのデータを用いて、企業が他社との共同研究開発に取り組む要因と、産学官連携に取り組む要因を、それぞれ中小企業と大企業に分けて分析した。企業間連携や産学官連携は近年大い

に注目を集めており、取り組みの要因に関する研究は多いが、日本企業についてはまだ研究の蓄積が少ない。本章の分析の独自の貢献は、代表性の高い共通のサンプルを用いて、企業間連携と産学官連携の参加要因の違いおよび中小企業と大企業の連携参加要因の違いを示すことと、経営者（社長）の属性の影響を検証することにある。社長の属性は、とくに中小企業では経営戦略の決定に強く影響すると考えられ、研究開発を行うかどうかに影響することが筆者の研究において確認されているが（岡室 2004、2005）、技術連携に対する影響はこれまでほとんど議論されず、分析されてこなかった。

　海外の先行研究に基づいて技術連携への参加要因についていくつかの仮説を立て、参加企業グループと非参加企業グループの間の比較検定とプロビット・モデルによる回帰分析によって、それらを検証した。比較検定と回帰分析の結果は多少異なるが、後者によれば、中小企業でも大企業でも、従業者規模と自社研究開発は企業間連携と産学官連携に対して有意な正の効果を持つ。それに加えて、企業の立地条件は中小企業についてのみ、社長の学歴は大企業についてのみ、企業間連携と産学官連携の両方に有意な正の影響を与える。

　以上の結果をまとめると（**図表3-11**）、本章で用いた変数に関する限りでは、企業間連携と産学官連携の要因に違いはない。また、大企業と中小企業の参加要因の違いのひとつは社長の学歴にある。中小企業の社長の学歴は、予想

図表3-11　分析結果のまとめ

	企業間連携		産学官連携		関連する仮説とその検証	
	中小企業	大企業	中小企業	大企業		
従業者数対数	+	+++	+++	+++	仮説1	○
自社研究開発	+++	+++	+++	+++	仮説2	○
会社業歴					仮説3	×
社長中高卒		−		−−−	仮説4	×
社長大学院卒					仮説4	×
社長文系				++	仮説5	×
社長理系					仮説5	×
社長60歳以上					仮説6	×
東京・大阪立地	−−		−		仮説7	○

と異なって、企業間連携にも産学連携にも影響しない。中小企業についてみれば、比較的規模が大きく、自社研究開発を恒常的に行い、地方に立地する企業が、社長の属性に関わりなく、企業間連携にも産学官連携にも積極的に取り組むということが明らかになった。

最後に、本章の分析の問題点と今後の研究課題について述べておこう。

問題点のひとつは、一部の変数の内生性である。企業の業歴と立地、産業、社長の学歴と年齢は先決変数であり外生変数と言えるが、企業間連携と産学官連携の両方に対して強い効果が確認された企業規模と自社研究開発は、内生変数である可能性がある。つまり、因果関係が逆で、連携の結果として規模が拡大し、自社研究開発が活発になった可能性が否定できない。とくに、本章の分析で用いたアンケート調査では、調査時点以前の連携について尋ねているのに対し、規模と自社研究開発は調査時点でのデータであるので、内生性の問題は無視できない。ただし、先行研究のほとんどが内生性を考慮しておらず[8]、また適切な操作変数が見つからないので、この問題への対処は今後の一般的な研究課題とする。

また、本章の分析は1時点のアンケート調査データに基づくものなので、ダイナミックな分析ができない。ただし、筆者の知る限り、先行研究もダイナミックな分析をほとんど行っておらず、これも今後の一般的な研究課題である。

現在あるデータを用いて対応の可能な研究課題が、他にいくつか残されている。まず、本研究では産業要因をすべて産業ダミー変数で代理し、技術の専有可能性や技術機会のような、産業組織論の視点において重視される産業特性の影響を考慮していない。今後、産業特性をより明示的に考慮する余地がある[9]。

---

(8) Veugelers and Cassiman（2005）は産学連携と自社研究開発および他の組織との連携の同時決定モデルの推定を行い、Lopez（2008）はスピルオーバー等の内生性を考慮した推定モデルによって、費用・リスク分担、資源の補完性、スピルオーバーの連携への効果を分析しているが、その他の研究は変数の内生性・同時決定を考慮していない。

(9) 岡室（2004）（2005）は、中小企業の大規模なデータベースを用いて、産業の技術特性が企業の研究開発の有無と研究開発集約度に有意に影響することを検証した。産業の技術特性は、企業の自社研究開発だけでなく、外部組織との技術連携にも影響する可能性がある。

地域要因についても、産業や知識の集積度など、より意味の明確な変数を用いた分析が可能である。

本研究では、企業間連携と産学官連携の内容や相手先を区別せず、ひとまとめに扱ったが、企業間連携については同業者(競争相手)、異業種企業、取引先企業のように、産学官連携についても大学(産学連携)と公的研究機関(産官連携)のように、相手を分けた分析が可能である[10]。また、産学官連携の内容別(共同研究、委託研究、技術相談、施設利用など)の分析[11]、産学官連携のうち共同研究開発に対象を絞った分析も、今後に残されている。さらに、研究開発型企業あるいはハイテク産業(サイエンス型産業)に対象を絞った分析も必要であろう。このように対象をより明確に絞った分析や相手先・内容を区分した分析によって、本章の分析では明らかにできなかった中小企業の経営者の属性の影響が、どのようなパターンにおいて見られるかを検証できるかもしれない。

【コラム】(国立)大学はなぜ中小企業と連携するのか

第2章で示されたように、産学連携における中小企業のプレゼンスは近年大いに高まっている。「産学連携の主役が大企業から中小企業へ転換しつつある」(西村 2003、178頁)と言われている。本章は、どのような企業が産学官連携を行うのかを分析し、中小企業の中でも比較的規模が大きく、地方にあって、研究開発を活発に行う企業が産学官連携に取り組む傾向が強いことを明らかにした。では、どのような大学が中小企業との技術連携に積極的であるのか。濱田(2007)によれば、岐阜、群馬、三重、岩手などの地方国立大学が、中小企業との共同研究のシェアが高い大学のラ

---

(10) 産学連携と産官連携を区別した研究は見られないが、競争者・仕入先・販売先を区別した分析、あるいはそれに大学または公的研究機関を加えた分析は、Fritsch and Lukas (2001)、Tether (2002)、Miotti and Sachwald (2003)、Belderbos et al. (2004) などによって行われている。

(11) 産学官連携の内容別の分析はあまり見られないが、Nakamura and Odagiri (2005) は、統計のマイクロデータを用いて、企業間の連携を共同研究、委託研究、ライセンス供与に分けた要因分析を行っている。

ンキングの上位に並んでいる（第1章に引用）。

それでは、大学、とくに地方国立大学は、なぜ中小企業と連携するのだろうか。中小企業庁編（2002、112頁）によれば、国立大学が中小企業と連携する理由として最も多く挙げられるのは、「技術還元などの地域貢献」（74％）である。大企業との連携の最大の理由は研究費の確保（86％）であるが、中小企業については研究費の確保（59％）よりも地域貢献が重要な理由になっている。地域貢献は私立大学が中小企業と連携する理由としても重要であるが、私立大学にとっては研究費の確保が、大企業との連携でも中小企業との連携でも第1の理由になっている（**図表3－12**）。その他の理由としては「人的ネットワークの拡大」「アイデアの幅を広げる」「学生への実践的テーマの提供」等が挙げられるが、国立大学が中小企業と連携する一番の理由が地域貢献であることは興味深い。日本の国立大学の制度が1990年代末頃から大きく変化し、地方の国立大学の多くが存在意義を地域貢献に見出すようになったのだと思われる。

とはいえ、国立大学は仕方なく中小企業と連携しているわけではない。中小企業庁編（2002）に引用された同じ調査の結果は、中小企業との連携には「企業側が熱心である」（68％）、「意思決定が早い」（63％）、「意思疎

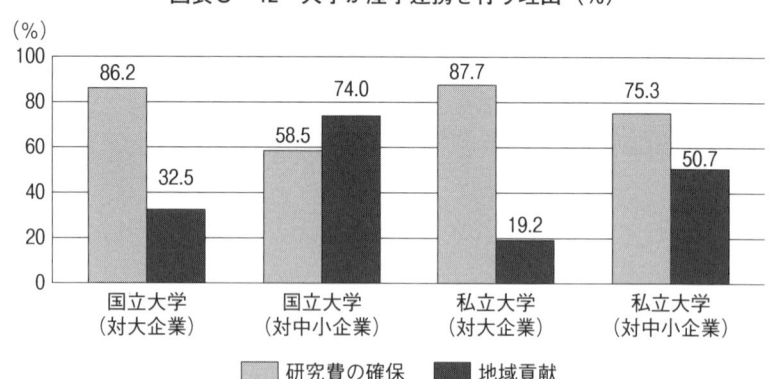

図表3－12　大学が産学連携を行う理由（％）

	研究費の確保	地域貢献
国立大学（対大企業）	86.2	32.5
国立大学（対中小企業）	58.5	74.0
私立大学（対大企業）	87.7	19.2
私立大学（対中小企業）	75.3	50.7

原資料：（株）三菱総合研究所「大学・大学院における産学連携に対する意識調査」（2001年）
出所：中小企業庁編（2002）112頁、第2-2-27図のデータに基づいて筆者作成。

通が円滑である」(43%)といったメリットがあることを示している。西村 (2003) は、大企業の産学連携についてのエピソードをいくつか紹介しているが、そこにはまさに、ここに挙げられた中小企業との連携のメリットの裏返しであるデメリットが如実に表れている。

【参考文献】

Angel, D. P. (2002), "Inter-firm Collaboration and Technology Development Partnerships Within US Manufacturing Industries", *Regional Studies* 36, pp. 333-344.

Bayona, C., Garcia-Marco, T. and E. Huerta (2001), "Firms' motivations for cooperative R&D: an empirical analysis of Spanish firms", *Research Policy* 30, pp. 1289-1307.

Belderbos, R., Carree, M., Diederen, B., Lokshin, B. and R. Veugelers (2004), "Heterogeneity in R&D cooperation strategies", *International Journal of Industrial Organization* 22, pp. 1237-1263.

Cohen, W. M. and D. A. Levinthal (1989), "Innovation and Learning: the Two Faces of R&D", *Economic Journal* 99, pp. 569-596.

Colombo, M. G. Grilli, L. and E. Piva (2006), "In search of complementary assets: The determinants of alliance formation of high-tech start-ups", *Research Policy* 2006, pp. 1166-1199.

Fontana, R., Geuna, A. and M. Matt (2006), "Factors affecting university-industry R&D projects: The importance of searching, screening, and signaling", *Research Policy* 35, pp. 309-323.

Fritsch, M. and R. Lukas (2001), "Who cooperates on R&D?", *Research Policy* 30, pp. 297-312.

Hanel, P. and M. St-Pierre (2006), "Industry-University Collaboration by Canadian Manufacturing Firms", *Journal of Technology Transfer* 31, pp. 485-499.

Hernan, R., Marin, P. L. and G. Siotis (2003), "An empirical evaluation of the determinants of research joint venture formation", *Journal of Industrial Economics* 51, pp. 75-89.

Laursen, K. and A. Salter (2004), Searching high and low: what types of firms use universities as a source of innovation?", *Research Policy* 33, pp. 1201-1215.

Lopez, A. (2008), "Determinants of R&D cooperation: Evidence from Spanish manufacturing firms", *International Journal of Industrial Organization* 26, pp.

113-136.

Miotti, L. and F. Sachwald (2003), "Co-operative R&D: why and with whom? An integrated framework of analysis", *Research Policy* 32, pp. 1481-1499.

Miyata, Y. (1995), "An economic analysis of cooperative R&D in Japan", *Japan and the World Economy* 7, pp. 329-345.

Mohnen, P. and C. Hoareau (2003), "What Type of Enterprise Forges Close Links with Univerties and Government Labs? Evidence from CIS 2", *Managerial and Decision Economics* 24, pp. 133-145.

Motohashi, K. (2005), "University-industry collaborations in Japan: The role of new technology-based firms in transforming the National Innovation System", *Research Policy* 34, pp. 583-594.

Muscio, A. (2007), "The impact of absorptive capacity on SME's collaboration", *Economics of Innovation and New Technology* 16, pp. 653-668.

Nakamura, K. and H. Odagiri (2005), "R&D boundaries of the firm: An estimation of the double-hurdle model on commissioned R&D, joint R&D, and licensing in Japan", *Economics of Innovation and New Technology* 14, pp. 583-615.

Sakakibara, M. (2001), "Cooperative research and development: who participates and in which industries do projects take place?", *Research Policy* 30, pp. 993-1018.

Scherer, F. M. and K. Huh (1992), "Top managers education and R&D investment", *Research Policy* 21, pp. 507-511.

Tether, B. S. (2002), "Who co-operates for innovation, and why. An empirical analysis", *Research Policy* 31, pp. 947-967.

Veugelers, R. and B. Cassiman (2005), "R&D cooperation between firms and universities. Some empirical evidence from Belgian manufacturing", *International Journal of Industrial Organization* 23, pp. 355-379.

Vonortas, N. S. (1997), *Cooperation in Research and Development*, Boston (Kluwer).

岡室博之(2004)「デフレ経済下における中小製造業の研究開発活動の決定要因」、『商工金融』(商工総合研究所)54巻6号、5-19頁。

岡室博之(2005)「スタートアップ期中小企業の研究開発投資の決定要因」、RIETI Discussion Paper 05-J-015、(独)経済産業研究所。

小田切宏之・加藤祐子(1997)「バイオテクノロジー関連産業における産学共同研究」、通商産業研究所 Discussion Paper # 97-DOJ-83。

後藤晃・小田切宏之(2003)『サイエンス型産業』NTT出版。

中小企業庁編(2002)『中小企業白書2002年版』ぎょうせい。

中小企業庁編(2003)『中小企業白書2003年版』ぎょうせい。

中小企業庁編（2008）『中小企業白書2008年版』ぎょうせい。
中小企業庁編（2009）『中小企業白書2009年版』経済産業調査会。
西村吉雄（2003）『産学連携 「中央研究所の時代」を超えて』日経BP社。
濱田康行（2007）『地域再生と大学』中央公論新社。

第3章付表1　相関係数表（中小企業：n =1,531）

変　数	共同研究開発	産学官連携	会社業歴	従業者数対数	自社研究開発	社長中高卒
共同研究開発	1					
産学官連携	0.374	1				
会社業歴	0.030	0.015	1			
従業者数対数	0.138	0.145	0.195	1		
自社研究開発	0.292	0.298	0.001	0.292	1	
社長中高卒	−0.066	−0.059	−0.197	−0.135	−0.129	1
社長大卒	0.041	0.025	0.175	0.105	0.085	−0.878
社長大学院卒	0.043	0.062	0.020	0.045	0.076	−0.128
社長文系	0.027	−0.008	0.181	0.079	0.052	−0.481
社長理系	0.031	0.061	−0.013	0.039	0.062	−0.396
社長60歳以上	0.030	−0.022	0.117	0.084	0.026	0.184
東京・大阪立地	−0.007	0.003	0.113	0.051	0.115	−0.084

変　数	社長大卒	社長大学院卒	社長文系	社長理系	社長60歳以上	東京・大阪立地
共同研究開発						
産学官連携						
会社業歴						
従業者数対数						
自社研究開発						
社長中高卒						
社長大卒	1					
社長大学院卒	−0.362	1				
社長文系	0.487	−0.072	1			
社長理系	0.280	0.191	−0.614	1		
社長60歳以上	−0.124	−0.101	−0.095	−0.066	1	
東京・大阪立地	0.060	0.040	0.047	0.026	0.072	1

第3章付表2　相関係数表（大企業：n =289）

変　数	共同研究開発	産学官連携	会社業歴	従業者数対数	自社研究開発	社長中高卒
共同研究開発	1					
産学官連携	0.326	1				
会社業歴	0.076	0.158	1			
従業者数対数	0.226	0.343	0.387	1		
自社研究開発	0.271	0.421	0.164	0.232	1	
社長中高卒	−0.204	−0.285	−0.196	−0.146	−0.120	1
社長大卒	0.045	0.156	0.092	0.103	0.119	−0.635
社長大学院卒	0.125	0.055	0.057	−0.002	−0.046	−0.080
社長文系	0.015	0.148	0.099	−0.012	0.047	−0.298
社長理系	0.087	−0.006	−0.001	0.087	0.014	−0.206
社長60歳以上	−0.009	0.133	0.127	0.211	0.118	0.118
東京・大阪立地	0.153	0.083	0.151	0.271	0.145	−0.122

変　数	社長大卒	社長大学院卒	社長文系	社長理系	社長60歳以上	東京・大阪立地
共同研究開発						
産学官連携						
会社業歴						
従業者数対数						
自社研究開発						
社長中高卒						
社長大卒	1					
社長大学院卒	−0.720	1				
社長文系	0.312	−0.136	1			
社長理系	0.004	0.180	−0.873	1		
社長60歳以上	−0.001	−0.105	0.031	−0.093	1	
東京・大阪立地	0.037	0.062	0.046	0.016	0.136	1

第4章　技術連携への取り組み方
―中小企業と大企業の比較分析―

1. はじめに

　これまで、中小企業と大企業のイノベーション活動への取り組みの違い（第1章）、技術連携への取り組みの程度の違い（第2章）をみてきた。しかしまた、中小企業と大企業では、技術連携への取り組みの基本的な要因（企業規模と自社研究開発への取り組み）に大きな違いのないことも明らかにされた（第3章）。では、企業間連携や産学官連携に取り組む企業だけを捉えた場合、具体的な取り組みの内容や方法には、規模間で何らかの明瞭な違いがあるのだろうか。中小企業と大企業の技術連携への取り組みは、どのように異なるのだろうか。

　中小企業と大企業の間には、量的な違いだけでなく、経営組織や経営者の影響力など、様々な質的な違いがあると考えられている（渡辺他 2006）。また、情報や研究資金の不足等のため、中小企業の技術連携には様々な制約がある（中小企業庁編 2002、2008）。したがって、中小企業による技術連携への取り組み方には、大企業と異なるところがあると予想される。しかし、それにもかかわらず、中小企業による技術連携への取り組みの内容が大企業と具体的にどのように、またどの程度異なるのかは、まだ十分に明らかにされていない。企業間連携や産学官連携を含む、中小企業のネットワークに関する優れた研究はいくつも行われているが（商工総合研究所 1999、小川 2000、中山 2001、湖中他 2005）、これまで、大企業と中小企業の本格的な比較研究はほとんど行われていないのである。大企業についても中小企業についても、技術連携への取り組みの事例調査は少なからずあるが、代表性のある一定規模のサンプルによる定量的な比較分析はほとんど見られない[1]。

（1）　元橋（2005）は産学官連携への取り組みの違いを企業規模別に記述している、数少ない研究のひとつである。

そこで、本章の課題は、他社との共同研究開発および産学官連携への取り組みの内容が中小企業と大企業でどのように異なるかを、詳細に検討することである。本章では、独自のアンケート調査の結果に基づいて中小企業と大企業を比較し、企業規模間の違いを統計的に検定する。本章は、論理的に導き出された仮説を実証的方法によって検証するというよりも、中小企業の技術連携について多くの新たな情報を提供することを目的としている。

本章の構成は以下の通りである。まず、次節で本章の比較分析で用いるサンプル企業の概要を説明する。アンケート調査の結果に基づいて、第3節では他社との共同研究開発、第4節では産学官連携の内容について、中小企業と大企業の違いを検証する。第5節では本章の内容をまとめ、今後の課題を提示して本章の議論を締めくくる。

2．サンプル企業の概要

本章の記述と分析は、筆者が2005年春に従業者数20人以上の日本の製造業企業に対して実施したアンケート調査の結果に基づいている。この調査については序章と第3章で詳細に説明されているので、本章ではこれ以上の説明を割愛する。回答企業は規模の大きいほうにやや偏っているが、業種構成については調査対象企業全体とほとんど変わらないことが、確認されている。

この調査の回答企業1,857社のうち、従業者数に関する回答が得られたのは1,841社である。このうち、従業者数300人以下の中小企業は1,547社、301人以上の大企業は294社である（以下、**図表4－1参照**）[2]。また、回答企業のうち、2002年から2004年までの3年間に他社との共同研究開発を実施したものは692社（38％）、大学や公的研究機関との産学官連携を実施したものは593社（32％）にのぼる。本章ではこれらをそれぞれ「企業間連携企業」「産学官連携企業」と呼ぶことにする[3]。回答企業に対する企業間連携企業の割合は、大企業で63％、中小企業で33％である。産学官連携企業の割合は、大企業で67％、中小

---

(2) ここで示した大企業と中小企業の量的区分は、中小企業基本法の規定に基づくものである。以下、本章における大企業と中小企業の定義は、すべてこの区分に従う。

図表4－1　サンプル企業の概要

回答企業全体	全体	中小企業	大企業	差の検定	回答企業数
企業数	1,841	1,547	294	----	----
企業間連携実施	38%	33%	63%	***	1,841
産学官連携実施	32%	26%	67%	***	1,841
平均創業年	1946	1948	1935	***	1,626
平均従業者数（人）	423	101	2,126	***	1,841
研究開発費毎年計上	41%	34%	81%	***	1,841
研究開発担当社員	41%	35%	73%	***	1,841
研究開発担当部署	53%	48%	78%	***	1,841
研究開発集約度	2.3%	2.1%	2.9%	***	1,485
企業間連携企業	全体	中小企業	大企業	差の検定	回答企業数
企業数	692	506	186	----	----
平均創業年	1943	1947	1932	***	596
平均従業者数（人）	838	119	2,795	***	692
研究開発費毎年計上	63%	53%	89%	***	692
研究開発担当社員	60%	52%	80%	***	692
研究開発担当部署	70%	65%	84%	***	692
研究開発集約度	3.2%	3.1%	3.4%		612
産学官連携企業	全体	中小企業	大企業	差の検定	回答企業数
企業数	593	397	196	----	----
平均創業年	1942	1947	1931	***	514
平均従業者数（人）	1,014	122	2,820	***	593
研究開発費毎年計上	69%	58%	92%	***	593
研究開発担当社員	63%	55%	81%	***	593
研究開発担当部署	71%	65%	83%	***	593
研究開発集約度	3.3%	3.3%	3.3%		529

注）***：規模間に1％水準で有意な差が見られるもの

（3）ただし、「企業間連携」は共同研究開発のみを指す一方、「産学官連携」には共同研究以外に委託研究、設備の利用、技術的相談など様々な連携が含まれることに注意されたい。

企業で26%である[(4)]。

　企業間連携企業と産学官連携企業の平均創業年はそれぞれ1943年と1942年であり、回答企業の平均創業年（1946年）よりやや古い。平均従業者数は企業間連携企業で838人（中央値150人）、産学官連携企業で1,014人（中央値175人）であり、回答企業の平均値（423人、中央値100人）より多い。研究開発への取り組みについては、研究開発費を毎年予算に計上する企業の比率、研究開発を専門に担当する常勤社員がいる企業の比率、研究開発を専門に担当する部署を持つ企業の比率、研究開発集約度（売上高に対する研究開発費の割合）のすべてにおいて、企業間連携企業と産学官連携企業は回答企業全体を明確に上回っている。以上より、業歴が長く、規模が大きく、研究開発を活発に行う企業ほど、外部との技術連携に取り組む傾向が高いことが窺われる（本書第3章参照）。

　つぎに、大企業と中小企業を比較すると、回答企業全体・企業間連携企業・産学官連携企業のすべてについて、大企業は中小企業より業歴が長く、研究開発を活発に行っていることが分かる。企業間連携企業と産学官連携企業の研究開発集約度については、大企業と中小企業の間に有意な差はないが、その他の点では規模間の差はすべて統計的に有意である。しかし、大企業ほどではないとはいえ、技術連携を行う中小企業が全体としてフォーマルな形での研究開発を活発に行っているということは、注目に値する。

　回答企業と企業間連携企業・産学官連携企業の業種構成を比較すると、技術連携に取り組んだ企業のグループでは、回答企業全体よりも、化学・医薬品、電気機械、精密機械等のハイテク産業の比重が高い（**図表4－2**）。これは、技術連携への取り組みが産業の特性に依存することを示唆している（本書第3章参照）。紙幅の制約により、それぞれのグループにおける大企業と中小企業の業種構成を比較する図は割愛するが、すべてのグループで、中小企業のほうが（食品・飲料を除く）軽工業の比重が高く、電気機械・輸送機械等の機械産業の比重が低い。

（4）　アンケート調査の趣旨から見て、技術連携に取り組んだ企業のほうがそうでない企業よりも回答率は高いと考えられる。このような回答バイアスのため、これらの数値はそのまま一般化できない。

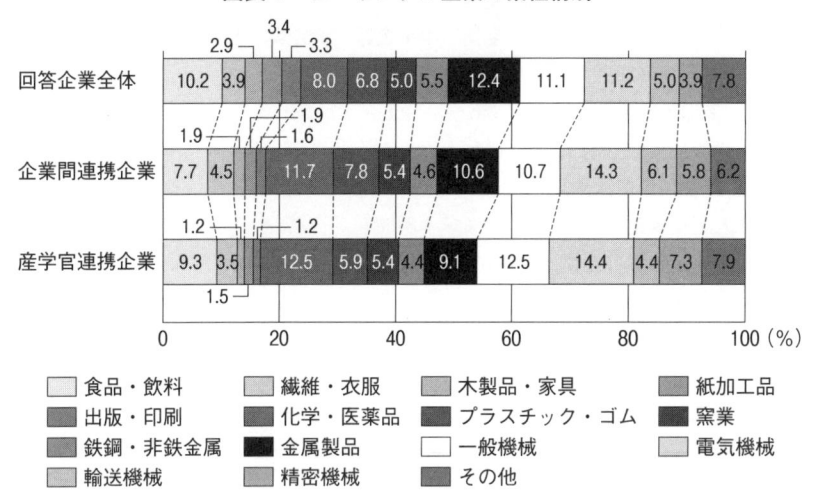

図表4-2:サンプル企業の業種構成

	食品・飲料	繊維・衣服	出版・印刷	木製品・家具	紙加工品	化学・医薬品	プラスチック・ゴム	窯業	鉄鋼・非鉄金属	金属製品	一般機械	電気機械	輸送機械	精密機械	その他
回答企業全体	10.2	3.9	2.9	3.4	3.3	8.0	6.8	5.0	5.5	12.4	11.1	11.2	5.0	3.9	7.8
企業間連携企業	7.7	4.5	1.9	1.9	1.6	11.7	7.8	5.4	4.6	10.6	10.7	14.3	6.1	5.8	6.2
産学官連携企業	9.3	3.5	1.2	1.5	1.2	12.5	5.9	5.4	4.4	9.1	12.5	14.4	4.4	7.3	7.9

3．企業間連携への取り組み

　本節では、企業間連携企業692社（大企業186社、中小企業506社）を対象として、主に、1）参加企業の構成、2）主要な相手企業の立地、3）主要な相手企業を見つけたきっかけ、4）目的とメリット、5）組織、6）費用の分担方法、7）成果とその利用・分配方法に関して、企業間連携の全体的な傾向を記述し、統計的な有意検定（5％以上の有意水準）によって大企業と中小企業の違いを検証する[5]。

　これらの企業は過去3年間に平均で3.6件（大企業5.9件、中小企業2.8件）の共同研究開発プロジェクトに参加している。この調査では、複数のプロジェクトに参加した場合には、その中で最も重要だと考えられるものに限定して回答を求めた。したがって、以下の記述の単位はプロジェクトであると同時に企業である。

（5）　連続変数については平均値の差の検定（t test）、離散変数については比率の差の検定（proportion test）を行う。産学官連携についても同様である。

図表4-3　企業間連携への取り組み

	全体	中小企業	大企業	差の検定	回答企業数
企業間連携参加企業数	692	506	186	---	---
平均参加件数	3.6	2.8	5.9	***	608
参加企業数平均	3.5	3.4	3.5		642
うち異業種企業数平均	1.4	1.4	1.3		624
より大きな企業との連携	80%	81%	77%		656
販売先企業との連携	46%	50%	36%	***	665
仕入先企業との連携	30%	32%	26%		665
大学・研究機関の関与	39%	36%	45%		629
社長の関与	40%	49%	17%	***	654
補助金受給	24%	23%	26%		659
共同研究開発の成果					
新製品・製法の開発が終了	47%	45%	53%		692
成果を特許出願	37%	32%	51%	***	692
成果が売上増加に貢献	32%	35%	25%	***	692
該当なし・無回答	18%	20%	13%	**	692

注）***：規模間に1％水準で有意な差が見られるもの
　　**：規模間に5％水準で有意な差が見られるもの

3-1．参加企業の構成（図表4-3）

　まず、プロジェクトに参加した企業の構成を見てみよう。回答企業を含む参加企業数は平均3.5社、このうち異業種の企業は平均1.4社である。この点について規模間の違いはない。企業間連携企業の80％は自社より規模の大きい企業と連携しているが、その割合についても規模間の違いはない。企業間連携企業の46％は販売先企業と、また30％は仕入先企業と連携しているが、企業規模間の違いは販売先企業との連携についてのみ統計的に有意である。つまり、中小企業のほうが販売先企業との連携の比率は有意に高いが、仕入先との連携については大企業との違いはない。さらに、企業間連携企業の約4割については、その連携プロジェクトに大学や公的研究機関も何らかの形で関与している。その割合は大企業のほうが高いが、統計的に見て有意な違いはない。

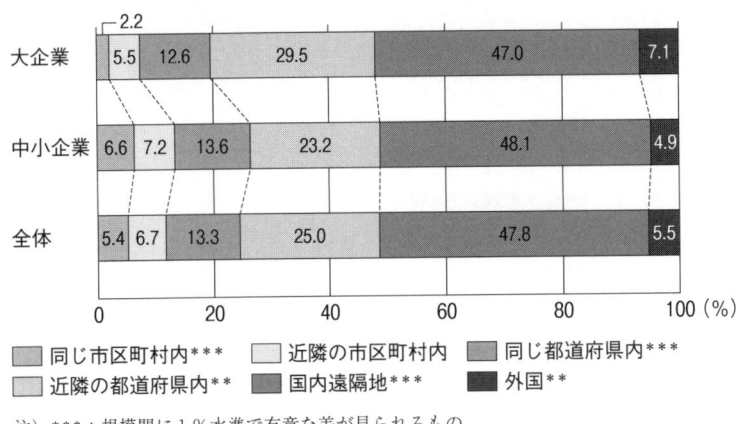

図表4-4　企業間連携の主要な相手企業の立地（回答企業数=653）

	同じ市区町村内***	近隣の市区町村内	同じ都道府県内***	近隣の都道府県内**	国内遠隔地***	外国**
大企業	5.5	2.2	12.6	29.5	47.0	7.1
中小企業	6.6	7.2	13.6	23.2	48.1	4.9
全体	5.4	6.7	13.3	25.0	47.8	5.5

注）***：規模間に1％水準で有意な差が見られるもの
　　**：規模間に5％水準で有意な差が見られるもの

3-2. 主要な相手企業の立地（図表4-4）

　主要な連携相手は、遠く離れた地域にあることが多い。同一都道府県内の企業と共同研究開発を行ったのは全体の4分の1に過ぎない。とくに、国内の遠隔地および外国の企業との共同研究開発が半分以上を占めることは注目すべきことである。大企業と中小企業を比べると、同じ市区町村内の企業との連携の比率が中小企業で有意に高いことを除いて、企業規模間で明確な違いは見られない。中小企業の主要な連携相手企業も、他の都道府県あるいは外国に立地していることが多いのである。

3-3. 主要な相手企業を見つけたきっかけ（図表4-5）

　相手企業を見つけたきっかけ（複数回答）で最も多いのは取引関係（取引先企業およびその紹介等）（52％）であり、経営者の人脈（21％）、業界団体による紹介（18％）がそれに続く。行政機関による紹介（8％）、商工会議所等の地域団体による紹介（4％）、異業種交流活動（6％）を通じて連携相手を見つけた企業は比較的少ない。規模別に見ると、中小企業では大企業よりも取引関係や経営者の人脈、地域団体の紹介を通じて連携相手を見つけた企業の比率が統計的に有意に高い。

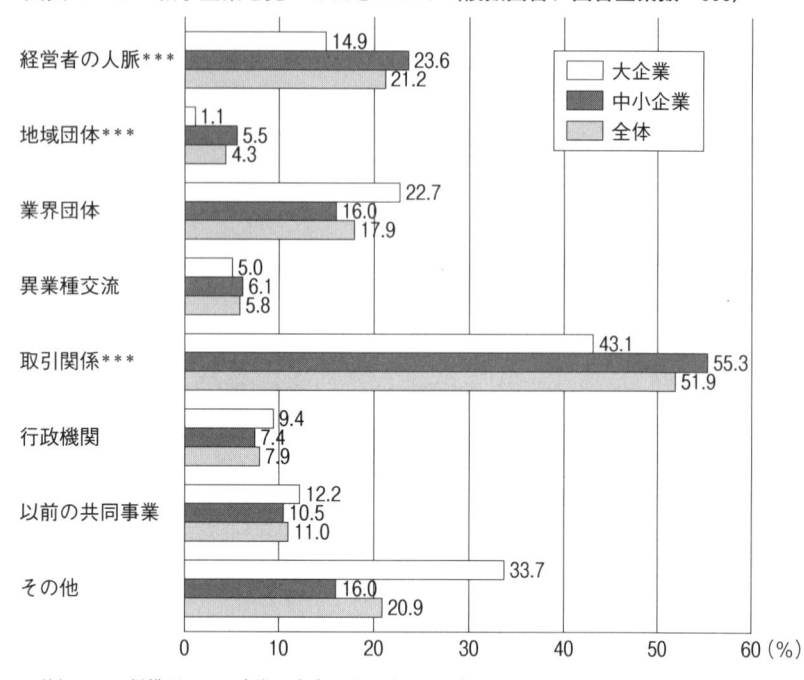

図表4－5　相手企業を見つけたきっかけ（複数回答、回答企業数 =655）

きっかけ	大企業	中小企業	全体
経営者の人脈***	14.9	23.6	21.2
地域団体***	1.1	5.5	4.3
業界団体	22.7	16.0	17.9
異業種交流	5.0	6.1	5.8
取引関係***	43.1	55.3	51.9
行政機関	9.4	7.4	7.9
以前の共同事業	12.2	10.5	11.0
その他	33.7	16.0	20.9

注）***：規模間に1％水準で有意な差が見られるもの

　このように、とくに中小企業の企業間連携の相手企業は経営者の人脈を通じて見つけられることが少なくないが、中小企業による企業間連携の大きな特徴のひとつは、経営者（社長）が企業間連携に直接関与していることである（**図表4－3**）。社長が企業間連携に直接的に関与した企業の割合は、大企業では17％であるが、中小企業では49％であり、その差は統計的に有意である。

3－4．目的とメリット

　企業間連携の主要な目的は新製品の開発（83％）であり、新製法の開発（11％）や、具体的な新製品・新製法の開発を目的としない基礎研究（6％）、技術交流・学習（2％）を目的とするものは少ない。この点についても、規模間の違いはほとんど見られない。基礎研究を目的とするプロジェクトの比率が、全体の中

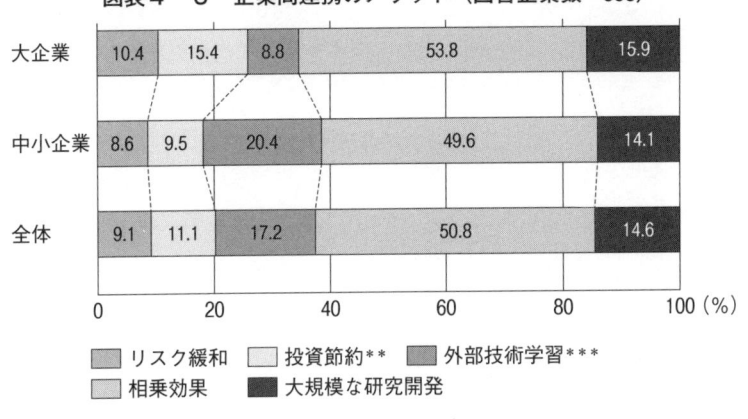

第4章 技術連携への取り組み方　119

図表4－6　企業間連携のメリット（回答企業数 =658）

区分	リスク緩和	投資節約**	外部技術学習***	相乗効果	大規模な研究開発
大企業	10.4	15.4	8.8	53.8	15.9
中小企業	8.6	9.5	20.4	49.6	14.1
全体	9.1	11.1	17.2	50.8	14.6

注）＊＊＊：規模間に1％水準で有意な差が見られるもの
　　＊＊：規模間に5％水準で有意な差が見られるもの

のごく一部にしかすぎないとはいえ、中小企業よりも大企業で有意に高いことが、規模間での唯一の違いである。

共同研究開発の最大のメリットとして最も強く意識されているものは自社と他社の技術・ノウハウの相乗効果（51％）である（**図表4－6**）。この点について規模間の違いはないが、大企業は研究開発投資節約のメリットを中小企業より強く、また中小企業は外部の技術・ノウハウの学習のメリットを大企業より強く意識する傾向がある。これら2つのメリットに関する大企業と中小企業の違い（回答企業の比率）は、統計的にも有意である。

3－5．組織（図表4－7）

企業間連携のうち、事業協同組合（4％）や合弁企業（3％）のようなフォーマルな組織で行われるものは少なく、大部分は参加企業の契約のみに基づいて（70％）、あるいは契約のないまったくインフォーマルな形（23％）で行われる。フォーマルな形態の比率は大企業でも中小企業でも大差ないが、大企業の共同研究開発では契約のみによるものが85％、契約によらないものが9％であるのに対して、中小企業の共同研究開発では契約のみによるものが64％、契約によらないものが29％である。この点での企業規模間の違いは、統計的にも有意で

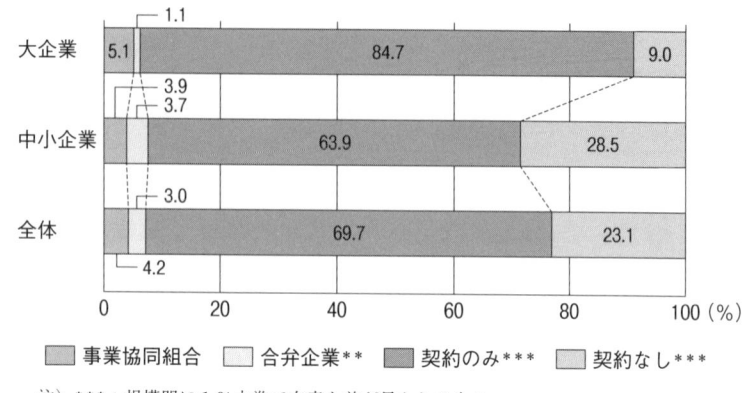

図表4-7 企業間連携の組織（回答企業数 =640）

	事業協同組合	合弁企業**	契約のみ***	契約なし***
大企業	5.1	1.1	84.7	9.0
中小企業	3.9	3.7	63.9	28.5
全体	4.2	3.0	69.7	23.1

注）***：規模間に1％水準で有意な差が見られるもの
　　**：規模間に5％水準で有意な差が見られるもの

ある。したがって、中小企業のほうがよりインフォーマルな形で共同研究開発に取り組んでいるといえる。なお、ほとんどの場合（96％）、プロジェクト期間中に合弁企業の設立や契約の締結等の組織形態の変更は行われなかった。

3-6. 費用の分担方法

　企業間連携の費用の分担について最も多いパターンは、まず作業の分担を決めて、分担した作業に関わる費用を担当企業がすべて負担するというものである（59％）。それに対して、参加企業で均等に負担するものが18％、参加企業の資金力に応じて負担するものが10％、主たる開発企業に対して他の参加者が資金的支援を行うものが6％あった。サンプル企業の約4分の1（24％）が、企業間連携プロジェクトに対して補助金を受給したと報告しているが（**図表4-3**）、プロジェクトの必要資金をすべて補助金で賄うことができたのは全体の7％以下であった。このような費用の分担方法について、中小企業と大企業の間に有意な違いは見られない。なお、企業間連携企業のうち14％は、プロジェクトの開始時点と終了時点で費用分担方法が変わったということを報告しているが、ここで記述したのは、プロジェクト終了時点での事後的な費用分担方法である。

3-7. 成果とその分配

つぎに、連携の成果について見てみよう（**図表４-３**）。企業間連携企業のうち、プロジェクトで新製品・新製法の開発が終了したものは47％、共同研究開発の成果を特許として出願したものは37％、成果が売上の増加に結びついたものは32％であった。これらのどれにも該当しないという意味で、共同研究開発の成果が得られなかったもの（無回答を含む）が全体で18％であるので、大半のプロジェクトでは何らかの具体的な成果が得られたことになる。大企業と中小企業を比較すると、新製品・新製法の開発が終了した企業の割合には企業規模間で有意な差はないが、成果を特許出願した企業の割合は大企業のほうが有意に高く、成果が売上増加に貢献した企業の割合は中小企業のほうが有意に高い。これらに該当する成果が得られなかった企業の割合は、中小企業のほうが大企業よりも有意に高い。このことから、大企業のほうがここに挙げられた形で共同研究開発の成果を得やすいこと、また大企業のほうがより技術重視型、中小企業がより実利重視型の共同研究開発を行い、成果に結びつけるということが窺われる。

特許出願および成果の利用・利益分配に関する事前の取り決めの内容については、本章では詳細な報告を割愛するが、規模間で顕著な違いは見られない。しかし、大企業の大半（78％）が事前に文書による合意を行っているのに対し

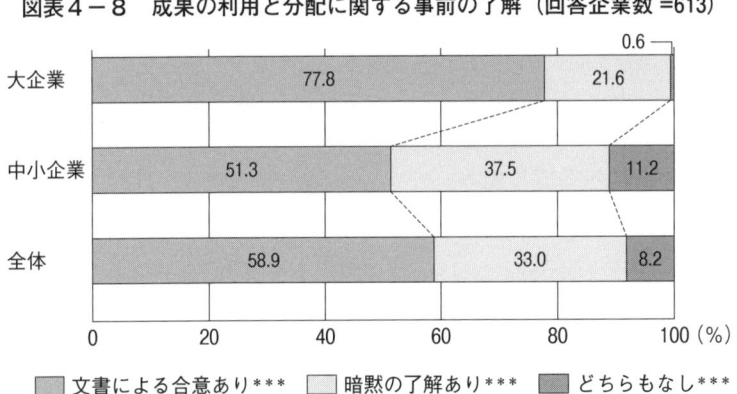

図表４-８　成果の利用と分配に関する事前の了解（回答企業数 =613）

	文書による合意あり***	暗黙の了解あり***	どちらもなし***
大企業	77.8	21.6	0.6
中小企業	51.3	37.5	11.2
全体	58.9	33.0	8.2

注）＊＊＊：規模間に１％水準で有意な差が見られるもの

て、中小企業ではその割合は51％であり、暗黙の了解が38％と大きな割合を占める。また、中小企業の中には文書による合意も暗黙の了解もなかったというものが11％あるが、大企業ではほとんどない（**図表４－８**）。このように、成果の利用と分配に関する事前の取り決めについては、大企業と中小企業の間に大きな違いがある。これらの点に関する企業規模間の差は、すべて統計的に有意である。すなわち、中小企業は大企業と比べて、共同研究開発の成果の利用や分配をよりインフォーマルな形で行っていると言える。この結果は、共同研究開発を契約に基づかずに行う企業の割合が中小企業の中で比較的高いという前述の結果と関連していると考えられる。

３－８．小括

　以上の記述と企業規模間の比較検定の結果を整理すると、企業間連携への取り組み方には、大企業と中小企業の間で次のような重要な違いがある。すなわち、中小企業は大企業よりも、１）販売先企業と連携することが多く、２）社長がプロジェクトに直接的に関与することが多く、３）相手企業を経営者の人脈、取引関係、商工会議所等の地域団体を通じて見つけることが多く、４）共同研究開発のメリットとして、研究開発投資の節約よりも社外の技術やノウハウの習得を強く意識しており、５）契約に基づかないインフォーマルな組織で連携に取り組むことが多く、６）共同研究開発の成果を特許出願する割合は低いが、成果が売上増加に貢献する可能性が高く、７）成果の利用と分配に関する事前の取り決めを行わないか、よりインフォーマルな形で行うことが多いのである。

４．産学官連携への取り組み

　本節では、まず産学官連携全体を対象として、１）主要な連携相手機関とその立地、２）連携の内容、３）主要な連携相手を見つけたきっかけに関して、全体的な傾向を記述し、統計的な有意検定（５％以上の有意水準）によって大企業と中小企業の違いを検証する。つぎに産学官連携の様々なパターンのうち共同研究開発に限定して、４）契約、５）人的交流、６）成果に関して、同様の記述と分析を行う。

図表4−9　産学官連携への取り組み

	全体	中小企業	大企業	差の検定	回答企業数
産学官連携参加企業数	593	397	196	----	----
平均参加件数	4.4	1.8	9.8	***	519
相手機関数	2.4	1.8	3.6	***	558
産学官連携の内容					
共同研究開発	63%	58%	74%	***	572
業務委託	42%	39%	47%		572
ライセンス供与	12%	12%	13%		572
技術的相談	47%	46%	49%		572
大学等の設備利用	46%	44%	49%		572
従業員の教育	17%	12%	27%	***	572
大学院生受入	7%	6%	11%	**	572
その他	4%	5%	2%	**	572
共同研究開発の契約	86%	80%	93%	***	345
共同研究開発の成果					
新製品・製法の開発が終了	41%	40%	43%		354
成果を特許出願	47%	41%	56%	***	354
成果が売上増加に貢献	17%	18%	15%		354
以上該当なし・無回答	24%	30%	16%	***	354

注) ***：規模間に1％水準で有意な差が見られるもの
　　**：規模間に5％水準で有意な差が見られるもの

　産学官連携企業593社（大企業196社、中小企業397社）は、2002年から2004年までの3年間に平均4.4件（大企業9.8件、中小企業1.8件）の産学官連携プロジェクトに参加している（**図表4−9**）。前述のように、複数のプロジェクトに参加した企業には、その中で最も重要と考えられるものに限定して回答を求めた。したがって、以下の記述の単位はプロジェクトであると同時に企業である。

4−1．主要な連携相手機関とその立地

　産学官連携企業が参加したプロジェクトのうち、最も重要なものの相手機関数は平均で2.4である。大企業では3.6、中小企業では1.8であり、大企業のほう

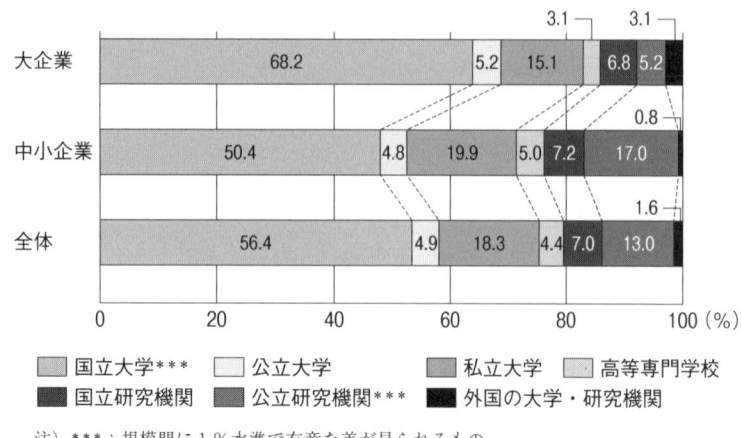

図表4−10　産学官連携の主要な相手機関（回答企業数 =569）

	国立大学***	公立大学	私立大学	高等専門学校	国立研究機関	公立研究機関***	外国の大学・研究機関
大企業	68.2	5.2	15.1	3.1	6.8	5.2	3.1
中小企業	50.4	4.8	19.9	5.0	7.2	17.0	0.8
全体	56.4	4.9	18.3	4.4	7.0	13.0	1.6

注）***：規模間に1％水準で有意な差が見られるもの

が有意に多い（**図表4−9**）。そのうちで最も重要な連携相手機関は、国立大学であることが多い（56%）（**図表4−10**）。以下、私立大学（18%）、公立研究機関（13%）と続く。国立研究機関（7％）、公立大学（5％）、高等専門学校（4％）を最も重要な連携相手機関とするものは比較的少ない。これを企業規模別に見ると、中小企業は大企業よりも国立大学と連携する比率が有意に低く、公設試験場を含む公立研究機関と連携する比率が有意に高い。この結果は、多くの中小企業にとって大学、とくに国立大学は公設試験場に代表される地元の研究機関よりも「敷居が高い」ことを示唆している。しかし、中小企業の半分以上が公立研究機関ではなく国立大学を最も重要な相手機関と考えていることは、興味深い結果である[6]。

産学官連携の主な相手機関は、企業間連携の場合と同様に、離れた地域にあることが比較的多い（**図表4−11**）。産学官連携企業の半分以上で県外、4分の1以上で国内の遠隔地あるいは外国に立地している。企業規模別に見ると、中小企業の連携相手機関は大企業と比べて比較的近隣にあることが多いが、そ

（6）　中小企業の産学官連携相手機関についての結果は、各機関の順位に関する限り、中小企業庁の最近の委託調査の結果と一致する（中小企業庁編 2008）。

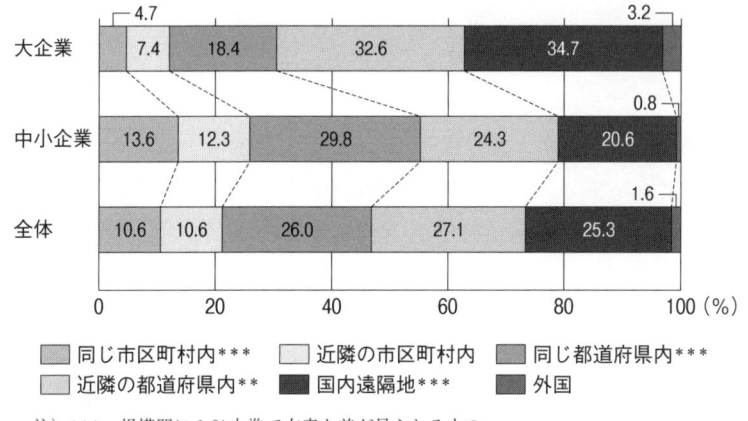

図表4－11　産学官連携の主要な相手機関の立地（回答企業数=573）

	同じ市区町村内***	近隣の市区町村内	同じ都道府県内***	近隣の都道府県内**	国内遠隔地***	外国
大企業	7.4	4.7	18.4	32.6	34.7	3.2
中小企業	13.6	12.3	29.8	24.3	20.6	0.8
全体	10.6	10.6	26.0	27.1	25.3	1.6

注）***：規模間に1％水準で有意な差が見られるもの
　　 **：規模間に5％水準で有意な差が見られるもの

れでも県外が少なくない（46％）[7]。これに対して、大企業では県外が71％である。このような規模別の立地分布の違いは、統計的にも有意である。なお、この結果を**図表4－4**と比較すると、産学官連携の範囲は企業間連携の範囲よりもかなり狭いことが分かる。

4－2．産学官連携の内容（図表4－9）

　産学官連携には様々な内容があるが、最もよく行われるものは共同研究開発（63％）であり、企業からの技術的相談（47％）、大学等の設備の利用（46％）、大学等への研究開発関連業務の委託（42％）がそれに続く（複数回答）[8]。その他に、大学等からのライセンスの供与（12％）、従業員の教育（17％）、企業での大学院生の受け入れ（7％）も行われている。どれについても大企業の取り組み比率が中小企業より高いが、共同研究開発、従業員の教育と大学院生の受

---

(7) 前注の中小企業庁委託調査では、他の都道府県および海外の機関との連携の比率は約33％であり（中小企業庁編 2008）、本調査の回答企業のほうがより遠隔地の大学等と連携する傾向にある。

(8) 本調査における中小企業の産学官連携の取り組み内容の順位は、おおむね中小企業庁の最近の委託調査の結果と一致する（中小企業庁編 2008）。

け入れについては、規模間で統計的に有意な違いがある。たとえば、産学官連携企業のうち共同研究開発に取り組んだ企業の割合は、大企業で74％、中小企業で58％であり、規模間の差が大きい。

4-3．主要な連携相手と知り合ったきっかけ（図表4-12）

連携相手と知り合ったきっかけ（複数回答）として、産学官連携企業全体で最も多いのは経営者の人脈（28％）であり、学会等への参加（27％）、大学・研究機関の産学官連携組織（26％）がそれに続く。学術出版物（6％）、取引先企

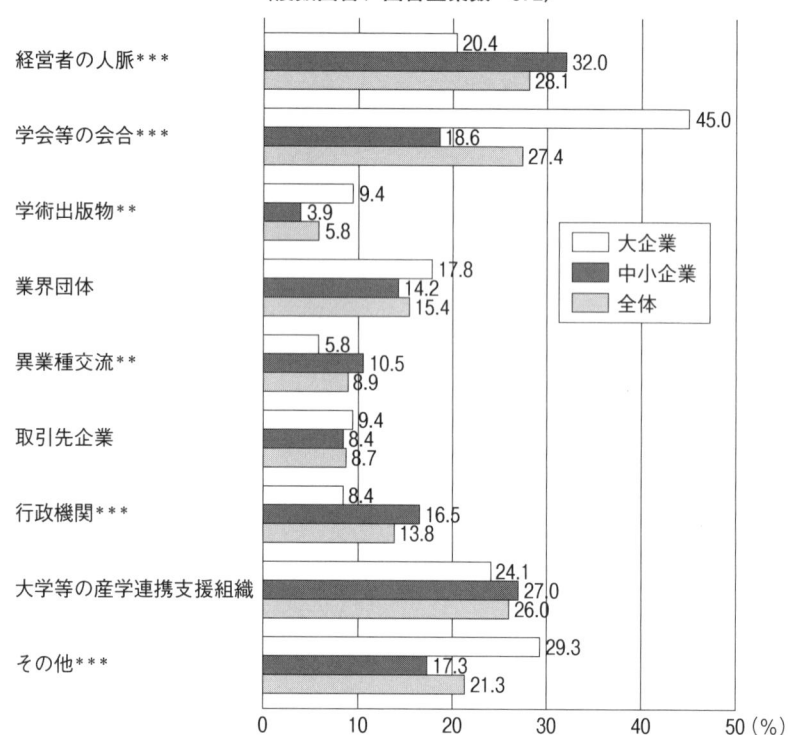

図表4-12　産学官連携の主要な相手と知り合ったきっかけ
（複数回答、回答企業数 =572）

項目	大企業	中小企業	全体
経営者の人脈***	20.4	32.0	28.1
学会等の会合***	45.0	18.6	27.4
学術出版物**	9.4	3.9	5.8
業界団体	17.8	14.2	15.4
異業種交流**	5.8	10.5	8.9
取引先企業	9.4	8.4	8.7
行政機関***	8.4	16.5	13.8
大学等の産学連携支援組織	24.1	27.0	26.0
その他***	29.3	17.3	21.3

注）＊＊＊：規模間に1％水準で有意な差が見られるもの
　　＊＊：規模間に5％水準で有意な差が見られるもの

業の紹介（9％）、異業種交流（9％）によるものは比較的少ない。この点については、企業規模間の相違が明瞭に現れている。中小企業のほうが経営者の人脈や異業種交流、行政機関を通じて連携相手を見つけた企業の比率が有意に高く、学会等の会合や学術出版物を通じて見つけた企業の比率が有意に低い。中小企業では経営者の人脈が最も重要であり、次いで大学等の産学官連携組織、学会参加であるが、大企業では学会参加が最も重要であり、大学等の産学官連携組織と経営者の人脈がそれに続く（「その他」を除く）。

　以下、様々な産学官連携のうち共同研究開発を行った企業のみを対象として、大学等との共同研究開発の契約と人的交流、および成果について規模間の比較を行う。

4－4．共同研究開発に関する契約の有無（図表4－9）

　大学・研究機関と共同研究開発を行った企業の大半（86％）は連携相手機関のスタッフと契約を結んでいるが、契約締結の比率は大企業で93％、中小企業で80％であり、大企業のほうが有意に高い。また、企業間連携と比べると、産学官連携のほうが規模の大小を問わず契約を結ぶ割合が高く、規模間の差も小さい。この説明としては、研究資金や研究成果の発表に関して大学等の研究機関と民間企業の間で立場の違いが大きく、また利益相反の問題など産学官連携に対する制約が大学等で強いので、きちんとした契約を結ぶことが、研究機関のスタッフから求められるということが考えられる。

4－5．共同研究開発における人的交流（図表4－13）

　つぎに、共同研究開発における連携相手（大学・研究機関のスタッフ）との人的交流についてみてみよう（複数回答）。大学・研究機関のスタッフが連携先企業の役員ないし研究員を兼任している場合はそれぞれ4％と10％、連携先企業に研究室の大学院生を派遣する場合は14％あるが、それよりも連携先企業の従業員を客員研究員等として大学等の研究室に受け入れるほうが多い（47％）。全体として、およそ3分の2のケース（68％）で何らかの恒常的な人的交流が行われている（「該当なし」が32％）。中小企業と大企業を比較すると、連携相手と何らかの人的交流を行っている企業の比率について有意な差はないが、連

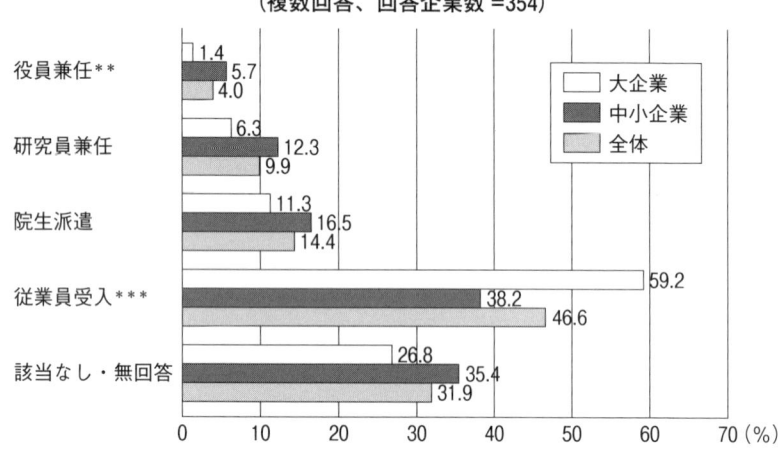

図表4－13　産学官連携（共同研究開発）における人的交流
（複数回答、回答企業数＝354）

項目	大企業	中小企業	全体
役員兼任**	1.4	5.7	4.0
研究員兼任	6.3	12.3	9.9
院生派遣	11.3	16.5	14.4
従業員受入***	59.2	38.2	46.6
該当なし・無回答	26.8	35.4	31.9

注）***：規模間に1％水準で有意な差が見られるもの
　　**：規模間に5％水準で有意な差が見られるもの

携相手が連携先企業の会社役員を兼任する比率は中小企業のほうが有意に高く、連携先企業の従業員を大学等の研究員として受け入れる比率は大企業のほうが有意に高い。

4－6．共同研究開発の成果（図表4－9）

最後に、産学官連携による共同研究開発の成果（複数回答）を見てみよう。大学等と共同研究開発を行った企業のうち、新製品・新製法の開発を終了した企業は41％であり、この比率については規模間で有意な差はない。成果を特許出願した企業の割合は47％（大企業56％、中小企業41％）であり、大企業のほうが特許出願の傾向が有意に強い。共同研究開発の成果が売上の増加に貢献したというものは全体の17％（大企業15％、中小企業18％）で、産学官連携の成果は特許出願に結びつくほどには売上増加に貢献しないことが示唆される。売上げ増加への貢献については、企業規模間に有意な差はない。

なお、以上のような産学官連携の効果が見られなかったものは、無回答を含めて、大企業で16％、中小企業で30％にのぼる。この差は統計的に有意ではな

いので、大企業のほうが産学官連携の効果を挙げやすいとは言えない。しかし、研究開発の成果を特許出願することを産学官連携の技術的成功の指標と捉えれば、大企業のほうが産学官連携を技術的に成功させやすいと言える。

4－7．小括

　以上の記述と企業規模間の比較検定の結果を整理すると、産学官連携への取り組みには、大企業と中小企業の間で次のような重要な違いがある。すなわち、中小企業は大企業よりも、1）プロジェクトあたりの連携相手機関の数が少ない、2）国立大学を主要な連携相手機関とすることが少ない一方で、公設試験場を含む公立研究機関を主要な連携相手とすることが多い、3）近隣地域の大学や研究機関を主要な連携相手とすることが多い、4）共同研究開発・従業員の派遣・大学院生の受け入れを行うことが少ない、5）連携相手を経営者の人脈や異業種交流、行政機関を通じて見つけることが多く、学会等の会合や学術出版物を通じて見つけることが少ない、6）大学等との共同研究開発において契約を結ぶことが少ない、7）共同研究開発のために、連携相手が連携先企業の会社役員を兼任する場合が多いが、大学等が連携先企業の従業員を研究員として受け入れることは少ない、8）産学官連携の技術的成果を特許出願することが少ないのである。

5．むすび

　本章の目的は、筆者が2005年に実施した大規模なアンケート調査の結果に基づいて、中小企業と大企業の間で企業間連携と産学官連携の内容がどのように異なるのかを明らかにすることであった[9]。中小企業と大企業の間には、研究

---

(9) この調査は製造業の全産業を対象にしているが、岡室（2009）は、2008年の調査の結果に基づいて、バイオ・マイクロエレクトロニクス・ソフトウェアという3つのハイテク分野に限定して、小規模企業と大規模企業の産学連携への取り組み方を比較している。ただし、岡室（2009）における規模区分は本章の区分とは異なり、技術分野ごとに従業者数の中央値を求めて、中央値を超えるものを大規模企業、中央値以下を小規模企業としている。これは、技術分野ごとに規模分布が大きく異なることに対処するためである。

開発への取り組みにおいても、事業連携をサポートする組織や人材の面でも、様々な違いがあると考えられるが、技術連携に関する従来の研究の多くは大企業を対象としており、大企業と中小企業を明確に比較していない。中小企業の企業間連携や産学官連携の特徴を、大企業との対比において明らかにすることによって初めて、中小企業による技術連携を促進・支援するための有益な示唆が得られると考えられる。

　本章は技術連携における大企業と中小企業の様々な違いを示しているが、そのような違いは何によるものなのだろうか。中小企業は大企業と比べて、経営資源の質的・量的な制約を強く受けている。そのため、たとえば共同研究開発において社外の技術・ノウハウの習得が大企業以上に重視され、また、ネットワークの狭さと連携相手の探索費用の大きさのために、産学官連携において地元の公立研究機関との関係が大企業以上に重要になるのであろう。他方、中小企業では大企業よりも企業行動における経営者の役割が相対的に大きい。このことが、中小企業の技術連携における経営者の直接的な関与、そして経営者の人脈の重要性として現れているのである。さらに、技術連携が経営者によって、経営者の人脈を通じて進められることが多いので、契約に依存しない、インフォーマルな形の連携が大企業よりも多いと考えることもできる[10]。紙幅の制約のため、この点に関するより詳細な分析と考察は今後の課題としたい。

　本章の分析はいくつかの新たな知見を提示しているが、最も興味深いもののひとつは、大企業のみならず中小企業も、県外の遠隔地に所在する企業や大学・研究機関と連携することが多いということである。仕入や販売等における連携とは異なって、技術連携については相手企業・機関に高度な技術力と専門性が要求されることが多いため、適切な連携相手が必ずしも近隣地域に所在するとは限らないのである（第5章コラム参照）。

　このような状況の下では、自治体や都道府県単位での連携の斡旋や支援は、中小企業の技術連携のニーズや実態に適合したものであるとは必ずしも言えな

---

(10) 他の理由として、詳細な契約交渉が多くの中小企業にとって大きな負担となるので、契約を避けてインフォーマルな形での連携が行われるということが考えられる。この点については現在研究を進めているところであるが、暫定的な結果を第9章のコラムに掲載する。

い。地域の中核的な大学・研究機関の周辺に研究開発型中小企業を誘致して、地域内の技術連携と技術革新を支援するサイエンス・パークなども、研究開発型中小企業の多くが遠隔地の研究機関との連携を選好する状況では、所期の効果を挙げることは困難であろう[11]。むしろ、地域の枠を超えて、全国規模で技術連携の適切なマッチングを支援することが、中小企業による技術革新を促進するために有効であろう。

　本章の分析は、大企業と中小企業の単純な比較と差の有意検定に留まっているが、大企業にも中小企業にも多様なものが含まれている。たとえば産業によって、あるいは企業や経営者の属性によって、技術連携への取り組みは異なると考えられる（産業ないし技術分野による違いは、第5章で扱われる）。大企業と中小企業における技術連携への取り組み方のより厳密な比較のためには、様々な産業要因・企業要因・経営者要因を考慮した分析が必要であろう[12]。また、技術連携への取り組みの違いが、技術革新の成果にどのように影響するかということも、重要な研究課題である（本書第9章参照）。

【コラム】大企業はなぜ中小企業と連携するのか

　本章の**図表4-3**から、回答企業の8割が自社よりも従業者規模の大きい企業と連携していることが分かる。従業者数300人以下の中小企業だけでなく、同300人超の大企業の多くも、自社より規模の大きい企業と連携している。このように、連携相手として規模の相対的に大きい企業が選好される理由としては、連携相手が親企業である場合が少なくないこともあるだろうが、相対的に大きい企業と連携することによって自社よりも質量ともに優れた経営資源へのアクセスが得られることが挙げられるだろう。

　では、大企業はなぜ中小企業、あるいは自社よりも規模の小さい企業と連携するのだろうか。中小企業と連携することのメリットはどこにあるのだろうか。大企業を対象とする企業間連携の調査結果を元に（中小企業基

---

(11)　この問題は、第11章で議論する「産業クラスター計画」とも関連する。詳細については第11章を参照。

(12)　経営者の学歴（理系と文系、中高卒・大卒・院卒）の違いが産学官連携の相手機関の選択にどのように影響するかについては、第10章で議論される。

盤整備機構 2005)、この点について考えてみよう(13)。

　まず、中小企業・ベンチャー企業との連携の目的としては、「新規事業分野への展開」(70%)、「自社で不足する知識やノウハウ等の補完」(60%)、「中小・ベンチャー企業のノウハウ・技術の獲得」(37%) が上位に挙がっている（複数回答方式）。このように、新規事業化を目指し、自社にない技術やノウハウを獲得することが、中小企業等との連携の重要な動機になっている。

　また、連携相手の中小企業・ベンチャー企業を選定する条件としては、「他の企業にはない独自の技術・シーズ・ノウハウがある」、「他の企業にはない独自の製品・サービスがある」、「すぐに製品・サービス化できる技術・シーズ・ノウハウがある」、「すぐに販売できる製品・サービスがある」ということが上位に挙がっている。連携の目的とも関連するが、独自性が高く、すぐに使える技術や製品を持つ中小企業等が大企業の連携の対象になっていると言える。出会いのパターンとしては、大企業による連携先中小企業の探索 (39%) が中小企業等からの直接の打診 (20%) を大きく上回っており、むしろ大企業のほうが、有望な連携相手を探すのに積極的になっている。

　このように、大企業にとっても中小企業と連携するメリットは十分にあり、この調査でも、ほとんどの企業が中小企業等との連携に何らかのメリットがあったと答えている。中小企業にとって大企業との連携によって得られるものは大きいが、大企業との連携を望むなら、大企業の要望に応えるだけの独自の技術やノウハウを磨くことが何よりも重要である。

【参考文献】
岡室博之 (2009)「企業規模別に見る産学連携の内容と成果〜独自の企業アンケート調査から」、『企業診断』（同友館）2009年1月号、60-65頁。

---

(13)　この調査は一部上場企業を中心とする大企業約3,800社に対して実施され、311社から回答が得られた（回答率8%）。このうち約4分の1 (27%) が、調査以前の3年間に中小企業・ベンチャー企業と連携した実績を持つ。

小川正博（2000）『企業のネットワーク革新―多様な関係による生存と創造―』同文館。

湖中齊・前田啓一・粂野博行（2005）『多様化する中小企業ネットワーク』ナカニシヤ出版。

商工総合研究所（1999）『中小企業の戦略的連携』商工総合研究所。

中小企業基盤整備機構（2005）『中小・ベンチャー企業と大企業の連携における課題と支援のあり方』（平成16年度中小企業環境調査）中小企業基盤整備機構調査広報部。

中小企業庁編（2002）『中小企業白書2002年版』ぎょうせい。

中小企業庁編（2008）『中小企業白書2008年版』ぎょうせい。

中山健（2001）『中小企業のネットワーク戦略』同友館。

元橋一之（2005）「中小企業の産学官連携と研究開発ネットワーク　変革期にある日本のイノベーションシステムにおける位置づけ」『調査季報』（国民生活金融公庫総合研究所）第72号、21-41頁。

渡辺幸男・小川正博・黒瀬直宏・向山雅夫（2006）『21世紀中小企業論　新版』有斐閣。

第5章　中小企業の産学連携の実態
―バイオ、ME、ソフトウェア分野の比較調査結果―

1. はじめに

　産学官連携が、近年の制度変化によって活発化している。とりわけ、中小企業の産学官連携への取り組みが近年大きく増加していることは重要である。第2章で述べた通り、国立大学における中小企業との共同研究の比率は長期的に高まっており、最近では実施件数ベースで全体の3〜4割が中小企業との連携である。大企業ほど多くの共同研究を行う傾向があるので、参加企業数でみれば中小企業が多数を占めていると考えられる。まさに、「産学連携の主役は必ずしも大企業ではない」（小林 2003、119頁）のである。また、中小企業庁の最近の調査によれば（中小企業庁編 2008）、産業全体では中小企業の約5％、製造業では中小企業の約10％が、何らかの形で産学官連携に取り組んでいる。

　しかし、産学官連携に関するこれまでの調査・研究は主に大企業を対象としているか、大企業と中小企業を明瞭に区別していない。また、先行研究は主に産学官連携に取り組む要因と連携の成果に注目しており、連携の内容や相手の特性をほとんど考慮していない。したがって、中小企業の産学官連携がどのように実施され、連携相手と具体的にどのような関係が結ばれているのかについては、未だ不明の点が多い。そこで、第4章の後半では、筆者の2005年のアンケート調査データに基づいて、中小企業の産学官連携への取り組み内容を、大企業と比較しながら論述した。

　第3章の分析から、中小企業の産学官連携への参加が、産業によって異なることが明らかになった。産学官連携は、とくに科学の進歩と密接な関連を持つ、バイオテクノロジー（以下、バイオと略称）やエレクトロニクスなどのいわゆるサイエンス型産業で注目を集め、その効果が期待されている（後藤・小田切編 2003）。これまで、とくに基礎科学（ライフサイエンス分野）との関連性が強いバイオが大学と企業の連携（産学連携）の研究において注目を集め[1]、様々

な分析が行われてきた（Powell et al. 1996、Liebeskind et al. 1996、小田切・加藤 1997、Zucker and Darby 2001、George et al. 2002、Owen-Smith et al. 2002、岡田他 2003、Owen-Smith and Powell 2004、Okada et al. 2006）[2]。しかし、エレクトロニクスやソフトウェアなど、他のサイエンス型産業については、研究が比較的少ない。また、産学官連携への取り組み内容について、このような産業あるいは技術分野間でどのような違いがあるのかは、これまでほとんど明らかにされてこなかった。

　そこで本章は、サイエンス型産業に含まれるバイオ、マイクロエレクトロニクス（以下、MEと略称）、ソフトウェアを対象とする最近のアンケート調査のデータに基づいて、産学連携の内容と成果について技術分野間の比較を行う。ただし、本章では調査の単純集計結果と技術分野間の違いを示すにとどめ、調査データに基づく本格的な比較計量分析は別の機会に譲ることにする。

　本章の構成は以下の通りである。第2節では、考察の対象となるサンプルとデータについて説明する。第3節では、調査結果の概要を報告する。第4節で、本研究の貢献と今後の課題をまとめ、本章のむすびとする。

（1）　バイオにおける産学連携の重要性は、多くの文献で指摘されている。たとえば、西尾（2003）によれば、ライフサイエンス分野の研究開発費の半分以上が大学・公的研究機関によって支出され、その割合は急増している。また、玉田他（2003）は、特許への学術論文の平均引用件数に示されるサイエンスリンケージがバイオ分野で群を抜いて高いことを示し、この分野で基礎科学と技術の関連が非常に強いことを裏付けている。サイエンス型産業としてのバイオ分野の特徴については中村（2003）、小田切他（2003）と小田切（2006）を参照。
（2）　日本のバイオ分野について、小田切・加藤（1997）は、研究開発費が大きい企業ほど、また所属産業のバイオ関連性が強いほど、産学共同研究の件数が多いこと、また産学連携によってバイオ関連の研究開発支出の生産性が高まることを明らかにしている。Zucker and Darby（2001）は、日本のバイオ企業の研究開発生産性が、大学のスター研究者との連携によって飛躍的に高まることを示す。岡田他（2003）は、国内の大学と共同研究を行うバイオベンチャーの特許出願性向が有意に高いことを見出した。Okada et al.（2006）は、バイオ・医薬分野の特許の価値を出願人パターン別に分析し、日本版バイ・ドール法施行以後の大学・公的研究機関の出願特許の価値の変化を検証している。

2．サンプルとデータ

　本章の論述は、2008年7～8月に実施された「産学連携に関する実態調査」の集計結果に基づく。この調査は、前述のように、ドイツのフォルクスワーゲン財団から助成を受けた産学連携に関する国際比較研究（日本・ドイツ・アメリカ・韓国の4か国比較）の一環として行われ、日本については一橋大学大学院経済学研究科の岡室研究室が担当した。本調査に先立ち、2008年2～3月に電話および電子メール（350社）、4～5月に郵送による予備調査（175社）を実施し、本調査の実施可能性を確認した[3]。

　この調査において、産学連携は「大学と企業の間での、技術知識の創造または移転を目的とした共同研究開発プロジェクト」と定義されている。すなわち、連携相手は大学に限定され、公設試験場など公的な研究機関との連携を除外していることに注意が必要である。また、産学連携の内容は共同研究に限定され、委託研究・技術相談・ライセンス・教育研修等を含まない。さらに、質問の対象となる産学連携プロジェクトは、2005年から2007年までの3年間に終了したものに限定され、2004年以前に終了したものと、2008年に継続中のものは対象に含まれない。複数のプロジェクトが該当する場合には直近のものが回答の対象となり、直近のプロジェクトの中で複数の大学（研究室）と連携が行われた場合は、「最も重要な」大学が回答の対象となる。

　この調査は、前述の通りバイオ、ME、ソフトウェアの3つの技術分野の企業を対象としている。この3分野は、科学技術との関連の強いサイエンス型産業の代表例であり（Meyer-Krahmer and Schmoch 1998、後藤・小田切編 2003）、産学連携がとくに重要な意味を持つ技術分野である。また、上記4か国のすべてにおいて既に十分に発展しており、国際比較の対象として適切であると考えられる。

　これらの技術分野、とくにバイオとMEは様々な産業分類にまたがり、中小企業を含む網羅的かつ信頼できる企業リストが存在しない。そのため、本調査では、これらの技術分野ととくに関連性の高い（と推測される）業種の企業

---

(3) ただし、調査票の内容は、電話・メールによる予備調査以降、ほとんど変わっていない。

を(株)東京商工リサーチの企業情報データベース(TSR データベース)から選定して調査票を発送し、調査票の冒頭に主要な製品と技術分野に関する質問を入れ、その回答を参考にして、それぞれの技術分野への分類を行った[4]。それに加えて、バイオに関しては、日本バイオインダストリー協会(JBA)の会員名簿に基づいて、会員企業を対象に加えた。ただし、商社や機械メーカーなどバイオとの直接の関連の薄いものを除き、またアンケート調査における産学連携対象時期に合わせて2005年以前に開業した企業のみを対象にする。

このように、本章の元になる調査の対象企業は、バイオ・ME・ソフトウェアの3分野と関連の深い業種に分類され、従業者数20人以下という条件で、TSR データベースから検索された企業に、JBA 会員企業を加えた9,882社である。1,726社から回答が得られた(回答率17.5%)が、そのうち調査時点の直近3年間(2005-2007年)に産学連携に取り組んだ経験を持つものは259社(15.0%)である。この中で従業者数300人以下の中小企業は217社(83.8%)であるが、これに予備調査における有効回答8社(TSR データベースから従業者数等の基本情報が得られるもので、中小企業に限定)を加えた225社を、本章の論述の対象とする。この225社のうち、80社がバイオ、58社が ME、73社がソフトウェアを主たる技術分野としている。残り14社は技術分野が不明であるか、その他に分類されている。

調査票では、まず会社の概要(技術分野、研究開発への取り組み、社長と研究開発トップの学歴等)を確認した上で[5]、過去3年間における産学連携への取り組みの有無を問い、産学連携を行っていない企業にはその理由を質問し、実施企業からは産学連携プロジェクトについて様々な情報を収集し、評価を求め

---

(4) 調査の回答には「その他」や無回答も少なからず含まれているが、記入された主要製品と、TSR データベースにある主要製品によって、また各社のホームページ情報も参照して、技術分野の再分類を行った。その結果、たとえば医薬品・化粧品メーカーはほぼすべてバイオに分類されることになり、それぞれの技術分野の範囲はかなり広く取られている。なお、ソフトウェア業に分類される企業は基本的にソフトウェア分野に分類されると考える。

(5) 設立年、従業者数、売上高、資本金等の基本情報は、TSR データベースから取得して調査回答とマッチングした。

た。実施企業に対する主な質問は、1）連携先大学との関係（距離、相手を見つける方法、過去の連携実績、相手への評価等）、2）連携プロジェクトの特徴（目的と重要性、期間、技術の基本性格、相互関係の評価、連絡の頻度、事前の相互了解、リーダーの地位と役割）、3）連携プロジェクトの成果（直接的・具体的成果、その他の成果、連携相手との関係、満足度）、である。大部分の質問項目では、4を中間とする7段階リカート・スケールによって質的な内容や評価を数値化している[6]。

サンプル企業225社の概要は以下の通りである。業歴（会社設立以後の年数）の平均は26年（中央値23年）、従業者数は平均62人（中央値43人）である。研究開発集約度（売上高に占める研究開発費の割合）は平均10.7％（中央値3.0％）、従業者数に占める研究者の比率は平均23.1％（中央値10.6％）である。したがって、サンプル企業は全体として研究開発型企業に明瞭に偏っている。これは、第3章で示されたように、自社で研究開発への取り組みが活発な企業ほど産学連携を実施する傾向が高いことによるものと考えられる。なお、サンプル企業の研究開発集約度および研究者比率の平均値は、本調査に回答した大企業の平均値より有意に高い。このことも、このサンプル企業が中小企業全体ではなく研究開発型中小企業を代表していることを示唆する。

技術分野別にみると、バイオ企業は他の分野の企業と比べて規模は小さいが（平均従業者数48人）、研究開発集約度が非常に高い（平均約20％）。経営者の学歴も平均的に高く、大学院の理系コースの修了者、とくに理系の博士号取得者の比率（15％）が他の分野（3～4％）より有意に高い。

3．中小企業の産学連携への取り組みの実態

本節では、前節で紹介されたサンプルを用いて、中小企業の産学連携への取り組みの内容と成果を論じる。その際、バイオを基準とする平均値の比較検定（5％有意水準）に基づいて、3つの技術分野の違いに可能な限り触れることにする[7]。バイオを比較検定の基準とするのは、前述の通り、サイエンスリンケー

（6） 日本では4段階または5段階のリカート・スケールが一般的であるが、この調査では国際比較分析を意識して、海外でしばしば用いられる7段階スケールを統一的に採用した。

ジの強さから見てバイオがサイエンス型産業の筆頭に位置づけられる分野であり（玉田他 2006）、日本の産学連携に関する分野別の実証研究がバイオに集中しているからである（小田切・加藤 1997、Zucker and Darby 2001、岡田他 2003、Okada et al. 2006）。

3－1．連携先大学との関係

　産学連携プロジェクト1件あたりの連携先大学は1.7校であり、約4割の企業が同時に2つ以上の大学（研究室）と連携していた。そこで、以下の質問では、そのような場合には「最も重要な」連携相手に絞って答えていただいた。主な調査項目は、連携相手の分類（大学の種別）と立地、連携相手をどのようにして見つけたか、過去の産学連携の経験とその評価である。

　最も重要な連携相手の81％は国立大学、残りは公立・私立大学であり、海外の大学はほとんどない。連携相手機関の4分の1は10キロ以内、6割以上が50キロ以内に立地し、同一地域内での連携が多いことが分かるが、500キロ以上離れた大学と連携した企業も14％ある。この点については、技術分野別に見ても大きな違いはない。

　連携相手を見つけるときに重要な方法は、第1に経営者の人脈（5.2）、第2に大学教員からの問い合わせ（4.7）、第3に大学の産学連携支援機関（4.4）である[8]。学術出版物、業界団体・商工会議所、取引先の紹介はあまり重要ではない。この点についても、分野の違いは見られない（**図表5－1**）。

　回答企業の8割は2004年以前に（調査対象の連携相手以外を含めて）産学連携の経験を持ち、3分の2（66％）は調査対象の連携相手と過去に共同研究を行っ

---

(7)　本章の図表においては、質問項目の評点についてバイオとMEの間あるいはバイオとソフトウェアの間に5％水準以上で有意な平均値の違いがあれば、その質問項目の後に＊印を添えることにする。第4章と第6章では1％有意の差と5％有意の差を区別して表記しているが、本章ではバイオとME、バイオとソフトウェアで平均値の違いの有意水準が異なることが多いために、有意水準を5％水準で統一して表示することとする。

(8)　以下、かっこ内の数値は、とくに断らない限り、1を最小、7を最大とする7段階の評点である。4が中間点であるので、4以上であればどちらかといえば重要ということになる。

第5章 中小企業の産学連携の実態 141

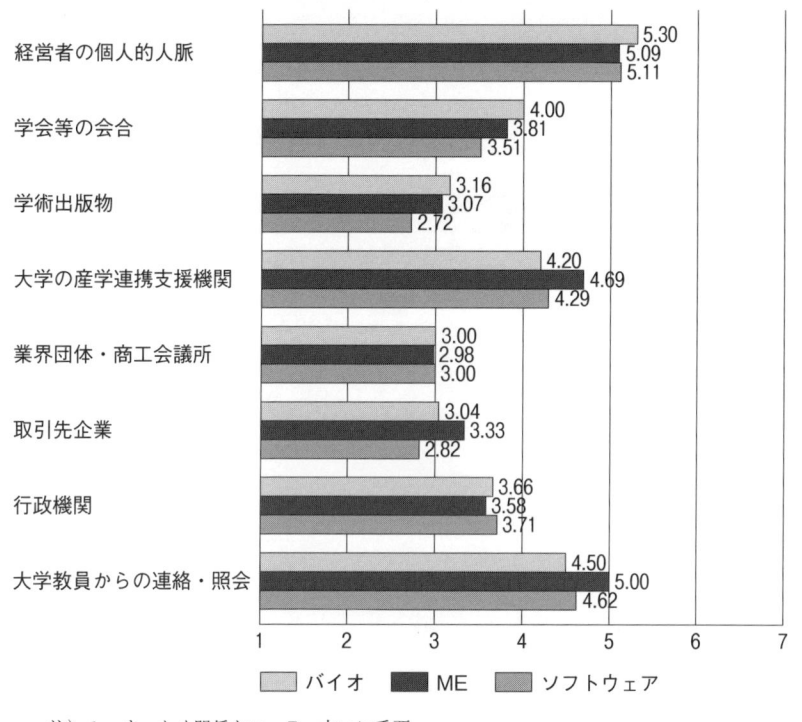

図表5-1 連携相手をどのようにして見つけたか

項目	バイオ	ME	ソフトウェア
経営者の個人的人脈	5.30	5.09	5.11
学会等の会合	4.00	3.81	3.51
学術出版物	3.16	3.07	2.72
大学の産学連携支援機関	4.20	4.69	4.29
業界団体・商工会議所	3.00	2.98	3.00
取引先企業	3.04	3.33	2.82
行政機関	3.66	3.58	3.71
大学教員からの連絡・照会	4.50	5.00	4.62

注) 1=まったく関係ない 7=大いに重要

ている。技術分野別にみると、バイオ企業は過去の共同研究の経験において他の分野よりも有意に優っている。過去の経験は全体的に高めに評価されており、たとえば、過去の連携において相手先との関係がどのくらい緊密であったか、あるいは安定的であったかという問いに対して、平均5前後の評点が与えられた（**図表5-2**）。連携先大学の研究能力も、関連する4つの質問で平均5前後の点が与えられていることから、おおむね高く評価されていると言える。

以上から、産学連携を行う中小企業の多くは、以前の連携で良い経験を積み、同じ相手と新たなプロジェクトを始めたとみることができる。前の質問において、連携相手を経営者の人脈や大学教員からの問い合わせを通じて見つけるこ

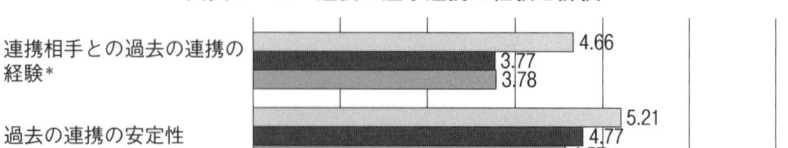

図表5−2　過去の産学連携の経験と評価

連携相手との過去の連携の経験*
- バイオ: 4.66
- ME: 3.77
- ソフトウェア: 3.78

過去の連携の安定性
- バイオ: 5.21
- ME: 4.77
- ソフトウェア: 4.57

過去の連携における関係の親密さ
- バイオ: 5.24
- ME: 5.14
- ソフトウェア: 4.69

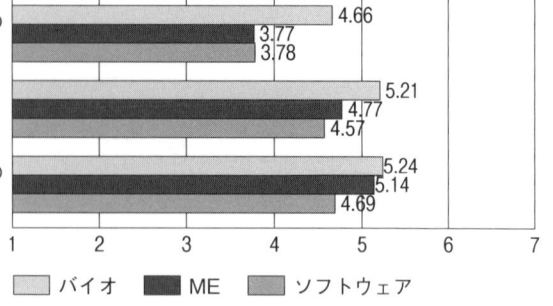

注）連携の経験：1＝まったく取り組みなし　7＝多数経験
　　安定性：　　1＝非常に不安定　　　　　7＝非常に安定的
　　親密さ：　　1＝まったく関係なし　　　7＝非常に親密な関係
　　＊印のついた項目は、バイオを基準として分野間に有意な差（5％水準）

とが多いことが明らかにされたが、その大部分は以前からの付き合いを踏まえたものであると理解できる。

3−2．プロジェクトの属性

ここでは、プロジェクトの様々な特性のうち、技術的性格、連携の目的、連携相手とのコンタクトの方法と頻度、コミュニケーションと信頼関係、協定・相互了解の内容に注目する。

産学連携プロジェクトの技術的性格は、基礎研究志向が18％、応用研究志向が42％、開発志向が41％であり、中小企業の産学連携の重点が応用・開発段階にあることが分かる。

連携の主要な目的は、特定の技術的問題の解決（5.2）、新製品・新工程の開発（5.1）、新しい科学知識の吸収（5.0）、将来の研究開発テーマの発見（4.6）である。これらの目的の重要度には、バイオとソフトウェアで有意な差が見られる（いずれも後者のほうが低い）。特許取得はバイオでは比較的重要であるが、他の分野ではそうではない（**図表5−3**）。

プロジェクトの継続期間は、平均で2年9ヶ月である。その間の連携相手とのコンタクトについてみると、会合が平均で月に1回程度、電話や電子メール

第5章 中小企業の産学連携の実態　143

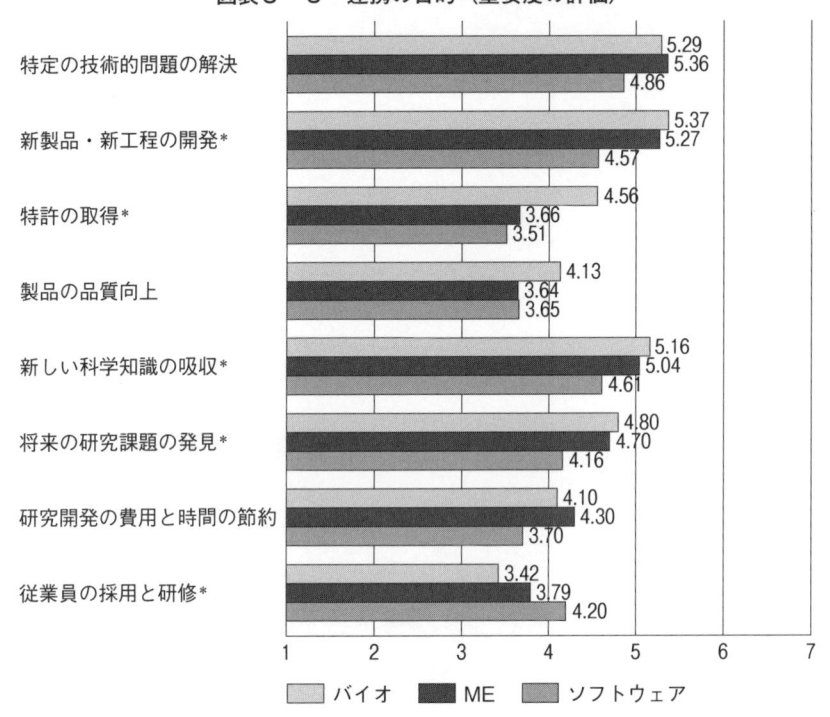

図表5-3　連携の目的（重要度の評価）

項目	バイオ	ME	ソフトウェア
特定の技術的問題の解決	5.29	5.36	4.86
新製品・新工程の開発*	5.37	5.27	4.57
特許の取得*	4.56	3.66	3.51
製品の品質向上	4.13	3.64	3.65
新しい科学知識の吸収*	5.16	5.04	4.61
将来の研究課題の発見*	4.80	4.70	4.16
研究開発の費用と時間の節約	4.10	4.30	3.70
従業員の採用と研修*	3.42	3.79	4.20

注）1＝まったく関係ない　7＝大いに重要
＊印のついた項目は、バイオを基準として分野間に有意な差（5％水準）

での連絡がそれぞれ月に2回程度で、それほど頻繁な連絡があるわけではない（この点について、ソフトウェアではバイオよりも会合の頻度がやや少ない傾向が見られる）。自社の社員が大学で研究に従事し、大学の研究者が自社で研究に従事するといった、連携相手との人的交流もあまり活発ではない。7段階で3程度の評価である。

　しかし、連携相手との情報交換や相互関係は、おおむね高く評価されている。情報伝達の正確さ・十分さ等には、平均で5を超える評価が与えられている。ただし、ソフトウェアでは他の分野と比べて評価ポイントが有意に低い。また、「双方の合意の下に協定を修正」「相互の利益になるように責任を分担」「連携

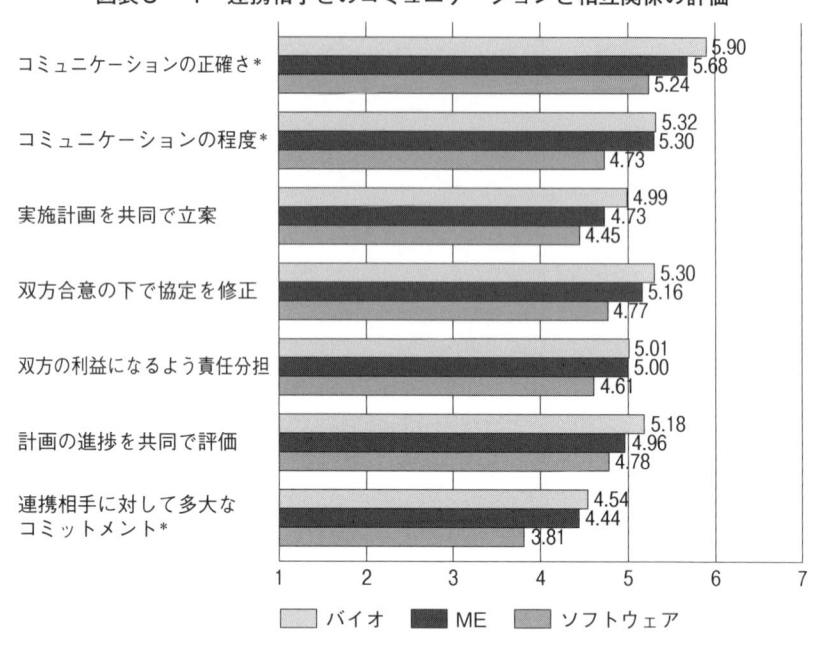

図表5-4 連携相手とのコミュニケーションと相互関係の評価

- コミュニケーションの正確さ*: バイオ 5.90 / ME 5.68 / ソフトウェア 5.24
- コミュニケーションの程度*: バイオ 5.32 / ME 5.30 / ソフトウェア 4.73
- 実施計画を共同で立案: バイオ 4.99 / ME 4.73 / ソフトウェア 4.45
- 双方合意の下で協定を修正: バイオ 5.30 / ME 5.16 / ソフトウェア 4.77
- 双方の利益になるよう責任分担: バイオ 5.01 / ME 5.00 / ソフトウェア 4.61
- 計画の進捗を共同で評価: バイオ 5.18 / ME 4.96 / ソフトウェア 4.78
- 連携相手に対して多大なコミットメント*: バイオ 4.54 / ME 4.44 / ソフトウェア 3.81

注)コミュニケーションの評価：1＝不正確　7＝正確で信頼できる
または　　　　　　　1＝不十分　7＝十分
相互関係の評価：1＝まったく同意しない　7＝強く同意する
＊印のついた項目は、バイオを基準として分野間に有意な差（5％水準）

の進捗を共同で評価」という記述には、技術分野の違いを超えて、多くの企業が比較的強く同意している（**図表5-4**）。

連携プロジェクトの開始時点で、双方の役割と責任、達成すべき成果、日程、予算、成果物の取扱い、知的財産権の帰属については、7段階で5前後の、ある程度明確な相互了解ができている。ただし、契約文書による明確な規定（7段階の7）は少なく、明示的な契約文書によらない非公式の相互了解が主流である。他方、相手が職務を果たさない場合の手続や、予期されないできごとに対する手続については、あまり明確な了解がない（3.5前後）。しかし、これらの点は、事前の相互了解が不十分であるというよりも、相手に対する十分な信頼があるために、職務不履行という事態が想定されない、また予期せざる事態

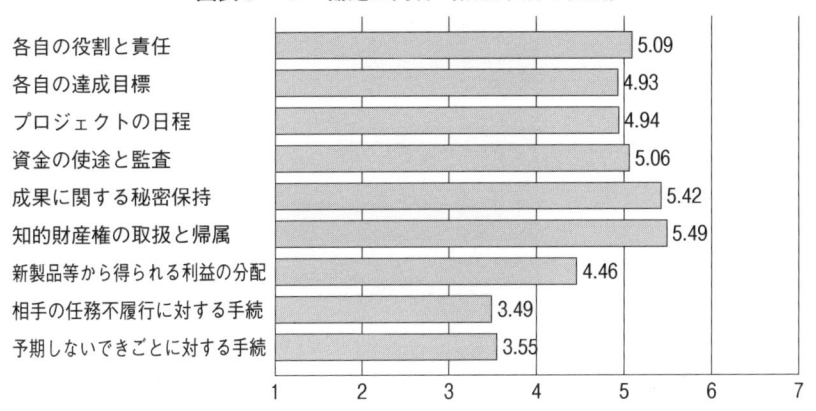

図表5-5 協定の内容（相互了解の程度）

項目	値
各自の役割と責任	5.09
各自の達成目標	4.93
プロジェクトの日程	4.94
資金の使途と監査	5.06
成果に関する秘密保持	5.42
知的財産権の取扱と帰属	5.49
新製品等から得られる利益の分配	4.46
相手の任務不履行に対する手続	3.49
予期しないできごとに対する手続	3.55

注）1＝相互了解まったくなし　4＝口頭での了解　7＝契約文書による明確な了解

への対応も予め決めておく必要がない、と理解されるべきであろう。なお、以上についても技術分野による有意な違いは見られない（**図表5-5**）。

3-3．連携の成果と評価

産学連携の直接的な結果として達成された成果は、全体としてあまり大きいとは言えない。1（何もない）から7（多大な成果）までの7段階評価で、中間の4を超えるのは「新製品の開発」（4.1）のみであり、特許出願（3.3）や共同論文の作成（3.0）に対する評価は低い。とくに特許出願に関する評価には、バイオ（4.1）とME（3.1）、ソフトウェア（2.5）で明瞭な開きがある（**図表5-6**）。この背後には、特許による発明保護の有効性が技術分野によって大きく異なるという事情があると考えられる。バイオの研究成果がゲノムなどのリサーチツールを含む戦略的重要性の高い特許に繋がりやすいのに対して、MEでは加工方法のように特許出願せずに秘匿するほうが効果的な発明が多く、さらにソフトウェアでは特許による保護よりも著作権による保護のほうが一般的である。

以上の直接的な成果と比べて、その他の成果指標に関する評価は全体的にもう少し高い。「技術的問題の解決」「新しい科学的知見の吸収」「将来の研究テー

図表5-6　連携の成果

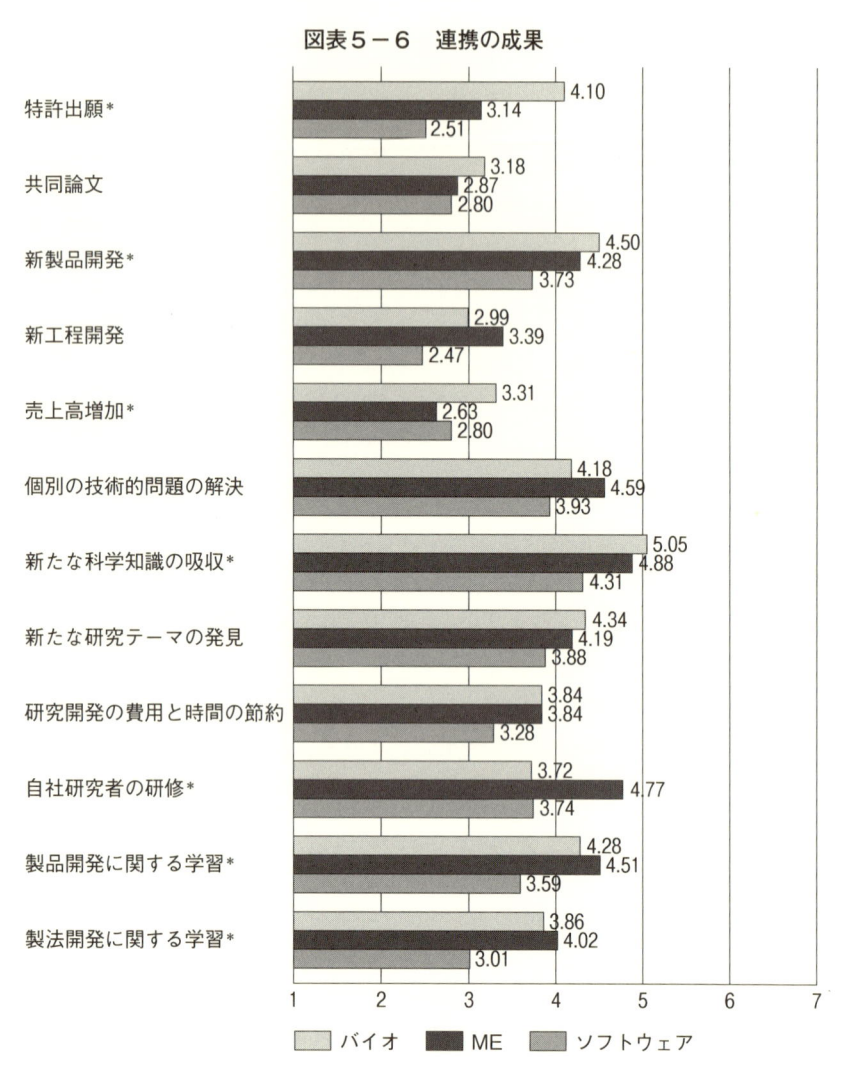

項目	バイオ	ME	ソフトウェア
特許出願*	4.10	3.14	2.51
共同論文	3.18	2.87	2.80
新製品開発*	4.50	4.28	3.73
新工程開発	2.99	3.39	2.47
売上高増加*	3.31	2.63	2.80
個別の技術的問題の解決	4.18	4.59	3.93
新たな科学知識の吸収*	5.05	4.88	4.31
新たな研究テーマの発見	4.34	4.19	3.88
研究開発の費用と時間の節約	3.84	3.84	3.28
自社研究者の研修*	3.72	4.77	3.74
製品開発に関する学習*	4.28	4.51	3.59
製法開発に関する学習*	3.86	4.02	3.01

注）「特許出願」〜「売上高増加」：1＝成果は何もない　7＝多大な成果が得られた
　　「個別の技術的問題の解決」以下：1＝まったく同意しない　7＝強く同意する
　　*印のついた項目は、バイオを基準として分野間に有意な差（5％水準）

マの発見」「自社の研究者の訓練」「新製品の開発について学習」に関する評価（記述への同意の程度）は、いずれも7段階で中間の4以上である。これらについては、たとえばバイオで「新しい科学的知見の吸収」(5.1)、MEで「自社の研究者の訓練」(4.8) への同意の程度が相対的に高いなど、技術分野による有意な違いが様々に見られるが、全体的にソフトウェアにおける評点が相対的に低い（図表5－6）。

連携相手の教員との関係は、全体として非常に高く評価されている。9項目中7項目で7段階のうちの5を超える同意を得ている。とくに、「不当なクレームを出さない」(6.0)、「相手の約束は信頼できる」(5.8)、「相手は自分の味方」(5.7)、「問題が生じたときには正直に対応する」(5.6) など、誠実かつ協力的な対応が一般的であることが窺える。このような評価には技術分野によって若干の違いがあり、総じてバイオが最も高く、ME、ソフトウェアの順に低くなる。その理由のひとつとして、バイオ企業が他の分野の企業よりも連携相手との過去の経験を豊富に持っているため（前述）、より強い信頼関係を築いていることが考えられる。

最後に、産学連携プロジェクトへの総合的な満足度を見てみよう。10項目中9項目において、7段階で平均4を超える評価が得られ、とくに「時間と労力を割いた価値はある」「同じ相手と今後も連携する意欲」「技術的な意味で成功」の3項目で評価が比較的高い（すべて5.0）。唯一、評価点の平均が4を下回ったのは「商業的な意味で成功」(3.9) であるが、回答企業のほぼ半分は連携プロジェクトを少なくとも商業的な失敗とは見なしていない。満足度についても分野別の違いが見られ、バイオでは10項目中7項目で平均ポイントが5以上、全項目で4以上と、全体的に満足度が高い。ほぼ全項目でソフトウェアとの有意な差が検証された（図表5－7）。

3－4．小括

以上の調査結果から、1）産学連携を行う中小企業の多くが、以前の連携で良い経験を積み、同じ相手と新たなプロジェクトを始めたこと、2）そのためもあって、連携相手との情報交換や相互関係は、おおむね高く評価されており、プロジェクトの進め方と成果の扱い等について、契約文書にはよらないが、初

図表5-7 連携への満足度

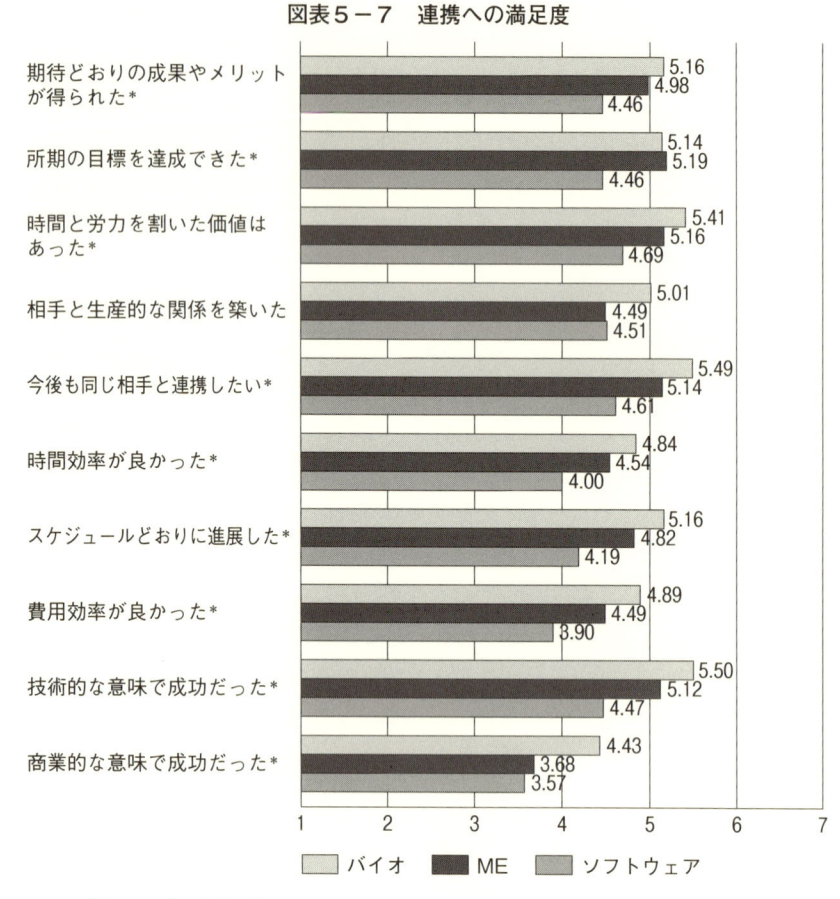

項目	バイオ	ME	ソフトウェア
期待どおりの成果やメリットが得られた*	5.16	4.98	4.46
所期の目標を達成できた*	5.14	5.19	4.46
時間と労力を割いた価値はあった*	5.41	5.16	4.69
相手と生産的な関係を築いた	5.01	4.49	4.51
今後も同じ相手と連携したい*	5.49	5.14	4.61
時間効率が良かった*	4.84	4.54	4.00
スケジュールどおりに進展した*	5.16	4.82	4.19
費用効率が良かった*	4.89	4.49	3.90
技術的な意味で成功だった*	5.50	5.12	4.47
商業的な意味で成功だった*	4.43	3.68	3.57

注) 1＝まったく同意しない　7＝強く同意する
＊印のついた項目は、バイオを基準として分野間に有意な差（5％水準）

めからかなり明確な相互了解ができていること、そして3）特許出願等、産学連携の直接の成果はあまり明瞭に現れていないが、多くの企業が連携相手の態度を高く評価し、連携プロジェクトの満足度も総じて高いことが明らかになった。

　技術分野間の違いは、とくに上記の1）と3）および企業の基本属性について明瞭である。すなわち、バイオ企業は他の2分野、とくにソフトウェアの企

業に対して、研究開発集約度・経営者の学歴水準と過去の産学連携実績において有意に優っており、連携の成果や満足度にも高い評点を与えている。

4. むすび

　本章は、3つのサイエンス型産業分野（バイオ、ME、ソフトウェア）を対象として、日本の中小企業の産学連携の内容と成果を、直近のアンケート調査の結果に基づいて明らかにした。10年ほど前から、様々な支援政策の実施などの環境整備により、民間企業等と大学・公的研究機関との産学連携が急速に進展し、その中で中小企業も無視できない位置を占めている。しかし、中小企業の産学連携への取り組みの内容やその成果との関連については未だ情報が乏しい。

　日本の中小企業の産学連携については、これまでにも中小企業庁や筆者自身の調査を含めていくつかの調査と分析が行われているが、過去の連携実績や連携相手との情報交換や相互関係、連携プロジェクトの進め方と成果に関する取り決め等、連携相手と具体的にどのような関係を築いているかについて、従来の調査では十分に踏み込んでいない。また、技術分野による違いも、従来の調査・研究ではほとんど等閑視されている。今回の調査はこれらの点に注目し、3－4項にまとめた通り、いくつかの重要な知見が得られた。とくに技術分野間の比較の結果から、産学連携の成果が企業の基本属性とともに過去の連携の実績によって左右されることが予想されるが、この点に関する本格的な分析は、今後の課題として残されている。

　本章は、調査回答企業のうち、過去3年間に産学連携プロジェクトを終了した中小企業のみを考察の対象にしている。回答企業の大半（84％）を占める、産学連携への取り組みのない（過去3年間に終了したプロジェクトのない）企業は、すべて本章の議論の対象外である。本調査では、そのような企業に対して、産学連携に取り組まなかった理由を尋ねている。理由を明示していない企業も少なからずあるが（7％）、理由を明記した企業のうち、「産学連携に興味があり、現在もプロジェクトが進行中であるが、過去3年以内に終了したプロジェクトはない」という、実質的には産学連携に取り組んだ企業を除く約1,120社のうち6割以上が、産学連携を行わない理由として「産学連携に興味はあるが、

そのための経営資源・予算・人材が足りない」ことを挙げている(9)。

つまり、内部資源の制約を緩和・克服する手段として産学連携が注目されている一方で、企業の内部資源が乏しいことが産学連携に取り組めない主な要因になっている(10)。中小企業庁の調査が示唆するように、産学連携を必要としている企業ほど、取り組みが困難な状況になっているのである（中小企業庁編 2003）。産学連携は必要と関心に応じて取り組むべきものであって、必ずしも取り組む企業が多いほど良いというものではないが、関心を持つ中小企業の物理的・心理的なハードルを下げる政策的努力は今後も求められるだろう。この点も本章の課題ではないが、今後より深く考えていくべき論点である。

【コラム】バイオベンチャーの産学官連携の事例

　（株）ビーエルは、静岡県沼津市に立地するバイオベンチャーである。2009年現在の従業者数は25人で、その多くが臨床検査薬の研究開発に携わってきた研究者である。1991年に別のベンチャー企業から研究開発専門企業として独立した同社は、様々な体外診断用医薬品や環境検査用試薬を企画・開発している。同社の開発したイムノクロマト法を用いた簡単な検出キットによれば、10分間でインフルエンザウィルスを検出し、その型を判定できる。そのようなウィルス検出試薬で同社は多くの特許を出願・取得し、国内で高い市場シェアを占めている。

　同社では、産学官連携や他社との共同研究のプロジェクトが常に数件、同時に進行している。研究開発のタネは、同社独自の開発テーマと同社の中核的な技術シーズに基づく外部からの開発依頼である。以前の連携先の大学・研究機関や企業からの紹介による相談も少なくない。同社は、その中から技術の特許性と市場の将来性を考えて連携相手を選び、研究開発に

---

(9) その他の主な回答は、「産学連携に取り組まなくとも十分な技術的強みがあるから、産学連携に興味がない」と「産学連携に興味はあるが、能力のある適切な相手先が見つからなかった」の2つである。

(10) 第3章で議論したように、この点は、外部の知識を吸収・活用するためにこそ自社の十分な研究開発投資が重要であるとする、受容能力（Cohen and Levinthal 1990）の議論と関連する。

着手する。そのためには常に異業種の動向や考え方を把握する必要があり、地元の工業技術支援センターや行政機関、医療交流会、商工会議所等とのコンタクトが欠かせない。

　同社は、地元では文部科学省の支援を受けた「都市エリア産学官連携促進事業」の富士山麓エリア「ファルマバレー・プロジェクト」に参加し、東京工業大学の研究所、沼津工業高等専門学校、静岡県立静岡がんセンター、沼津工業技術支援センター、静岡県内の食品メーカー等と協力して、体外診断用検査薬の開発を行っている。地域に集積した知識を融合させる地元での産学官連携は、同社の研究開発の中で重要な意味を持っている。

　同社は他方で、北海道大学獣医学部の喜田宏研究室（微生物学専攻）とも共同研究開発を続けてきた。喜田教授は動物インフルエンザウィルス研究の第一人者である。同社は学会報告や学術論文を通じて喜田教授に注目し、ウィルス検出試薬の共同研究開発を申し込んだ。この分野のトップ研究者であるから、遠隔地であっても連携相手として最適であり、連携が是非とも必要だという判断であった。開発費用の３分の２は同社が負担したが、３年間にわたり農林水産省からの研究助成金を得て、トリインフルエンザの検出試薬を共同で研究した。その間は同社の研究員が月に１回程度大学に出張し、共同作業を行った。研究の成果は共同で特許出願され、ウィルスの簡易検出キットとして近々商品化される予定である。助成金の終了後も、喜田研究室との共同研究は継続されている。

　このように、最先端の試薬開発を業務とする同社にとって、地域ベースの産学官連携も重要であるが、遠隔地であってもトップ研究者と共同研究を行うことは不可欠である。同社の技術力と実績がトップ研究者との共同研究を可能にし、また高水準の共同研究によって、重要な科学的知見と画期的な新製品が次々に生み出されているのである。

【参考文献】

Cohen, W. M. and D. A. Levinthal (1990), "Absorptive Capacity: A New Perspective on Learning and Innovation", *Administrative Science Quarterly* 35, pp.

128-152.

George, G., Zahra, S. A., and D. R. Wood (2002), "The effects of business–university alliances on innovative output and financial performance: a study of publicly traded biotechnology companies", *Journal of Business Venturing* 17, pp. 577-609.

Liebeskind, J. P., Oliver, A. L., Zucker, L., and M. Brewer (1996), "Social Networks, Learning, and Flexibility: Sourcing Scientific Knowledge in New Biotechnology Firms", *Organization Science* 7, pp. 428-443.

Meyer-Krahmer, F. and U. Schmoch (1998), "Science-based technologies: university-industry interactions in four fields", *Research Policy* 27, pp. 835-851.

Okada, Y., Nakamura, K., and A. Tohei (2006), "Is There a Significant Contribution of Public Sector in Biomedical Research in Japan? A Detailed Analysis of Government and University Patenting, 1991-2002", Discussion Paper Series CPDP 25-E, Competition Policy Research Center (CPRC), Fair Trade Commission of Japan.

Owen-Smith, J. and W. W. Powell (2004), "Knowledge Networks as Channels and Conduits: The Effect of Spillovers in the Boston Biotechnology Community", *Organization Science* 15, pp. 5-21.

Owen-Smith, J., Riccaboni, M., Pammolli, F., and W. W. Powell (2002), "A Comparison of U. S. and European University-Industry Relations in the Life Sciences", *Management Science* 48, pp. 24-43.

Powell, W. W., Koput, K. W., and L. Smith-Doerr (1996), "Interorganizational Collaboration and the Locus of Innovation: Networks of Learning in Biotechnology", *Administrative Science Quarterly* 41, pp. 116-145.

Zucker, L. G. and Darby, M. R. (2001), "Capturing Technological Opportunity Via Japan's Star Scientists: Evidence from Japanese Firms' Biotech Patents and Products", *Journal of Technology Transfer* 26, pp. 37-58.

岡田羊祐・沖野一郎・成田喜弘（2003）「日本のバイオベンチャーにおける共同研究と特許出願」、後藤晃・長岡貞男編『知的財産制度とイノベーション』東京大学出版会、第5章、167-196頁。

小田切宏之・加藤祐子（1997）「バイオテクノロジー関連産業における産学共同研究」、通商産業研究所 Discussion Paper Series #97-DOJ-83。

小田切宏之・古賀款久・中村吉明（2003）「バイオテクノロジー関連産業：企業・産業・政策」、後藤晃・小田切宏之編『サイエンス型産業』NTT出版、第10章、302-351頁。

小田切宏之（2006）『バイオテクノロジーの経済学 「越境するバイオ」のための制度と戦略』東洋経済新報社。

後藤晃・小田切宏之編（2003）『サイエンス型産業』NTT 出版。
小林信一（2003）「サイエンス型産業と大学、産学連携、スピンオフ」、後藤晃・小田切宏之編『サイエンス型産業』NTT 出版、第4章、101-132頁。
玉田俊平太・内藤祐介・玄場公規・児玉文雄・鈴木潤・後藤晃（2006）「日本特許におけるサイエンスリンケージの計測」、後藤晃・児玉俊洋編『日本のイノベーション・システム　日本経済復活の基盤構築に向けて』東京大学出版会。
中小企業庁（2003）『中小企業白書2003年版』ぎょうせい。
中小企業庁（2008）『中小企業白書2008年版』ぎょうせい。
中村吉明（2003）「バイオテクノロジー分野の研究開発と産学連携」、原山優子編『産学連携「革新力」を高める制度設計に向けて』東洋経済新報社、第4章、87-121頁。
西尾好司（2003）「バイオテクノロジーと産学連携」、大滝義博・西澤昭夫編『バイオベンチャーの事業戦略　大学発ベンチャーを超えて』オーム社、第4章、79-111頁。

第6章　産学連携の国際比較
── 日本と韓国のサイエンス型産業における産学連携⁽¹⁾──

1．はじめに

　今日のグローバル経済において、企業は、激しい競争、急速な技術変化、新技術の開発から市場化までの時間の短縮、技術の複雑化といった状況にさらされている。このような課題に対処するには、融合的アプローチ、外部機関との情報交換、および知識の共有が必要となる。その結果、企業は、研究開発資源を確保し、統合し、活用するために、大学との連携を積極的に行うようになった。このような状況は、革新的企業が新規技術や科学知識を得ようとする一方で、大学は企業に門戸を開き、追加的な研究資金を求め、応用研究を重視するようになっているという事実を反映している（Etzkowitz and Klofsten 2005）。産学連携は企業のイノベーション活動を促進し、成果の市場化を容易にし、企業に競争優位をもたらす、という見解が一般的になっている（Leydesdorff and Meyer 2006）。このような環境変化はオープン・イノベーションとして議論の対象になってきた（Chesbrough 2006）。

　しかし、多くの場合、研究開発や製品革新は複雑で困難な課題であり、その難しさは共同開発、とくに民間の企業者と大学の研究者が研究開発プロジェクトの成功に向けて相互に依存しつつ調整を行う場合に顕著に表れる。また、大学にとっては知識拡大のために研究成果の自由な公開が重要であるが、企業にとって利益という最終目標のために技術情報の保護と専有的利用が必要である時に、知的財産をどのように保護するかという、産学連携に特有の課題がある。しかし、様々な障害があっても、イノベーション戦略としての産学連携はます

（1）　序章でも触れたように、本章は Martin Hemmert（韓国・高麗大学）、Ludwig Bstieler（米国・ニューハンプシャー大学）、Klaus Ruth（ドイツ・ブレーメン大学）との共同論文を和訳し、改訂したものである。本書への採録を快諾してくれた共著者たちに感謝したい。

ます重要になっている。

　イノベーションにおいて産学連携が重要性を増す一方で、産学連携についての研究はまだ十分に行われていない（Santoro and Saparito 2003）。これまでの研究は、連携の成果に影響する要因として、連携パートナーの地理的近接（Santoro 2000）、企業のイノベーション戦略（Bercovitz and Feldman 2007）、企業規模（Santoro and Chakrabarti 2002）、連携件数（George et al. 2002）、企業の構造と文化、大学の知的財産戦略等の組織的要因（Gopalakrishnan and Santoro 2004; Hertzfeld et al. 2006）、組織の知識インターフェース（Sherwood and Covin 2008）、連携相手に対する信頼（Barnes et al. 2002）、連携へのコミットメント（Mora-Valentin et al. 2004）、暗黙知の役割（Santoro and Bierly, 2006）等に注目している。また、産学連携の決定要因に関する実証分析により、規模が大きく研究集約的な企業ほど大学と連携する傾向にあるということがわかった（Fritsch and Lukas 2001; Mohnen and Hoareau 2003など：本書第3章参照）。

　しかし、これまでのほとんどの研究は一国だけでしか行われていないので、産学連携の組織や成果に関する国際的な違いについては、まだほとんど知られていない。欧州共同体イノベーション調査（CIS）は様々な国をカバーしているが、それに基づく多くの研究（第3章参照）は、連携パターンや産業分野の特性を十分に考慮していない。産業分野の特性に注目する国際的な比較研究は、バイオテクノロジーに関するOwen-Smith et al.（2002）の欧米比較を除いて、ほとんど見られない。

　また、産学連携に関するこれまでの研究は主として西欧諸国を対象にしており、アジア諸国における産学連携については日本を除いて研究が乏しい。日本の産学連携に関するいくつかの先行研究（英語文献）は、企業規模（Fukugawa 2005）、研究開発集約度（Motohashi 2005）、仲介者の役割（Kodama 2008）、最近の大学制度の変化（Woolgar 2007）等に焦点を当てている。Zucker and Darby（2001）は日本のバイオテクノロジー産業に注目し、産学連携によって日本のバイオ企業の研究開発生産性が向上したことを検証した。

　本研究の目的は、このような状況を踏まえて、日本と韓国における産学連携への取り組みの実態を明らかにし、比較することである。本章において、産学連携は（前章と同様に）新しい製品、技術または製法の創造や移転を目的とし

て、大学と企業の間で行われる共同研究開発プロジェクトと定義される。本章で比較検討される項目には、過去の連携経験、連携相手の見つけ方、大学の知的財産方針、技術移転支援機関の役割、連携の基本ルール、連携パートナー間の信頼、イノベーション・チャンピオンの役割、連携の成果等が含まれる。

以下、第2節では、日本と韓国における産学連携の状況を概説する。第3節では、日本と韓国における産学連携への取り組み方を、最近の国際調査のデータに基づいて比較する。第4節では以上の結果を踏まえて、産学連携の今後のあり方についていくつかの提言を行う。

2．日本と韓国における産学連携の歴史的概観

2-1．日本

日本では大学の歴史の大部分にわたって、非公式のものを含めて産学連携が100年以上もの間活発に行われてきた（後藤・馬場 2007）。したがって、日本の産学連携が未発達で、欧米諸国よりかなり遅れているとするのはあまりにも短絡的すぎる。しかし、産学連携は、戦時経験に対する反動として第二次世界大戦後は法的に制約され、1960年代以降はさらに後退した[2]。

1995年の「科学技術基本法」により科学技術政策は大きな変化を迎えた。「第1期科学技術基本計画」（1996〜2000年）の下で、産学連携を支援する2つの重要な法律が施行された。ひとつは1998年の「大学等技術移転促進法」（TLO法）、もうひとつは1999年の「産業活力再生特別措置法」である。前者は大学に附属する「技術移転機関」（Technology Licensing Organizations（TLO））を財政的に支援する目的を持っている。後者は「日本版バイ・ドール法」と言われる条項を含み、国の研究資金に基づく研究の成果について、国立大学が知的財産権を取得できるようにした。

「第2期科学技術基本計画」（2001-2005年）の下で日本の大学制度はさらに大きな変化を遂げた。文部科学省は2003年に、大学における知的財産の管理と有効活用のために、大学への「知的財産本部」の設置を開始した。2004年には

---

[2] 公式の産学連携が後退した時期でさえ、非公式の緊密な関係が存在した。研究者の配置を通して、このような非公式の関係が築かれ維持された（Branscomb et al. 1999）。

すべての国立大学が自律性の高い独立行政法人に移行した。2005年には経済産業省が、大学発ベンチャーを1,000社以上設立するという目標を達成した。また、2000年以降、国立大学教員の民間企業での兼業規制が段階的に緩和された。さらに、地域レベルで産学連携を推進するため、経済産業省は2001年に「産業クラスター計画」、文部科学省は2002年に「知的クラスター創成事業」を開始した。

このような政策に支えられて、国立大学と民間企業の共同研究の件数は、1983年の56件から、1998年には2,568件、2007年には13,654件と急増した（第2章参照）。公立・私立の大学等と民間企業等の共同研究の件数は、2007年に2,557に達したが、共同研究開発の大部分は国立大学等によって担われている。

国立大学等との研究開発連携の中で、中小企業の占める比率が長期的に高まっていることは注目すべきである[3]。共同研究の件数に占める中小企業のシェアは、1980年代半ば（1983-1986年）には13％であったが、21世紀初め（2001-2004年）には40％まで増加した[4]。

2－2．韓国

韓国では1990年代までは産学連携は非常に限られており、産学間の共同研究は稀有なことであった。これまで韓国において産学間の交流が活発でなかったのには、いくつかの理由がある。

第1に、企業が大学との技術提携にあまり関心を持っていなかった。1990年代までは、大半の韓国企業は技術的に先進国企業の後を追っていた。技術分野においては韓国企業よりも外国企業の方が進んでいると考えられ、とくに外国企業との連携が重視された。また、韓国企業は、研究能力や長期的な技術競争力を強化するのにふさわしい科学的知見を身に付けるよりも、業績の向上に直接結びつく応用技術に主に関心を持つ傾向にあった。その結果、大半の韓国企業は、大学を魅力的な連携相手とは見なさなかったのである。

（3）　ここでは、中小企業の定義は1999年に改正された「中小企業基本法」の規定に従う。たとえば製造業では、従業員数300人以下あるいは資本金3億円以下の企業が中小企業と定義される。

（4）　シェアの計算においては、分母を民間企業との共同研究の件数に限定している（公益法人・地方自治体との共同研究を除く）。

第2に、韓国の大学は優れた研究機関と見られていなかった。実際、ごく最近まで、韓国人は大学を主に教育機関として見ており、大学の研究活動にはあまり目を向けなかった（Kim 1997）。大学の活動は教育を重視し、研究予算獲得のほうはどちらかといえば控えめであった。

　第3に、大学と企業の共同研究を支援する基盤がほとんど整備されていなかった。大学には、企業との相互関係を促進できるような明瞭な知的財産方針や技術移転支援機関がなかったのである。

　しかし、韓国の産学連携に関する状況は世紀転換期頃から大きく変化している。多くの企業が最先端の技術に到達し、研究能力を高めることにますます関心を持つようになってきている（Kim 1998; Cho et al. 2005）。同時に、大学の研究に対する公的・私的な資金は急増し、10年以内に約3倍にまで増加した（MoST 2007）。2007年のOECD（経済協力開発機構）の科学技術スコアボードによると、政府の研究開発予算の近年の伸びにおいて韓国は第4位である。これにより、多くの大学は教員の研究成果を重視し、支援できるようになった。その結果、韓国の多くの大学において科学研究能力が近年急速に向上しており、産学連携のための支援基盤の整備も進んでいる（OECD 2005）。たとえば、2002年まで大学には技術移転支援機関が無かったが、その後134機関が設立され、韓国の大多数の総合大学をカバーするようになった（Korea Research Foundation 2007）。

　このように産学連携に有利な環境変化の結果、韓国における産学連携の件数は、近年急速に増加している[5]。それに伴って、異なる組織や機関のメンバーによって共同保有される特許の件数も、1990年代以降急増している（Lim 2006）。それでも、韓国では、産学連携がまだ十分に行われておらず、拡大・強化の余地があると、多くの人が認識している。

　日本と同様、韓国でも中小企業は産学連携の分野で重要な役割を果たしている。2006年に実施された主要12大学の調査において、すべての産学連携の件数

（5）　韓国においては、産学連携の件数は近年ようやく統計的に把握されるようになった。2005年には産学連携は4,846件であった（KSTC 2006）。その後、連携件数は、2006年に5,229、2007年に5,660と増加した（韓国科学技術評価・企画院から入手した情報）。

のうち51.6％は、従業員300人以下の中小企業との連携であった（Korea Research Foundation 2007）。

3．産学連携の日韓比較分析
3－1．データとサンプル

本章で用いたのは、序章と第5章で紹介された2008年の産学連携アンケート調査のデータである。調査の対象は、従業者数10人以上（韓国）ないし20人以上（日本）のバイオテクノロジー（以下バイオと略称）、マイクロエレクトロニクス（以下MEと略称）およびソフトウェア分野の企業である。これらの対象分野は科学知識との関連性が非常に強いサイエンス型産業を代表するものであり（後藤・小田切編 2003）、これらの分野において産学連携が行われる傾向が強い（Meyer-Krahmer and Schmoch 1998）。

韓国では、サンプル企業を選定する際に、産業団体の会員企業名簿を利用した。これらの名簿には、従業者10人以上の企業が5,306社含まれていた。その内訳はバイオ企業が431社、ソフトウェア企業が2,647社、ME企業が2,228社である。調査では、これらの企業の予備的情報提供者（一般には研究開発、マーケティング、新製品開発または新規事業開発の責任者）と連絡をとり、その企業が実際に産学連携を行っており、直近に完了した産学連携プロジェクトを特定できることを確認した。つぎに、各企業で主要な情報提供者（調査に最も適任と思われる人、主にプロジェクト・マネージャー）を選定し、彼らの協力を求めた。

日本では、信頼に足る網羅的な産業団体会員名簿が整備されていないため、調査対象企業は、主として（株）東京商工リサーチの企業データベースから標準産業分類の小分類・細分類レベルで抽出・収集された。このようにして、バイオ関連産業から1,761社、ME関連産業から3,520社、ソフトウェア産業から4,037社を選定した。さらに、日本バイオインダストリー協会（JBA）の会員名簿から、564社をバイオに追加した。このようにして、郵送調査のために全体で9,882社の企業サンプルが得られた。

韓国では1,223社、日本では1,732社から回答が得られた（回答率はそれぞれ18.8％、17.5％）。2005年から2007年の期間に、韓国では284社（回答企業の23.2％）が、日本では277社（回答企業の16.0％）が産学連携を完了している。こ

図表6-1 サンプル企業の構成と特性

	日本	韓国
回答企業数		
バイオ	107	66
マイクロエレクトロニクス	75	106
ソフトウェア	80	112
その他の分野または分類不能	15	―
合計	277	284
サンプル企業の属性		
平均従業者数（標準偏差）	100.6 (142.6)	45.2 (137.2)
平均研究開発従事者数（標準偏差）	52.8 (202.7)	11.2 (50.3)

のように、両国において同規模のサンプルが得られた。

　図表6-1はサンプル企業の概要である。企業規模の平均は、サンプリングの違いのため、韓国より日本のほうが大きいが、両国ともサンプル企業の大部分は従業者数300人以下の中小企業である。産学連携を行った企業には、従業者数に占める研究開発者の比率の高い研究開発型企業が多い。また、日本のサンプルではバイオ、韓国のサンプルではMEとソフトウェアの比重がやや高い。

3-2．比較分析の結果

　図表6-2は、過去の（調査対象プロジェクトより前の）産学連携の一般的な経験と成果に関する回答を示す。日本企業のほうが韓国企業よりも産学連携の経験が豊富である。また日本企業は、大学との以前の共同研究の成功を、韓国企業よりも有意に高く評価している。

　つぎに、企業が連携相手を見つけるために用いた情報源については（**図表6-3**）、両国とも経営者の個人的人脈が最も重要な情報源として挙げられている。人脈の重要性は韓国でより高く評価されているが、その差は（5％水準を基準にすると）有意ではない。しかし、これと取引先以外のすべての情報源の重要性は、日本企業のほうが韓国企業よりも1％水準で有意に高く評価している。これは、韓国企業が連携相手を探すときには主に経営者の個人的人脈に頼るのに対して、日本企業のほうは人脈以外に様々な情報源を利用することを示

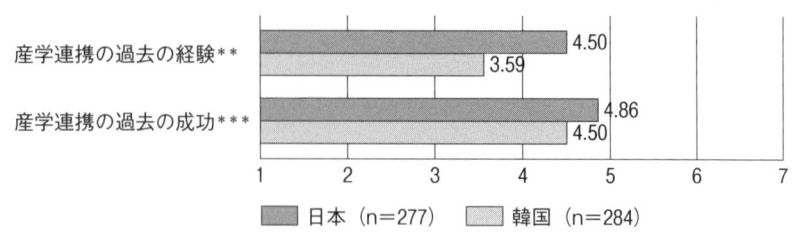

図表6－2　過去の産学連携の経験とその成功（平均値の比較）

- 産学連携の過去の経験** : 日本 4.50 / 韓国 3.59
- 産学連携の過去の成功*** : 日本 4.86 / 韓国 4.50

■ 日本（n=277）　□ 韓国（n=284）

評点：1＝過去に連携の経験なし　－　7＝多くの経験あり
　　　または1＝一般的に不成功　　－　7＝一般的に成功
**　5％水準で有意な差のあるもの
***　1％水準で有意な差のあるもの

図表6－3　連携相手を見つけるための情報源の重要性（平均値の比較）

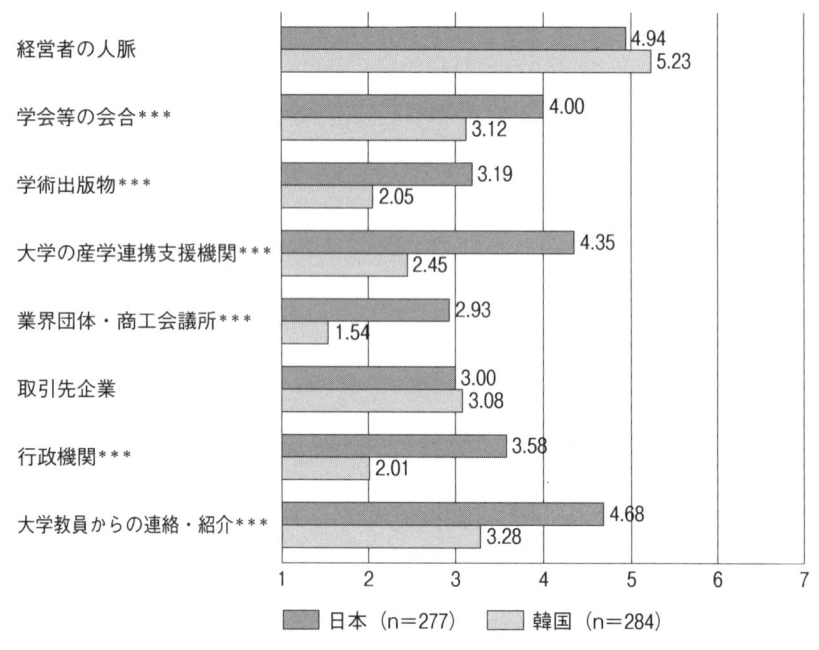

- 経営者の人脈 : 日本 4.94 / 韓国 5.23
- 学会等の会合*** : 日本 4.00 / 韓国 3.12
- 学術出版物*** : 日本 3.19 / 韓国 2.05
- 大学の産学連携支援機関*** : 日本 4.35 / 韓国 2.45
- 業界団体・商工会議所*** : 日本 2.93 / 韓国 1.54
- 取引先企業 : 日本 3.00 / 韓国 3.08
- 行政機関*** : 日本 3.58 / 韓国 2.01
- 大学教員からの連絡・紹介*** : 日本 4.68 / 韓国 3.28

■ 日本（n=277）　□ 韓国（n=284）

評点：1＝まったく無関係　－　7＝非常に重要
***　1％水準で有意な差のあるもの

第6章　産学連携の国際比較　163

している。また、連携の情報源としての「大学の技術移転支援機関」および「大学教員からの照会」の重要性は、日本のほうが韓国よりも有意に高い。これは、企業との共同研究を始める際に、日本の大学とその教員のほうが韓国よりも積極的な役割を果たしていることを示している。

連携先大学の知的財産権に関する方針および技術移転支援機関の役割についての評価も、両国間で有意に異なる（**図表6－4**）。日本企業は連携先大学の知的財産についての管理方針を、すべての点について韓国企業より高く評価している。一方、韓国企業は、日本企業よりも、連携先大学の技術移転機関による支援の意義を高く評価している。この結果が示唆することは、日本の大学が比較的明瞭かつ協力的な知的財産方針を確立し、連携相手企業への技術移転を支援してきたのに対して、韓国の大学は技術移転機関のスタッフの自由裁量に多くを委ねているということである。しかし、全体として、日本企業のほうが産学連携における連携先大学の支援を有意に高く評価している。

産学連携の開始時点における相互了解の内容と強さも、いくつかの点について両国間で有意に異なっている（**図表6－5**）。プロジェクトのスケジュール

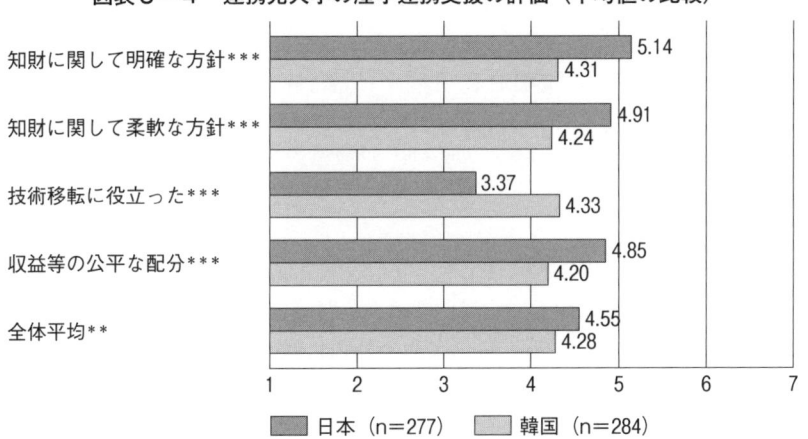

図表6－4　連携先大学の産学連携支援の評価（平均値の比較）

	日本（n=277）	韓国（n=284）
知財に関して明確な方針***	5.14	4.31
知財に関して柔軟な方針***	4.91	4.24
技術移転に役立った***	3.37	4.33
収益等の公平な配分***	4.85	4.20
全体平均**	4.55	4.28

評点：1＝まったく同意しない　－　7＝強く同意する
** 5％水準で有意な差のあるもの
*** 1％水準で有意な差のあるもの

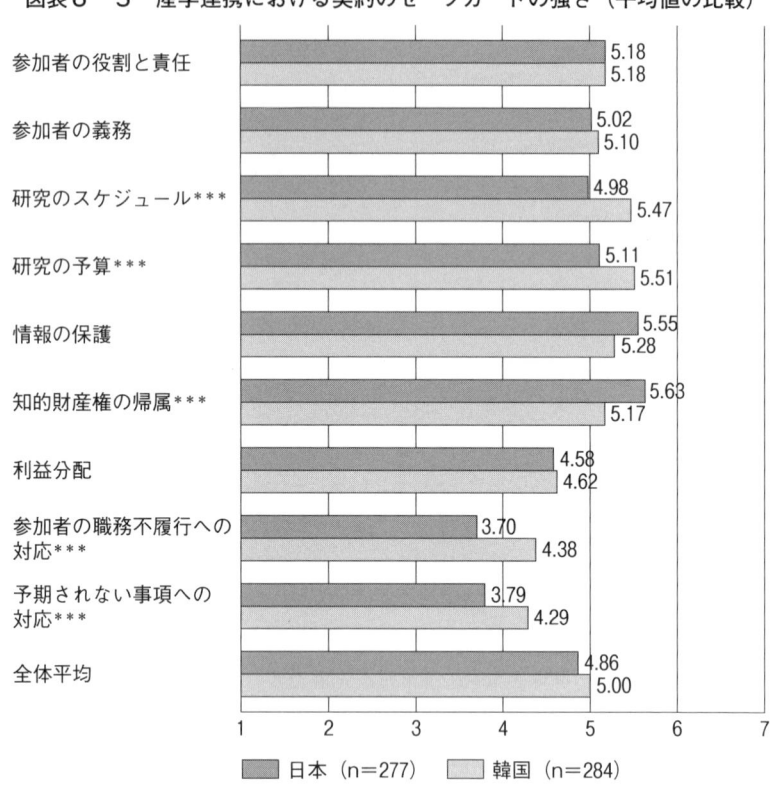

図表6-5 産学連携における契約のセーフガードの強さ（平均値の比較）

項目	日本	韓国
参加者の役割と責任	5.18	5.18
参加者の義務	5.02	5.10
研究のスケジュール***	4.98	5.47
研究の予算***	5.11	5.51
情報の保護	5.55	5.28
知的財産権の帰属***	5.63	5.17
利益分配	4.58	4.62
参加者の職務不履行への対応***	3.70	4.38
予期されない事項への対応***	3.79	4.29
全体平均	4.86	5.00

■ 日本（n=277）　■ 韓国（n=284）

評点：連携の開始時点で、1＝相互了解が何もなかった － 4＝口頭での相互了解があった － 7＝契約文書に基づく正確な相互了解があった
＊＊＊1％水準で有意な差のあるもの

や予算、および連携相手が職務を果たさない場合の法的手続や予期されないできごとに対する手続に関して、韓国ではより明確な合意ができている（1％水準で有意）。しかし、知的財産権の帰属や利用に関する取り決めは、日本企業のほうがより明瞭である。以上の結果から、韓国企業は、産学連携プロジェクトにおける不確実要因について契約上のセーフガードの必要性をより強く認識していると考えられる。しかし、全体としては、取り決めの内容について両国の間に有意な差は認められない。

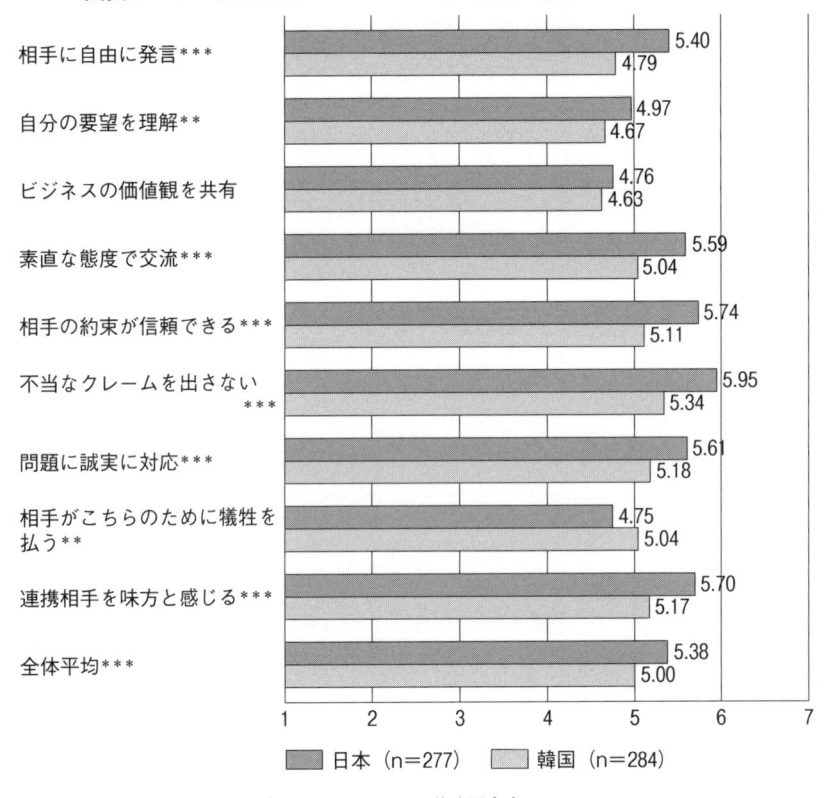

図表6－6　産学連携のパートナー間の信頼の程度（平均値の比較）

項目	日本	韓国
相手に自由に発言***	5.40	4.79
自分の要望を理解**	4.97	4.67
ビジネスの価値観を共有	4.76	4.63
素直な態度で交流***	5.59	5.04
相手の約束が信頼できる***	5.74	5.11
不当なクレームを出さない***	5.95	5.34
問題に誠実に対応***	5.61	5.18
相手がこちらのために犠牲を払う**	4.75	5.04
連携相手を味方と感じる***	5.70	5.17
全体平均***	5.38	5.00

日本（n=277）　韓国（n=284）

評点：1＝まったく同意しない　－　7＝強く同意する
**　5％水準で有意な差のあるもの
***1％水準で有意な差のあるもの

　産学連携相手との信頼関係は、日本企業のほうが明らかに強い（図表6－6）。信頼に関連する9つの質問項目のうち、「ビジネスに関する価値観を連携相手と共有していた」かどうかという点については両国間で有意な差はないが、他のすべての質問への回答はすべて、日本企業が連携相手をより強く信頼していることを示唆している。全項目の平均値にも有意な差があることから、産学連携において日本のほうがより強い信頼関係が築かれていると評価できる。

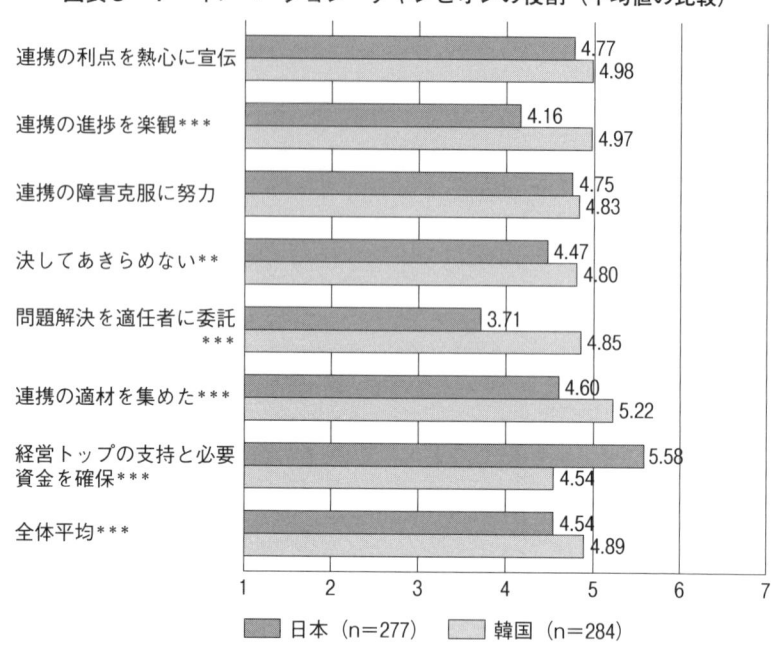

図表6-7 イノベーション・チャンピオンの役割 (平均値の比較)

項目	日本	韓国
連携の利点を熱心に宣伝	4.77	4.98
連携の進捗を楽観***	4.16	4.97
連携の障害克服に努力	4.75	4.83
決してあきらめない**	4.47	4.80
問題解決を適任者に委託***	3.71	4.85
連携の適材を集めた***	4.60	5.22
経営トップの支持と必要資金を確保***	5.58	4.54
全体平均***	4.54	4.89

■日本 (n=277)　□韓国 (n=284)

評点：1 = まったく同意しない － 7 = 強く同意する
** 5％水準で有意な差のあるもの
*** 1％水準で有意な差のあるもの

韓国企業では、産学連携におけるイノベーション・チャンピオンが、日本企業よりも重要な役割を担っているようである (**図表6-7**)。イノベーション・チャンピオンとは、「産学連携の全体的な目的と目標に密接に関与し、研究と製造の相互作用における多くの局面で主要な役割を担い、技術的・組織的障壁を克服し、自己の意志とエネルギーを傾けて最終目的達成まで努力する人」である (Chakrabarti 1974)。これに関連する7つの質問項目のうち4つについて、また関連項目の全体平均についても、イノベーション・チャンピオンの役割は韓国でより高く評価されている。日本企業でチャンピオンが韓国企業よりも重要な役割を担っているのは、「経営者の支援と融資の確保」のみである。

最後に、産学連携への満足度に関しても、両国間で若干の有意な差が見られ

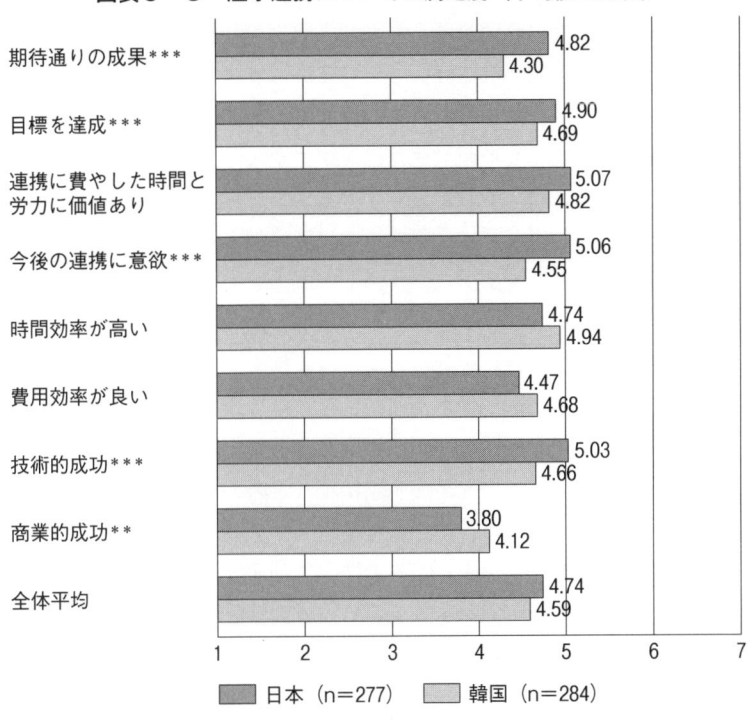

図表6-8　産学連携についての満足度（平均値の比較）

項目	日本	韓国
期待通りの成果***	4.82	4.30
目標を達成***	4.90	4.69
連携に費やした時間と労力に価値あり	5.07	4.82
今後の連携に意欲***	5.06	4.55
時間効率が高い	4.74	4.94
費用効率が良い	4.47	4.68
技術的成功***	5.03	4.66
商業的成功**	3.80	4.12
全体平均	4.74	4.59

■ 日本（n=277）　　■ 韓国（n=284）

評点：1 = まったく同意しない　−　7 = 強く同意する
** 5％水準で有意な差のあるもの
*** 1％水準で有意な差のあるもの

た（**図表6-8**）。期待通りの成果が得られたかどうか、今後も同じ相手とまた連携する意欲を持ったかどうか、そして技術的成功という指標については、日本企業の満足度が韓国企業と比べて有意に高い。しかし、産学連携の商業的な成功としての評価は、韓国のほうが高い。産学連携への満足度に関連するすべての質問項目の総平均は、日本のほうが韓国よりもわずかに高いが、有意な差は認められない。

3-3. 考察

以上のように、日本と韓国では産学連携の組織と成果（満足度）に関してい

くつかの違いが見られた。

　第1に、日本企業は、韓国企業よりも産学連携の経験を豊富に持ち、大学との過去の共同研究の成果を高く評価している。これは、日本で産学連携のための環境整備が比較的早くから行われたためと考えられる。前述のように、両国ともに、政策の変化とともに産学連携に対する企業と大学の意識も変化し、産学連携の環境が整備された。しかし、このような変化は、日本では1990年代から起きたのに対して、韓国では世紀転換期以降に見られた。産学連携についての先行研究は、ひとつの連携プロジェクトが成功すると、その後の産学連携に対して好循環が生まれることを指摘している。企業と大学は連携の経験を通じて連携のスキルを磨き、それがさらに新たな連携を生み出す（Santoro 2000）。本章で紹介した調査結果は、日本企業が産学連携の経験をより豊富に持つために、韓国企業より良好な成果を得ていることを示している。

　第2に、韓国企業は連携相手を探す際に経営者の人脈に大きく依存するが、日本企業は学会や学術出版物あるいは行政機関のような他の情報源をよく利用する。また、産学連携を開始する際の大学および産学連携支援機関の役割は、韓国よりも日本のほうが明確となっている。この結果は、日本のほうが多様な組織間ネットワーク環境が整っていることを示している。また、日本では比較的早くから産学連携が広範に行われており、そのために連携相手をマッチングする様々な情報・連絡経路が比較的よく整備されていたと考えられる。

　第3に、日本企業は連携先大学の知的財産方針を明瞭、柔軟かつ公平なものと見なしており、韓国企業は技術移転支援機関を有用と評価している。これは、日本の大学の知的財産管理がしっかりとした規則に基づいている一方、韓国の大学では技術移転支援機関のスタッフの裁量的決定が、産学連携にとって重要であることを示している。これもまた産学連携の歴史の違いに関連しており、日本の大学は連携の経験がより長いために産学連携により体系的に取り組んできたと考えられる。対照的に、韓国では、このような明確な規則は多くの場合未整備であり、そのために個々の関係スタッフの活動が重要なのである。

　第4に、産学連携の様々な調整メカニズムの重要性も両国で異なっている。産学連携の多くの面（すべてではないが）で、契約上のセーフガードは韓国のほうが強いが、連携相手に対する信頼は日本のほうがかなり強い。また、イノ

ベーション・チャンピオンの役割は、産学連携のほとんどの面において韓国のほうが大きいと考えられている。このような結果は、両国の文化的特徴についての一般的な見解と整合的である。過去の研究から、組織間の信頼は、韓国よりも日本のほうが強いということが知られている（Dyer and Chu, 2000, 2003）。Fukuyama（1995）は、企業間ネットワークの違いに基づいて、組織間の信頼を培うことは日本よりも韓国のほうが難しいとしている。韓国企業は信頼関係が不十分であるので、連携相手との関係に基づく不確実性を減らすために、契約上のセーフガードを利用する必要性を日本企業よりも強く感じるのであろう。また、リーダーシップのスタイルは、本質的に集団主義的な日本よりも韓国のほうが階層的であるとされている（Hamilton and Biggart 1997）。そのために、韓国において、産学連携で中心的な役割を担うマネージャーの活動がより重要なものとして認識されるのであろう。

　日韓の相違として最後に挙げられることは、日本企業が韓国企業よりも産学連携の成果に対して高い満足感を得ていることである。とくに、日本企業は韓国企業よりも、産学連携における期待の達成度がより高いと考えている。これもまた、日本企業の比較的豊富な産学連携経験と関連している可能性がある。日本企業は過去の産学連携の経験が韓国企業よりも豊富なので、連携の運営がより効率的になって成果も高くなる。また同時に、産学連携を始めるときにより現実的な期待を持つようになると考えられる。

　以上の考察をまとめると、本章の研究の結果は、経路依存性（path dependence）と国の文化的特徴が産学間の共同研究の組織と成果に潜在的に重要な意味を持つことを、明確に示している。日本において産学連携が組織間協力の一般的なタイプとして韓国よりも早く現れたことによって、産学連携に関する両国間の様々な違いが説明される。たとえば、日本で連携相手を探すときにより多様なネットワークが利用されること、知的財産方針について大学が規則に基づくアプローチをとること、産学連携の成果に対する満足感がいくぶん高いこと、などの違いが、経路依存性によって説明できる。一方、韓国では組織間で信頼関係を築くことが日本よりかなり難しく、相手との関係に基づく不確実性を縮小するための代替メカニズムとして契約上のセーフガードがより積極的に利用されていることが、明瞭に調査結果に現れている。また、韓国の産学連

携におけるイノベーション・チャンピオンの重視と階層的なリーダーシップの関連は、日本と比較すればより明確になる。

4．むすび

　近年、日本だけでなく韓国でも、制度的環境の変化に伴って、大学の教員と産学連携支援機関が産学連携に対して重要な役割を積極的に果たすようになり、産学連携が活発化している。本章は、バイオ、MEおよびソフトウェア分野の企業を対象とする国際比較調査のデータに基づいて、日本企業と韓国企業の産学連携への取り組み方を比較し、いくつかの顕著な違いを明らかにした。

　産学連携に関する従来の研究は欧米諸国に偏っている。産学連携は近年東アジアでも広がりを見せているが、連携の組織と成果についてはほとんど知られていない。したがって、日本を含む東アジア諸国の産学連携の研究、とくに国際比較研究は、今後非常に有望な研究テーマになると考えられる[6]。

　本章の結果は、産学連携における学習と知識移転プロセスには本質的に大きな蓄積効果があることを示している。産学連携の経験が増えるほど、連携プロジェクトの運営がうまくいき、良好な成果が得られるようである。多くの韓国企業のような、産学連携への新参者の視点からすると、この結果は、産学連携からより良好な成果を得るためには更なる継続的な努力が必要であることを示している。しかし、韓国の企業と大学が効率的な連携の方法を学習すれば、相対的に経験豊富な日本企業とのギャップを縮めることは可能である。

　また、本章の結果は、産学連携の組織が国または地域に特有の文化的特徴に強く影響される場合、産学連携プロジェクトの運営管理について普遍的に最善の方法はないということを示唆している。日本と韓国が直面する政治、経済、科学等の条件は大きく異なり、それらの産学連携への影響も異なっている。前述のように、日本企業は大学と連携するさいに高いレベルの信頼に依存するが、韓国企業はむしろ契約上のセーフガードやイノベーション・チャンピオンの役割を重視するようである。したがって、産学連携を支援あるいは実施する

（6）　筆者を含むこの国際比較研究のグループは、本章で用いられた調査のデータに基づく本格的な国際比較分析を既に開始し、たとえば産学連携における相互信頼の形成と展開のメカニズムとその国ごとの違いを明らかにしている。

上で最善の方法を見つけようとする政策立案者や企業経営者は、国または地域の文化的・制度的背景を常に考慮する必要がある。その点を考慮せずに、外国から産学連携の支援政策や運営方法を安易に導入すれば、産学連携の成果に結びつくどころか、むしろ有害となる可能性がある。

【参考文献】

Barnes, T., Pashby, I. and A. Gibbons (2002), "Effective university-industry interaction: A multi-case evaluation of collaborative R&D projects", *European Management Journal* 20, pp.272-285.

Bercovitz, J.E.L. and M.P. Feldman (2007), "Fishing Upstream: Firm innovation strategy and university research alliances", *Research Policy* 36, pp.930-948.

Branscomb, L. M., Kodama, F., and R. Florida (eds.) (1999), *Industrializing Knowledge: University-Industry Linkages in Japan and the United States*, Cambridge, Massachusetts (MIT Press).

Chakrabarti, A.K. (1974), "The Role of Champion in Product Innovation", *California Management Review* 17, pp.58-62.

Chesbrough, H. (2006), *Open Innovation: The New Imperative for Creating and Profiting from Technology*, Boston (Harvard Business School Press).

Cho, H., Chun, H. and S. Lim (2005), *Digital Conquerer Samsung Electronics*, Seoul (毎日経済新聞社), in Korean.

Dyer, J.H. and W. Chu (2000), "The Determinants of Trust in Supplier-Automaker Relationships in the U.S., Japan, and Korea", *Journal of International Business Studies* 31, pp.259-285.

Dyer, J.H. and W. Chu (2003), "The Role of Trustworthiness in Reducing Transaction Costs and Improving Performance: Empirical Evidence from the United States, Japan, and Korea", *Organization Science* 14, pp. 57-68.

Etzkowitz, H. and M. Klofsten (2005), "The innovating region: toward a theory of knowledge-based regional development", *R&D Management* 35, pp.243-255.

Fritsch, M. and R. Lukas (2001), "Who cooperates on R&D?", *Research Policy* 30, pp.297-312.

Fukugawa, N. (2005), "Characteristics of Knowledge Interactions between Universities and Small Firms in Japan", *International Small Business Journal* 23, pp.379-401.

Fukuyama, F. (1995), *Trust: The Social Virtues and the Creation of Prosperity*, New York (Free Press).

George, G., Zahra, S.A. and D.R. Wood (2002), "The effects of business-university alliances on innovative output and financial performance: a study of publicly traded biotechnology companies", *Journal of Business Venturing* 17, pp.577-609.

Gopalakrishnan, S. and M.D. Santoro (2004), "Distinguishing between knowledge transfer and technology transfer activities: The role of key organizational factors", *IEEE Transactions on Engineering Management* 51, pp.57-69.

Hamilton, G.G. and N.W. Biggart (1997), "Market, Culture and Authority: A Comparative Analysis of Management and Organization in the Far East", in: M. Orru, N.M. Biggart and G.G. Hamilton (eds.), *The Economic Organization of East Asian Capitalism*, Thousand Oaks, CA: Sage, pp.111-150.

Hertzfeld, H.R., Link, A. and N.S. Vonortas (2006), "Intellectual property protection mechanisms in research partnerships", *Research Policy* 35, pp.825-838

Kim, L. (1997), *Imitation to Innovation: The Dynamics of Korea's Technological Learning*, Boston (Harvard Business School Press).

Kim, L. (1998), "Crisis Construction and Organizational Learning: Capability Building in Catching-up at Hyundai Motor", *Organization Science* 9, pp.506-521.

Kodama, T. (2008), "The role of intermediation and absorptive capacity in facilitating university-industry linkages – An empirical study of TAMA in Japan", *Research Policy* 37, pp.1224-40

Korea Research Foundation (2007), *White Paper of University-Industry Collaboration 2006*, Seoul (Korea Research Foundation), in Korean.

Korea Science and Technology Committee (KSTC) (2006), *Report on the Investigation and Analysis of National Research Development Project 2006*, Seoul (KTSC).

Leydesdorff, L. and M. Meyer, (2006), "Triple Helix indicators of knowledge-based innovation systems", *Research Policy* 35, pp.1441-1449.

Lim, C. (2006), *Korean National System of Innovation and FDIs*, Proceedings of the Conference "R&D Interplay in Northeast Asia: Global Corporate Strategy and Host Countries' National Innovation System", Samsung Economic Research Institute, Seoul, Feb. 24, 2006.

Meyer-Krahmer, F. and U. Schmoch (1998), "Science-based technologies: university-industry interactions in four fields", *Research Policy* 27, pp.835-851.

Mohnen, P. and C. Hoareau (2003), "What Type of Enterprise Forges Close Links with Universities and Government Labs? Evidence from CIS2", *Managerial and Decision Economics* 24, pp.133-145.

Mora-Valentin, E.M., Montoro-Sanchez, A. and L.A. Guerras-Martin (2004), "Determining factors in the success of R&D cooperative agreements between firms and research organizations", *Research Policy* 33, pp.17-40.

MoST (Ministry of Science and Technology, Republic of Korea) (2007), *Report on the Survey of Research and Development in Science and Technology, 2007 Edition*, Seoul, MoST.

Motohashi, K. (2005), "University-industry collaborations in Japan: The role of new technology-based firms in transforming the National Innovation System", *Research Policy* 34, pp.583-594.

OECD (2005), *OECD Economic Surveys: Korea*, Paris (OECD).

OECD (2007): *Science, Technology and Industry Scoreboard 2007*, Paris (OECD).

Owen-Smith, J., Riccaboni, M., Pammolli, F., and W.W. Powell (2002), "A Comparison of U. S. and European University-Industry Relations in the Life Sciences", *Management Science* 48, pp.24-43.

Santoro, M.D. (2000), "Success breed success: the linkage between relationship intensity and tangible outcomes in industry-university collaborative ventures", *The Journal of High Technology Management Research* 11, pp.255-273.

Santoro, M.D. and P.E. Bierly (2006), "Facilitators of knowledge transfer in university-industry collaborations: A knowledge-based perspective", *IEEE Transactions on Engineering Management* 53, pp.495-507.

Santoro, M.D. and A.K. Chakrabarti (2002), "Firm size and technology centrality in industry-university interactions", *Research Policy* 31, pp.1163-1180.

Santoro, M.D. and P.A. Saparito (2003), "The firm's trust in its university partner as a key mediator in advancing knowledge in new technologies", *IEEE Transactions on Engineering Management* 50, pp.362-373.

Sherwood, A.L. and J.G. Covin (2008), "Knowledge Acquisition in University-Industry Alliances: An Empirical Investigation from a Learning Theory Perspective", *Journal of Product Innovation Management* 25, pp.162-179.

Woolgar, L. (2007), "New institutional policies for university-industry links in Japan," *Research Policy* 36, pp.1261-1274.

Zucker, L. G. and M.R. Darby (2001), "Capturing Technological Opportunity Via Japan's Star Scientists: Evidence from Japanese Firms' Biotech Patents and Products", *Journal of Technology Transfer* 26, pp.37-58.

後藤晃・小田切宏之編（2003）『サイエンス型産業』NTT出版。

後藤晃・馬場靖憲（2007）「産学連携とイノベーション」、馬場靖憲・後藤晃編『産学連携の実証研究』東京大学出版会、序章、1-18頁。

第7章　企業間事業連携の効果
―個票データによる中小企業と大企業の比較分析[1]―

1．はじめに

　近年、需要の高度化・多様化が進み、市場や技術の変化はますます早くなっている。中小企業がこのような経営環境の変化に迅速かつ的確に対応するためには、競争優位を持つ得意分野に経営資源を集中する一方で、その他の分野については目的に応じて他企業と柔軟に連携してその経営資源を積極的に活用し、相互に補完することが重要である（商工総合研究所 1999）。必要な経営資源をすべて自社内に抱えるのはとりわけ中小企業にとって困難であり、またそれでは急速な環境変化にすばやく対応できないからである。そのため、企業間の事業連携が近年ますます重要になっている。

　渡辺（1999）によれば、多品種・少量生産化に伴って規模の経済追求の重要性が相対的に低下し、企業間ネットワークを通じて外部の経営資源を共有・活用し、相乗効果を通じて新たな価値を創造する「連結の経済」の追求が重視されるようになってきた。それとともに、中小企業間の事業連携の重点も、共同仕入・共同販売など専ら規模の経済による費用削減を追及する共同事業から、共同研究開発のように主として相乗効果を目指すものに重点が移行しつつある。中小企業の事業協同組合の主力事業の推移を見ても、1990年代に入ってから連結の経済追求型の事業の開始が多くなっている[2]。

　中小企業庁の最近の調査によれば（中小企業庁編 2003）、中小企業の25％が過去4年間に何らかの事業連携を行っている。規模が大きいほど事業連携への参加比率は高くなるが、小規模企業でも20％が事業連携に参加している[3]。内容別に見ると研究開発が最も多く（事業連携実施企業の約45％）、販売、仕入、

---

(1)　本章の分析は「経済産業省企業活動基本調査」の個票データを用いて行われた。個票データの目的外使用申請にあたって、経済産業省調査統計部企業統計室（当時）の坂本純子氏に大変お世話になった。ここに記して謝意を表する。

生産がこれに続く。

このように中小企業の事業連携が近年重要性を増しているが、その経済効果に関する本格的な実証分析はまだ少ない。個別の事例研究に基づく論考は多いが、それらは様々な形の企業間連携の経済的効果を全体として定量的に分析するものではない。

数少ない計量的アプローチのひとつである岡室（2001）は、中小企業の様々な共同事業が利益率に与える影響を官庁統計の集計データに基づいて分析し、研究開発事業だけが有意な正の効果を持つことを明らかにしている。さらに、岡室（2005）は、同じ統計調査の個票データを用いて、共同研究開発の特許・実用新案取得への影響を分析し、共同研究開発は自社研究開発と並んで大企業でも中小企業でもこれら知的財産権の取得を促すが、その効果は中小企業でより持続的であり、また共同研究開発によって自社研究開発の生産性が上昇するという相乗効果が中小企業でのみ見られることを明らかにした（第8章参照）。

また、中小企業庁編（1999）では、官庁統計と独自の実態調査の個票を用いて、1）共同研究開発を行っている中小企業の売上高経常利益率が中小企業の平均より高く、とくに異業種企業との連携の効果が大きいこと、2）共同受注・販売を行っている中小企業の売上高成長率が平均より高く、とくに異業種企業との連携の効果が大きいことが明らかにされた。中小企業庁編（2003）によれば、共同研究開発を行う中小企業ではその他の企業より売上高の増加が有意に大きく、共同仕入・共同生産を行う中小企業ではその他の企業よりも売上高営業利益率が有意に改善している。しかし、これらの分析では様々な影響要因の制御が十分に行われていない。

（2）　全国中小企業団体中央会（1996）によれば、事業協同組合の主力事業としての共同購買・販売・受注・生産事業の開始年が1970年代に集中しているのに対し、研究開発や調査研究のような共同事業の開始年は1990年代に集中している。ただし、継続中の事業は、最近に至るまで共同購買・共同販売など規模の経済追求型のものが中心である。研究開発事業を実施している組合は1995年現在で全体の10%に及ばない。

（3）　ここで小規模企業とは、卸売・小売・サービス業では従業者数5人以下、製造業その他では従業者数20人以下の企業を指す。

事業連携の効果に関するこれまでの実証分析は、大企業の共同研究開発に集中している。共同研究開発の経営成果への影響は、近年様々な角度から実証的に研究されているが[4]、結果は対象企業や成果の測定方法によって様々である。Branstetter and Sakakibara（1998）と Sakakibara and Branstetter（2003）は、それぞれ日本とアメリカの大企業のデータを用いて、研究開発協同組合への参加件数が多くなるほど、特許出願で測定した研究開発の生産性が上昇することを検証している。アメリカ企業に関する Link and Bauer（1989）の分析によれば、共同研究開発には参加企業の総要素生産性を直接に高める効果は見られないが、内部の研究開発の総要素生産性向上効果を高めるという間接的な効果がある。また Vonortas（1997）によれば、共同研究開発によって企業の利益率はむしろ有意に低下する[5]。中小企業については、フランスの Bougrain and Haudeville（2002）が、共同研究開発への参加は自社の研究開発プロジェクトの成功に影響しないことを検証している。

　このように、企業間の事業連携への参加の効果に関するこれまでの研究は、岡室（2001）と中小企業庁編（1999、2003）を除いて、考察の対象を共同研究開発に限定している。また、成果の指標も多くの指標の中のひとつに限定され、様々な指標に対する効果を比較する試みはほとんど見られない。さらに、研究の対象が大企業のみ、あるいは中小企業のみに限定され、両者の比較は行われていない。本章はこのような状況を踏まえて、1990年代の日本の製造業企業に関するマイクロデータを用いて、企業間の様々な事業連携が参加企業の経営成果に与える影響を計量的に検証する。事業連携の効果をいくつかの成果指標について比較し、また中小企業と大企業の間で比較することを特徴とする。

　本書はこれまで、様々な事業連携の内容のうち、共同研究開発に注目してきた。本章は共同研究開発だけでなく、他の種類の共同事業（仕入、販売、生産）も分析と考察の対象に含める。それによって、共同研究開発の効果が他の種類

（4）　近年の主な実証研究の内容と結果は、Link and Siegel（2003）第11章にまとめられている。
（5）　共同研究開発が利益率に負の影響を及ぼす明確な理由は挙げられていないが、逆の因果関係（利益率の低い企業が共同研究開発に参加する）の可能性が示唆されている。

の共同事業とどのように異なるのかを明らかにすることが、本章の分析の主な目的のひとつである。

以下、第2節で分析のためのモデルを提示し、変数について説明する。第3節では分析対象企業の概要を示し、第4節でいくつかの仮説を提示する。第5節では分析の結果について議論する。第6節で結果を整理し、残された課題に触れて、本章を締めくくる。

2. 分析モデルと変数

本章では重回帰モデルを用いて、企業間の事業連携がその後の経営成果にどのような影響を及ぼすかを検証する。推定されるモデル式は、主な説明変数である各種事業連携の実施ダミーの他にいくつかの制御変数を含み、基本的には次のような形で表される。また、モデル式は被説明変数に応じて若干異なり、たとえば売上高成長率の推定式には期首の企業年齢を加え、総要素生産性上昇率の推定式からは設備投資比率を除く。以下で説明する変数の定義を**図表7－1**にまとめる。

$$\begin{aligned}経営成果 =& 定数項 + \sum_{i=1}^{4}\beta_i (各種事業連携ダミー) + \beta_5 (研究開発集約度) \\ & + \beta_6 (事業協同組合加入ダミー) + \beta_7 (下請受注ダミー) + \beta_8 (生産委託比率) + \beta_9 (設備投資率) + \beta_{10} (従業者規模) + \sum_{j=11}^{31}\beta_j (産業ダミー) \\ & + \sum_{k=32}^{33}\beta_k (業種変更ダミー) + 誤差項 \quad \cdots (1)\end{aligned}$$

被説明変数である経営成果には、売上高営業利益率（ROS）、総資産営業利益率（ROA）、売上高成長率（GSALES）、労働生産性成長率（LP）、総要素生産性成長率（TFP）を用いる。最小二乗法（OLS）を用いて分析を行う。

売上高営業利益率と総資産営業利益率については、1994～1996年度の3年間および1994～1998年度の5年間の平均値をとり、結果を比較する[6]。また売上高成長率、労働生産性成長率、総要素生産性成長率については、それぞれ3年

（6） ここで1994年度以降の数値を用いるのは、1992年度と1993年度に調査が実施されず、データがないからである。事業連携の実施と同時点である1991年は、結果が現れるには早すぎると考え、成果の計測に含めない。

間(1991~1994年度)、5年間(1991~1996年度)、7年間(1991~1998年度)の年平均成長率をとり、結果を比較する。このように成果の測定期間を変えて分析結果を比較することにより、成果が現れるまでの期間や効果の持続性をある程度検証することができる。また、数年間の平均値を用いることにより、年次による変動という撹乱要因をある程度除去しうると考える。

ここで、売上高の年平均成長率、労働生産性の年平均成長率、総要素生産性の年平均成長率は、それぞれ次のように定義・計算される。

$$GSALES = \sqrt[t]{\frac{S_t}{S_0}} \qquad \cdots (2)$$

$$LP = \sqrt[t]{\frac{Y_t}{L_t} \Big/ \frac{Y_0}{L_0}} \qquad \cdots (3)$$

$$TFP = \frac{1}{t}\left\{\ln(Y_t - Y_0) - \alpha \ln(K_t - K_0) - \beta \ln(L_t - L_0)\right\} \qquad \cdots (4)$$

ただし、tは測定期間(年)、S_0、Y_0、K_0、L_0はそれぞれ期首の売上高、付加価値、資本投入(有形固定資産額)及び労働投入(常時従業者数)、S_t、Y_t、K_t、L_tはそれぞれ期末(t年後)の売上高、付加価値、資本投入(有形固定資産額)及び労働投入(常時従業者数)である($t = 3, 5, 7$)[7]。α、βはそれぞれ期間平均の資本分配率と労働分配率を示す。後者は付加価値に対する給与総額の割合を期首と期末で平均し、前者はそれを1から引いて算出した。

事業連携の変数は、共同研究開発(RDCOOP)、共同生産(PRODCOOP)、共同仕入(BUYCOOP)、共同販売(SELLCOOP)の4つである。これらはすべて、

---

(7) 付加価値は、1991年度と1994年度には売上高+棚卸資産−営業費用+給与総額−減価償却費、その他の年度には営業利益+給与総額+租税公課+減価償却費+賃借料として計算されている。なお、企業別の設備稼働率と労働時間のデータがないので、それらの変化は生産性上昇率に反映されていない。1990年代を通じて不況のために全体的に設備稼働率が低下し、労働時間が短縮されたことから、生産性上昇率は過小評価されている可能性がある。

期首(1991年度)における実施の有無を示すダミー変数であり、実施していた場合には1、それ以外は0の値をとる。異なる種類の事業連携に同時に参加した企業が少なからずあるので、複数の共同事業に参加する効果を制御するために、これらの変数を同時にモデルに入れることにする。

経営成果は企業の技術力にも影響されると考えられる。そこで、技術力の変数として研究開発集約度(総資産に対する社内研究開発支出の比率:RD)を加えることにより、その影響を制御する。これらの変数は、被説明変数の測定期間に合わせて、1)91年度の比率、2)1991年度と1994年度の平均値、3)1991年度・1994年度・1997年度の平均値、の3通りに設定される(**図表7-1**および**付表**参照)。

後述するように、サンプル企業の3割は事業協同組合に参加しており、とくに中小企業でその比率は高い。事業協同組合への参加が経営成果に与える影響

図表7-1 変数の定義

被説明変数	定義		
ROS1	1994-96年度平均売上高営業利益率	RD	1991年度総資産研究開発費比率
ROS2	1994-98年度平均売上高営業利益率	RD1	1991、94年平均総資産研究開発費比率
ROA1	1994-96年度平均総資産営業利益率	RD2	1991、94、97年度平均総資産研究開発費比率
ROA2	1994-98年度平均総資産営業利益率	SUBCON	1991年度下請受注ダミー
SGR3	1991-94年度平均売上高成長率	SUBCON1	1991、94年度下請受注ダミー
SGR5	1991-96年度平均売上高成長率	OUTR	1991年度売上高生産委託費比率
SGR7	1991-98年度平均売上高成長率	OUTR1	1991、94年度平均売上高生産委託費比率
LP3	1991-94年度平均労働生産性成長率	OUTR2	1991、94、97年度平均売上高生産委託費比率
LP5	1991-96年度平均労働生産性成長率	INVEST	1991年度総資産設備投資率
LP7	1991-98年度平均労働生産性成長率	INVEST1	1991、94年度平均総資産設備投資率
TFP3	1991-94年度平均総要素生産性成長率	INVEST2	1991、94、97年度平均総資産設備投資率
TFP5	1991-96年度平均総要素生産性成長率	LNSIZE	1991年度従業者数の自然対数
TFP7	1991-98年度平均総要素生産性成長率	LNAGE	1991年度企業年齢の自然対数
説明変数	定義	MICHANGE3	1991-94年度産業小分類業種変更ダミー
RDCOOP	1991年度共同研究開発実施ダミー	MICHANGE5	1991-96年度産業小分類業種変更ダミー
PRODCOOP	1991年度共同生産実施ダミー	MICHANGE7	1991-98年度産業小分類業種変更ダミー
BUYCOOP	1991年度共同仕入実施ダミー	MACHANGE3	1991-94年度産業大分類業種変更ダミー
SELLCOOP	1991年度共同販売実施ダミー	MACHANGE5	1991-96年度産業大分類業種変更ダミー
KUMIAI	1991年度事業協同組合加入ダミー	MACHANGE7	1991-98年度産業大分類業種変更ダミー
		ID12-ID34	1991年度の産業中分類ダミー(22個)

を制御するため、1991年度の事業協同組合参加ダミー（KUMIAI）をモデルに加える。

下請受注や生産外注（生産委託）も経営成果に影響すると考えられる[8]。そのため、下請受注ダミー（SUBCON）と売上高に対する生産委託費の比率（OUTR）を加えて、それを制御する。これらの変数も、被説明変数の期間に合わせて、後者は研究開発集約度と同じパターンで3通りに、前者は統計調査上の制約により、1）1991年度下請受注ダミーと2）1991年度と1994年度の両方で下請受注のダミーの2通りに設定される（**図表7－1**および**付表**参照）。

また、企業の利益率、売上高成長率や生産性成長率は設備投資と正の相関があると考えられる。この関係を制御するために、設備投資率（総資産に占める設備投資[9]の割合）を加える[10]。この変数も、被説明変数の期間に合わせて、研究開発集約度と同じパターンで3通りに設定される（**図表7－1**および**付表**参照）。

企業の経営成果には産業ごとの違いが大きいと考えられる。そのため、産業別の影響要因を除去するため、「その他製造業」を基準とする21種類の産業中分類ダミー変数（1991年度の所属に基づく）を加える。また、企業規模の影響を制御するため、1991年度の従業者数の自然対数値（LNSIZE）を加える。なお、これまでの多くの研究から、若い企業ほど規模の成長率が高いことが知られているので、売上高成長率の分析についてのみ、1991年度の企業年齢の自然対数値（LNAGE）を説明変数に加える。

さらに、期間中の業種変更の影響を制御するため、産業小分類レベルの変更と産業大分類レベルの変更にそれぞれ対応するダミー変数（MICHANGE、

---

(8) 中小企業庁編（2003）によれば、下請企業の収益力は非下請企業よりも有意に低い（185頁）。他方、浦田（1995）および Urata and Kawai（2002）は集計パネルデータによって、下請・外注関係が総要素生産性の上昇率に有意な正の効果を持つことを実証した。

(9) 設備投資額は、1995年度調査以降については有形固定資産の当期取得額から当期除却額を差し引いて算出した。減価償却費は加えていない。

(10) ただし、総要素生産性の分析には設備投資率を加えない。それは、設備投資率の観測期間中の平均値が有形固定資産の増加を反映するが、有形固定資産の増加の効果は総要素生産性の上昇率を計算する際に除去されているためである。

MACHANGE)を加える。これらも、被説明変数の期間に合わせて、1）1991年度から1994年度までの3年間における変更の有無、2）1991年度から1996年度までの5年間における変更の有無、3）1991年度から1998年度までの7年間における変更の有無、の3通りに設定される（**図表7-1**および**付表**参照）。

　このようなモデルは、基本的に共同事業参加等の説明変数と経営成果との相関関係を明らかにできるだけであり、因果関係を直接に示すものではない。経営成果の良好な企業が共同研究開発等の共同事業に取り組みやすいという、逆の因果関係があることは否定できない。しかし、ほとんどの先行研究は説明変数の内生性の問題を十分に考慮していない。本章の分析は、共同事業を行った時点（1991年度）よりも明らかに後の時点や期間における経営成果の指標を被説明変数として用いることにより、この問題にある程度の対処をしている。ただし、企業の経営成果に長期持続性があり、たとえば1994年度以降に高い利益率や生産性を示す企業が1991年以前にもやはり利益率や生産性が高かったとすれば、このようなタイムラグによる対処には限界がある。

3．サンプル企業の概要

　本章の分析は、前述のように、「経済産業省企業活動基本調査」の第1回～第6回調査（1992年度、1995～1999年度）の個票データを用いて行われる。この統計調査は従業者数50人以上かつ資本金3,000万円以上という、比較的規模の大きい企業を対象として1992年度に開始され、1995年度以降は毎年実施されているが、年によって調査項目の一部が異なり、事業連携に関する調査は1992年度と1998年度にしか行われていない[11]。両調査年度で事業連携の調査対象範囲及び回答企業の比率が大きく異なるが、本章の分析では1992年度調査における共同事業取り組みデータを使用する[12]。

---

(11)　質問の方法は、前年度1年間に実施した事業連携を、与えられた選択肢の中から複数選択させる（あるいは「行っていない」を選ばせる）というものである。ただし、各事業連携の明確な定義はされていない。
(12)　本調査では、前年度中または前年度末時点での実態を回答することになっている。したがって、1992年度調査の回答データは1991年度末あるいは1991年度全体に関わるものである。

同調査の当時の主な対象業種は製造業、卸売業と小売業であるが、本章では製造業に分析対象を限定する。ただし、1991年度に製造業であった企業がその後卸売業あるいは小売業に転換した場合には対象から除外せず、業種変更の影響をダミー変数によって制御する[13]。対象期間全体にわたって連続してデータの取れる企業は8,622社、うち1991年度の時点で従業者数300人以下の中小企業が6,096社、大企業が2,526社である[14]。本章では、中小企業と大企業で事業連携の効果にどのような違いがあるかを見るため、対象企業全体の分析の他、対象企業を中小企業と大企業のサブサンプルに分けて分析し、結果を比較する。

サンプル企業の基本統計量を**図表7－2**に示す。産業ダミーについては記載を省略する。これらの数値はすべて異常値を除去した後のものである。明らかな異常値を除去した後、さらに平均値プラスマイナス標準偏差の3倍を超える数値を1回のみ除去した。

サンプル企業の中で、1991年度に事業連携に取り組んだのは約24％（中小企業20％、大企業32％）であるが、そのうち最も多い分野は研究開発（13％）である。共同生産、共同仕入、共同販売の実施企業の比率はいずれも3％台にとどまっている。事業連携のどの分野についても大企業のほうが中小企業よりも実施比率が高く、研究開発では中小企業9％、大企業23％と2倍以上の開きがある。研究開発集約度は全体平均が1.1％、中小企業で0.7％、大企業では1.8％程度で、大企業のほうが高い。その他、売上高生産委託費比率（1991年度平均9.0％）や総資産設備投資比率（1991年度平均7.8％）も大企業のほうが高い。それに対して、事業協同組合加入率（1991年度平均31％）と下請受注企業比率（1991年度平均26％）については、中小企業が大企業を大きく上回っている。なお、すべ

---

(13) 製造業から卸売業・小売業以外の業種に転換した企業はこの統計調査の対象から除外されるため、本章のサンプルに含まれない。
(14) ここでの中小企業と大企業の区分は、中小企業基本法における製造業中小企業の定義に基づく。1991年度における規模区分によるので、その後の規模変化・区分変更は考慮しない。なお、本章の分析は対象期間中に連続してデータの取れる（統計調査の対象になった）企業のみを対象にするので、1991年度に存在し、その後廃業・倒産した企業や従業者数が50人未満まで減少した企業は除外される。その意味で、サンプルにバイアスが掛かっている可能性は否定できない。

図表7-2 基本統計量

変数	全体 (8,622社)				中小企業 (6,096社)				大企業 (2,526社)			
	平均値	標準偏差	最小値	最大値	平均値	標準偏差	最小値	最大値	平均値	標準偏差	最小値	最大値
ROS1	0.033	0.046	−0.196	0.265	0.032	0.047	−0.186	0.259	0.035	0.044	−0.196	0.265
ROS2	0.029	0.041	−0.155	0.213	0.028	0.042	−0.154	0.212	0.031	0.040	−0.155	0.213
ROA1	0.037	0.046	−0.183	0.251	0.036	0.047	−0.180	0.251	0.039	0.042	−0.183	0.246
ROA2	0.033	0.041	−0.137	0.203	0.032	0.042	−0.137	0.203	0.035	0.038	−0.137	0.202
SGR3	−0.028	0.074	−0.299	0.252	−0.031	0.075	−0.299	0.252	−0.023	0.071	−0.294	0.250
SGR5	−0.008	0.055	−0.207	0.197	−0.010	0.055	−0.207	0.197	−0.002	0.053	−0.188	0.192
SGR7	−0.017	0.049	−0.186	0.155	−0.019	0.050	−0.186	0.155	−0.012	0.047	−0.182	0.154
LP3	−0.021	0.131	−0.841	0.758	−0.026	0.130	−0.841	0.758	−0.007	0.133	−0.759	0.700
LP5	0.030	0.084	−0.599	0.633	0.024	0.084	−0.599	0.633	0.046	0.083	−0.267	0.595
LP7	0.011	0.066	−0.462	0.526	0.007	0.066	−0.462	0.526	0.023	0.065	−0.301	0.525
TFP3	−0.030	0.146	−1.036	1.018	−0.035	0.147	−1.036	0.980	−0.017	0.141	−0.829	1.018
TFP5	0.022	0.084	−0.707	0.713	0.016	0.086	−0.707	0.713	0.035	0.078	−0.307	0.603
TFP7	0.003	0.062	−0.305	0.299	−0.001	0.063	−0.305	0.299	0.012	0.061	−0.276	0.286
RDCOOP	0.132	0.338	0	1	0.093	0.291	0	1	0.226	0.418	0	1
PRODCOOP	0.037	0.188	0	1	0.034	0.182	0	1	0.043	0.203	0	1
BUYCOOP	0.035	0.183	0	1	0.032	0.176	0	1	0.041	0.198	0	1
SELLCOOP	0.031	0.174	0	1	0.027	0.162	0	1	0.042	0.201	0	1
KUMIAI	0.306	0.461	0	1	0.342	0.474	0	1	0.220	0.414	0	1
RD	0.011	0.024	0.000	0.657	0.008	0.021	0.000	0.517	0.018	0.030	0.000	0.657
RD1	0.011	0.023	0.000	0.755	0.007	0.018	0.000	0.467	0.018	0.029	0.000	0.755
RD2	0.011	0.021	0.000	0.546	0.007	0.017	0.000	0.487	0.018	0.028	0.000	0.546
SUBCON	0.260	0.439	0	1	0.316	0.465	0	1	0.125	0.331	0	1
SUBCON1	0.164	0.370	0	1	0.204	0.403	0	1	0.067	0.250	0	1
OUTR	0.090	0.125	0.000	0.952	0.088	0.124	0.000	0.916	0.095	0.127	0.000	0.952
OUTR1	0.101	0.117	0.000	0.889	0.097	0.114	0.000	0.807	0.111	0.121	0.000	0.889
OUTR2	0.101	0.113	0.000	0.831	0.097	0.111	0.000	0.788	0.112	0.116	0.000	0.831
INVEST	0.078	0.095	0.000	1.000	0.072	0.095	0.000	0.899	0.092	0.092	0.000	1.000
INVEST1	0.061	0.062	0.000	0.610	0.058	0.062	0.000	0.610	0.070	0.061	0.000	0.543
INVEST2	0.058	0.052	0.000	0.511	0.054	0.051	0.000	0.461	0.067	0.053	0.000	0.511
LNSIZE	5.392	1.031	3.912	11.317	4.861	0.461	3.912	5.704	6.672	0.894	5.704	11.317
LNAGE	3.354	0.637	0.000	4.511	3.288	0.632	0.000	4.511	3.514	0.619	0.000	4.489
MICHANGE3	0.249	0.432	0	1	0.260	0.439	0	1	0.223	0.416	0	1
MICHANGE5	0.333	0.471	0	1	0.351	0.477	0	1	0.291	0.454	0	1
MICHANGE7	0.380	0.485	0	1	0.401	0.490	0	1	0.329	0.470	0	1
MACHANGE3	0.033	0.178	0	1	0.036	0.187	0	1	0.025	0.156	0	1
MACHANGE5	0.058	0.234	0	1	0.062	0.241	0	1	0.049	0.216	0	1
MACHANGE7	0.075	0.263	0	1	0.076	0.266	0	1	0.070	0.255	0	1

＊異常値除去済み。
　被説明変数については、明らかに異常な（ありえない）値を除去した後、平均値＋－標準偏差の3倍を超える値を除去した。
＊産業中分類ダミーは記載を省略。

ての変数について大企業のほうが経営成果は良好であると言える。

4．仮説の提示

　一般に、事業連携を通じて企業の業績は向上すると期待される。その理由のひとつは規模の経済と範囲の経済による費用削減である。受注・販売の共同化によって業務に必要な費用や労力を削減できるかもしれない。さらに、まとめて大量に購入することで業務が効率化するほか、仕入単価が下がることも考えられる。生産の共同化についても規模の経済や範囲の経済が期待できる。このような規模の経済や範囲の経済は、大企業よりも規模が小さく業務の範囲も狭い中小企業の共同事業において、より明確に現れるだろう。元々購買や生産等の規模が小さい中小企業では、自社のみで最小効率規模を達成することが困難である場合が多いからである。その反対に、規模の不経済が発生する可能性は、一般的に中小企業では大企業よりも低いと考えられる。

　第2の理由は、連結の経済による相乗効果である。外部の経営資源を共有・活用することの効果は、とくに研究開発に関して高いと考えられる。相乗効果により効率性が向上し、また新たな価値が創造されることが利益率の上昇に結びつくのである。前節で議論したように、事業連携の主な目的が規模の経済の追求から連結の経済の追求へと移行しつつあるとすれば、連結の経済に基づく業績の向上を検証することは重要な意味を持つ。なお、相乗効果は取引費用や「ただ乗り」の問題によって減殺される可能性があるが、中小企業の事業連携は事業協同組合等を基盤にして行われることが比較的多いために評判効果が働き、このような問題の負の影響が緩和されうる。

　なお、共同仕入等が専ら規模の経済による費用節約を追求するものであるのに対し、共同研究開発では規模の経済・範囲の経済に加えて連結の経済をも享受できる。研究開発の共同化によってプロジェクト全体で使える資金や人員が多くなり、多様になるために、規模の経済や範囲の経済が得られるほか、専門知識やノウハウなど外部の経営資源を活用できるからである[15]。

　研究開発の共同化はその他いくつかの点で他の事業連携と大きく異なる。第1に、共同仕入等による費用削減の効果は比較的短期間に現れやすいが、共同研究開発を始めてから技術的成果が現れ、売上高・利益の増大や効率性向上に

結びつくまでにはある程度の時間を要する。第2に、研究開発の成果である新技術は社内に蓄積され、さらなる技術革新の基礎になり、その効果は長期的に持続しうる。それに対して共同仕入等による費用節約の大部分は事業連携の継続期間中しか達成できず、その成果は蓄積されにくい。第3に、研究開発にはリスクがともなう。研究開発が技術的にも商業的にも成果に結びつく保証はないが、研究開発の共同化によってリスクを分担・緩和することができるので、参加企業は技術革新に積極的に取り組めるようになる[16]。

このように、外部の経営資源の活用と相乗効果の点から、共同研究開発は実施企業の経営成果に対して他の事業連携よりも高い効果をもたらすと予想される。また、共同仕入、共同生産、共同販売には即効性があるが効果が短期的であるのに対し、共同研究開発の効果はより長期的に現れ、持続的であると考えられる。

以上の理由から、次の3つの仮説が導かれる。

仮説1：事業連携に参加した企業は、そうでない企業と比べて、その後の経営成果がより良好である。

仮説2：共同研究開発は、参加企業の経営成果に対して他の事業連携よりも強い正の効果を持つ。

仮説3：共同研究開発の経営成果への効果は、他の事業連携と比べてより長期的に現れ、また持続的である。

---

[15] 後藤（1993）によれば、共同研究開発の効果には、1）研究開発における規模の経済の実現、2）「補完的な分野での経験と能力を組み合わせること」による研究開発の効率性の向上（本章の用語によれば連結の経済の実現）の他に、3）同じテーマの研究開発に複数の企業が重複投資することによる無駄の回避や4）研究開発に固有な外部性の問題に対処し、研究開発のインセンティブを維持できるということがある。最後の点は極めて重要であるが、本章の考察の対象にはしない（本書序章参照）。

[16] 共同研究開発に関する最近の理論的・実証的研究を整理した Hagedoorn et. al.（2000）によれば、リスクのプールが共同研究開発の主要な目的のひとつである。また、公正取引委員会の調査の個票データを分析した Miyata（1995）も、研究開発費の分担が共同研究開発参加の重要な理由であると指摘している。

なお、本章の冒頭でも述べたように、内部の経営資源が乏しい中小企業にとって、他企業との事業連携による外部資源の利用はとくに重要な意味を持つ。しかし他方で、共同研究開発の経済効果は、参加企業が外部知識を吸収し活用する能力、いわゆる「受容能力」(Cohen and Levinthal 1989) に依存する。Nakamura and Odagiri (2005) は、企業規模を受容能力の変数のひとつと捉え、大企業ほど共同研究開発が活発になることを検証したが、同様の理由から大企業ほど共同研究開発の成果を得やすいと考えることもできる。次節では、中小企業と大企業の比較において上記の仮説を検証する。

5．分析の結果

まずは、中小企業と大企業を区別せず、サンプル企業全体に関する分析結果を見てみよう（**図表７－３**）。事業連携の変数の中では、共同研究開発のみが様々な経営成果に対して正の有意な影響を与えている。経営成果の指標の中で共同研究開発の効果が見られないのは、総要素生産性成長率のみである。それに対して、共同生産、共同仕入、共同販売の係数はほとんど有意ではない[17]。

共同研究開発の効果は、おおむね持続的である。ただし、売上高利益率と売上高成長率に対する効果が６〜７年後まで持続する（ROS2とSGR7の係数が正で有意）のに対して、労働生産性上昇率に対する効果は３年後までしか持続しない（LP5、LP7の係数が有意でない）。前節で議論したように、研究開発の効果が長期的・持続的であるのに対してその他の共同事業の効果は概して短期的であると考えられる。したがって、後者の効果は経営成果の計測時点では既に失われている可能性がある。しかし、それらの事業連携が実施年度の利益率にもほとんど有意な効果を持たないことから、少なくとも利益率に関してはそのような見解は支持されない。

以下、制御変数について経営成果への影響を考察する。まず、内部の研究開発支出は、利益率と売上高成長率に対して強い正の効果を持つが、生産性上昇率に対しては有意な効果を持たない。事業協同組合に参加することは、将来の

---

[17] 各種の事業連携の効果の強さを比較するためには回帰係数の標準化が必要であるが、この場合は共同研究開発の効果のみが有意に正であるためにその作業が不要である。

図表7-3 分析結果1 (全サンプル、8,622社)

被説明変数	ROS1	ROA1	ROS2	ROA2	SGR3	SGR5	SGR7
定数項	0.0437***	0.0480***	0.0378***	0.0433***	0.0126	0.0191***	0.00297
RDCOOP	0.00462***	0.00187	0.00328**	0.000537	0.00710***	0.00361**	0.00274*
PRODCOOP	−0.00403	−0.00114	−0.00181	0.000975	−0.00701	−0.00114	0.00199
BUYCOOP	−0.00370	−0.000957	−0.00359	−0.00158	0.00432	0.00485	0.00210
SELLCOOP	0.000623	−0.00192	−0.000660	−0.00102	0.00351	0.00599*	0.00207
KUMIAI	−0.000915	−0.00317**	−0.000931	−0.00272***	−0.00311*	−0.00314**	−0.00296***
RD	0.148***	0.185***	0.154***	0.173***	0.183***	0.164***	0.167***
SUBCON	−0.00335***	−0.000233	−0.00249**	−0.000101	−0.00259	−0.00125	0.000302
OUTR	−0.0312***	−0.0241***	−0.0247***	−0.0185***	−0.0359***	−0.0174***	−0.00636
INVEST	0.0348***	0.0621***	0.0624***	0.0817***	0.0496***	0.107***	0.160***
LNSIZE	0.000124	−0.00149***	−0.0000218	−0.00116***	0.00213***	0.00182***	0.000898*
LNAGE					−0.0126***	−0.0105***	−0.00962***
修正済み決定係数	0.065	0.061	0.074	0.076	0.109	0.100	0.131
F値	19.1	17.9	21.7	22.2	31.6	28.9	38.8
企業数	8,578	8,557	8,545	8,534	8,484	8,483	8,503

被説明変数	LP3	LP5	LP7	TFP3	TFP5	TFP7
定数項	−0.0574***	−0.0180*	−0.0303***	−0.0615***	−0.0238**	−0.0331***
RDCOOP	0.0101**	−0.000945	0.000107	0.00337	−0.00248	0.000303
PRODCOOP	−0.00241	0.00545	0.00500	0.00527	0.00163	0.00153
BUYCOOP	0.00950	−0.000297	0.00570	0.00000204	−0.00441	0.00226
SELLCOOP	−0.0120	0.00219	−0.00248	−0.0106	0.00704	0.0000945
KUMIAI	−0.00460	−0.00639***	−0.00620***	−0.00552	−0.00648***	−0.00637***
RD	−0.0221	0.0212	−0.00519	−0.0464	−0.0577	−0.00102
SUBCON	0.000889	−0.00479**	0.00169	0.00202	−0.00316	0.00393**
OUTR	−0.0403***	−0.0271***	−0.0111	−0.0364***	−0.0202**	−0.0103
INVEST	0.0701***	0.0640***	0.0900***			
LNSIZE	0.00827***	0.0102***	0.00723***	0.00801***	0.00848***	0.00591***
LNAGE						
修正済み決定係数	0.025	0.041	0.053	0.023	0.032	0.043
F値	7.70	12.1	15.5	7.20	9.90	12.9
企業数	8,499	8,550	8,561	8,507	8,538	8,515

注)
1) すべてのモデルは「その他製造業」を基準とする21種類の産業ダミーと期間中の業種変更ダミー(産業大分類・小分類)を含むが、表からは省略されている。
2) ***、**、*はそれぞれ1%、5%、10%水準で統計的に有意であることを示す。有意水準は分散不均一性を考慮したWhiteの標準誤差に基づく。

長期的な利益率、売上高成長率、生産性上昇率に対して有意な負の効果を持つ。産業の違いによる影響は制御されているので、たとえば慢性的に低成長・低収益・非効率性に悩む業種で組合加入率が高いという、逆の因果関係の可能性によっては、この結果は説明できない。この点については、今後さらに検討を要する。

下請受注は利益率と長期的な労働生産性上昇率に有意な負の効果を持つが、長期的な総要素生産性上昇率には有意な正の効果を持つ。この結果は、総要素生産性に関する限り、Urata and Kawai (2002) の結果と一致する。生産委託は利益率、売上高成長率と生産性上昇率に対して有意な負の効果を持つ。アウトソーシングは経営革新の手段として注目されており、この結果はその点からは意外である。この点についても、今後さらに検討が必要である。設備投資比率は、利益率、売上高成長率、労働生産性上昇率に対して有意な正の効果を持つ。この結果は予想通りである。

企業規模は、利益率と売上高成長率には有意な負の効果、生産性上昇率には有意な正の効果を持つ。企業年齢は売上高成長率に対して有意な負の効果を持つ。規模が小さく若い企業ほど成長率が高いことは、これまでの多くの研究で検証されているが、今回の結果もそれを支持する。

つぎに、中小企業サンプルに関する分析結果を見てみよう（**図表7-4**）。結果は、全サンプルに関するものとほとんど変わらない。事業連携の変数の中で、共同研究開発だけが様々な経営成果に対して安定して正の有意な影響を与えている。それに対して、共同生産、共同仕入、共同販売の係数はほとんど有意ではない。ただし、売上高成長率には共同研究開発の効果が見られず、これは全体に関する結果と大きく異なる。

共同研究開発の利益率に対する効果が少なくとも6～7年後まで持続するのに対して、労働生産性上昇率と総要素生産性上昇率に対する効果は3年後までしか持続しない。この点も、全体に関する結果と同様である。

以下、制御変数について経営成果への影響を考察する。まず、内部の研究開発支出は、利益率と売上高成長率に対して強い正の効果を持つが、生産性上昇率に対しては有意な効果を持たない。事業協同組合に参加することは、全体に関する結果と同様に、将来の長期的な利益率、売上高成長率、生産性上昇率に

図表7-4 分析結果2（中小企業サンプル、6,096社）

被説明変数	ROS1	ROA1	ROS2	ROA2	SGR3	SGR5	SGR7
定数項	0.0559***	0.0504***	0.0494***	0.0472***	0.0335**	0.0400***	0.0314***
RDCOOP	0.00681***	0.00525**	0.00531***	0.00314*	0.00557	0.00300	0.00359
PRODCOOP	−0.00595*	−0.00238	−0.00380	0.0000582	−0.00433	0.00238	0.00289
BUYCOOP	−0.00211	−0.00114	−0.00238	−0.00223	0.00405	0.00495	0.000343
SELLCOOP	−0.00330	−0.00253	−0.00362	−0.00261	0.00967	0.00694	0.00137
KUMIAI	−0.00103	−0.00299**	−0.00100	−0.00272**	−0.00338*	−0.00358**	−0.00366***
RD	0.174***	0.203***	0.191***	0.189***	0.164***	0.193***	0.226***
SUBCON	−0.00409***	−0.00149	−0.00287**	−0.000971	−0.00329	−0.000571	0.000678
OUTR	−0.0298***	−0.0232***	−0.0227***	−0.0161***	−0.0354***	−0.0148**	−0.00405
INVEST	0.0413***	0.0561***	0.0693***	0.0883***	0.0385***	0.0995***	0.162***
LNSIZE	−0.00313**	−0.00281**	−0.00286**	−0.00235**	−0.00220	−0.00410***	−0.00521***
LNAGE					−0.0127***	−0.00946***	−0.00977***
修正済み決定係数	0.055	0.054	0.064	0.066	0.106	0.089	0.126
F値	11.8	11.4	13.5	13.9	21.9	18.3	26.5
企業数	6,055	6,042	6,036	6,024	6,010	6,009	6,018

被説明変数	LP3	LP5	LP7	TFP3	TFP5	TFP7
定数項	−0.0444*	−0.0256*	−0.0346***	−0.0565**	−0.0287*	−0.0336***
RDCOOP	0.0201***	0.00188	0.00243	0.0146**	0.000482	0.00266
PRODCOOP	−0.0239**	−0.00370	−0.000328	−0.0201	−0.00825	−0.00502
BUYCOOP	0.0141	−0.000986	0.00614	−0.000264	−0.00464	0.00181
SELLCOOP	−0.00858	0.00457	−0.000709	−0.00553	0.0104	0.00189
KUMIAI	−0.00789**	−0.00909***	−0.00821***	−0.00926***	−0.00867***	−0.00824***
RD	−0.0653	0.00270	−0.0186	−0.0484	−0.0134	−0.00107
SUBCON	−0.00328	−0.00569**	0.00147	−0.000794	−0.00393	0.00417**
OUTR	−0.0454***	−0.0314***	−0.0174**	−0.0424***	−0.0251**	−0.0153*
INVEST	0.0594***	0.0627***	0.0880***			
LNSIZE	0.00849**	0.0136***	0.00959***	0.00904**	0.0116***	0.00758***
LNAGE						
修正済み決定係数	0.020	0.026	0.038	0.016	0.015	0.027
F値	4.72	5.94	8.27	3.99	3.95	6.17
企業数	6,006	6,041	6,049	6,006	6,031	6,013

注）
1）すべてのモデルは「その他製造業」を基準とする21種類の産業ダミーと期間中の業種変更ダミー（産業大分類・小分類）を含むが、表からは省略されている。
2）***、**、*はそれぞれ1％、5％、10％水準で統計的に有意であることを示す。有意水準は分散不均一性を考慮したWhiteの標準誤差に基づく。

対して有意な負の効果を持つ。また、下請受注は利益率と（部分的に）生産性上昇率に有意な負の効果を持つ。この最後の点は、総要素生産性に関する限り、Urata and Kawai (2002) の結果と一致しない。これがサンプル及び対象時期の違いによるものか[18]、モデルと変数の違いによるものかについては、さらに検討を要する。

　最後に、大企業に関する分析結果（**図表7－5**）を、中小企業に関する結果と比較する。各種事業連携の効果については、基本的に中小企業の分析結果と変わらない。経営成果に有意な正の効果を持つのは共同研究開発のみであり、その他の事業連携はほとんど有意な効果を持たない。また、売上高成長率に対しては共同研究開発も有意な効果を持たない。

　大企業が中小企業と異なる点のひとつは、共同研究開発が総要素生産性成長率に有意な効果を持たないことである。もうひとつは、共同研究開発の効果が長く持続しないことである。すなわち、6～7年後を含む長期的な利益率に対しては、共同研究開発の効果は見られない。制御変数に関しては、大企業では利益率に対する下請受注の効果が有意ではないことが注目される。さらに、自由度修正済み決定係数とF値に見られるモデル全体の説明力は、大企業のほうが中小企業より顕著に低い。

6．むすび

　以上の結果は、第4節で提示した3つの仮説に即して、次のように整理される。

　まず、仮説1は、部分的に、つまり共同研究開発に関してのみ支持された。その結果、仮説2も支持される。すなわち、様々な経営成果に有意な正の効果を持つのは共同研究開発のみであり、その効果はすべての指標について検証された。仮説3（効果の持続性）については、研究開発以外の事業連携が経営成果に対して短期的にも有意な効果を持たない以上、そのままの形では支持されないが、少なくとも中小企業に関しては、共同研究開発が利益率を長期的に高

---

(18) 本章の分析が1990年代の「企業活動基本調査」の個票データに基づくものであるのに対して、Urata and Kawai (2002) は「工業実態基本調査」の1972年から1986年までの長期的な集計パネルデータによる分析を行っている。

図表7−5 分析結果3（大企業サンプル、2,526社）

被説明変数	ROS1	ROA1	ROS2	ROA2	SGR3	SGR5	SGR7
定数項	0.0814***	0.0706***	0.0762***	0.0646***	0.0615*	0.0923***	0.0808***
RDCOOP	0.00662*	0.00658*	0.00567	0.00263	0.00552	−0.000771	0.00264
PRODCOOP	−0.00527	−0.00214	−0.00326	0.000569	0.00437	0.00770	0.00941
BUYCOOP	−0.00542	−0.00270	−0.00319	−0.00492	−0.00310	0.00390	−0.00418
SELLCOOP	−0.00430	−0.00587	−0.00441	−0.00441	0.0166*	0.0146**	0.00764
KUMIAI	−0.00455**	−0.00443**	−0.00472***	−0.00549***	−0.00641**	−0.00498**	−0.00647***
RD	0.202**	0.246***	0.255***	0.226***	0.190***	0.340***	0.324***
SUBCON	−0.00134	−0.000721	−0.000771	−0.00104	−0.00297	0.00217	0.00221
OUTR	−0.0412***	−0.0312***	−0.0346***	−0.0270***	−0.0331**	−0.0256**	0.00204
INVEST	0.0266	0.0354**	0.0672***	0.0799***	0.0374**	0.0917***	0.142***
LNSIZE	−0.00113**	−0.00106**	−0.00111***	−0.00846**	−0.00961	−0.0150***	−0.0140***
LNAGE					−0.0146***	−0.0123***	−0.0129***
修正済み決定係数	0.040	0.046	0.047	0.056	0.115	0.095	0.131
F値	4.14	4.68	4.70	5.47	10.6	8.71	12.1
企業数	2,510	2,507	2,505	2,499	2,497	2,495	2,500

被説明変数	LP3	LP5	LP7	TFP3	TFP5	TFP7
定数項	−0.123*	−0.0529	−0.0691**	−0.164**	−0.0432	−0.0751**
RDCOOP	0.0232*	−0.00346	−0.00193	0.00198	−0.00779	0.00328
PRODCOOP	−0.0113	−0.00282	0.00230	−0.0104	−0.00721	−0.00536
BUYCOOP	0.0250	0.00877	0.00808	0.00612	0.00128	0.00522
SELLCOOP	−0.00186	0.00933	0.00510	0.0101	0.0133	0.00809
KUMIAI	−0.0135**	−0.0101***	−0.0108***	−0.0160**	−0.0107***	−0.0123***
RD	−0.0130	−0.0381	−0.0481	−0.210	−0.209	−0.159
SUBCON	−0.00926	−0.00690*	−0.000518	−0.00321	−0.00466	0.00341
OUTR	−0.0316	−0.0357**	−0.0240*	−0.0469*	−0.0333*	−0.0189
INVEST	0.0517	0.0513	0.0804***			
LNSIZE	0.0232*	0.0205**	0.0175***	0.0297*	0.0172*	0.0179***
LNAGE						
修正済み決定係数	0.013	0.014	0.028	0.010	0.008	0.019
F値	1.97	2.07	3.16	1.80	1.64	2.51
企業数	2,492	2,505	2,510	2,490	2,503	2,494

注）
1）すべてのモデルは「その他製造業」を基準とする21種類の産業ダミーと期間中の業種変更ダミー（産業大分類・小分類）を含むが、表からは省略されている。
2）***、**、*はそれぞれ1％、5％、10％水準で統計的に有意であることを示す。有意水準は分散不均一性を考慮したWhiteの標準誤差に基づく。

める効果を持つことが検証された。つまり、仮説1と仮説2は中小企業と大企業の両方について少なくとも部分的には支持されたが、仮説3は大企業については支持されなかった。以上の結果は、内部資源に乏しい中小企業にとってこそ事業連携が重要であるという、本章の冒頭で述べた見解を力づけるものといえる。

　以上の分析結果は、利益率に関する限り、岡室（2001）による集計データの分析結果を裏付けるものである。また、共同研究開発の知的財産形成への影響を大企業と中小企業で比較した岡室（2005）の知見を補完するものである。共同研究開発の効果が、利益率の他に生産性上昇率にも見られるのは、重要な発見であると言える。以上の結果は、規模の経済追求型の共同事業から外部資源の戦略的な活用を目指す共同事業へという、中小企業の事業連携の最近の傾向と整合的であり、そのような動向の合理性を示すものである。

　本章の分析の結果は、もちろん、企業間の共同事業のうち、共同研究開発のみに価値があり、共同生産、共同仕入、共同販売に効果がないということを意味しない。筆者もそのような主張をするつもりはまったくない。筆者の主張の重点は、共同研究開発がその他の共同事業と比べて参加企業の収益性と生産性を持続的に向上させる効果を持ちうること、そしてその持続的効果は大企業よりも中小企業でより明瞭に現れること、にある。

　はじめに述べたように、企業間の事業連携の重要性に比べて、その経済的効果に関する計量分析はこれまで不十分であった。統計の個票データに基づく本研究はその点でひとつの新しい試みであり、いくつかの基本的な仮説を検証することができた。しかし、残された課題は多い。そのひとつは、説明変数、とくに共同事業の変数の内生性である。共同事業を行った企業の経営成果が高まるのではなく、経営成果の高い企業が共同事業に取り組む余裕を持つという可能性がある。本章の分析では説明変数と被説明変数の間に十分なタイムラグを設けることでこの問題に対処しようとしたが、共同事業への参加に継続性・反復性があり、経営成果にも持続性があるなら、タイムラグによる対処では十分ではない。

　つぎに、本章の分析では共同事業への参加と経営成果との関連をそのまま分析するに留まり、共同研究開発を行うことがどのように経営成果を高めるかと

いうメカニズムは考慮されていない。次章の分析は、同じ統計の個票データを用いて、共同研究開発が特許出願に直接影響するだけでなく、自社研究開発の生産性を高めることを検証するが、このようにいくつかの影響の経路を区別した分析が、今後の課題として残されている。

本章は事業連携への取り組みの有無と経営成果との関連を分析しているが、連携の中身、すなわち誰（どのような企業・機関）とどのように取り組むかという問題も重要であろう。本章で用いた統計調査にはこのような情報は含まれていないため、連携の具体的な内容に関する分析には、別のデータセットが必要である。第9章の分析は、独自のアンケート調査のデータを用いてこのテーマに取り組んでいる。

【参考文献】

Bougrain, F. and B. Haudeville (2002), "Innovation, collaboration and SMEs internal research capacities", *Research Policy* 31, pp. 735-747.

Branstetter, L. and M. Sakakibara (1998), "Japanese research consortia: a micro-econometric analysis of industrial policy," *Journal of Industrial Economics* 66, pp. 207-233.

Cohen, W. M. and D. A. Levinthal (1989), "Innovation and Learning: Two Faces of R&D", *Economic Journal* 99, pp. 569-596.

Hagedoorn, J., Link, A. N., and N. S. Vonortas (2000), "Research partnerships," *Research Policy* 29, pp. 567-586.

Link, A. N. and L. L. Bauer (1989), *Cooperative Research in U.S. Manufacturing*, Lexington (Lexington Books).

Link, A. N. and D. S. Siegel (2003), *Technological Change and Economic Performance*, London (Routlegde).

Miyata, Y. (1995), "An economic analysis of cooperative R&D in Japan", *Japan and the World Economy* 7, pp. 329-345.

Nakamura, K. and H. Odagiri (2005), "R&D boundaries of the firm: An estimation of the double-hurdle model on commissioned R&D, joint R&D, and licensing in Japan", *Economics of Innovation and New Technology* 14, pp. 583-615.

Sakakibara, M. and L. Branstetter (2003), "Measuring the Impact of US Research Consortia", *Manegerial and Decision Economics* 24, pp. 51-69.

Urata, S. and H. Kawai (2002), "Technological Progress by Small and Medium

Enterprises in Japan", *Small Business Economics* 18, pp. 53-67.
Vonortas, N. S. (1997), *Cooperation in Research and Development*, Boston (Kluwer).
浦田秀次郎（1995）「中小企業における技術進歩と下請制度」、経済企画庁経済研究所『経済分析』第2号。
岡室博之（2001）「企業間連携の経済的効果の分析」、『日本中小企業学会論集』第20号、同友館、184-195頁。
岡室博之（2005）「中小企業の共同研究開発と知的財産」、『日本中小企業学会論集』第24号、同友館、3-16頁。
後藤晃（1993）『日本の技術革新と産業組織』東京大学出版会。
商工総合研究所（1999）『中小企業の戦略的連携』商工総合研究所。
全国中小企業団体中央会（1996）『事業協同組合における共同事業及び組合制度に関する調査報告書』（平成7年度中小企業組合問題実態調査報告書）。
中小企業庁編（1999）『平成11年版中小企業白書』大蔵省印刷局。
中小企業庁編（2003）『中小企業白書2003年版』ぎょうせい。
渡辺靖夫（1999）『新たな組織化形態の動向について』（平成11年度商工中金委託調査報告書）、商工総合研究所。

第7章付表　分析モデルの詳細

被説明変数	ROS1	ROS2	ROA1	ROA2	SGR3	SGR5	SGR7
説明変数	定数項	定数項	定数項	定数項	定数項	定数項	定数項
	PRODCOOP	PRODCOOP	PRODCOOP	PRODCOOP	PRODCOOP	PRODCOOP	PRODCOOP
	RDCOOP	RDCOOP	RDCOOP	RDCOOP	RDCOOP	RDCOOP	RDCOOP
	BUYCOOP	BUYCOOP	BUYCOOP	BUYCOOP	BUYCOOP	BUYCOOP	BUYCOOP
	SELLCOOP	SELLCOOP	SELLCOOP	SELLCOOP	SELLCOOP	SELLCOOP	SELLCOOP
	KUMIAI	KUMIAI	KUMIAI	KUMIAI	KUMIAI	KUMIAI	KUMIAI
	RD1	RD2	RD1	RD2	RD	RD1	RD2
	SUBCON1	SUBCON1	SUBCON1	SUBCON1	SUBCON	SUBCON1	SUBCON1
	OUTR1	OUTR2	OUTR1	OUTR2	OUTR	OUTR1	OUTR2
	INVEST1	INVEST2	INVEST1	INVEST2	INVEST	INVEST1	INVEST2
	LNSIZE	LNSIZE	LNSIZE	LNSIZE	LNSIZE	LNSIZE	LNSIZE
					LNAGE	LNAGE	LNAGE
	産業ダミー	産業ダミー	産業ダミー	産業ダミー	産業ダミー	産業ダミー	産業ダミー
	MICHANGE5	MICHANGE7	MICHANGE5	MICHANGE7	MICHANGE3	MICHANGE5	MICHANGE7
	MACHANGE5	MACHANGE7	MACHANGE5	MACHANGE7	MACHANGE3	MACHANGE5	MACHANGE7

被説明変数	LP3	LP5	LP7	TFP3	TFP5	TFP7
説明変数	定数項	定数項	定数項	定数項	定数項	定数項
	PRODCOOP	PRODCOOP	PRODCOOP	PRODCOOP	PRODCOOP	PRODCOOP
	RDCOOP	RDCOOP	RDCOOP	RDCOOP	RDCOOP	RDCOOP
	BUYCOOP	BUYCOOP	BUYCOOP	BUYCOOP	BUYCOOP	BUYCOOP
	SELLCOOP	SELLCOOP	SELLCOOP	SELLCOOP	SELLCOOP	SELLCOOP
	KUMIAI	KUMIAI	KUMIAI	KUMIAI	KUMIAI	KUMIAI
	RD	RD1	RD2	RD	RD1	RD2
	SUBCON	SUBCON1	SUBCON1	SUBCON	SUBCON1	SUBCON1
	OUTR	OUTR1	OUTR2	OUTR	OUTR1	OUTR2
	INVEST	INVEST1	INVEST2			
	LNSIZE	LNSIZE	LNSIZE	LNSIZE	LNSIZE	LNSIZE
	産業ダミー	産業ダミー	産業ダミー	産業ダミー	産業ダミー	産業ダミー
	MICHANGE3	MICHANGE5	MICHANGE7	MICHANGE3	MICHANGE5	MICHANGE7
	MACHANGE3	MACHANGE5	MACHANGE7	MACHANGE3	MACHANGE5	MACHANGE7

第8章　企業間共同研究開発と知的財産[1]

1．はじめに

　技術革新を促進し、国際競争力を高めるために、技術革新の成果である知的財産をより強く保護することが必要であるとの認識が広がっている。また、それにともなって、特許を中心とする知的財産制度に関する経済学的分析が活発になっている（後藤・長岡編 2003、知的財産研究所編 2007など）。しかし、知的財産はこれまで主に大企業や一部のベンチャー企業の関心事と考えられ、中小企業の知的財産の形成については本格的な研究が乏しい。特許庁の統計調査によれば、知的財産の一部である特許の出願と所有は大企業の一部に集中しているが（特許庁編 2008）、第1章で触れたように、研究開発型の中小企業の特許生産性は大企業の水準を大きく上回る。したがって、中小企業にとって知的財産をどのように形成するかは重要な意味を持つ。

　企業における知的財産の形成要因は、これまで主にアメリカのデータを用いて、研究開発投資の生産性ないし特許の生産関数の推計という形で分析されてきた（Pakes and Griliches 1980、Hausman et al. 1984、Evenson 1993など）。日本についてはKondo（1999）が産業別パネルデータを用いて同様の分析を行い、研究開発支出の1％の増加が1年半後に特許出願を約1.4％増加させるという結果を出したが、統計個票データに基づく中小企業庁の分析によれば、研究開発支出の1％の増加は特許出願件数を0.6％しか増加させない（中小企業庁編 2002）。海外の先行研究の多くは、中小企業庁の分析と同様に、研究開発における規模の不経済を検証している（本書第1章参照）。

　研究開発の投入と産出の関係は企業規模だけでなく、研究開発をどのように行うかという戦略にも左右される。とくに経営資源に乏しい中小企業にとっ

---

(1)　本章の分析で使用した「経済産業省企業活動基本調査」の個票の目的外使用申請にあたっては、経済産業省調査統計部企業統計室（当時）の守屋佳一郎氏に大変お世話になった。ここに記して謝意を表する。

て、研究開発支出をできる限り有効に利用して成果に結びつけることが重要である。他の企業や研究機関と共同で研究開発を行うことも重要な戦略のひとつである。

　中小企業庁の調査によれば（中小企業庁編 2003）、中小企業の1割強が過去4年間に他社と共同研究開発を行っている。他社との共同研究開発に取り組む中小企業の割合は近年高まっていると推定されている。このように、中小企業の共同研究開発は近年重要性を増しているが、その効果に関する計量的な分析は、日本ではまだほとんど見られない[2]。

　技術革新の成果に対する企業間の共同研究開発の効果は、近年様々な角度から実証的に研究されている。Branstetter and Sakakibara（1998）と Sakakibara and Branstetter（2003）は、日米の大企業のデータを用いて、研究開発組合への参加件数が多いほど研究開発の生産性が高いことを検証した。アメリカ企業に関する Link and Bauer（1989）の分析によれば、共同研究開発には参加企業の総要素生産性を直接高める効果は見られないが、自社研究開発の総要素生産性向上効果を高めるという間接的な効果がある。

　Shan et al.（1994）と Deeds and Hill（1996）は、アメリカのバイオテクノロジー分野の新規開業企業を対象として共同研究開発のプロジェクトの数と研究成果の関係を分析した。英国の中小企業について、Freel（2000）と De Propris（2002）は、取引先企業との共同研究開発と技術革新の成功率の間に正の関係があることを発見した。フランスの中小企業については、Bougrain and Haudeville（2002）が、共同研究開発への参加が自社の研究開発プロジェクトの成功に影響しないことを検証した。Becker and Dietz（2003）は、ドイツのデータに基づいて、製品革新の成功率が共同研究開発によって高まることを明らかにした。岡田他（2003）は、日本のバイオベンチャーを対象として、国内の大学との共同研究は特許出願数を有意に高めるが、国内の民間企業との共同研究は逆の効果を持つことを明らかにした。

　このように、これまでの分析結果は対象企業や成果の測定方法によって異な

（2）　岡田他（2003）と岡室（2007）（本書第7章収録）が、筆者の知る限りでは例外である。

り、一致した見解は得られていない。また、従来の研究では、大企業と中小企業の比較分析は行われておらず、効果の持続性にも関心が払われていない。さらに、Link and Bauer（1989）を除いて、自社研究開発と共同研究開発の相乗効果も明示的に分析されていない。本章はこのような状況を踏まえて、1990年代の日本の製造業企業に関する官庁統計の個票データを用いて、企業間の共同研究開発が知的財産の形成に与える効果を計量的に検証し、中小企業と大企業の間で比較する。共同研究開発の効果の持続性と、自社研究開発との相乗効果についても分析を行う。なお、分析の対象となる知的財産は、データの制約により、特許と実用新案に限定される。

本章では第7章と同じ統計個票のデータセットを用いて分析を行うが、前章の分析の主眼がタイプの異なる共同事業の効果の比較に置かれていたのに対し、本章の分析は共同研究開発に集中する。また、企業の経営成果ではなく技術成果、つまり特許等の出願の有無と件数に注目する。

以下、第2節で分析のためのモデルと変数について説明し、いくつかの仮説を提示する。第3節ではデータソースと分析対象企業の概要を紹介する。第4節では分析結果について議論する。第5節で結果を整理し、残された課題に触れる。

2．分析モデルと仮説

本章では線形の重回帰モデルを用いて、企業間の共同研究開発が知的財産の形成にどのように影響するかを検証する。モデル式は自社研究開発と共同研究開発に関する変数の他にいくつかのコントロール変数を含み、次のように表される。また、企業間の共同研究開発と自社研究開発の相乗効果を検証するために、両変数の交差項を含むモデルを代替的に推定する。以下で説明する変数の定義を**図表8－1**にまとめる。

特許等の増加 = f（自社研究開発、共同研究開発、期首の特許等保有、下請受注、生産委託比率、従業者規模、産業属性）

被説明変数は、「自社で開発・保有する特許および実用新案の増加」（GPAT）である。これは特許等の新規取得数から失効・譲渡等による減少分を差し引い

図表8-1　変数の定義

被説明変数	定　義
GPATD3	1991-94年度に開発保有特許・実用新案件数が増加＝1，その他0
GPATD4	1994-98年度に開発保有特許・実用新案件数が増加＝1，その他0
GPATD7	1991-98年度に開発保有特許・実用新案件数が増加＝1，その他0
GPAT3	1991-94年度の開発保有特許・実用新案増加件数
GPAT4	1994-98年度の開発保有特許・実用新案増加件数
GPAT7	1991-98年度の開発保有特許・実用新案増加件数
説明変数	定　義
RDCOOP	1991年度に共同研究開発を実施＝1，その他0
RD1	1991年度売上高研究開発費比率
RD2	1991・94年度平均売上高研究開発費比率
RDCOOP*RD1	RDCOOPとRD1の交差項
RDCOOP*RD2	RDCOOPとRD2の交差項
PATD	1991年度に自社開発特許・実用新案を保有＝1，その他0
SUBCON1	1991年度に下請受注＝0，その他0
SUBCON2	1991・94年度ともに下請受注＝1，その他0
OUTR1	1991年度売上高生産委託費比率
OUTR2	1991・94年度平均売上高生産委託費比率
LNSIZE	1991年度従業者数の自然対数
CHANGE3	1991-94年度産業中分類業種変更＝1，その他0
CHANGE7	1991-98年度産業中分類業種変更＝1，その他0

＊最後に1がつく説明変数はGPATD3とGPAT3を被説明変数とするモデルで使用
＊最後に2がつく説明変数はその他の変数を被説明変数とするモデルで使用

たものである。これが負の値を取る場合は、データをすべて0に変換した。この変数は出願件数ではなく（自社開発）所有件数に基づいているので、審査請求の有無や審査期間（現在では平均で審査請求から約2年）によるノイズを含むという問題もある。その点を考慮すれば出願件数のほうが望ましいが、出願件数に関する調査項目は本章の分析で用いる統計調査にはない。また、データの制約上、特許と実用新案を区別して把握することもできない。

　GPATの観測値の分布から最小二乗法（OLS）が使えないので、ポワソン回帰分析ないし負の二項（Negative Binominal）分析を行う。また、観測期間中に特許保有件数が増加すれば1、しなければ0の値をとる増加ダミー変数（GPATD）によるプロビット分析を行う。特許等の増加の観測期間は1991～

1998年度の7年間であるが、この期間をまとめて、また前半3年間（1991～1994年度）と後半4年間（1994～1998年度）に分けて分析し、結果を比較する。このように成果の測定期間を変えて分析結果を比較することにより、効果の持続性を検証する。

イノベーションの成果の一部は秘密保護のために秘匿され、あるいは特許権でなく意匠権や著作権によって保護されるので、特許と実用新案の件数の増加は、イノベーションの指標としても知的財産形成の指標としても不完全である（Brouwer and Kleinknecht 1999）。しかし、知的財産の形成要因を定量的に分析するためには、特許等のデータを使用せざるをえない。本章の分析では、特許出願性向を企業規模と業種特性の変数によってコントロールする。

最初の説明変数は共同研究開発（RDCOOP）である。これは1991年度中に他の企業と共同研究開発を行えば1、それ以外は0の値をとるダミー変数である。共同研究開発には、外部の経営資源の活用、研究開発に関する規模の経済と範囲の経済の利用、相乗効果、リスク分担等のメリットがある（序章参照）。そのために共同研究開発は特許等の成果に直接結びつきやすいと予想される[3]。
仮説1：共同研究開発は特許等の取得に対して正の効果を持つ。

知的財産の形成は、自社研究開発の水準に大きく依存する。特許の出願性向をコントロールすれば、自社で研究開発を活発に行うほど、研究開発成果としての特許は増加すると期待される。本章では研究開発の水準を示す指標として研究開発集約度（売上高に対する自社研究開発支出の比率：RD）を用いる。この変数は、被説明変数の測定期間に合わせて2通りに設定される（**図表8-1**）。
仮説2：自社研究開発は特許等の取得に対して正の効果を持つ。

つぎに、研究開発集約度と共同研究開発との相乗効果を考慮して、両変数の交差項（RDCOOP*RD）を分析に加える。これによって、共同研究開発の間接

（3）他方、共同研究開発を行う場合には、成果の所有権を明確にしておく必要があることから、自社研究開発よりも特許出願性向が高いという議論があり、Brouwer and Kleinknecht（1999）とArundel（2001）の分析結果はそれを支持する。

効果（共同研究開発を通じて自社研究開発の効果が増大するかどうか）を検証する。
仮説3：共同研究開発は自社研究開発の効果を高める。

　研究開発の成果は社内に蓄積され、さらなる技術革新の基礎になり、その効果は長期的に持続しうる（岡室 2007、本書第7章参照）。
仮説4：共同研究開発の効果は持続的である。

　期首における企業の技術力をコントロールするために、1991年度に（自社で開発した）特許・実用新案を保有していれば1、それ以外は0の値をとるダミー変数（PATD）を加える。技術力の蓄積はその後の知的財産の創造を促進する。
仮説5：期首における特許等の保有は、その後の特許等の取得に正の効果を持つ。

　研究開発の成果は技術情報のスピルオーバーによって高められると考えられる。技術のスピルオーバーは共同研究開発を通じても生じるが、取引関係のネットワークを通じて取引先からも得られる（Branstetter 2000、Urata and Kawai 2002）。さらに、発注元や外注先企業から自社技術を守るために、あるいは共同研究開発の成果の所有権を明確にするために、特許等による技術保護が求められる可能性もある。このような影響をコントロールするために、取引関係の変数として下請受注ダミー（SUBCON）と売上高生産委託費比率（OUTR）をモデルに加える。
　ただし、下請受注に関しては、取引先が限定されて技術革新のための学習機会が不足していること（高橋 2002）、販売先に対して十分な交渉力を持たず、技術成果を「搾取」される可能性があること、また下請企業が開発した技術やノウハウが秘密保持のために特許出願されにくいことが考えられる。したがって、下請受注の効果は先験的には明確ではない。
仮説6：下請受注は特許等の取得に対して正あるいは負の効果を持つ。
仮説7：生産委託は特許等の取得に対して正の効果を持つ。

　研究開発の成果は、企業規模にも影響されると考えられる。いわゆるシュンペーター仮説によれば、大企業のほうが研究開発の生産性が高いと予想され

る。その理由として、研究開発に関する規模と範囲の経済性の他に、外部資源へのアクセスの良さや研究開発活動を補完する他の活動（生産、販売、法務等）の効果が挙げられる。その反面、大企業のほうが大規模組織における情報伝達や意思決定の非効率のために成果を上げにくいということも考えられる（Acs and Audretsch 1991、Cohen and Klepper 1996、Wakasugi and Koyata 1997）。したがって、企業規模の影響をコントロールするため、1991年度の従業者数の自然対数値（LNSIZE）をモデルに加える。

他方、Arundel and Kabla（1998）および Brouwer and Kleinknecht（1999）は、企業規模が大きいほど研究開発の成果を特許出願する傾向が高いことを示している。小規模な企業ほど、ブランド力やマーケティング能力の不足等の理由から、技術成果を先行的商品化によって専有化することが難しく、特許による保護に依存する傾向が高いとも予想されるが、他方で、小規模な企業ほど特許の出願・管理手続きに関する情報を持たず、またそのための手間と費用に敏感であるため、出願性向が低いと考えられる。以上の理由から、本章では企業規模を、特許の出願性向をコントロールする変数としても用いる。

技術革新や特許出願については、産業による違いも大きいと考えられる。そのひとつの理由は、産業によって技術機会が異なるため、研究開発の生産性に差が出ることである[4]。もうひとつの理由は、特許の出願性向が産業によって大きく異なることである[5]。これは、特許による研究開発成果の保護が、秘匿や先行的商品化などの手段と比べてどのくらい有効であるかが、産業によって異なることから生じる（Arundel 2001）。産業特性の影響を除去するため、「その他製造業」を基準とする産業中分類ダミー変数（1991年度の分類に基づく）を加える。また、期間中の業種変更（転業）の影響をコントロールするため、産業中分類レベルの変更に対応するダミー変数（CHANGE）を加える。

（4） 技術機会（technological opportunity）とは、イノベーションにつながる知識が密接に関連する科学分野からどのくらい豊富に供給されるかを指し、これが豊富であるほど研究開発が効果的に行われると考えられる（後藤他 2002参照）。
（5） Arundel and Kabla（1998）と Brouwer and Kleinknecht（1999）を参照。前者によれば、欧州企業の製品革新の成果のうち特許出願されるのは製造業平均で36%であるが、繊維産業（8%）から医薬品産業（79%）まで大きな差がある。

なお、本章の冒頭で述べたように、経営資源の乏しい中小企業にとって、他企業との連携による外部資源の利用は重要な意味を持つ。他方で、共同研究開発の効果は、参加企業が外部知識を吸収し活用する能力、いわゆる受容能力（Cohen and Levinthal 1989）に依存する。Nakamura and Odagiri（2005）は、企業規模を受容能力の変数のひとつと捉え、大企業ほど共同研究開発が活発になることを検証したが、同様の理由から大企業ほど共同研究開発の成果を得やすいと考えることもできる。次節では、中小企業と大企業の比較において上記の仮説を検証する。

3．サンプル企業の概要

本章の分析は、第7章と同様に、「経済産業省企業活動基本調査」の第1回～第6回調査（1992年度、1995～1999年度実施）の個票データを用いて行われる。この統計調査は従業者数50人以上かつ資本金3,000万円以上の企業を対象として1992年度に開始され、1995年度以降は毎年実施されている。共同研究開発に関する調査は1992年度と1998年度に行われたが、本章では1992年度調査における共同研究開発データを使用して、中期的な効果を検証する。

本章では製造業に分析対象を限定する。対象期間全体にわたって連続してデータの取れる企業は8,622社、うち1991年度末に従業者数300人以下の中小企業が6,096社、大企業が2,526社である[6]。本章では、中小企業と大企業で共同研究開発の効果にどのような違いがあるかを見るため、対象企業を中小企業と大企業に分けて分析し、結果を比較する。

サンプル企業の基本統計量を**図表8－2**に示す。1991年度の研究開発集約度（売上高研究開発費比率：RD1）は全体の平均で0.9％（中小企業0.6％、大企業1.6％）、1991年度に他社との共同研究開発を行った企業の比率（RDCOOPの平均値）は13.2％（中小企業9.3％、大企業22.6％）である。1991年度末に、全体の38.6％（中小企業29.2％、大企業61.2％）が特許あるいは実用新案を保有していた（PATDの平均値）。また、1994年度末までの3年間に特許等を新たに取得した（保有件

（6）　ここでは「中小企業基本法」の定義に基づいて、1991年度末に従業者数300人以下の企業を中小企業とする。その後の従業者数の変化は考慮しない。

図表8-2 基本統計量

変数	全体 (8,622社)				中小企業 (6,096社)				大企業 (2,526社)			
	平均値	標準偏差	最小値	最大値	平均値	標準偏差	最小値	最大値	平均値	標準偏差	最小値	最大値
GPATD3	0.229	0.420	0	1	0.167	0.373	0	1	0.379	0.485	0	1
GPATD4	0.233	0.423	0	1	0.171	0.376	0	1	0.383	0.486	0	1
GPATD7	0.255	0.436	0	1	0.191	0.393	0	1	0.410	0.492	0	1
GPAT3	14.8	141	0	7,204	2.0	11.2	0	357	45.5	258	0	7,204
GPAT4	29.0	515	0	29,334	2.1	14.5	0	622	93.9	949	0	29,334
GPAT7	32.3	477	0	26,063	2.6	14.7	0	523	104.1	877	0	26,063
RDCOOP	0.132	0.338	0	1	0.093	0.291	0	1	0.226	0.418	0	1
RD1	0.009	0.020	0	0.427	0.006	0.016	0	0.427	0.016	0.025	0	0.382
RD2	0.009	0.019	0	0.362	0.006	0.016	0	0.362	0.016	0.023	0	0.227
RDCOOP*RD1	0.003	0.012	0	0.382	0.001	0.007	0	0.137	0.006	0.019	0	0.382
RDCOOP*RD2	0.003	0.012	0	0.170	0.001	0.008	0	0.157	0.006	0.018	0	0.170
PATD	0.386	0.487	0	1	0.292	0.455	0	1	0.612	0.487	0	1
SUBCON1	0.260	0.439	0	1	0.316	0.465	0	1	0.125	0.331	0	1
SUBCON2	0.164	0.370	0	1	0.204	0.403	0	1	0.067	0.250	0	1
OUTR1	0.090	0.125	0	0.952	0.088	0.124	0	0.916	0.095	0.127	0	0.952
OUTR2	0.101	0.117	0	0.889	0.097	0.114	0	0.807	0.111	0.121	0	0.889
LNSIZE	5.392	1.031	3.912	11.317	4.861	0.461	3.912	5.704	6.672	0.894	5.707	11.317
CHANGE3	0.131	0.337	0	1	0.145	0.352	0	1	0.096	0.294	0	1
CHANGE7	0.154	0.361	0	1	0.165	0.371	0	1	0.127	0.333	0	1

＊産業中分類ダミーは記載を省略。

数が増加した）企業の割合（GPATD3の平均値）は22.9％（中小企業16.7％、大企業37.9％）、平均取得件数（GPAT3の平均値）は14.8件（中小企業2.0件、大企業45.5件）である。

以上の基本統計量から、製造業では特許や実用新案を出願・保有する中小企業が決して珍しい存在ではないことが分かる（ただし、調査対象の中小企業は、統計の規定上、従業者数50人以上かつ資本金・出資金3千万円以上の規模に限定される）。特許のみに限定すれば、出願・保有する企業の割合がかなり減少することは予想されるが、知的財産を保有する中小企業が少数のハイテク・ベンチャーに限定されないことは重要な情報である。

データの重要な制約は、前述のように、自社で開発・保有する特許と実用新案の件数を区別できないことと、特許および実用新案の出願件数ではなく保有

件数をみていることである。一般に実用新案は特許よりも技術的価値が低いために出願と登録が容易であり、その点で大企業よりも中小企業に適した知的財産である。したがって、特許と実用新案を区別できないことにより、中小企業の知的財産取得が大企業と比べて相対的に過大評価されている可能性がある。なお、特許庁のデータによれば、観測期間である1992年度から1998年度までの特許・実用新案登録件数のうち、3分の2以上（約68％）が特許であった（特許庁編 2000）。

　また、出願件数でなく保有件数が調査されていることから、出願から審査請求・登録までのタイムラグの問題が生じる。本章が対象とする1990代には、特許・実用新案の審査には平均で1年半から2年程度を要した。また、当時、特許は出願から7年以内、実用新案は（1993年まで）出願から4年以内に審査請求をしなければ審査の対象にならなかったが[7]、当時、出願特許のうち出願年に審査請求が行われたのは6～8％程度であり、半分近くは期限内に審査請求が行われなかった（特許庁編 2000）。したがって、観測期間における特許保有の増加は、1991年度の共同研究開発以後の特許出願の一部しか捉えておらず、また1991年度より前の研究開発の成果を含んでいる可能性が高い。本章では、1991年度より前の研究開発力の影響を1991年度の特許等保有ダミーでコントロールし、特許等に対して審査請求が行われる確率と審査期間は共同研究開発の有無に依存しないと前提することによって、この問題に対処する。

　1994年に実用新案法が大幅に改正された。新法では実体審査がなくなり、実用新案は形式審査のみで、出願から4ヶ月程度で権利が成立することになった。しかし、実体審査が無くなった分、権利行使に大きな制約があり、知的財産の専門家・部門を持たない企業にとってメリットが少なくなった。その結果、新法の下で実用新案出願は激減したが、観測期間中は旧法に基づいて出願された実用新案の登録が継続していた（特許庁編 2000）。それでも、法律改正後、実用新案から特許への切り替えという流れができて、知的財産に占める実用新案の比重が低下したことは否めない。これにより、1990年代後半以降、元々実

（7）　1994年の法改正により、実用新案の実体審査がなくなり、審査請求もなくなった。特許の審査請求期間は2001年10月以降3年間に短縮された。

用新案の申請が相対的に多い中小企業の知的財産取得件数が、特許と実用新案の合計件数でみる限り、大企業と比べて相対的に低下した可能性がある。

4．分析の結果と議論

まず、中小企業に関する分析結果を見てみよう（**図表8－3**）[8]。上段は「特

図表8－3　中小企業に関する分析結果（N=6,096）

(1) プロビット分析（特許等が増加したかどうか）

被説明変数	GPATD3	GPATD3	GPATD4	GPATD4	GPATD7	GPATD7
定数項	−2.09***	−2.10***	−2.26***	−2.26***	−2.14***	−2.13***
RDCOOP	0.192***		0.225***		0.200***	
RD	7.82***	7.29***	6.26***	6.16***	7.20***	6.76***
RDCOOP*RD		4.68*		2.26		4.30*
PATD	0.636***	0.645***	0.769***	0.782***	0.524***	0.534***
SUBCON	−0.138***	−0.137***	−0.0571	−0.0583	−0.0758	−0.0766
OUTR	0.136	0.146	−0.0439	−0.0246	−0.0876	−0.0690
LNSIZE	0.164***	0.167***	0.188***	0.191***	0.227***	0.228***
対数尤度	−2,449	−2,552	−2,422	−2,428	−2,685	−2,688

(2) 負の二項分析（特許等がいくつ増加したか）

被説明変数	GPAT3	GPAT3	GPAT4	GPAT4	GPAT7	GPAT7
定数項	−3.61***	−3.61***	−4.12***	−4.08***	−3.21***	−3.20***
RDCOOP	0.0924		0.567***		0.406**	
RD	22.8***	22.8***	29.3***	28.1***	35.4***	34.8***
RDCOOP*RD		0.139		18.5*		12.7
PATD	1.29***	1.29***	1.83***	1.85***	1.37***	1.38***
SUBCON	−0.457***	−0.456***	−0.144	−0.133	−0.176	−0.170
OUTR	−0.539	−0.538	−1.14**	−1.16**	−0.614	−0.572
LNSIZE	0.705***	0.705***	0.638***	0.639***	0.634***	0.631***
対数尤度	−5,730	−5,730	−5,716	−5,720	−6,485	−6,487

＊すべてのモデルは、産業中分類ダミーと業種変更ダミー（中分類）を含む。
＊有意水準：＊＊＊1％、＊＊5％、＊10％

---

(8) 本章の元論文における紙幅の制約のため、ここではサンプル全体に関する分析結果を割愛し、中小企業と大企業のサブサンプルの分析結果のみを表示する。

許等の取得件数が増加したかどうか」（GPATD）を被説明変数とするプロビット分析、下段は「特許等の取得件数がいくつ増加したか」（GPAT）を被説明変数とする負の二項分析の結果である[9]。特許等の取得件数の増加を観察する期間（はじめの3年間、後の4年間、7年間全体）に応じて、被説明変数を使い分けている[10]。すべてのモデルは「その他製造業」を基準とする産業中分類ダミーと業種変更ダミーを含むが、それらの変数についての結果はこの表では割愛されている。

　自社研究開発（RD）は特許等の取得確率と取得件数に対して有意な正の効果を持つ。共同研究開発（RDCOOP）も特許等の取得確率と取得件数に対して有意な正の効果を持ち、その効果は4年目以降も持続する（GPATD4、GPAT4、GPATD7、GPAT7を被説明変数とするモデルでも、RDCOOPの回帰係数が正で有意）[11]。共同研究開発ダミーと研究開発集約度の交差項（RDCOOP*RD）は、特許等の取得確率に対して有意な正の効果を持つ。この結果は、共同研究開発への参加によって、自社研究開発の成果が近い将来に知的財産として認められる確率が高まることを意味する[12]。つまり、中小企業の共同研究開発は特許等の取得に対して直接的効果と間接的効果の両方を持つのである。期首における特許等の保有（PATD）も、その後の新規取得に対して持続的で強い正の効

---

(9) カウントデータ（零または正の整数値のみのデータ）の分析にはポワソン回帰を用いるのが一般的であるが、ほとんどのモデルで過剰分散が生じているため、負の二項分析のほうがより適切である。そのため、ここでは負の二項分析の結果を示す。

(10) 自社研究開発（RD）、下請受注（SUBCON）、生産委託（OUTR）についても、**図表8－1**に示したように、はじめの3年間における特許等の新規取得（GPATD3、GPAT3）と後の4年間ないし合計7年間における特許等の新規取得（GPATD4、GPAT4、GPATD7、GPAT7）とで、変数の作成方法を変えている。しかし、表記を複雑にしないために、分析結果の表ではたとえばRD1、RD2というふうに区別せず、RDに統一して表記している。

(11) 効果の持続性については、別の解釈の余地もある。たとえば、期首に共同研究開発を行った企業はその後も新たな共同研究開発に取り組む可能性が高く、その効果が現れているのかもしれない。しかし、本章で用いた統計では1991年度から5年間は共同研究開発に関する調査が行われていないので、この点をチェックすることはできない。

果を持つ。

　特許等の取得確率と取得件数は下請受注を行う企業（SUBCON）のほうが低く、この効果は少なくとも最初の3年間については統計的に有意である。生産外注（OUTR）は、ほとんど有意な効果を持たない[13]。また、規模の大きい（LNSIZE）企業ほど特許等を取得する確率が高く、取得数も多い。研究開発集約度をコントロールしてもそのような結果が得られたことは、中小企業の中でも規模が大きい企業ほど研究開発の生産性が高い、または特許出願性向が高い傾向があることを示唆している。

　つぎに、大企業に関する分析結果（**図表8－4**）を中小企業に関する結果と比較する。大企業が中小企業と異なる点のひとつは、共同研究開発の効果が持続しないことである。共同研究開発は3年以内の特許取得率・件数（GPATD3、GPAT3）を有意に高めるが、4年目以降はその効果は消滅する。自社研究開発と共同研究開発の相乗効果も検証されず、むしろその逆の効果が見られる。生産外注については、大企業のみ正の有意な効果が検証された。

　以上の推定結果においては、産業特性と業種変更の影響はコントロールされている。つまり、産業によるイノベーション活動の違いや特許出願性向の違い等を除去しても、中小企業による共同研究開発は自社研究開発と並んで、またそれを補完して特許等の取得を促進し、その効果は4年目以降も持続するのである。

　以上の結果は、第2節で示した7つの仮説に即して、次のように整理される。仮説1（共同研究開発の効果）は、特許等の取得確率に関する限り、中小企業についても大企業についても支持された。仮説2（自社研究開発の効果）は、特許等の取得確率・件数の両方で、2つの規模グループともに支持された。仮説3（効果の持続性）については、中小企業に関して共同研究開発が特許等の取得確率と件数を持続的に高める効果を持つことが検証された。仮説4（共同

---

(12)　なお、共同研究開発と交差項を組み合わせて効果を推計すると、中小企業についても大企業についても有意な結果は得られなかった。これは、自社研究開発が共同研究開発の効果に影響しないことを示唆する。
(13)　生産外注は、期首の特許等保有をコントロールしなければ、特許等の取得に対して安定的に有意な正の効果を持つ。

図表8-4 大企業に関する分析結果 (N=2,526)

(1) プロビット分析(特許等が増加したかどうか)

被説明変数	GPATD3	GPATD3	GPATD4	GPATD4	GPATD7	GPATD7
定数項	−1.02***	−1.10***	−2.20***	−2.29***	−1.54***	−1.67***
RDCOOP	0.124*		0.090		0.125*	
RD	4.50***	4.95***	4.75***	6.04***	5.52***	7.38***
RDCOOP*RD		−0.483		−2.59		−3.72**
PATD	0.513***	0.525***	0.705***	0.714***	0.426***	0.439***
SUBCON	−0.00117	−0.00233	−0.231**	−0.236**	−0.0922	−0.0968
OUTR	−0.131	−0.111	0.481*	0.511**	0.554**	0.593**
LNSIZE	0.140***	0.152***	0.180***	0.191***	0.158***	0.175***
対数尤度	−1,498	−1,500	−1,457	−1,456	−1,540	−1,540

(2) 負の二項分析(特許等がいくつ増加したか)

被説明変数	GPAT3	GPAT3	GPAT4	GPAT4	GPAT7	GPAT7
定数項	−2.51***	−4.99***	−6.14***	−6.65***	−6.30***	−6.70***
RDCOOP	0.216***		0.223		0.152	
RD	10.0***	16.8***	21.0***	24.9***	22.3***	27.3***
RDCOOP*RD		−9.81**		−12.2***		−14.4***
PATD	0.483***	0.580***	1.27***	1.31***	0.751***	0.785***
SUBCON	−0.629***	−0.693***	−0.520**	−0.527**	−0.324	−0.366
OUTR	−0.0323	−0.330	−0.0835	0.0711	0.469	0.567
LNSIZE	0.795***	1.18***	1.24***	1.31***	1.30***	1.35***
対数尤度	−8,546	−6,272	−6,559	−6,557	−7,116	−7,111

*すべてのモデルは、産業中分類ダミーと業種変更ダミー(中分類)を含む。
*有意水準:*** 1%、** 5%、* 10%

研究開発と自社研究開発の相乗効果)は中小企業についてのみ支持された。仮説5(期首技術力の効果)は大企業・中小企業ともに支持された。仮説6(下請受注の効果)については、中小企業・大企業ともに負の有意な効果が得られた。仮説7(生産委託の効果)は大企業のみ支持された。このように、仮説1、2、5、6は中小企業と大企業の両方について支持されたが、仮説3と4は大企業については支持されず、仮説7は大企業についてのみ支持された。

本章の分析結果は、経営資源の乏しい中小企業にとってこそ、知的財産の形成のために他社との共同研究開発が重要であるという、本章の冒頭で述べた見

解を裏付ける。また、中小企業の共同研究開発に対する支援措置の有効性を示唆している。

5. むすび

　本章の課題は、日本の製造業企業のデータを用いて、企業間の共同研究開発が知的財産の形成に与える効果を計量的に検証し、中小企業と大企業について比較することであった。「経済産業省企業活動基本調査」の個票データによる計量分析の結果、共同研究開発は自社研究開発と並んで、特許と実用新案の取得を促す効果を持つことが分かった。また、中小企業では大企業と異なって、共同研究開発の効果が4年目以降も持続し、また共同研究開発によって自社の研究開発の生産性が上昇するという相乗効果が見られることも検証された。

　企業間の共同研究開発のイノベーション効果に関する計量分析は、これまで不十分であった。大量の企業別データによる知的財産形成の要因分析も、日本では行われていなかった。本章はその点に独自の貢献があり、いくつかの基本的な仮説を検証したが、残された課題は多い。本章はデータの制約のため、共同研究開発を行ったかどうかに注目したが、共同研究開発の中身、すなわち誰とどのように組むかも重要であろう。これについてはつぎの第9章を参照されたい。

　今後の課題のひとつは生存者バイアスの問題である。今回の分析は観測期間中に連続してデータの得られる企業だけを対象にしているが、自社研究開発や共同研究開発が企業の存続可能性に影響するなら、本章の分析結果にはバイアスがあることになる。期間中にサンプルから脱落した企業を含めてサンプル・セレクション・モデルによる推計を行い、生存者バイアスをチェックすることが必要である。

　もうひとつの課題は、共同研究開発の内生性である。今回の分析では、共同研究開発を行ったかどうかを外生変数として扱っているが、共同研究開発に参加するかどうかは内生的に決定されると考えるほうが適切かもしれない。本章の分析では、共同研究開発の行われた時期（1991年度）から3年ないし7年の期間をとって特許等の件数の増加を観測することによって、逆の因果関係（特許の取得件数の多い企業が共同研究開発に取り組む）をある程度回避できたかも

しれないが、共同研究開発の内生性を明示的に考慮した分析によってこの問題に対処する必要があろう。

あとひとつの課題は、上記の点と関連するが、タイムラグないし特許等の取得についての観測期間が適切かどうかである。本章で分析の対象となったデータは保有する特許等の件数であり、出願件数ではない。前述のように、ここから特許の取得までのラグの問題が生じる。したがって、共同研究開発の成果の大半が数年以内に知的財産として権利化されると考えるのは現実的ではない。しかし、今回得られたデータからは、観測期間をこれ以上長くするのは不可能であるし、観測期間をこれ以上長くすると、特許等の保有件数増加を過去の共同研究開発と結びつけるのがますます困難になり、また他の様々なノイズが発生することになる。

本章の分析は知的財産の形成要因に集中し、共同研究開発が他の技術成果や経営成果に与える影響にはまったく言及していない。岡室 (2007) は本章とほぼ同じデータとモデルを用いて、共同研究開発が利益率と労働生産性・全要素生産性上昇率に対して持続的な強い効果を持つことを明らかにしている（本書第7章参照）。共同研究開発は中小企業における知的財産の形成に貢献するだけでなく、中小企業の収益性と効率性を全般的に高めるのである。しかし、中小企業庁編 (2003) が示すように、企業規模が小さいほど（したがって共同研究開発の効果が高い企業ほど）、共同研究開発に参加する企業の割合は低い。今後、中小企業の共同研究開発を政策的に支援することが重要であろう。

【参考文献】

Acs, Z.J. and D.B. Audretsch (eds.) (1991), *Innovation and Technological Change: an International Comparison*, London (Harvester Wheatsheaf).

Arundel, A. and I. Kabla (1998), "What percentage of innovations are patented? Empirical estimates for European firms", *Research Policy* 27, pp. 127-141.

Arundel, A. (2001), "The relative effectiveness of patents and secrecy for appropriation", *Research Policy* 30, pp. 611-624.

Becker, W. and J. Dietz (2003), "R&D cooperation and innovation activities of firms: Evidence for the German manufacturing industry", *Research Policy* 33, pp. 209-223.

Bougrain, F. and B. Haudeville (2002), "Innovation, collaboration and SMEs internal research capacities", *Research Policy* 31, pp. 735-747.

Branstetter, L. (2000), "Vertical keiretsu and knowledge spillovers in Japanese manufacturing: An empirical assessment", *Journal of the Japanese and International Economies* 14, pp. 73-104.

Branstetter, L. and M. Sakakibara (1998), "Japanese research consortia: a microeconometric analysis of industrial policy", *Journal of Industrial Economics* 66, pp. 207-233.

Branstetter, L. and M. Sakakibara (2002), "When Do Research Consortia Work Well and Why? Evidence from Japanese Panel Data", *American Economic Review* 92, pp. 143-159.

Brouwer, E. and A. Kleinknecht (1999), "Innovative output, and a firm's propensity to patent. An exploration of CIS micro data", *Research Policy* 28, pp. 615-624.

Cohen, W. M. and S. Klepper (1996), "A Reprise of Size and R&D", *Economic Journal* 106, pp. 925-952.

Cohen, W. M. and D. A. Levinthal (1989), "Innovation and Learning: Two Faces of R&D", *Economic Journal* 99, pp. 569-596.

Deeds, D. L. and C. W. L. Hill (1996), "Strategic alliances and the rate of new product development: An empirical study of entrepreneurial biotechnology firms", *Journal of Business Venturing* 11, pp. 41-55.

De Propris, L. (2002), "Types of innovation and inter-firm co-operation", *Entrepreneurship and Regional Development* 14, pp. 337-353.

Evenson, R. E. (1993), "Patents, R&D, and Invention Potential: International Evidence", *American Economic Review* 83, pp. 463-468.

Freel, M. (2000), "External linkages and product innovation in small manufacturing firms", *Entrepreneurship and Regional Development* 12, pp. 245-266.

Hausman, J., Hall, B. and Z. Griliches (1984), "Econometric Models for Count Data with an Application to the Patents-R&D Relationship", *Econometrica* 52, pp. 909-938.

Kondo, M. (1999), "R&D dynamics of creating patents in the Japanese industry", *Research Policy* 28, pp. 587-600.

Link, A. N. and L. L. Bauer (1989), *Cooperative Research in U.S. Manufacturing*, Lexington (Lexington Books).

Nakamura, K. and H. Odagiri (2005), "R&D boundaries of the firm: An estimation of the double-hurdle model on commissioned R&D, joint R&D, and licensing in Japan", *Economics of Innovation and New Technology* 14, pp. 583-615.

Pakes, A. and Z. Griliches (1980), "Patents and R&D at the firm level: A first report", *Economics Letters* 5, pp. 377-381.

Sakakibara, M. and L. Branstetter (2003), "Measuring the Impact of US Research Consortia", *Managerial and Decision Economics* 24, pp. 51-69.

Shan, W., Walker, G. and B. Kogut (1994), "Interfirm cooperation and start-up innovation in the biotechnology industry", *Strategic Management Journal* 15, pp. 387-394.

Urata, S. and H. Kawai (2002), "Technological Progress by Small and Medium Enterprises in Japan", *Small Business Economics* 18, pp. 53-67.

Wakasugi, R. and F. Koyata (1997), "R&D, Firm Size and Innovation Outputs: Are Japanese Firms Efficient in Product Development?", *Journal of Product Innovation Management* 14, pp. 383-392.

岡田羊祐・沖野一郎・成田喜弘(2003)「日本のバイオベンチャーにおける共同研究と特許出願」、後藤晃・長岡貞男編『知的財産制度とイノベーション』東京大学出版会、第5章、167-196頁。

岡室博之(2007)「企業間事業連携の効果:個票データによる企業規模別比較分析」、『企業研究』(中央大学企業研究所)第10号、中央大学出版部、35-54頁。

後藤晃・古賀款久・鈴木和志(2002)「日本の製造業における研究開発投資の決定要因」、『経済研究』(一橋大学経済研究所)第53巻、岩波書店、18-23頁。

後藤晃・長岡貞男(2003)『知的財産制度とイノベーション』東京大学出版会。

髙橋美樹(2002)「イノベーションと中小企業」、『日本中小企業学会論集』第22号、同友館、16-29頁。

知的財産研究所編(2007)『特許の経営・経済分析』雄松堂出版。

中小企業庁編(2002)『中小企業白書2002年版』ぎょうせい。

中小企業庁編(2003)『中小企業白書2003年版』ぎょうせい。

特許庁編(2000)『特許行政年次報告書2000年版』発明協会。

特許庁編(2008)『平成19年特許庁知的財産活動調査報告書』発明協会。

第9章 企業間共同研究開発の成功要因

1. はじめに

　共同研究開発は、研究者と実務家の双方から大いに注目を集めている。この分野に関する重要な理論文献は、外部の経営資源へのアクセス、研究開発の規模の経済、範囲の経済とシナジー効果の活用、研究開発に関わるリスクや無駄な重複投資の削減、専有可能性の問題が軽減されることによって研究開発投資のインセンティブが高まる点などの、共同研究開発の利点を示唆している (Katz 1986, d'Aspremont and Jacquemin 1988, Suzumura 1992, Combs 1993)。他方、共同研究開発が研究開発と製品市場における共謀の引き金となる場合、厚生損失や研究開発活動の減退といった負の効果をもたらすという議論もある (Jorde and Teece 1990)。

　共同研究開発は、とくに中小企業にとって、内部の経営資源の不足を補い、革新性や競争力を向上させる有効な手段である。実際、Kleinknecht and Reijnen (1992、347頁) の指摘によれば、「共同研究開発は大規模なハイテク企業の間で典型的に行われるものではない」。1992年の統計調査によれば、製造業の中小企業（この調査では従業者数50人から299人の企業）の9％が、他の企業と共同研究開発を行っていた（**図表2－4**）。共同研究開発を行う中小企業の割合は大企業に比べると低いとはいえ、無視はできない。中小企業のほうが大企業よりも共同研究開発を行う企業の数は多いからである。さらに、共同研究開発は、一部のハイテク産業に集中しているのではなく、すべての製造業において見られる。

　本章の目的は、製造業中小企業に関する独自の調査データを用いて、共同研究開発の組織・契約構造が共同事業の成果に与える影響を分析することである。本章は、共同研究開発に関する研究において、ふたつの点で主要な貢献を持つ。ひとつは、これまでのところ、共同研究開発の様々な組織・契約特性の影響について実証研究があまり行われてこなかったことである[1]。もうひとつ

は、過去の実証研究が大企業間の連携に関心を集中し、中小企業にはあまり注目しなかったことである。とくに、日本のデータを使った計量研究は、政府の支援を受けた大企業間の研究開発協同組合に集中している（Miyata 1995、Branstetter and Sakakibara 1998、2002、Sakakibara 2001a, b）。本章の研究は、日本の中小企業が参加した共同研究開発プロジェクトの成功要因に関する、初めての包括的な実証研究である。

本章の構成は、以下のとおりである。次節では、共同研究開発の効果に関する先行研究を概観する。続いて第3節では、データソースと分析対象企業について詳細に説明する。共同研究開発事業の組織・契約構造に関する詳細な資料、とくに中小企業に関するそのような資料がないため、筆者の調査によって得られた知見は詳細な記述に値する。第4節では基本的な分析モデルと仮説を提示する。第5節では分析結果を示し、それに関する考察を行う。第6節では主要な結果を整理し、本章の議論を締めくくる。

2．共同研究開発の成果への影響：過去の実証研究に関する概説

共同研究開発に関する主要な理論的研究によれば、共同研究開発は参加企業の成果に正の効果を与えると予想される。一連の実証研究は、共同研究開発の効果を、成果の様々な指標について、様々なタイプのサンプルを用いて分析している。最近では、このような実証研究が大いに増加している。

Branstetter and Sakakibara（1998）は、日本のデータを用いて、政府の助成を受けた研究組合に繰り返し参加することによって企業間の知識スピルオーバーが増加し、特許出願で測定した研究開発の生産性が上昇することを示す。岡室（2005）と岡室（2007）は、日本の政府統計個票を用いて、中小企業の共同研究開発が、参加企業の収益性、生産性の伸び、特許出願に対して正の有意な効果を持つことを明らかにしている（本書第7章、第8章参照）。これとは対照的に、Vonortas（1997）は、アメリカにおける共同研究開発が収益性に負の効果を与えると報告している。Link and Bauer（1989）は、共同研究開発が企

（1） 近年の理論的・実証的な先行文献の概観については、Hagedoorn et al.（2000）、Link and Siegel（2003）の第11章を参照。

業の生産性成長に直接には貢献しないが、社内研究開発の生産性向上効果を高めることを見出した。Sakakibara and Branstetter（2003）は、アメリカで政府の助成を受けた研究開発組合に参加している企業を対象にして、Branstetter and Sakakibara（1998）と同様の結果を得ている。Becker and Dietz（2004）は、ドイツのデータを利用して、共同研究開発が、研究開発の投入と、新製品の数で測った産出の両方を増加させることを見出している。

これらの研究が共同研究開発への参加の効果に焦点を当てているのに対して、より最近の研究は、連携相手のタイプや他のプロジェクト特性の影響を検証している。

Branstetter and Sakakibara（2002）は、日本の研究組合に属する大企業のデータを用いて、研究組合の組織特性（参加企業の技術的類似性と製品市場の類似性、組織の集中化の程度、参加企業の多様性など）の影響を分析している。彼らは、技術成果を説明する上で、研究開発投入の水準よりも研究組合の組織設計のほうが重要であると結論づけている。

Freel（2000）は、英国の小規模な製造業企業について、革新的な企業は過去に仕入先や顧客、大学と連携を行った傾向があることを明らかにしている。Fukugawa（2006）は日本の企業家の異業種交流について、参加者の構成が重要であり、公的研究機関との連携が技術的成功に寄与していると報告している。他方、Bougrain and Haudeville（2002）は、イノベーションへの公的助成を受けたフランス企業のデータに基づいて、研究開発を共同で行うこと自体には事業の成功率を高める効果がなく、とりわけ仕入先や公的研究機関との連携が負の効果をもたらすことを示している。

Miotti and Sachwald（2003）は、フランスの製造業企業の調査データに基づいて、共同研究開発の相手のタイプが参加企業の成果に与える効果を分析している。彼らは、特許出願には公的研究機関との連携だけが正の効果を与える一方で、売上高に占める革新的製品のシェアには顧客や仕入先との垂直的連携だけが正の効果を与えることを見出した。

Bizan（2003）は、政府が支援する国際的な研究連携の成功要因を検証し、プロジェクトの継続期間、所有関係、パートナー間の補完的能力が事業の技術的成功の確率を高めることを示している。さらに、技術的に成功したプロジェ

クトについては、事業の予算、大きいほうの企業の売上、参加企業間の所有関係に応じて、商業化にかかる時間が減少するという。

Caloghirou et al.（2003）は、研究連携に関するヨーロッパの最近のデータベースに基づいて、連携プロジェクトが成功したかどうかという認識が、共同研究と自社の研究開発の関連の強さ、連携プロジェクトおよび連携先から学習する努力、そして参加企業間で知識の専有に関わる問題がないことに依存することを明らかにしている。

Belderbos et al.（2004）は、オランダ企業の大型データベースを利用して、連携相手のタイプごとに、共同研究開発が企業の成果に与える影響を分析している。彼らは、仕入先および競争相手との連携が労働生産性の上昇に顕著な影響を及ぼす一方で、大学や研究機関との連携は革新的な製品の生産性に正の効果を与えることを見出している。

共同研究開発の効果についての過去の実証研究をまとめると、とくに中小企業の共同研究開発の効果について、研究が不十分であるといえよう。加えて、連携プロジェクトや参加企業の特性に注目した先行研究でさえ、プロジェクトの組織・契約のパターンについて詳細な分析を行っていない[2]。本章では、日本の中小企業における共同研究開発の組織上・契約上の様々な特性をより包括的に調査し、それらの特性が共同研究開発プロジェクトの成果に与える影響を先行研究よりも詳細に分析する。

3．データソースとサンプル企業の概要
3－1．データソース

分析に使用するデータは、製造業の中小企業（従業者数50人から300人までの企業）6,300社に対して2002年夏に実施したアンケート調査から得られた（序章参照）[3]。調査対象企業は、（株）東京商工リサーチの企業データベースから無作為抽出によって選別された。不完全な回答を除外した結果、最終的な回答数は1,577になり、有効回答率は約25％であった。

（2） Mora-Valentin et al.（2004）は連携協定の様々な背景や組織の要因の影響を分析しているが、彼らが対象にしているのは企業間の協定ではなく企業と研究機関の間の協定である。

先行研究における共同研究開発の定義は多くの場合明確ではなく、用いられたデータソースによって異なる。本章で使用する調査は、共同事業を「一定期間にわたって同業種あるいは異業種の企業と継続的に共同で行われるあらゆる事業」と定義している。垂直的関係にある企業間での共同事業はこの定義に含まれる。しかし、極めて短期的な1回限りの共同事業や、生産・販売などの業務委託、技術供与、売買契約は除外されている[4]。

回答企業1,577社のうち、478社（30％）が過去3年間に他社と何らかの共同事業を行った経験を持ち、315社（20％）が共同研究開発に参加したことがある。その315社のうち255社が、他社と行った共同事業のうち共同研究開発を最も重要なものと考えている。本章の分析は、この255社を対象にしている。

企業は、対象期間に複数の共同研究開発事業に参加している可能性がある。したがって、回答のさいには、過去3年間に行われた共同研究開発のうち最も重要なプロジェクトに限定して答えていただいた。つまり、回答企業はそれぞれプロジェクト1件について回答し、回答企業の特性と参加プロジェクトの特性は1対1で対応している。

3-2. データの記述と調査結果

この小節では、分析対象企業の特性に関して詳細な説明を行う。また、読者の理解を助けるために、本章の**付表1**に記述的な結果をまとめる。

3-2-1 企業規模、企業年齢、業種、研究開発

サンプル企業の平均従業者数は126人である。回答企業全体（平均従業者数

---

(3) 調査対象企業の規模をこのように限定したのは以下の理由による。すなわち、1998年の経済産業省「第1回商工業実態基本調査」によれば、従業者数50人未満の企業が企業間の共同研究開発に参加するのは稀（5％未満）なので、この規模層を分析対象から除外した。対象企業の規模の上限は、中小企業基本法における製造業中小企業の定義に従っている。

(4) Nakamura and Odagiri (2005) は共同研究、委託研究、技術の取得を区別している。彼らの定義によれば、共同研究において、参加企業は研究開発の作業を分担し、それぞれが研究開発の資金と（多くの場合）人員を提供している。

図表9-1　アンケート調査結果のまとめ

(有効回答企業255社)

1．企業基本属性	
従業者数平均（人）	126
業歴（創業からの年数）平均（年）	56
自社研究開発活動	
1）研究開発予算を毎年計上	64%
2）研究開発を専門とする常勤社員を雇用	58%
3）研究開発の専門部署がある	73%
4）前年に新製品を市場に出した	62%
5）前年に特許の出願を行った	52%
当該プロジェクト以前に共同研究開発の経験あり	61%

2．共同研究開発の相手	
相手企業1社のみ（2社間の共同研究開発）	52%
異業種企業との共同研究開発	67%
大企業（従業者数300人以上）との共同研究開発	61%
取引先企業（販売先・仕入先）との共同研究開発	66%
大学・公立研究機関との連携	44%
1）研究スタッフの直接参加	11%
2）大学等の研究施設・機材を利用	3%
3）大学等への研究業務の委託	12%
4）技術相談	18%

3．共同研究開発プロジェクトの組織	
1）フォーマルな組織（事業協同組合、合弁企業）	13%
2）フォーマルな組織はないが、契約を締結	61%
3）フォーマルな組織も契約もなし	26%

4．共同研究開発プロジェクトの費用負担と成果分配	
費用の分担方法	
1）均等に分担（頭割り）	19%
2）資金力に応じて分担	10%
3）研究開発能力に応じて分担	18%
4）担当した仕事に従って分担	46%
5）成果配分見込みに従って分担	7%
公的補助金を受給	26%
プロジェクトの成果	
1）新製品・新製法を開発した	49%
2）特許または実用新案を出願した	38%
3）成果が売上高の増加に貢献した	43%
成果の分配方法	
1）均等に分配	22%
2）研究費の負担に応じて分配	13%
3）技術的貢献に応じて分配	34%
4）分配ルールなし；成果の利用は各社の自由	31%

115人）と比べて、分析対象企業の規模は有意に大きい。平均でみて、分析対象企業は調査の56年前に創業され、41年前に（法人企業として）設立された。業種別の構成をみると、電気機械（15%）、金属製品（12%）、その他製造業（13%）の比率が相対的に高い。

　研究開発活動について、分析対象企業は平均的な企業よりも研究開発集約的で革新的である。サンプル企業の64%が毎年研究開発費を計上しており、58%が専任の研究開発担当者を雇用し、73%が研究開発担当部門を備えている。62%が前年に新製品を開発し、発売している。52%が前年に特許または実用新案を出願している。これらの割合は、回答企業全体に比べて有意に高い。加えて、サンプル企業の61%は、回答の対象になったプロジェクト以前に共同研究

開発の経験を持っている。

3-2-2 連携相手

参加企業の構成については、サンプル企業の約半数（52%）が1社のみと連携していると回答している。3分の2（67%）は異業種の企業と連携している。これとは別に、66%が顧客や仕入先といった取引先企業と連携しており、61%が従業者数300人以上の大企業と連携している。

加えて、サンプル企業の44%は共同研究開発プロジェクトにおいて大学または公的研究機関とも連携している。その主な目的は、それらの機関からの技術的な助言（18%）であり、データの解析・検証等の研究業務委託（12%）、共同研究開発への直接参加（11%）、研究施設・機材の利用（3%）がそれに続く。

3-2-3 組織

共同研究開発は、正式な契約に基づいて、しかし事業協同組合や共同出資会社といったフォーマルな組織によらずに行われるのが最も一般的である（61%）。サンプル企業の26%は、フォーマルな組織も契約もなしに共同研究開発を行っている。既存または新設の事業協同組合（10%）や共同出資会社（3%）に基づくものは少ない。この結果は、中小企業による共同研究開発が主としてインフォーマルな組織で行われていることを示唆している。

3-2-4 費用分担と成果分配の方法

共同研究開発の費用は、担当の業務に従って分担されることが最も多い（46%）。つまり、各メンバーは割り当てられた作業を行い、その作業に伴う費用を負担するのである[5]。その他の費用負担の方法（均等割当19%、資金力に応じた分担10%、研究開発の能力に応じた分担18%、期待される成果分配に応じた分担7%）は、一般的ではない。サンプル企業の4分の1（26%）について、共同研究開発プロジェクトは公的な補助金を得ている。

---

(5) サンプル企業の8%は公的な補助金によってプロジェクトの費用を賄うことができたと回答している。これらの企業は、ここでの比率の計算からは除外している。

プロジェクトの終了時点で、49％は新製品・新工程の開発を終了し、38％は共同事業の成果に基づいて特許または実用新案を出願し、43％は共同事業の成果が売り上げに貢献したと考えている。総じて、ほとんどの企業（86％）が共同研究開発プロジェクトから何らかの成果を得ている。しかし、特許または実用新案の出願とプロジェクトの成果としての売上増加をともに達成したのはサンプル企業の17％だけである。

開発された製品や特許権からの収益等の直接的成果は、サンプル企業の3分の1（34％）については、技術的貢献の程度に応じて参加企業間で分配されている。その他の3分の1（31％）については、成果の商業化や特許出願について事前に取り決めはなく、各企業の自由に任されている。成果の均等な分配（22％）や資金的貢献に応じた分配（13％）はあまり多く見られない[6]。

プロジェクトの費用分担と成果分配の方式の組み合わせはいろいろあるが、最も頻繁に見られるのは、作業の割り当てに応じて費用を分担し、技術的貢献に応じて成果を分配するという組み合わせである（29例）。均衡のとれた契約パターン（費用も成果も均等に分担・分配、資金力と資金的貢献に応じた分担と分配、技術的能力と技術的貢献に応じた分担と分配）の例は、実際には比較的少ない。それぞれ12例、2例、11例を数えるのみである。

サンプル企業の共同研究開発プロジェクトの半分以下しか成功していない（開発未了）という事実から、本章の研究の中心課題、すなわち、どのような要因が共同研究開発の成功を決定しているのか、という疑問が生じる。

4．分析モデルと仮説
4－1．基本モデル

本章では、前節で説明した調査データを用いて、共同研究開発プロジェクトの成功要因を分析する。そのための基本的なモデルは以下のとおりである。

プロジェクトの成功確率 = f（企業特性、産業特性、プロジェクト特性）

（6）「目に見える成果を生むには至らなかった」企業（全体の24％）はここでの比率の計算からは除外している。

分析に当たっては、事業の「成功」の指標をどう定義するのかが重要であるが、これについては次の小節で説明する。本章の分析はとくに、組織・契約構造を含むプロジェクト特性に注目する。共同研究開発の成功は、企業特性と産業特性をコントロールすればプロジェクトの特性に依存する、というのが本章で検証すべき基本的な仮説である。このモデルでは、企業特性は企業規模、自社の研究開発、過去の共同研究開発の経験によって代表される。産業特性には技術機会の水準が含まれるが、ここでは産業ダミーを使って産業特性をコントロールする[7]。モデルに含まれるプロジェクト特性は後で説明する。

　前述のように、中小企業は他の組織と連携することで外部の経営資源を利用できる。このようにして、中小企業は規模の経済と範囲の経済を享受し、シナジー効果をも獲得できる。また、参加企業の間で費用を分担し、より良い情報を得て不確実性を緩和することにより、イノベーションのリスクを低減できる（Hagedoorn et al. 2000）。しかし他方で、共同事業の運営には、取引費用や参加メンバーのインセンティブの問題が伴う（Weaver and Dickson 1998、Becker and Dietz 2004、Nakamura and Odagiri 2005）。したがって、共同研究開発を成功させるためには、参加メンバーのインセンティブとコミットメントを高めてただ乗り（フリーライディング）を防ぎ、中小企業が連携の利点を十分に享受しつつ、取引費用・調整費用を節約できるような組織・契約構造を設計することが重要となる[8]。

4－2．共同研究開発プロジェクトの成功の指標

　被説明変数として、技術的成功の確率（TESUCCESS）と商業的成功の確率（COSUCCESS）のふたつを用いる[9]。これらはそれぞれ、共同研究開発の成果を特許・実用新案として申請した場合、ないし成果が売り上げに結びついた場

---

(7) 質問票には、年齢や学歴、経営経験など、経営者の個人的特性に関する質問も含まれている。しかし、このモデルにはこれらの個人的特性は含まれていない。これらの要因に関して有意な効果が計測されなかったからである。

(8) 目的の相反という問題は Kale et al.（2000）で明示的に取り上げられている。彼らは企業が関係的資本（relational capital）を構築することで両方の目的を達成できると主張する。

合に 1、それ以外の場合は 0 の値をとるダミー変数である。

　特許登録は特許出願よりも技術的成功を測る上では適切である。なぜなら、特許出願はほとんど価値のない成果を含んでいるかもしれないからである。このような問題はあるが、特許の出願と登録の間には平均で 2 年以上の時間のずれが生じるため、本章では特許の登録でなく出願を技術的成功の指標とする[10]。筆者の調査では過去 3 年間に実施された共同事業の成果を尋ねているので、技術的成功の指標として特許登録を使うと、打ち切り（truncation）効果によって共同事業の成果が過小に推計されてしまう恐れがある。

　技術的成功に関するもうひとつの問題は、技術的成果が特許出願可能であり特許化の価値があったとしても、すべてが出願されるわけではないということである。企業は、専有可能性の問題から、成果を特許化するよりも秘匿することを選ぶかもしれず、技術的成功は過小に推計されるかもしれない。しかし、特許出願性向が産業によって大きく異なるので、産業ダミーを使って産業特性をコントロールすることにより、この問題は緩和されるかもしれない（Arundel and Kabla 1998）。

　商業的成功は、共同事業の成果が参加企業の売上増加に貢献したか否かを示し、参加企業によって判断される。したがって、この指標は回答者の主観に依存する。このような問題はあるが、本章では上記の通り商業的成功を定義し、測定する。なぜなら、売上の客観的なデータには共同事業の成果以外の要因が反映し、特定の共同研究開発プロジェクトの効果と他の要因の効果を区別できないからである。

　技術的成功と同様に、商業的成功も製品イノベーションと製法イノベーションの両方に関連する。言い換えると、商業的成功は、新製品の投入による売上増加と費用・価格の低下による既存製品の売上増加という、ふたつの影響を含

---

(9)　成功に関して異なる指標を用いるのは、共同研究開発の目的の多様性を考慮して、異なる観点から共同事業の成果を評価するためである。Fukugawa (2006) もまた、これらふたつの変数を用いている。Bizan (2003) は共同事業の成功の指標として、技術的成功と、商業化（発売）までの時間を用いている。

(10)　日本の特許制度では、特許庁は審査請求された出願のみを審査する。審査請求から特許登録までの平均的な期間は現在のところ約 2 年である。

んでいる。それに加えて、商業的成功は共同事業が正の利潤をもたらしたか否かに必ずしも依存しない。

　本章では、技術的成功を商業的成功の前提条件として定義していない。つまり、共同研究開発が技術的成功なしに商業的成功につながる可能性もあるということである。逆の場合も同じである。換言すれば、共同研究開発事業の参加企業は、共同研究開発の成果である新製品を発売し、それによって新技術を特許出願せずに売上を増やす可能性もある。この点で、本章における技術的成功・商業的成功の概念と両者の関係は先行研究と異なる（Bizan 2003、Fukugawa 2006）。

　第3節で説明したとおり、サンプル企業の38％が技術的成功、43％が商業的成功を達成している。興味深いことに、双方をともに達成している企業は17％しかない。換言すれば、技術的成功を収めた企業の大半は商業的成功を達成しておらず、商業的成功を収めた企業の大半は、技術的成功を達成していない。これは、ふたつの異なる成功指標に対して、それぞれ異なる要因が影響する可能性を示唆している。そのため、次節の実証分析では、技術的成功と商業的成功の決定要因の違いを比較検証する。つまり、プロジェクトの特性がプロジェクトの技術的成功と商業的成功の確率に与える効果を、企業特性と産業特性をコントロールして、プロビット・モデルによってそれぞれ推計する。変数の定義と基本統計量を**図表9−2**と**9−3**にそれぞれまとめる。次の小節では説明変数について解説し、関連する仮説を提示する。

4−3．説明変数と仮説

4−3−1　外部経営資源の利用と調整費用

　共同研究開発の利点のひとつは、優れた補完的な外部経営資源を利用できることである。それは、内部の経営資源の制約がある中小企業にとって、とくに重要である。このような視点から、参加企業の数（COOPSIZE）、異業種間の連携（DIFFIND）、大企業との連携（LARGE）、取引先（仕入先・顧客）との連携（BUSPART）、大学または公的研究機関の関与（UNIV）はすべて、共同事業の成功に正の効果を与えると期待される[11]。これは先行研究の議論とも一致している[12]。筆者はさらに、UNIVがとくに技術的成功に影響し、BUSPARTがとくに商業的成功に影響すると推測する。

図表9-2　変数の定義

被説明変数	定　義
TESUCCESS	技術的成功：プロジェクトの成果が特許出願された場合に1、そうでなければ0をとるダミー変数
COSUCCESS	商業的成功：プロジェクトの成果が売上高の増加に貢献した場合に1、そうでなければ0をとるダミー変数

説明変数	定　義
RDINPUT	自社研究開発：自社研究開発の程度（3つのダミー変数の合計）[1]
COOPSIZE	参加企業数：プロジェクト参加企業数（1から4までのカテゴリー）[2]
DIFFIND	異業種企業参加：異業種企業との共同研究開発なら1、そうでなければ0をとるダミー変数
BUSPART	取引先企業参加：販売先あるいは仕入先との共同研究開発なら1、そうでなければ0をとるダミー変数
LARGE	大企業参加：大企業との共同研究開発なら1、そうでなければ0をとるダミー変数
UNIV	産学官連携：大学あるいは公立研究機関との連携なら1、そうでなければ0をとるダミー変数[3]
SUBSIDY	補助金受給：プロジェクトが公的補助金を受給した場合に1、そうでなければ0をとるダミー変数
EXPER	共同研究開発経験：回答者が過去に共同研究開発の経験をもつ場合に1、そうでなければ0をとるダミー変数
CONTACT	事前の交流：回答企業がプロジェクト開始以前に連携相手のことをよく知っていた場合に1、そうでなければ0をとるダミー変数
FORMAL	フォーマル組織：プロジェクトが事業協同組合または合弁企業として行われれば1、そうでなければ0をとるダミー変数
RULE1	シェアルール1：費用と成果が均等に分担・分配された場合に1、そうでなければ0をとるダミー変数
RULE2	シェアルール2：費用と成果が参加企業の技術的な能力と貢献に応じて分担・分配された場合に1、そうでなければ0をとるダミー変数
WEIGHT	プロジェクトの比重：回答企業の事業活動全体に占める当該プロジェクトの重要性（5を最重要とする5段階評価）
ZEROSTART	ゼロからの開始：プロジェクトが研究テーマの探索から始まった場合に1、そうでなければ0をとるダミー変数

1) この変数は、次の3つのダミー変数の合計である：「研究開発予算を毎年計上するかどうか」＝1、「研究開発を専門に担当する常勤社員がいる」＝1、「研究開発を専門に担当する部署がある」＝1
2) 2社＝1、3～5社＝2、6～10社＝3、11社以上＝4
3) ここでは次の各種の連携を含む：大学・研究機関の研究者の直接参加、彼らによる技術的助言、研究業務の大学等への委託（委託研究）、大学等の研究施設・設備の利用

第9章　企業間共同研究開発の成功要因　227

図表9−3　基本統計量と仮説（係数の予想符号）

変数		仮説（予想符号）[1]	平均値	標準偏差	最大値	最小値
技術的成功	TESUCCESS		0.376	0.485	1	0
商業的成功	COSUCCESS		0.427	0.496	1	0
自社研究開発[2]	RDINPUT		1.953	1.060	3	0
参加企業数	COOPSIZE	1a(+)、1b(−)	1.583	0.695	4	1
異業種企業参加	DIFFIND	2a(+)、2b(−)	0.672	0.470	1	0
取引先企業参加	BUSPART	3(+)	0.681	0.467	1	0
大企業参加	LARGE	4(+)	0.610	0.489	1	0
産学官連携	UNIV	5(+)	0.445	0.498	1	0
補助金受給	SUBSIDY	6a(+)、6b(−)	0.255	0.437	1	0
共同研究開発経験	EXPER	7(+)	0.610	0.489	1	0
事前の交流	CONTACT	8(+)	0.650	0.478	1	0
フォーマル組織	FORMAL	9a(+)、9b(−)	0.127	0.334	1	0
シェアルール1	RULE1	10(+)	0.079	0.271	1	0
シェアルール2	RULE2	10(+)	0.073	0.261	1	0
プロジェクトの比重[2]	WEIGHT		2.478	1.236	5	1
ゼロからの開始[2]	ZEROSTART		0.197	0.398	1	0

1）かっこ内は回帰係数の予想符号である。
2）自社研究開発、プロジェクトの比重、ゼロからの開始はコントロール変数と考え、仮説を設定しない。

　しかし、参加企業の数が増え、その業種が多様になるほど、調整の費用は増加すると考えられる。異業種の企業が多く参加している場合、共同事業を効率的に実施することは困難であろう。したがって、COOPSIZEとDIFFINDは共同事業の成功に負の影響を与えると予想される[13]。ただし、COOPSIZEとDIFFINDの係数の符号は、外部経営資源の利用と調整費用の両方に依存して

---

(11)　UNIVに、プロジェクトへの教員や研究員の直接参加だけでなく、様々な技術的支援も含まれていることは、注意を要する。
(12)　Becker and Dietz (2004) は、参加企業の数がイノベーション行動に正の効果を与えることを検証している。Branstetter and Sakakibara (2002) は参加企業の多様性が研究の生産性を高めることを示している。Miotti and Sachwald (2003) は異なる連携相手（サプライヤー、顧客、競争相手、教育機関、外国企業）との共同研究開発の効率性を比較している。Bougrain and Haudeville (2002) によれば、公的研究機関との共同事業は、予想に反して成功に負の効果を与えるという。

いるので、正にも負にもなりうる[14]。

以上の議論に従って次の仮説を提示する。かっこ内には、それぞれの仮説に対応した変数の名称と回帰係数の予想符号を記す。

仮説1a：参加企業が多いほど、共同研究開発の成功率は高い（COOPSIZE＋）。
仮説1b：参加企業が少ないほど、共同研究開発の成功率は高い（COOPSIZE－）。
仮説2a：異業種企業が参加するほうが、共同研究開発の成功率は高い（DIF-FIND＋）。
仮説2b：異業種企業が参加しないほうが、共同研究開発の成功率は高い（DIF-FIND－）。
仮説3：大企業が参加するほうが、共同研究開発の成功率は高い（LARGE＋）。
仮説4：取引先企業が参加するほうが、共同研究開発の成功率は高い（BUS-PART＋）。
仮説5：大学または公的研究機関のスタッフが参加あるいは技術支援をするほうが、共同研究開発の成功率は高い（UNIV＋）。

4-3-2 公的な補助金

共同事業のための公的な補助金は、事業の成功にとって重要な役割を担っている。企業は、公的な補助金によって、プロジェクトの成功率を高める追加的な資金を得ることができる。しかし、公的な補助金がモラルハザードを引き起こすなら、それは事業の成功に負の影響を与えることになる。すなわち、公的な補助金を受けた企業は、自社の研究開発の支出や努力を減らすか、補助金がなければ手を付けなかったであろう、成功率の低い高リスクのプロジェクトを選択するかもしれない。つまり、公的補助金の受給（SUBSIDY）が共同研究開発の成果に与える効果は、正にも負にもなりうる。

---

[13] COOPSIZEが負の効果を与えるもうひとつの理由は、多くの企業が参加するとただ乗りの問題が起こりやすくなることである。
[14] Sakakibara（2001b）は、同業種の企業間の連携によって規模の経済が働くとともに、無駄な重複を避けることができるため、研究開発の効率性を高めることができると主張している。一方、異業種の企業同士の共同事業は、参加企業に必要な補完的資源へのアクセスを容易にするということも主張している。

仮説6a：公的な補助金を受けたほうが、共同研究開発の成功率は高い（SUBSIDY＋）。

仮説6b：公的な補助金を受けないほうが、共同研究開発の成功率は高い（SUBSIDY－）。

4-3-3 信頼と機会主義

　参加企業同士の信頼は、連携相手の機会主義的行動のリスクを減らしてメンバー間の対立を防ぎ、メンバーの共同事業へのコミットメントを高める効果がある（Kale et al. 2000）。以前に同じメンバーで共同事業を行った経験があり（EXPER）、参加企業が事前に互いをよく知っている場合（CONTACT）、参加企業間の信頼は高くなり、それに伴って相手の機会主義的行動のリスクは低くなる（Deeds and Hill 1999、Bizan 2003、Soh 2003、Mora-Valentin et al. 2004）。つまり、EXPERとCONTACTの係数は正の符号をとると期待される[15]。

仮説7：参加企業が過去に共同研究開発を行っているほうが、共同研究開発の成功率は高い（EXPER＋）。

仮説8：参加企業が事前に互いをよく知っているほうが、共同研究開発の成功率は高い（CONTACT＋）。

4-3-4 フォーマルな組織とインフォーマルな組織

　共同事業の調整費用は、共同事業の組織構造によって影響される。事業協同組合や共同出資会社のようなフォーマルな組織は、参加企業の機会主義的な行動を防ぐ効果がある[16]。つまり、フォーマルな組織によって取引費用や調整費用は節約される。しかし、意思決定の柔軟性が損なわれる結果、フォーマルな組織は共同事業に負の効果を与えるかもしれない。したがって、インフォー

---

[15] 過去の経験が正の効果を与える理由は他にもある。現在の事業に参加している企業が以前の事業に参加していた企業と大幅に異なっていても、現在の研究が過去の事業のテーマと関係している限り、共同事業を経験している企業は過去の事業からの学習によって現在の共同事業を効率的に運営できる。

[16] Mora-Valentin et al.（2004）は共同事業に関する契約の制度化が成功に寄与する要因であると主張しており、本章の議論と一致する。

マルな組織と比較して、フォーマルな組織は成果に対してプラスに影響することもマイナスに影響することも考えられる。インフォーマルな組織を比較の基準にすると、フォーマルな組織の変数（FORMAL）の係数の符号は、正負のどちらの可能性もある。本章では、フォーマルな組織として協同組合や共同出資会社を考え、インフォーマルな組織として、正式な契約書の有無に関わらず、協同組合や共同出資会社以外のすべての組織を考える。

仮説 9 a：フォーマルな組織で行われるほうが、共同研究開発の成功率は高い（FORMAL ＋）。

仮説 9 b：インフォーマルな組織で行われるほうが、共同研究開発の成功率は高い（FORMAL －）。

4-3-5　費用分担と成果分配に関する取り決め

共同事業に関連する契約協定、とくに費用分担と成果分配の方法の組み合わせは、参加企業のインセンティブに影響を与え、したがって共同事業の成果にも影響を与えるかもしれない[17]。参加企業の能力や貢献に違いがある場合、費用の均等な負担や成果の均等な分配は最適だとは考えられない。このような場合には、費用の均等分担は不公平であり、参加者の一部は不満を抱くであろう。また、成果の均等な分配は、参加企業間のただ乗りを助長するであろう。

しかし、費用や成果の分担・分配方式よりも重要なのは、その方式の組み合わせである。資金力や技術力が参加企業間で異なる場合には、より能力のある企業が大きな費用を分担し、その代わりに成果の分配を多く受け取るのが効率的であろう。そうでなければインセンティブ問題が発生するであろう。同様に、参加企業間で貢献が異なるにもかかわらず、成果を均等に分配したり、成果の自由な利用を認めるのは、不平等である。したがって、たとえば費用負担と成

---

(17) 契約書のないインフォーマルな共同事業も分析対象に含めているため、費用分担と成果分配に関する契約上の合意は口頭ないし暗黙の合意を含む。さらに、共同事業の成果の分配方式が事業の開始時に合意されていたか否かは、筆者の調査では明らかでない。ここでは、参加企業は事業の開始時から成果の分配方法について少なくとも口頭ないし暗黙の合意を持っていた、という強い仮定を置いている。

果分配をどちらも均等にする方法（RULE1）や、技術力に応じて費用の分担を決定し、技術的貢献に応じて成果を分配するという組み合わせ（RULE2）のような、費用分担と成果分配の均衡のとれた組み合わせは、均衡がとれていない他のすべての組み合わせよりも効率的であると期待される。本章では、後者を比較の基準として、均衡のとれた方式の効果を検証する[18]。

仮説10：費用を均等に分担し、成果も均等に分配する方式、または技術力に応じて費用を分担し、技術的貢献に応じて成果を分配する方式をとる場合は、それ以外の方式と比べて、共同研究開発の成功率は高い（RULE1＋、RULE2＋）。

4-3-6 コントロール変数

実証分析においては、プロジェクト特性を表す上記の変数の効果を、企業特性と産業特性によってコントロールする必要がある。第4.1節で述べたように、本章では、産業ダミー変数によって、産業間での共同事業の成功率の違いをコントロールする[19]。企業特性は研究開発能力（RDINPUT）と過去の共同研究開発の経験（EXPER）によって代表される。しかし、後者は仮説7でプロジェクト特性の一部として扱われているので、コントロール変数とは見なさない。

企業の内部経営資源の観点からすれば、参加企業の研究開発能力が高いほど、プロジェクトの成功率は高いと考えられる。本章では、自社研究開発の指標RDINPUTを、以下の3つのダミー変数の和として作成する。1）研究開発支出を毎年計上していれば1、そうでなければ0の値をとるダミー変数、2）

---

[18] 資金力に応じた費用負担と資金的貢献に応じた成果分配の組み合わせも公平で効率的である。しかし、この組み合わせは稀であるので、本章の回帰分析では考慮しない。

[19] 「その他の製造業」を比較の基準として、2001年現在の日本標準産業分類の中分類におおむね従う14の産業ダミーを作成した（食料品、繊維、木材・木製品・家具、パルプ・紙・紙加工品、印刷・同関連、化学・医薬品、プラスチック・ゴム製品、窯業、鉄鋼・非鉄金属、金属製品、一般機械器具、電気機械器具、輸送用機械器具、精密機械器具）。

専任の研究開発人員を雇用していれば1、そうでなければ0の値をとるダミー変数、3）研究開発担当部署があれば1、そうでなければ0の値をとるダミー変数、である。つまり、RDINPUTは0から3までの整数値をとる。この値が大きい企業は、イノベーションの能力が高いだけでなく、外部の技術やノウハウを受容する能力も高く（Cohen and Levinthal 1989）、そのために共同事業の効率性も高いと予想される[20]。

分析モデルには、プロジェクト特性の変数をさらにふたつ含める。ひとつは回答企業の事業活動全体に占める当該プロジェクトの比重（WEIGHT）、もうひとつはプロジェクトの開始時点における研究の進捗度（ZEROSTART）である。変数WEIGHTは5段階評価で表され、最高値5は、回答企業の事業活動の中で当該プロジェクトが非常に重要な意味を持つことを意味する。ZEROSTARTは、共同研究開発がゼロから（テーマの設定から）開始された場合に1、そうでなければ0の値をとるダミー変数である。この変数によって、このようなタイプの事業が、少なくとも参加企業の一部によってすでに開始されていた研究事業から区別される。WEIGHTとZEROSTARTの共同事業成功への影響は、それぞれ正と負であると予想される。プロジェクトの比重が高いということは、回答企業がそれに強くコミットしていることを意味する。また、共同研究開発の開始前に、参加企業が関連する研究開発を部分的に行っていた場合には、共同研究開発をゼロから始める場合と比べて、プロジェクトの成功率は高いだろう。

5．分析結果と考察

5－1．技術的成功の決定要因

図表9－4は技術的成功の決定要因の推定結果を示す。すべてのモデルには定数項と14種の産業ダミー変数が含まれているが、表では省略されている。推

---

[20] その意味では、この変数はプロジェクト参加企業全体の平均値として定義するほうが適切である。しかし、そのようなデータがないため、本章では、参加企業が同等の研究開発能力を持つと仮定し、調査対象企業の回答を代理指標として用いている。

図表9－4　技術的成功の決定要因

プロビット・モデル：被説明変数＝技術的成功

変数		モデル1	モデル2	モデル3	モデル4	モデル5	モデル6
自社研究開発	RDINPUT	0.0964***	0.106***	0.104***	0.0949**	0.177***	0.202***
参加企業数	COOPSIZE	−0.000834			−0.0200		−0.0742
異業種企業参加	DIFFIND	0.176**			0.200**		0.207*
取引先企業参加	BUSPART	−0.0917			−0.120		−0.140
大企業参加	LARGE	0.211***			0.216***		0.340***
産学官連携	UNIV	0.0559			0.0576		0.211*
補助金受給	SUBSIDY		0.109		0.0212		−0.156
共同研究開発経験	EXPER			−0.0399	−0.0243		−0.243*
事前の交流	CONTACT			0.127*	0.170**		0.344***
フォーマル組織	FORMAL					−0.0782	0.0668
シェアルール1	RULE1					0.0220	−0.224
シェアルール2	RULE2					0.503***	0.559***
プロジェクトの比重	WEIGHT	0.0622**	0.0664**	0.0592**	0.0564*	0.0482	0.0496
ゼロからの開始	ZEROSTART	0.0649	0.0175	0.0307	0.0433	0.0459	0.0741
対数尤度		−134.0	−146.2	−144.8	−131.4	−80.5	−64.4
χ二乗検定		37.8**	25.2	27.0	43.2**	40.4***	65.2***
擬似決定係数		0.124	0.079	0.085	0.141	0.201	0.336
観測数		228	237	236	228	147	142

注1）ここでは回帰係数に代えて（各変数の平均値における）限界効果を示す。ダミー変数については、0から1に変化したときの効果の違いを意味している。有意水準は***，1％；**，5％；*，10％。
注2）定数項と14個の産業ダミー変数がモデルに含まれているが、ここでは結果の表示を省略。

定結果の頑健性を確かめるために、コントロール変数（RDINPUT、WEIGHT、ZEROSTART、産業ダミー）以外の変数の組み合わせを変えて、6つのモデルを推定した。

モデル1は、参加企業の構造に関する変数（COOPSIZE、DIFFIND、BUSPART、LARGE、UNIV）を用いて、仮説1から5を検証している。モデル2は、仮説6に関して公的補助金の効果を検証している。モデル3は、信頼に関する変数（EXPER、CONTACT）を用いて仮説7と8を検証している。モデル4は上記の変数をすべて用いた推定である。モデル5は、フォーマルな組織（FORMAL）と費用分担・成果分配の方法（RULE1、RULE2）の効果を推定し、仮説9と10を検証している。モデル6は、本章で議論したすべての変数を含めた推定である。モデル5と6の推定では他のモデルと比べて観測数が大幅に少ない

が、これはRULE1とRULE2のデータに欠損値が含まれているためである。

モデル2と3のχ二乗検定量が有意ではなく、擬似決定係数も非常に低いので、これらのモデルの説明力はあまりない。しかし、その他のモデルについてはχ二乗検定量が有意で、疑似決定係数も0.12（モデル2）から0.34（モデル6）とある程度高いので、これらのモデルには十分な説明力がある。これらの統計量をモデル間で比較すると、契約特性の変数、とくにRULE2が、モデルの統計的な説明力を顕著に高めていることがわかる。

この図表には、各変数の回帰係数ではなく、平均値における限界効果を記載している。プロビット分析は非線形回帰であり、最小二乗法とは異なって、回帰係数の大きさ自体に意味はないからである。限界効果とは、説明変数が1単位増加したときに（ダミー変数の場合にはその値が0から1に変わったときに）、被説明変数が1をとる確率がどのくらい上昇するかを示す。推定された回帰係数の標準誤差も省略されているが、限界効果の添え字（***、**、*）は、回帰係数の有意水準を示す（それぞれ1％水準、5％水準、10％水準で有意）。

モデル1から4において、RDINPUT、DIFFIND、LARGE、CONTACT、WEIGHTには正の効果がみられる[21]。これは、1）活発な自社研究開発、2）異業種企業との連携、3）大企業との連携、4）参加企業が事前に互いをよく知っていること、5）プロジェクトの比重の高さが、共同研究開発の技術的成功の重要な決定要因であることを示唆している。また、モデル5と6で追加された変数のうち、RULE2が有意な正の効果を示す。これは、費用分担と成果分配に関して公平で均衡のとれた方式が、技術的成功の確率を高めることを示唆している。この変数の限界効果はとくに強く、このルールを持つプロジェクトの成功確率は、そうでないプロジェクトと比べて、他の条件を一定とすれば

---

[21] LARGEが正の効果を持つことについては、これまで言及しなかった理由が少なくともふたつある。そのひとつは、大企業が中小企業に比べて特許に関する手続きや管理に精通している傾向があること、もうひとつは、大企業は技術水準の低い共同事業に興味を持たないことである。つまり、大企業は技術的に見込みのある共同事業と連携先企業を選択する（本書第4章コラム参照）。この考えが正しければ、大企業との共同研究開発は、最初から技術的に成功する可能性が高いことになる。

50％以上高いことになる。その他の変数 COOPSIZE、BUSPART、UNIV、SUBSIDY、EXPER、FORMAL、RULE1、ZEROSTART は、技術的成功の確率に有意な効果を持たない。したがって、これらの結果は仮説2a、4、8、10を支持している。

これらのモデルの推定結果は頑健であるが、注目すべき例外は UNIV である。すべての変数を推計に含めると（モデル6）、UNIV の係数は正で有意となる。その他の変数の回帰係数の符号と有意性は、産業ダミーを除外したり変数の組み合わせを変えても、ほとんど変化しない[22]。頑健性の確認の結果、推定結果は自由度の制約や多重共線性の影響を受けていないといえる。

5－2．商業的成功の決定要因

図表9－5は商業的成功の決定要因に関する推定結果を示す。すべてのモデルには定数項と産業ダミーが含まれるが、表中では省略している。χ二乗検定量がいずれも有意であり、疑似決定係数が0.16（モデル5）から0.29（モデル6）までの比較的高い値をとることから、これらのモデルは十分に高い説明力を持っているといえる。商業的成功の推定結果は、全体的に、技術的成功の推定結果よりも良好で、モデルの説明力も高い。

この図表にも、各変数の回帰係数ではなく、平均値における限界効果を記載している。限界効果の添え字（***、**、*）は、回帰係数の有意水準を示す（それぞれ1％水準、5％水準、10％水準で有意）。

モデル1から4において、RDINPUT、COOPSIZE、BUSPART、EXPER、WEIGHT の係数が正で有意である一方、UNIV、SUBSIDY、ZEROSTART の係数は負で有意である。DIFFIND、LARGE、CONTACT は商業的成功の確率に有意な効果を持たない。これらの結果は、1）活発な自社研究開発、2）多くの企業との連携、3）取引先との連携、4）大学や公的研究機関と連携しないこと、5）公的な補助金を受けないこと、6）過去の共同研究開発の経験、7）プロジェクトの比重の高さ、8）参加企業の中間的成果を発展させるプロ

---

(22) 被説明変数と説明変数の相関係数については本章の**付表1**を参照。相関係数は、推定された係数の符号および有意性と対応している。

図表9-5　商業的成功の決定要因

プロビット・モデル：被説明変数＝商業的成功

変数		モデル1	モデル2	モデル3	モデル4	モデル5	モデル6
自社研究開発	RDINPUT	0.0922**	0.0697*	0.0546	0.0950**	0.00306	0.00927
参加企業数	COOPSIZE	0.113*			0.144**		0.178*
異業種企業参加	DIFFIND	0.0641			0.0860		0.155
取引先企業参加	BUSPART	0.244***			0.220**		0.227*
大企業参加	LARGE	−0.0956			−0.117		−0.272***
産学官連携	UNIV	−0.229***			−0.168**		−0.240**
補助金受給	SUBSIDY		−0.253***		−0.219**		0.154
共同研究開発経験	EXPER			0.216***	0.193**		0.157
事前の交流	CONTACT			−0.0221	−0.0343		−0.0744
フォーマル組織	FORMAL					−0.130	−0.366*
シェアルール1	RULE1					0.0205	−0.0629
シェアルール2	RULE2					0.0967	0.183
プロジェクトの比重	WEIGHT	0.112***	0.123***	0.115***	0.103***	0.0647*	0.0723*
ゼロからの開始	ZEROSTART	−0.377***	−0.338***	−0.326***	−0.310***	−0.493***	−0.534***
対数尤度		−117.8	−128.5	−128.7	−112.4	−82.1	−67.3
χ二乗検定		77.6***	68.5***	66.3***	88.3***	32.0**	55.8***
擬似決定係数		0.248	0.211	0.205	0.282	0.163	0.293
観測数		228	237	236	228	147	142

注1）ここでは回帰係数に代えて（各変数の平均値における）限界効果を示す。ダミー変数については、0から1に変化したときの効果の違いを意味している。有意水準は***，1％；**，5％；*，10％。

注2）定数項と14個の産業ダミー変数がモデルに含まれているが、ここでは結果の表示を省略。

ジェクトが、商業的成功の重要な決定要因であることを示唆している。

モデル5と6の推定結果は、フォーマルな組織と費用分担・成果分配の方式が、商業的成功の確率にほとんど有意な効果を持たないことを示唆している。FORMALの係数はモデル6において負であるが有意性は低く、モデル5においては有意ではない。すなわち、推定結果が十分に頑健ではない。商業的成功に関する以上の推定結果は、仮説1a、3、6b、7を支持している。

仮説とは反対に、UNIVの効果は負で有意である。同様の結果がHall et al.（2003）やBougrain and Haudeville（2002）でも報告されているが、これは様々に解釈できる。大学のスタッフからの技術支援が必要なプロジェクトは研究の初期段階にあり、商業化まではまだ遠いのかもしれない。さらに企業は、商業化を目的としない基礎研究のプロジェクトにおいて大学と連携する傾向が

ある。Hall et al.（2003）は、早期完了の見込みの低い困難な事業に大学が参加する傾向があると主張している。しかし、大学や公的研究機関との連携に関する実証研究は、本章の範囲を超えている。さらに、本章で用いる調査データの制約により、そのような分析は実行不可能である（他の調査データを用いた産学官連携の実証分析については、本書第10章を参照されたい）。

　以上のモデルの推定結果はかなり頑健である。説明変数の係数の符号と有意性は、産業ダミーを除外するか、変数の組み合わせを変えても、あまり大きくは変わらない[23]。頑健性の確認の結果、推定結果は自由度の制約や多重共線性の影響を受けていないといえる。

　技術的成功の確率と商業的成功の確率に関する推定結果を合わせると、仮説1a、2a、3、4、6b、7、8、10が支持された（**図表9-6**）。つまり、本章の仮説は、仮説5（UNIV）と仮説9（FORMAL）を除いて、すべて実証的に支持された。それに加えて、これらの結果は、**図表9-5**にまとめたられ

図表9-6　分析結果のまとめ

変数		技術的成功	商業的成功	支持された仮説
自社研究開発	RDINPUT	＋	＋	（制御変数）
参加企業数	COOPSIZE		＋	1a
異業種企業参加	DIFFIND	＋		2a
取引先企業参加	BUSPART		＋	3
大企業参加	LARGE	＋		4
産学官連携	UNIV		－	
補助金受給	SUBSIDY		－	6b
共同研究開発経験	EXPER		＋	7
事前の交流	CONTACT	＋		8
フォーマル組織	FORMAL			
シェアルール1	RULE1			
シェアルール2	RULE2	＋		10
プロジェクトの比重	WEIGHT	＋	＋	（制御変数）
ゼロからの開始	ZEROSTART		－	（制御変数）

注）＋（－）の記号は、その変数の回帰係数が有意な正（負）の値を持つことを示す。

---

[23] ただし、大企業の参加、補助金の受給、共同研究開発経験の影響については、モデル6とそれ以外のモデルで有意性が明らかに異なる。

たように、技術的成功と商業的成功の決定要因が全く異なっているということを明らかにしている。技術的成功の決定要因はRDINPUT、DIFFIND、LARGE、CONTACT、RULE2、WEIGHTであるが、商業的成功の決定要因はRDINPUT、COOPSIZE、BUSPART、UNIV（負）、SUBSIDY（負）、EXPER、WEIGHT、ZEROSTART（負）である。つまり、コントロール変数であるRDINPUTとWEIGHTは別として、被説明変数の決定要因は異なっているが、推定結果は全体として本章の仮説を支持するものである。

Belderbos et al. (2004)によれば、連携相手の選択は企業成果を捉える指標に応じて、したがって連携の目的に応じて行われる。本章の結果によれば、共同研究開発プロジェクトの最適な方式はプロジェクトの成果の測定方法に依存し、したがってプロジェクトの参加企業の目的に依存している。

5-3. 技術的成功と商業的成功の要因の同時推定

これまでは、共同研究開発の技術的成功の要因と商業的成功の要因をそれぞれ独立に推定した。両方ともに達成した企業は比較的少数であり（17%）、技術的に成功した企業（38%）や商業的に成功した企業（43%）の中でも少数派である。また、技術的成功ダミー（TESUCCESS）と商業的成功ダミー（COSUCCESS）の相関係数は0.05しかないが、このふたつの成功の要因が相互に関連している可能性は否定できない。そこで、両方の推定モデルの誤差項が互いに相関していることを想定し、二変量プロビット・モデル（bivariate probit model）を用いて、技術的成功の確率と商業的成功の確率の同時推定を行った。

その結果は、両者の決定要因を独立に推定したこれまでの結果と基本的に変わらなかった（そのためにここでは表記を割愛する）。また、両方の推定式の誤差項同士の相関係数は非常に低く、統計的にみても有意でないことが判明した。この結果は、技術的成功の要因と商業的成功の要因が大きく異なるという、これまでの分析の結果と整合的である。

6. むすび

本章は、独自の調査のデータに基づいて中小企業の共同研究開発プロジェクトの組織・契約の特性を明らかにし、プロジェクトの成功要因を分析した。成

功の指標として、「技術的成功」（共同事業の成果が特許または実用新案として出願されたかどうか）と「商業的成功」（共同事業の成果が売上増加に貢献したかどうか）というふたつの指標を用いた。分析においては、とくに参加企業の構成、大学等の関与、フォーマルな組織、費用分担と成果分配のルールの果たす役割に注目した。共同研究開発については多くの研究が見られるが、プロジェクトの組織・契約構造についても、それがプロジェクトの成果に与える影響についても、詳細な調査や分析は行われてこなかった。さらに、日本の中小企業について、共同研究開発の成果や成功要因に関する計量的分析はこれまでほとんど行われていない。

　本章の基本的な考えは、共同研究開発プロジェクトの組織・契約構造が、プロジェクトの成功を左右するというものである。回帰分析の結果は、この考えを概ね支持している。とくに、プロジェクトの商業的成功の確率が取引先との連携によって高まり、大学や公的研究機関との連携によって低下するというのは注目すべき結果である。また、推定結果は、共同研究開発の技術的成功が費用分担と成果分配のルールの組み合わせに依存しているということを証明している。とくに、技術的能力に応じて費用を分担し、技術的貢献に応じて成果を分配するというルールの下では、技術的成功の確率は高くなる。さらに、全体として、共同研究開発の技術的成功と商業的成功の決定要因は大きく異なるということが明らかにされた。しかし、本章の分析は中小企業に対象を限定しており、したがってこの分析結果を大企業にそのまま応用できるわけではない。

　全体として、本章の推定結果は、共同研究開発プロジェクトが、一方では参加企業に補完的な外部資源への最適なアクセスを提供できるように、他方では参加企業のインセンティブとコミットメントを高めてただ乗りを防ぎ、取引費用と調整費用を節約するように設計されるべきであることを示唆している。

　最も重要な結果を要約すると、共同研究開発事プロジェクトが成功するか否かは、そのプロジェクトの構造と内容に依存する。共同事業の最適な設計は、共同事業の目的に依存する（Belderbos et al. 2004）。大企業や異業種企業、互いによく知っている企業との連携は、技術的成功に貢献する。一方、公的な補助金を受けず、取引先を含む多くの企業と連携することは、商業的成功の確率を高めるのである。

企業は、自身の目的（特許、新製品、新製法など）や条件（内部資源、産業の技術特性など）に基づいて、共同事業の最適なパターンを選ぶことができる。本章の分析では、プロジェクトの組織・契約特性を外生と見なしたが、内生的に決定されている可能性もある。この問題は本章の範囲を超えるので、今後の研究課題として残されている[24]。

　最後に、今後の研究課題として、本章では取り上げなかったいくつかの要因について述べておきたい。まず、共同研究開発の技術分野の特性である。これが共同事業の組織と成果の両方に影響している可能性がある。産業ダミーを分析に含めることでそのような特性を部分的にはコントロールしているが、それは筆者の調査では明示的に考慮されていない。今後の研究は、特定の産業または技術に焦点を絞って行われるべきである[25]。第2に、前述の点とも関連するが、連携企業同士の技術的近接性が、共同事業の成功のために重要な役割を果たすかもしれない（Branstetter and Sakakibara 1998、Sakakibara and Branstetter 2003）。第3に、共同事業の成功は、共同研究開発のテーマと自社研究開発のテーマの近似性に依存する可能性がある（Caloghirou et al. 2003）。第4に、参加企業の地理的な近接性も、共同事業の成功の重要な要因かもしれない（Mora-Valentin et al. 2004）。最後に、共同事業の目的、参加企業の構成、組織・契約構造は、時とともに変化するであろう。本章では、共同事業の特性、とくに組織・契約構造が開始時に決定され、時間とともに変化しないことを、暗黙の前提にしている。これに対処するには、連携の動態的な発展過程を明示的に考慮する必要があろう（Reuer et al. 2002、Dvir and Lechler 2004参照）。

---

[24]　共同研究開発プロジェクトの契約の決定要因に関する実証研究は、数えるほどしかない。公的機関との研究開発協定の分析についてはCicotello and Hornyak（2000）、フォーマルな連携かインフォーマルな連携かの選択についてはBönte and Keilbach（2005）を参照。

[25]　たとえば、バイオテクノロジーに関する研究としてDeeds and Hill（1999）が挙げられる。

【コラム】共同研究開発の組織と契約は何に影響されるのか（試論）

　本章では、企業間の共同研究開発プロジェクトの組織・契約特性を所与の条件と考えて、それがその他の企業属性やプロジェクト属性とともに、プロジェクトの成功にどのように影響するかを分析した。ここでは、見方を変えて、プロジェクトの組織・契約特性がどのような要因に依存するのか、何によって決定されるのかを考えてみたい。このテーマについてはまだ研究途上であるので、これまでに明らかになったことをコラムに記すにとどめる。

　分析対象は、本章の分析で用いられたのと同じサンプルの255社である。筆者は、フォーマルな組織と契約の有無および費用負担と成果分配のルールに注目し、多項ロジットという分析方法によって、基本的な企業属性および参加企業の数や構成等のプロジェクト属性が、共同研究開発の組織・契約パターンにどのように影響するかを推定した。多項ロジット（multi-nominal logit）とは、相互に独立な3つ以上の選択肢がある場合に、そのうちのある選択肢が選ばれる確率をいくつかの説明変数から推定するモデルである。分析の基本的な前提として、参加企業が利益の最大化（費用の最小化）を目指してプロジェクトの組織と契約を合理的に選択すると想定する。また、企業属性といくつかのプロジェクト属性が外生変数であり、参加企業はそれらを所与としてプロジェクトの組織や契約の内容を決定すると仮定する。

　基本的な仮説は、プロジェクトの組織と契約のパターンは、参加企業の能力に依存し、プロジェクトの運営と調整にかかる費用（取引費用）を最小化するように決定されるというものである。企業の能力が高いほど、他社のただ乗りを防ぐためにフォーマルな組織や契約を志向し、貢献に応じた成果の分配を要求すると考えられる。また、プロジェクトの運営と調整が困難になるほど、取引費用を節約するためにフォーマルな組織が選択されやすく、契約は締結されにくいと予想される。企業の能力の代理変数として自社研究開発（RDINPUT）を用い、取引費用の代理変数として参加企業の数（COOPSIZE）、異業種企業の参加（DIFFIND）、取引先との連携（BUSPART）、参加企業の事前の面識と交流の程度（CONTACT）を

用いる。

　分析の結果、参加企業の数が多く、また異業種企業が参加する場合には、フォーマルな組織が選択されやすく、契約は締結されにくいことが分かった。また、費用負担と成果分配のルールは参加企業の数に依存し、参加企業の数が多いほど均等負担・均等分配が多く見られ、貢献に応じた分配が行われにくいということが明らかになった。以上の結果は、上記の仮説を部分的に支持するものである。

【参考文献】

Arundel, A. and I. Kabla (1998), "What percentage of innovations are patented? Empirical estimates for European firms", *Research Policy* 27, pp. 127-141.

Becker, W. and J. Dietz (2004), "R&D cooperation and innovation activities of firms – Evidence for the German manufacturing industry", *Research Policy* 33, pp. 209-223.

Belderbos, R., Carree, M., and B. Lokshin (2004), "Cooperative R&D and firm performance", *Research Policy* 33, pp. 1477-1492.

Bizan, O. (2003), "The determinants of success of R&D projects: evidence from American-Israeli research alliances", *Research Policy* 32, pp. 1619-1640.

Bönte, W. and M. Keilbach (2005), "Concubinage or marriage? Informal and formal cooperations for innovation", *International Journal of Industrial Organization* 23, pp. 279-302.

Bougrain, F. and B. Haudeville (2002), "Innovation, collaboration and SMEs internal research capacities", *Research Policy* 31, pp. 735-747.

Branstetter, L. and M. Sakakibara (1998), "Japanese research consortia: a microeconometric analysis of industrial policy", *Journal of Industrial Economics* 66, pp. 207-233.

Branstetter, L. and M. Sakakibara (2002), "When Do Research Consortia Work Well and Why? Evidence from Japanese Panel Data", *American Economic Review* 92, pp. 143-159.

Brouwer, E. and A. Kleinknecht (1999), "Innovative output, and a firm's propensity to patent. An exploration of CIS micro data", *Research Policy* 28, pp. 615-624.

Caloghirou, Y., Hondroyiannis, G., and N. S. Vonortas (2003), "The Performance of Research Partnerships", *Managerial and Decision Economics* 24, pp. 85-99.

Cicotello, C.S. and M. J. Hornyak (2000), "Cooperation via contract: An analysis of research and development agreements", *Journal of Corporate Finance* 6, pp. 1-24.

Cohen, W.M. and D. A. Levinthal (1989), "Innovation and Learning: Two Faces of R&D", *Economic Journal* 99, pp. 569-596.

Combs, K. (1993), "The role of information sharing in cooperative research and development", *International Journal of Industrial Organization* 11, pp. 535-551.

d'Aspremont, C. and A. Jacquemin (1988), "Cooperative and Non-cooperative R&D in Duopoly with Spillovers", *American Economic Review* 78, pp. 1133-1137.

Deeds, D.L. and C. W. L. Hill (1999), "An examination of opportunistic action within research alliances: evidence from the biotechnology industry", *Journal of Business Venturing* 14, pp. 141-163.

Dvir, D. and T. Lechler (2004), "Plans are nothing, changing plans is everything: the impact of changes on project success", *Research Policy* 33, pp. 1-15.

Freel, M. (2000), "External linkages and product innovation in small manufacturing firms", *Entrepreneurship and Regional Development* 12, pp. 245-266.

Fukugawa, N. (2006), "Determining Factors in Innovation of Small Firm Networks: A Case of Cross Industry Groups in Japan", *Small Business Economics* 27, pp. 181-193.

Hagedoorn, J., Link, A.N., and N. S. Vonortas (2000), "Research partnerships", *Research Policy* 29, pp. 567-586.

Hall, B.H., Link, A.N., and J. T. Scott (2003), "Universities as Research Partners", *Review of Economics and Statistics* 85, pp. 485-491.

Jorde, T.M. and D. J. Teece (1990), "Innovation and Cooperation: Implication for Competition and Antitrust", *Journal of Economic Perspectives* 4, pp. 75-96.

Kale, P., Singh, H., and H. Perlmutter (2000), "Learning and protection of proprietary assets in strategic alliances: Building relational capital", *Strategic Management Journal* 21, pp. 217-237.

Katz, M.L. (1986), "An Analysis of Cooperative Research and Development", *Rand Journal of Economics* 17, pp. 527-543.

Kleinknecht, A. and J. O. N. Reijnen (1992), "Why do firms cooperate on R&D? An empirical study", *Research Policy* 21, pp. 347-360.

Link, A.N. and L. L. Bauer (1989), *Cooperative Research in U.S. Manufacturing*. Lexington (Lexington Books).

Link, A.N. and D. S. Siegel, D.S. (2003), *Technological Change and Economic Performance*. London (Routledge).

Miotti, L. and F. Sachwald (2003), "Co-operative R&D: why and with whom? An integrated framework of analysis", *Research Policy* 32, pp. 1481-1499.

Miyata, Y. (1995) "An economic analysis of cooperative R&D in Japan", *Japan and the World Economy* 7, pp. 329-345.

Mora-Valentin, E.M., Montoro-Sanchez, A., and L. A. Guerras-Martin (2004), "Determining factors in the success of R&D cooperative agreements between firms and research organizations", *Research Policy* 33, pp. 17-40.

Nakamura, K. and H. Odagiri (2005), "R&D boundaries of the firm: An estimation of the double-hurdle model on commissioned R&D, joint R&D, and licensing in Japan", *Economics of Innovation and New Technology* 14, pp. 583-615.

Reuer, J. J, Zollo, M., and H. Singh (2002), "Post-formation dynamics in strategic alliances", *Strategic Management Journal* 23, pp. 135-151.

Sakakibara, M. (2001a), "Cooperative research and development: who participates and in which industries do projects take place?", *Research Policy* 30, pp. 993-1018.

Sakakibara, M. (2001b), "The diversity of R&D consortia and firm behavior: Evidence from Japanese data", *Journal of Industrial Economics* 49, pp. 181-196.

Sakakibara, M. and L. Branstetter (2003), "Measuring the impacts of US research consortia", *Managerial and Decision Economics* 24, pp. 51-69.

Soh, P.-H. (2003), "The role of networking alliances in information acquisition and its implications for new product development", *Journal of Business Venturing* 18, pp. 727-744.

Suzumura, K. (1992), "Cooperative and Non-cooperative R&D in Oligopoly with Spillovers", *American Economic Review* 82, pp. 1307-1320.

Vonortas, N.S. (1997), *Cooperation in Research and Development*, Boston (Kluwer).

Weaver, K.M. and P. Dickson (1998), "Outcome quality of small- to medium-sized enterprise-based alliances: The role of perceived partner behaviors", *Journal of Business Venturing* 13, pp. 505-522.

岡室博之（2005）「中小企業の共同研究開発と知的財産」『日本中小企業学会論集』第24号、同友館、3-16頁。

岡室博之（2007）「企業間事業連携の効果：個票データによる企業規模別比較分析」『企業研究』（中央大学企業研究所）第10号、中央大学出版部、35-54頁。

第9章付表　変数の相関係数表

変数	技術的成功	商業的成功	自社研究開発	参加企業数	異業種企業参加	取引先企業参加	大企業参加	産学官連携
技術的成功	1.000							
商業的成功	0.049	1.000						
自社研究開発	0.188	0.143	1.000					
参加企業数	0.014	0.018	−0.165	1.000				
異業種企業参加	−0.159	0.027	−0.001	−0.227	1.000			
取引先企業参加	−0.059	0.201	−0.076	−0.122	0.101	1.000		
大企業参加	0.207	0.106	0.143	−0.085	−0.061	0.215	1.000	
産学官連携	0.065	−0.250	−0.018	0.197	−0.128	−0.095	0.001	1.000
補助金受給	0.048	−0.262	−0.015	0.317	−0.176	−0.233	−0.180	0.406
共同研究開発経験	0.040	0.295	0.120	−0.137	0.102	0.115	0.127	−0.156
事前の交流	0.111	0.055	−0.004	−0.008	0.175	0.209	0.074	−0.037
フォーマル組織	−0.075	−0.089	−0.100	0.368	0.061	−0.124	−0.181	0.129
シェアルール1	0.029	−0.024	−0.036	0.260	0.008	−0.065	0.031	0.111
シェアルール2	0.258	0.008	0.149	−0.200	0.026	−0.023	0.071	0.003
プロジェクトの比重	0.139	0.284	0.083	−0.087	0.149	0.197	0.173	−0.142
ゼロからの開始	0.011	−0.251	−0.042	0.161	−0.045	−0.132	−0.132	0.165

変数	補助金受給	共同研究開発経験	事前の交流	フォーマル組織	シェアルール1	シェアルール2	プロジェクトの比重	ゼロからの開始
技術的成功								
商業的成功								
自社研究開発								
参加企業数								
異業種企業参加								
取引先企業参加								
大企業参加								
産学官連携								
補助金受給	1.000							
共同研究開発経験	−0.281	1.000						
事前の交流	0.086	0.147	1.000					
フォーマル組織	0.301	−0.114	0.019	1.000				
シェアルール1	−0.061	−0.090	0.079	0.194	1.000			
シェアルール2	0.087	0.005	−0.049	−0.104	−0.082	1.000		
プロジェクトの比重	−0.140	0.209	0.184	−0.032	0.118	0.056	1.000	
ゼロからの開始	0.266	−0.283	0.033	0.190	0.216	0.022	−0.104	1.000

第10章　中小企業による産学官連携相手の選択と連携成果

1. はじめに

　産学官連携が近年活発化している。とくに、中小企業の産学官連携への取り組みが近年大きく増加し、注目を集めている。中小企業庁の調査によれば（中小企業庁編 2003）、回答企業の36％が何らかの形で産学官連携に取り組んでいた。また、国立大学における中小企業との共同研究の比率は一貫して増加傾向にあり、最近では件数の4割が中小企業との連携である（本書第2章）。産学官連携は、経営資源が乏しく、研究開発の制約が強い中小企業にとって、重要な戦略のひとつである。むしろ、内部資源の乏しい中小企業にとってこそ、産学官連携は重要であると言える。

　しかし、産学官連携に関するこれまでの計量的研究は大企業に集中し、あるいは大企業と中小企業を明瞭に区別していない（本書第3章、第4章参照）。また、先行研究は主に産学官連携の要因（どのような企業が産学官連携に取り組むのか）と成果（産学官連携は研究開発の生産性を高めるか）に注目しており、連携の内容や相手の特性をほとんど考慮していない[1]。しかし、産学官連携を行うかどうかだけでなく、どのような相手を選び、どのように連携するかは、きわめて重要な意思決定である。たとえば Mora-Valentin et al. (2004) は、産学

---

(1) 日本では小田切・加藤（1997）、中小企業庁編（2003）と Motohashi（2005）、欧州諸国については Fritsch and Lucas（2001）、Mohnen and Hoareau（2003）、Veugelers and Cassiman（2005）等が産学連携の決定要因を分析しているが、これらは総じて、規模が大きく研究開発集約的な企業ほど産学連携に取り組む傾向が強いことを示している（第3章参照）。他方、Zucker and Darby（2001）、中小企業庁編（2002）、George et al.（2002）、岡田他（2003）、元橋（2005）等は、産学連携によって、特許出願件数で測定される企業の研究開発生産性が直接的・間接的に高まることを検証している。

官連携の成果が連携協定の内容に依存することを示している。

　Leyden and Link（1999）によれば、産学官連携プロジェクトに参加する企業の数が多いほど、国立研究機関と連携する確率が高まる。Fukugawa（2005）は、大学の連携相手企業の規模と連携内容が大学の研究水準によって異なることを検証した。Bekkers and Freitas（2008）は、産学間の知識移転の径路が、産業の違いよりも、移転される知識そのものの属性やその知識を創造・利用する研究者の属性、そして知識が創造され利用される環境に影響されることを見出した。しかし、産学官連携へのどのような取り組みがどのように成果に影響するか、あるいは産学官連携の取り組み内容がどのような要因によって影響されるのかは、まだ十分に明らかにされていない。そこで本章は、独自の企業アンケート調査のデータを用いて、計量的方法によってこの点を補完することを目的とする。

　本章の構成は以下の通りである。第2節では分析対象企業について説明する。第3節では中小企業による連携相手の選択が連携の成果にどのように影響するかを分析する。第4節では、連携相手の選択が企業と経営者の属性によってどのように影響されるかを分析する。最後に第5節で本章の内容を整理し、今後の研究課題を示して本章を締めくくる。

2．サンプル企業の概要

　本章の研究は、筆者が2005年3月に実施した「共同研究開発と産学連携に関するアンケート調査」の結果に基づいている。この調査については、序章、第3章と第4章で詳細に説明しているので、ここでは詳しい説明を省く。調査の回答企業1,857社（回答率18％）のうち、従業者数300人以下の中小企業は1,547社（回答企業の83％）である。そのうちさらに397社（26％）が、調査前の3年間に産学官連携に取り組んでいたか、調査時点で連携を継続中であった。この397社が本章の分析の対象である。

　この調査では、産学官連携は「民間企業が研究開発や技術移転、技術的課題の解決を目的として大学等の研究機関（大学、高等専門学校、国公立の試験研究機関）と協力関係を結ぶこと」と定義されている。具体的には、共同研究、委託研究、ライセンス供与、技術相談、設備・機材の利用、従業員の教育・研修、

大学院生・研究者の受け入れ等を指す。回答企業の一部は複数の大学・研究機関と連携しているが、この調査ではそのうち「最も重要なもの」に限定して、連携の相手や内容に関する回答をいただいている。

この調査の特徴は、連携相手の属性と探索方法を明らかにしていることである（詳細については、本書の第3章と第4章を参照）。以下、実証分析に先立って、中小企業の産学官連携相手の探索・選択と連携成果に関する調査結果を改めて整理しておく。

産学官連携の内容は様々であるが、調査対象企業に関する限りでは共同研究が最も多く（58％）、技術相談（46％）、設備・機材の利用（44％）、委託研究（39％）がそれに続く（複数回答方式）。また、中小企業の多くは、共同研究と技術相談というふうに、同時に複数のパターンの連携を行っている。

サンプル企業のちょうど半分が、国立大学を主要な連携相手機関としていた。主な連携相手機関は必ずしも近隣地域に立地しているのではない。ほとんどの場合、連携相手機関は国内にあるが、44％の企業では他の都道府県に立地している[2]。とくに地域との関わりの強い中小企業は、地縁を通じて地元の大学や研究機関と連携することが多いと予想されたが、実際には同一または近隣の市町村にある機関と連携するのは全体の28％に留まり、同一都道府県内の機関と連携するものも56％にすぎない。中小企業の連携相手は、大企業と比較すると近隣地域に立地していることが多いが（本書第4章参照）、国内の遠隔地にある研究機関との連携（21％）も少なくないのである。

つぎに、連携相手の探索方法（何を通じてどのようにして見つけたか）をみると、「経営者の個人的人脈」が最も多く（32％）、大学等の産学連携支援組織（27％）、学会等の会合（19％）、行政機関の紹介（17％）がそれに続く（複数回答方式）。大企業では学会等の会合が45％で1位になっており、この点でも中小企業による連携相手の探索は大企業と明瞭に異なる（本書第4章参照）。

アンケート調査では「産学官連携の所期の目的がどの程度達成されたか」（目的達成度）を尋ねている。産学官連携は様々な目的を持って行われるが、この

---

[2] これまで、連携相手の立地に関する調査は Wen and Kobayashi（2001）と文部科学省科学技術政策研究所（2003）以外には行われていないので、この調査結果は十分に興味深いものである。

調査では、「最先端の科学知識の吸収」、「貴社が直面していた具体的な技術的問題の解決」、「貴社が捉えたニーズの商品化」、「大学等の研究機関の持っている技術シーズの実用化」、「研究開発の費用や時間の節約」の5つから、「最も重要なもの」の択一回答を求めた。回答が最も多かったものは「技術的問題の解決」(39%)で、「技術シーズの実用化」(30%)がそれに続く。このような目的がどの程度達成されたかを、5を最高とする5段階で評価してもらったところ、平均値は3.2であった。

3. 連携相手の選択と連携の成果
3-1. 分析モデルと変数

　産学官連携相手の選択は、連携の成果にどのように影響するのだろうか。この点を明らかにすることが、本章の主要な目的のひとつである。本章では、前節で紹介したデータを用いて、計量的分析によって連携成果の要因分析を行う。

　連携の成果を示す被説明変数として、前述した連携目的の達成度（5を最高とする5段階評価）を用いる。この変数は回答者の主観的評価に依存するが、たとえば特許出願と比較して、産学官連携の成果をより多面的・総合的に見ることができるという利点を備えている。もちろん、産学官連携の目的がどの程度達成されたかは、意図された目的にもよると考えられるので、本章の分析では説明変数に産学官連携の目的を表すダミー変数を加えて、連携目的の達成度をコントロールする。また、被説明変数が連続変数ではなく、1から5の間の整数値しかとらないことから、分析方法として最小二乗法ではなく順序プロビットモデル（ordered probit model）を採用する[3]。

　基本的な分析モデルは、次のように表される。

連携目的の達成度（5段階評価）= f（連携相手の類型、連携相手の探索方法、連携相手の立地、連携相手の数、連携の目的、共同研究開発を行うか否か、自社の立地、その他の企業属性）

---

(3) 順序プロビットモデルについての詳細は、たとえば牧他（1997）、254-259頁を参照。

主な説明変数は、最も重要な連携相手の類型、立地と探索方法である。ここで何が「最も重要」かは、回答者自身の判断に委ねられている。本章では、調査票に従って、連携相手機関を国立大学、公立大学、私立大学、高等専門学校（高専）、国立研究機関、公立研究機関、外国の大学・研究機関の7つに分類し、それぞれについてダミー変数を作成する。たとえば、国立研究機関ダミーは、連携相手が国立研究機関であれば1、そうでなければ0の値をとる離散変数である。以下の分析では、最も回答の多い国立大学（50%）および最も回答の少ない外国の大学・研究機関（1%）を比較の基準として、その他の5つの類型との連携の効果が国立大学あるいは外国機関との連携と異なるかどうかを推定する。

連携相手の立地は、調査票では同一市区町村内、近隣市区町村内、同一都道府県内、近隣都道府県内、国内遠隔地、外国の6つに区分されているが、ここでは国内遠隔地と外国を合わせた「遠隔地」とより近い地域を区別し、連携相手が遠隔地に立地する場合（全体の21%）に1、それ以外は0の値をとるダミー変数を作成し、近隣地を基準として遠隔地の効果を推定する。すなわち、他の条件を一定として、連携相手が遠隔地にある場合とそれ以外で、目的達成度がどのくらい異なるかを調べるのである。

なお、連携相手の立地は、自社の立地状況にも依存する可能性がある。自社が、たとえば東京都に立地する場合には、都内あるいは近隣県に多数の大学や研究機関が立地するため、連携相手を遠方まで探索する必要がないかもしれないが、東京から遠い地域に立地する場合には、近辺に大学や研究機関が少ないために、連携相手を遠方まで探索する必要があるかもしれない。このような自社の立地条件の影響をコントロールするため、本章の分析ではモデルに企業の立地条件の変数を加える。これは、企業が東京都あるいは大阪府に立地している場合には1、その他の場合には0の値をとるダミー変数である。

連携相手の探索方法は、調査票では経営者の個人的人脈、学会等の会合、学術出版物、業界団体による紹介、異業種交流活動、取引先による紹介、行政機関による紹介、大学等の産学連携支援組織に区分されている。この質問は複数回答を認めているため、個々の探索方法は互いに独立ではなく、すべての探索方法の効果を同時に検証することはできない。そこで本章では、学会等の会合

を通じた探索と学術出版物による探索を合わせた変数を作成し、その変数のみをモデルに加えて、学会あるいは学術出版物による探索の効果を他のすべての探索方法の効果と比較検証する。学会や学術出版物による探索は、自社のニーズに合った連携相手を広範囲から専門的に見つけることができるという利点を持つが、多くの中小企業にとっては多大な探索費用のかかる、「面倒」で「敷居の高い」方法であると考えられる。実際、前述のように、この探索方法について大企業と中小企業の違いは際立っている（本書第4章）。このような理由により、本章では連携相手の様々な探索方法のうち、学会ないし学術出版物による探索に注目する。

本章の分析では、いくつかの変数をコントロール変数として用いる。そのひとつは、前述のとおり、連携の目的である。ここでは調査票に従って、連携の目的を「先端知識の学習」、「技術的問題の解決」、「ニーズの商品化」、「シーズの実用化」、「研究開発の費用・時間の節約」の5つに区分して、それぞれについてダミー変数を作成し、「技術的問題の解決」を比較基準として、目的の違いによる連携成果の違いをコントロールする。

もうひとつのコントロール変数は、産学官連携の内容に関するものである。産学官連携の内容には共同研究開発の他に、委託研究、技術相談、設備・機材の利用等、様々なものがある。これらの違いが目的達成度に与える影響を考慮して、以下の分析では、大学等と共同研究開発を実施した場合に1、それ以外は0の値をとる共同研究開発ダミー変数をモデルに加える。さらに、産学官連携企業のうち大学等と共同研究開発を実施した企業に対象を限定して分析を行い、結果を確認する。

サンプル企業の一部は、同時に複数の研究機関と連携している。連携相手の数が多いほど、連携の目的が達成される度合いはより高まるであろう。そのため、産学官連携相手の数（実数）をモデルに加えて、その点をコントロールする。さらに、上述の理由から、都会（東京・大阪）立地ダミーによって企業の立地条件をコントロールする。また、その他の企業属性の影響をコントロールするため、企業規模（従業者数の対数値）と自社研究開発ダミー（研究開発費を毎年予算に計上している場合に1、それ以外は0の値をとる変数）、および技術集約産業ダミー（技術集約産業に分類される企業であれば1、そうでなければ0の値をと

図表10−1　基本統計量

変数	平均値	中央値	標準偏差	最小値	最大値	観測数
目的達成度	3.16	3	1.05	1	5	374
相手：公立大学	0.048	0	0.214	0	1	377
相手：私立大学	0.199	0	0.400	0	1	377
相手：高等専門学校	0.050	0	0.219	0	1	377
相手：国立研究機関	0.072	0	0.258	0	1	377
相手：公立研究機関	0.170	0	0.376	0	1	377
探索：学会・出版物	0.215	0	0.412	0	1	381
相手立地：遠隔地	0.214	0	0.411	0	1	383
自社立地：東京・大阪	0.275	0	0.447	0	1	397
産学連携相手の数	1.83	1	1.31	1	12	370
共同研究開発	0.577	1	0.495	0	1	378
目的：先端知識の学習	0.079	0	0.270	0	1	379
目的：ニーズの商業化	0.203	0	0.403	0	1	379
目的：シーズの実用化	0.296	0	0.457	0	1	379
目的：費用・時間の節約	0.063	0	0.244	0	1	379
技術集約産業	0.386	0	0.488	0	1	396
企業規模	4.549	4.605	0.790	0	5.704	397
自社研究開発	0.577	1	0.495	0	1	397
社長学歴：大卒以上	0.805	1	0.397	0	1	395
社長学歴：院修了	0.073	0	0.261	0	1	395
社長学歴：文系	0.420	0	0.494	0	1	395
社長学歴：理系	0.385	0	0.487	0	1	395
社長年齢：60歳以上	0.446	0	0.498	0	1	397

る変数）をモデルに加える。ここでは平均的な研究開発集約度の高さに従って、化学産業、電気機械産業、精密機械産業の3つを技術集約産業と見なす。

　分析で使用する以上の変数の基本統計量を、**図表10−1**に示す（変数間の相関関係については本章末付表参照）。なお、この表の最後にある社長の学歴と年齢の変数は、次節において連携相手機関の選択の要因に関する分析の中で用いられる。

3−2．作業仮説

　計量分析に先立って、いくつかの作業仮説を設定しておこう。まず、筆者は

産学官連携の効果は連携相手の類型によって異なると考える。たとえば、世界的な視野から先端的な研究に取り組む（少なくとも一部の）国立大学や国立研究機関と、地域の技術ニーズに合わせた試験研究業務に従事する工業技術センター等の公立研究機関では技術的な役割が大きく異なるため、中小企業の連携目的への貢献も異なる可能性がある[4]。

つぎに、産学官連携の効果は連携相手の立地、ないし連携相手との距離に左右される可能性がある。産学官連携に限らず、事業連携が効果を挙げるためには、情報の交換と共有が重要である。連携相手が近くにあるほど、効率的で密接な情報交換が可能になり、連携の成果が向上すると考えられる（三井他 2006）。他方、遠隔地にある大学や研究機関との連携が、広範囲にわたる多数の選択肢から最適な連携相手を選択した結果であり、適切なマッチングの代理指標と見なすことができるとすれば、連携相手が遠隔地にある場合のほうが連携の効果は大きいと言えよう。連携相手の立地にはこれら双方の要因が含まれるため、どちらの影響がより強いかは先験的には判断できない。

第3に、産学官連携の効果は、連携相手の探索方法によって異なると考えられる。連携相手を見つける方法は様々であり、実際には複数の方法が同時に用いられることもある。しかし一般に、学会や学術出版物を通じて連携相手を探索することは、企業側が事前に高い水準の専門知識や専門学会との関わりを持つことを前提とする。したがって、学会や学術出版物による探索が行われたということは、企業側の技術水準や専門性の高さを示唆する。また、そのような方法による探索は、行政機関・公設研究機関・業界団体・取引先等からの紹介と比べて、一般により高い水準の熱意と努力を必要とし、それはすなわち、産学官連携に対する企業側のコミットメントの高さを示唆する。さらに、学会や学術出版物による探索は、経営者の人脈や紹介による探索よりも広範囲にわたる探索を可能にし、企業側の十分な選択能力を前提にすれば、より多数の選択肢から技術的に最適な連携相手を選択することが可能になる。したがって、連

---

(4) 本章の分析では大学や研究機関における研究の量的・質的特性がコントロールされていないため、連携相手の類型の違いは研究の質の違いを反映している可能性がある。ただし、筆者はここで、たとえば国立の大学・研究機関のほうが他の大学・研究機関よりも研究の質が一般的に高いと主張しているわけではない。

携相手の様々な探索方法のうち、とくに学会や学術出版物による探索は、他の方法よりも高い連携成果と関連していると予想される。

上記の議論に基づいて、本章では以下の作業仮説を設定し、これらを計量分析によって検証する。

仮説1：産学官連携の効果は、連携相手の類型によって異なる。

仮説2：産学官連携の効果は、連携相手との距離に左右される。

仮説3：産学官連携の効果は、連携相手の探索方法によって異なる。学会や学術出版物を通じて連携相手を探索した場合には、その他の場合よりも、連携の効果は高い。

3-3．分析結果と議論

分析結果を**図表10-2**に示す。モデル1と2は産学官連携を行った企業全体を対象にしているが、モデル3と4はそのうち共同研究開発を行った企業に対象を限定している。また、モデル1とモデル3は立地条件以外の企業属性（規模と研究開発）の変数を含まず、モデル2とモデル4はそれらを含む。疑似決定係数がかなり低く、これらのモデルの説明力は高くないが、χ二乗検定の結果は、これらのモデルが全体として有効であることを示している。

連携相手の変数はすべて国立大学を基準にしているので、その係数の符号と有意水準は、国立大学と比べて良い効果があったかどうかを示す。国立研究機関ダミーの係数はすべてのモデルで有意な正の値を示し、有意水準も高い。公立大学ダミーは有意な負の効果を示すが、大学等と共同研究開発を行った企業に分析対象を限定すると、有意効果は見られなくなる。この結果は、それぞれの連携相手に関する変数を別々にモデルに入れて分析してもほとんど変わらない。したがって、産学官連携の目的は、国立研究機関と連携する場合には、国立大学と連携する場合よりも高い水準で達成されるが、私立大学、高専、公立研究機関との連携の効果は国立大学との連携と大差ないということになる。国立研究機関との連携の効果はきわめて頑健であり、他の変数を様々に入れ替えても、また対象企業を産学官連携の内容別または目的別に限定して分析しても安定している。この結果は、国立研究機関との連携の効果が他の機関との連携の効果とは有意に異なるという点において、最初の作業仮説を支持してい

図表10-2　産学連携の成果に関する分析結果

順序プロビットモデル（被説明変数＝目的達成度）

変数/モデル	1	2	3	4
相手：公立大学	−0.543(−1.95)*	−0.537(−1.93)*	−0.465(−1.30)	−0.435(−1.21)
相手：私立大学	−0.114(−0.75)	−0.107(−0.70)	−0.192(−0.95)	−0.180(−0.87)
相手：高等専門学校	−0.192(−0.68)	−0.170(−0.60)	−0.471(−1.18)	−0.412(−1.00)
相手：国立研究機関	0.932(3.82)***	0.937(3.81)***	0.940(3.25)***	0.968(3.31)***
相手：公立研究機関	0.105(0.63)	0.100(0.60)	0.0844(0.35)	0.0957(0.39)
探索：学会・出版物	0.264(1.79)*	0.244(1.63)	0.349(1.91)*	0.333(1.77)*
相手立地：遠隔地	0.412(2.75)***	0.406(2.68)***	0.366(1.84)*	0.373(1.86)*
自社立地：東京・大阪	−0.0595(−0.44)	−0.0764(−0.56)	−0.0493(−0.28)	−0.0591(−0.33)
産学連携相手の数	0.101(2.15)**	0.0995(2.11)**	0.0953(1.75)*	0.0985(1.79)*
共同研究開発	0.301(2.43)**	0.297(2.39)**		
目的：先端知識の学習	−0.126(−0.53)	−0.131(−0.55)	−0.0607(−0.20)	−0.0768(−0.25)
目的：ニーズの商業化	−0.441(−2.64)***	−0.446(−2.67)***	−0.294(−1.31)	−0.304(−1.35)
目的：シーズの実用化	−0.425(−2.92)***	−0.431(−2.95)***	−0.392(−1.99)**	−0.391(−1.98)**
目的：費用・時間の節約	0.579(2.29)**	0.578(2.29)**	0.667(2.21)**	0.685(2.26)**
技術集約産業	−0.0700(−0.59)	−0.0841(−0.70)	−0.0177(−0.11)	−0.0398(−0.24)
企業規模		0.0290(0.36)		0.0722(0.61)
自社研究開発		0.0668(0.50)		−0.0127(−0.07)
擬似決定係数	0.0722	0.0728	0.0786	0.0794
対数尤度	−456.5	−456.2	−249.1	−248.9
χ二乗検定	71.1***	71.6***	42.5***	42.9***
観測数	347	347	204	204

注）1．モデル1と2は産学連携を実施した企業全体と対象とし、モデル3と4はそのうち共同研究開発を実施した企業に対象を限定している。
2．数値は回帰係数（かっこ内はz値）；有意水準：*** 1％、** 5％、*10％。
3．定数項を省略。

る[5]。

連携相手の立地については、遠隔地ダミーの係数が有意な正の値を示している。すなわち、他の条件を一定として、連携相手が遠隔地にある場合には、そうでない場合と比べて、連携目的の達成度が有意に高いということである。この結果は、いくつかの企業属性でコントロールしても、大学等と共同研究開発

---

[5] 国立研究機関を主な連携相手とする27社のうち19社が連携相手機関の名称を回答している。最も多く名前が挙がっているのは、独立行政法人産業総合技術研究所（AIST）である。この AIST の他に、複数の企業が名前を挙げているのは、宇宙科学研究所、物質・材料研究機構、建築研究所である。

を行った企業に分析対象を限定しても、安定している。この結果は、産学官連携の効果が連携相手との距離に左右されるという第2の作業仮説を支持し、連携相手との近接性の利点よりも広範囲から適切な連携相手を探索することの利点を示唆している。

連携相手の探索方法については、学会と学術出版物による探索が連携成果に有意な正の効果を持つことが示された。すなわち、学会と学術出版物を通じて連携相手を探索した場合には、そうでない場合よりも連携の成果が有意に高いということである。この結果は、第3の作業仮説を支持している。ただしこの効果は、サンプル企業全体では、企業属性をコントロールすると有意ではなくなる。このことは、学会と学術出版物による連携相手の探索が、いずれかの企業属性、たとえば研究開発への取り組みの程度によって強く影響されるため、それを一定とすることによって効果を失ってしまうと解釈できる。

他の変数に関しては、連携の成果に対して連携相手の数と共同研究開発ダミーが有意な正の効果を持つが、企業の立地とその他の企業属性は有意な効果を持たないこと、また連携の成果が連携目的によって有意に影響されることが検証された。すなわち、連携の成果は、連携相手が多いほど高く、共同研究開発を行った場合にはその他の場合よりも高いが、企業属性には影響されない[6]。また、連携目的の達成度は、具体的な技術的問題の解決を目的とする場合に比べて、研究開発の費用と時間の節約を目的とする場合にはより高いが、企業の持つニーズや大学等の持つシーズの実用化を目指す場合にはより低くなる。これは、そのようなニーズやシーズの実用化という目的を達成することが、他の目的よりも一般的に困難であることを示すものと考えられる。

本章の分析に用いるアンケート調査の対象には、従業者数301人以上の大企業も含まれる。本章のサンプル企業は中小企業に限定されているが、比較のために、産学官連携を行った大企業について同一のモデルの推定を行った。分析結果は中小企業を対象とする本章の結果と大きく異なり、国立研究機関との連携、遠隔地の機関との連携、学会等による探索は、いずれも連携の成果に対し

---

(6) 他に、次節で用いる社長の個人属性の変数(最終学歴と年齢)をモデルに含めてみたが、連携の成果に対して有意な効果はまったく見られない。

て有意な効果を示さず、しかも推定モデル全体の説明力が統計的に認められない（詳細な結果は割愛する）。本節で明らかにした連携成果の要因が中小企業のみに当てはまるというのは、興味深い結果である。大企業では一般的に中小企業ほど産学官連携への取り組み方が多様ではなく、取り組み方の違いが連携成果に影響しにくいのかもしれない。

4．産学官連携相手の選択の要因
4−1．分析モデルと変数

　前節の分析で、産学官連携の成果が連携相手の選択によって大きく左右されることが明らかにされた。すなわち、産学官連携の目的達成度は、連携相手の類型と立地と探索方法によって有意に影響される。そこで本節では、このような連携相手の選択が何によって決定されるのかを考えてみたい。連携相手をどのように探索し、どのような相手を選択するかは、産学官連携に関わる重要な意思決定である。前節では、連携相手の選択を各企業にとって所与の変数として扱っていたが、企業の戦略は、それぞれの企業とその経営者の属性によってある程度規定されると考えられる。そこで、本章の後半では、次のような簡単なモデルの推定によって、産学官連携相手の選択の要因を明らかにしたい。

連携相手の選択の確率＝f（企業規模、研究開発への取り組み、社長の学歴、社長の年齢、産業特性、立地条件、共同研究開発、連携目的）

　被説明変数としては、1）国立研究機関との連携、2）遠隔地の大学・研究機関との連携、3）学会や学術出版物による連携相手の探索を用いる。これらはいずれも、その条件を満たす場合に1、そうでない場合に0の値をとるダミー変数である。したがって、ここではプロビット分析を行って、これらの変数が1の値をとる確率を推定する。また、後述するように、遠隔地の大学等と連携する要因と学会等による連携相手の探索の要因が関連している可能性があるので、これらについては二変量プロビットモデルによる同時推定を試みる。

　説明変数は、企業の属性、経営者（社長）の属性、産業と地域の属性、その他のコントロール変数（共同研究開発ダミーと連携目的ダミー）である。企業の属性の変数は、企業規模と研究開発への取り組みであるが、これは前節の分析

で用いられたものと同じである。立地の変数と共同研究開発ダミー、連携目的ダミー、技術集約産業ダミーも、前節の分析と同じである。新たな変数として登場する社長の属性は、最終学歴（大学卒業以上か否か、大学院修了か否か、文系出身であるか理系出身であるか）と年齢（60歳以上であるか否か）のダミー変数である[7]。

　前節で論じたように、国立研究機関が一般的に世界的視野から先端的な研究に従事するとすれば、それらと連携する企業は中小企業の中でも比較的規模が大きく、研究集約的な企業であると予想される。また、連携相手の探索費用が相対的に低い企業ほど広い範囲から連携相手を選択でき、結果的に遠隔地の大学等が連携相手として選ばれる可能性が高い。研究集約型で社長の学歴が高く、とくに社長が理系出身である企業では、ふだんから様々な大学や研究機関における研究者の情報や研究の動向に通じていて、連携相手の探索費用が低いであろう[8]。したがって、そのような企業が結果的により遠方の大学等と連携する傾向があると考えられる。最後に、学会等を通じた連携相手の探索は、高い専門性と学会等との日常的な関わりを前提とする。そうでなければ、そのような探索は多大な時間と労力を犠牲にするものになりかねない。すなわち、研究集約型企業で社長の学歴が高く、とくに社長が理系出身である場合には、学会等を通じた探索の費用が比較的低く、そのような探索は効率的であると考え

（7）　ここでは、大卒以上の中に大学院修了が含まれる。また、文系・理系の区別は、学部か大学院かを問わず、社長の最終学歴による。つまり、文系ダミーと理系ダミーを合わせたものが大卒以上ダミーになる。文系・理系の区別は回答者の判断に任されている。なお、大卒以上ダミー、大学院修了ダミー、文系・理系ダミーは定義上重複するものであるので、以下の分析ではこれらの変数を別々にモデルに入れて推定を行う。

（8）　連携相手機関の選択に対する社長の学歴の影響については、異論もありうる。社長が高学歴でなくても、文系出身であっても、高学歴で理系出身の社員に連携相手の選択を委任すればよいからである。実際、高い学歴のない、あるいは文系出身の社長の経営する企業が技術革新を活発に行っている例は少なくない。しかし、中小企業では一般的に企業戦略に対する社長の個人的属性の影響力が非常に強く、イノベーションにおける社長の役割も大きいため（中小企業庁編 2009）、筆者は理系出身の社長の意思決定は理系出身者に補佐された文系出身社長の意思決定と異なる点があると考える。

られる(9)。

このように考えると、企業と社長の様々な属性の中でも、とくに研究開発への取り組み状況と社長の学歴が、連携相手の選択において重要な意味を持つと予想できる。ただし、以上の議論は、産学官連携の相手を選択するのは企業側であり、大学や研究機関は相手企業の選択を行わず、企業による選択を受け入れるという状況を暗黙のうちに仮定している。この制約には十分な留意が必要である。

4－2．分析結果と議論

連携相手の選択の要因に関する分析結果を、**図表10－3**と**図表10－4**に示す。社長の学歴の変数間の相関関係を考慮して、学歴変数（大卒以上ダミー、大学院修了ダミー、文系・理系ダミー）をそれぞれ個別にモデルに加えた。モデル1は大卒以上ダミー、モデル2は大学院修了ダミー、モデル3は文系・理系ダミーをそれぞれ含むものである。

まず、国立研究機関との連携に対して有意な影響を示すのは、企業規模（負）、社長年齢（正）、東京・大阪立地（正）および「連携目的＝ニーズの商業化」ダミー（正）である（**図表10－3**）。すなわち、小規模な企業ほど、社長の年齢が高いほど、都会に立地するほど、国立研究機関と連携する確率は高い。しかし、研究開発への取り組み状況も、社長の学歴も、国立研究機関との連携には有意な効果を持たない。

小規模な企業ほど国立研究機関と連携することが多いという結果は頑健であり、有意水準も高いが、予想とは異なる。また、社長の学歴も研究開発への取り組み状況も国立研究機関との連携とは無関係であるという結果も意外であ

---

(9) 連携相手を学会や学術出版物を通じて広範囲に探索した結果、最適な連携相手が遠隔地に見つかる可能性がある。これは、地元の機関や企業等のネットワークを通じて探索された連携の相手が近隣地域に所在する可能性が高いことと対照的である。そうであれば、遠隔地の研究機関と連携する要因と、学会等を通じた連携相手の探索の要因は関連していると考えられる。そのために、以下の分析では、双方の推定モデルの誤差項の相関を考慮し、二変量プロビットモデルを用いて両方の要因の同時推定を行う。

図表10－3　連携相手の選択に関する分析結果(1)

プロビット分析（被説明変数＝国立研究機関と連携）

説明変数	1	2	3
企業規模	−0.400(−3.16)***	−0.397(−3.14)***	−0.362(−2.85)***
自社研究開発	0.349(1.35)	0.366(1.42)	0.350(1.33)
社長学歴：大卒以上	0.190(0.63)		
社長学歴：院修了		0.162(0.38)	
社長学歴：文系			−0.106(−0.31)
社長学歴：理系			0.417(1.31)
社長年齢：60歳以上	0.519(2.20)**	0.508(2.14)**	0.493(2.06)**
技術集約産業	0.0560(0.24)	0.0567(0.25)	−0.0137(−0.06)
自社立地：東京・大阪	0.430(1.83)*	0.453(1.96)**	0.410(1.71)*
共同研究開発	0.187(0.77)	0.172(0.71)	0.158(0.64)
目的：先端知識の学習	0.367(0.80)	0.363(0.80)	0.491(1.08)
目的：ニーズの商業化	0.812(2.70)***	0.811(2.69)***	0.846(2.76)***
目的：シーズの実用化	0.398(1.39)	0.412(1.42)	0.360(1.23)
目的：費用・時間の節約	0.581(1.47)	0.582(1.46)	0.596(1.47)
擬似決定係数	0.155	0.154	0.177
対数尤度	−79.2	−79.3	−77.2
χ二乗検定	29.1***	28.8***	33.1***
観測数	365	365	365

注）1．数値は回帰係数（かっこ内はz値）；有意水準：***1％、**5％、*10％。
　　2．定数項を省略。

る。社長の年齢が高いほうが国立研究機関との連携の可能性が高いということは、専門分野に関する経営者の長年の経験とネットワークの重要性を示唆している。東京あるいは大阪に立地する企業がその他の地域の企業よりも国立研究機関と連携しやすいのは、都会の企業のほうが国立研究機関との平均距離が近く、アクセスがより容易であるという理由によるものかもしれない。

つぎに、遠隔地の機関との連携に対しては、企業規模（負）、研究開発への取り組み状況（正）、社長の大学院修了ダミー（正）と東京・大阪立地（正）が有意な効果を持つ（**図表10－4**）。すなわち、小規模で研究開発に積極的な企業、都会にある企業、大学院修了者が社長を務める企業は、そうでない企業と比べて遠隔地の機関と連携する確率が有意に高い。このような条件を満たす企業のタイプとして、都市型のハイテク・ベンチャーが想定される。経営者の学歴が高く、研究開発に積極的な企業が連携先を遠方に求めるという限りでは、この

図表10-4 連携相手の選択に関する分析結果(2)

二変量プロビット分析（被説明変数＝遠隔地の機関との連携、学会・出版物で探索）

	1	2	3
遠隔地の機関との連携			
企業規模	−0.207(−2.13)**	−0.198(−2.04)**	−0.198(−2.02)**
自社研究開発	0.637(3.52)***	0.602(3.33)***	0.632(3.49)***
社長学歴：大卒以上	0.153(0.66)		
社長学歴：院修了		0.599(2.22)**	
社長学歴：文系			0.0805(0.33)
社長学歴：理系			0.226(0.92)
社長年齢：60歳以上	0.0579(0.58)	0.0866(0.54)	0.0487(0.30)
技術集約産業	0.0930(0.58)	0.0501(0.31)	0.0778(0.48)
自社立地：東京・大阪	0.496(2.92)***	0.517(3.12)***	0.500(2.94)***
共同研究開発	0.0533(0.32)	0.0527(0.32)	0.0479(0.29)
目的：先端知識の学習	−0.276(−0.86)	−0.269(−0.83)	−0.257(−0.79)
目的：ニーズの商業化	0.0907(0.43)	0.121(0.58)	0.0986(0.47)
目的：シーズの実用化	−0.259(−1.35)	−0.209(−1.08)	−0.270(−1.40)
目的：費用・時間の節約	−0.433(−1.26)	−0.456(−1.29)	−0.431(−1.25)
学会・出版物で探索			
企業規模	0.0602(0.59)	0.0927(0.91)	0.0919(0.88)
自社研究開発	0.611(3.26)***	0.650(3.49)***	0.612(3.23)***
社長学歴：大卒以上	0.599(2.31)**		
社長学歴：院修了		0.221(0.77)	
社長学歴：文系			0.404(1.46)
社長学歴：理系			0.763(2.83)***
社長年齢：60歳以上	0.354(2.11)**	0.265(1.63)	0.338(2.00)**
技術集約産業	−0.279(−1.66)*	−0.285(−1.69)*	−0.320(−1.88)*
自社立地：東京・大阪	0.0660(0.37)	0.152(0.88)	0.0756(0.42)
共同研究開発	0.388(2.24)**	0.350(2.05)**	0.381(2.18)**
目的：先端知識の学習	−0.884(−2.31)**	−0.910(−2.43)**	−0.834(−2.20)**
目的：ニーズの商業化	−0.703(−3.01)***	−0.711(−3.08)***	−0.691(−2.95)***
目的：シーズの実用化	−0.640(−3.26)***	−0.618(−3.16)***	−0.671(−3.38)***
目的：費用・時間の節約	0.134(0.46)	0.168(0.58)	0.155(0.53)
誤差項の相関係数	0.247**	0.239**	0.227**
対数尤度	−336.5	−337.0	−334.2
χ二乗検定	73.9***	74.9***	77.8***
観測数	369	369	369

注）1．数値は回帰係数（かっこ内はz値）；有意水準：***1％、**5％、*10％。
　　2．定数項を省略。

結果は期待通りである。他方、企業が東京や大阪に立地している場合には、近辺に大学や研究機関が多いため、連携先を遠方に求める必然性が低い。そのため、都会立地変数は遠隔地の機関との連携に対して負の効果を持つと予想されたが、その逆の効果が検証された。この結果は、大都市に立地する企業が、連携相手の探索に関して、他の地域に立地する企業とは異なる特性を持つことを示唆する。

最後に、連携相手の探索方法については、研究開発への取り組み、社長が高学歴で理系出身であることと社長の年齢が学会・学術出版物による探索と有意な正の相関を持つ（**図表10−4**）。これは予想通りの結果である。また、共同研究開発を行う場合には、他の連携内容と比べて、連携相手を学会や学術出版物で探索することが多い。さらに、連携の目的別に見ると、企業が具体的な技術的問題の解決を迫られている場合や、研究開発の費用と時間の節約のために連携を行う場合には、他の目的と比べて学会等を通じた探索が行われやすい[10]。

なお、遠隔地の研究機関と連携する要因と学会等による連携相手探索の要因の誤差項は5％水準で有意な正の相関を持つため、両者を二変量プロビットモデルによって同時推定することが支持された。しかし、これらの要因を別々に分析しても、前述の結果にほとんど変化はない。

以上の分析の結果を、**図表10−5**に整理する。連携相手の選択に関して何を被説明変数にするかによって、有意な効果を持つ説明変数は異なるが、いずれにせよ、連携相手の選択という意思決定が、企業と経営者の属性によって影響されることが検証された。産学官連携の成果の要因に関する前節の分析結果と合わせて考えると、企業と経営者の属性は産学官連携の成果に直接には影響しないが、連携相手の選択という意思決定を通じて、連携の成果に間接的に影

---

[10]　分析モデルに含まれる4種類の連携目的ダミー変数の比較基準は「具体的な技術的問題の解決」である。それに対して「先端知識の学習」「ニーズの商業化」「シーズの実用化」がすべて有意な負の効果を示し、「費用・時間の節約」がまったく有意な効果を示さないということは、逆に考えると、「具体的な技術的問題の解決」と「費用・時間の節約」を連携の目的とする場合には、他の目的を持つ場合よりも学会・学術出版物による探索が行われやすいということを表す。

図表10－5　連携相手の選択に関する分析結果のまとめ

説明変数/被説明変数	国立研究機関	遠隔地	学会・出版物
企業規模	－－－	－－	
自社研究開発		＋＋＋	＋＋＋
社長学歴：大卒以上			＋＋
社長学歴：院修了		＋＋	
社長学歴：文系			
社長学歴：理系			＋＋＋
社長年齢：60歳以上	＋＋		＋＋
技術集約産業			－
自社立地：東京・大阪	＋	＋＋＋	
共同研究開発			＋＋
目的：先端知識の学習			－－
目的：ニーズの商業化	＋＋＋		－－－
目的：シーズの実用化			－－－
目的：費用・時間の節約			

注）回帰係数の符号と有意水準：＋＋＋正で1％有意；＋＋正で5％有意；＋正で10％有意；－－－負で1％有意；－－負で5％有意；－負で10％有意；記号のないところは有意でない。

していると言える。

　これらの分析結果の中で注目すべきことは、産学官連携において、規模の小さい企業が決して不利ではないということである。企業規模は学会等を通じた探索には影響せず、国立研究機関や遠隔地の研究機関との連携の可能性はむしろ小規模な企業のほうが高い。産学官連携の成果が企業の規模に直接影響されず、国立研究機関との連携や遠隔地の機関との連携によって高められることを考慮すると、産学官連携において小規模企業はむしろ有利であると言える。

　連携相手の立地（遠隔地）と探索方法（学会・学術出版物）に関する分析結果は、探索費用という視点から説明可能である。学歴の高い、とくに理系出身の社長が経営する、研究開発志向型の企業は、ふだんから国内の大学や研究機関における研究動向に関心が高く、それに関する情報量も多く、また経営者自身や社員が学会に参加することも比較的多いと考えられる。そのため、そのような企業や経営者には連携相手の探索費用が相対的に低く、他の企業や経営者と同程度の探索費用で、より広範囲から最適な連携相手を探索できる。また、そ

のような企業や経営者は、とりわけ学会等のルートをより低い探索費用で活用できるのである。

　筆者は以上の議論に基づいて、学歴の高くない、あるいは文系出身の経営者は良い連携相手を見つけられないので産学官連携の目的を達成しにくいということを、主な結論として主張するつもりはない。筆者はむしろ、先の分析で使用した変数、とくに経営者の学歴を、連携相手の探索費用の代理変数と捉えている。中小企業庁編（2002）に示されるように、中小企業の多くは大学や公的研究機関についてほとんど情報を持っていないため、適切な連携相手がどこにいて、どのようにコンタクトを取ればよいか分からない。つまり、多くの中小企業にとって、連携相手の探索費用は非常に高いのである。したがって、本章の分析結果の主要な含意は、産学官連携の目的を十分に達成させるためには、大学や行政側の情報公開や中小企業との交流の促進を通じて、中小企業の探索費用を下げることが重要であるということである。

5．むすび

　本章の目的は、独自のアンケート調査の結果に基づいて、中小企業の産学官連携相手の選択が連携の成果にどのように影響するか、またそれがどのような要因に影響されるかを、計量的に分析することであった。中小企業の産学官連携への取り組みが重視され、近年注目を集めているが、これまでの研究の重点は産学官連携への取り組みがどのような要因によって促進され、またどのような成果をもたらすかを検証することに置かれていた。本章の研究の特長と貢献は、連携相手の選択、すなわちどのような相手をどのように探索して連携するかという戦略的意思決定に注目し、その要因と連携成果への影響を明らかにしたことにある。

　分析の対象になったのは、製造業の従業者数20人以上の企業を対象とする調査の回答企業のうち、調査直前の3年間に産学官連携に取り組んだ中小企業397社である。連携の成果を、ここでは連携の所期の目的がどの程度達成されたか（5段階評価）という指標によって測定する。順序プロビットモデルを用いて、連携目的の達成度を連携相手の類型・立地・探索方法、連携の内容と目的、およびいくつかの企業属性等の変数に回帰した。分析の結果、連携成果は

連携相手の選択および連携の内容と目的に有意に影響されるが、企業属性には依存しないこと、とくに、国立研究機関との連携、遠隔地の機関との連携、学会や学術出版物を通じた連携相手の探索が成果と正の相関を持つことが明らかにされた。

つぎに、連携相手の選択を被説明変数として、プロビットモデルによって、それを主に企業と経営者の属性に回帰した。国立研究機関との連携、遠隔地の機関との連携、学会や学術出版物を通じた連携相手の探索の要因はそれぞれ異なるが、いずれにせよ、連携相手の選択は、企業および経営者の属性に有意に影響されることが検証された。とりわけ、研究開発への取り組みと社長の学歴（大学院修了、理系出身）が遠隔地の機関との連携や学会等による連携相手の探索を促進することは、連携相手の探索費用という観点から説明できる。以上の結果は、大学・研究機関あるいは行政による情報公開や中小企業との情報交流の一層の促進を通じて中小企業における連携相手の探索費用を下げることが、産学官連携の成果を挙げるために重要であるということを示唆している。

本章の分析結果をまとめると、いくつかの企業属性と経営者属性が連携相手の選択に関する意思決定に影響し、連携相手の選択が連携の成果に影響すると言える。したがって、企業と経営者の属性は、連携の成果に対して間接的に影響するが、直接的には影響しない。また、産学官連携において、規模の小さい企業が不利であるとは言えない。むしろ、連携の成果に有利な影響を与える連携相手の選択を促進するという点において、規模の小さい企業は有利であると言える。

本章の最後に、この研究の制約について述べておこう。本章の分析は企業を対象とする調査のデータに基づくものであり、そこでは民間企業が連携相手の大学や研究機関を探索・選択し、大学や研究機関はそのような選択をそのまま受け入れるという状況が暗黙のうちに前提されていた。しかし、産学官連携は民間企業と大学・研究機関双方の意思決定の結果である。大学や研究機関の側に産学官連携への意欲が乏しければ連携は成立せず、また大学や研究機関にも連携相手を選択することができる。本章では、連携相手の大学・研究機関に関するデータが不十分であるためにこの点を十分に考慮できなかった。企業と大学等のマッチング・データを用いて、双方の属性と意思決定を考慮した分析を

行うことが、今後の重要な課題として残されている。

【参考文献】

Bekkers, R. and I. M. B. Freitas (2008), "Analysing knowledge transfer channels between universities and industry: To what degree do sectors also matter?", *Research Policy* 37, pp. 1837-1853.

Fritsch, M. and R. Lukas (2001), "Who cooperates on R&D?", *Research Policy* 30, pp. 297-312.

Fukugawa, N. (2005), "Characteristics of Knowledge Interactions between Universities and Small Firms in Japan", *International Small Business Journal* 23, pp. 379-401.

George, G., Zahra, S. A., and D. R. Wood (2002), "The effects of business–university alliances on innovative output and financial performance: a study of publicly traded biotechnology companies", *Journal of Business Venturing* 17, pp. 577-609.

Leyden, D. P. and A. N. Link (1999), "Federal laboratories as research partners", *International Journal of Industrial Organization* 17, pp. 575-592.

Mohnen, P. and C. Hoareau (2003), "What Type of Enterprise Forges Close Links with Universities and Government Labs? Evidence from CIS 2", *Managerial and Decision Economics* 24, pp. 133-145.

Mora-Valentin, E., Montoro-Sanchez, A., and L. A. Guerras-Martin (2004), "Determining Factors in the success of R&D cooperative agreements between firms and research organizations", *Research Policy* 33, pp. 17-40.

Motohashi, K. (2005), "University-industry collaborations in Japan: The role of new technology-based firms in transforming the National Innovation System", *Research Policy* 34, pp. 583-594.

Veugelers, R. and B. Cassiman (2005), "R&D cooperation between firms and universities. Some empirical evidence from Belgian manufacturing", *International Journal of Industrial Organization* 23, pp. 355-379.

Wen, J. and S. Kobayashi (2001), "Exploring collaborative R&D network: some new evidence from Japan", *Research Policy* 30, pp. 1309-1319.

Zucker, L. G. and M. R. Darby (2001), "Capturing Technological Opportunity Via Japan's Star Scientists: Evidence from Japanese Firms' Biotech Patents and Products", *Journal of Technology Transfer* 26, pp. 37-58.

岡田羊祐・沖野一郎・成田喜弘（2003）「日本のバイオベンチャーにおける共同研究と特許出願」、後藤晃・長岡貞男編『知的財産制度とイノベーション』東京大

学出版会、第5章、167-196頁。
小田切宏之・加藤祐子（1997）「バイオテクノロジー関連産業における産学官共同研究」通商産業研究所 Discussion Paper Series # 97-DOJ-83。
中小企業庁編（2002）『中小企業白書2002年版』ぎょうせい。
中小企業庁編（2003）『中小企業白書2003年版』ぎょうせい。
中小企業庁編（2009）『中小企業白書2009年版』経済産業調査会。
牧厚志・宮内環・浪花貞夫・縄田和満（1997）『応用計量経済学Ⅱ』多賀出版。
三井逸友・高橋美樹・北原哲（2006）『中小企業の産学連携とその課題』中小企業研究センター調査研究報告第119号。
元橋一之（2005）「中小企業の産学連携と研究開発ネットワーク」『調査季報』（国民生活金融公庫総合研究所）第72号、21-41頁。
文部科学省科学技術政策研究所（2003）『産学連携 1983-2001』文部科学省科学技術政策研究所調査資料96。

第10章付表　変数間の相関係数

		1	2	3	4	5	6	7	8	9	10	11
1	目的達成度	1										
2	相手：公立大学	−0.0896	1									
3	相手：私立大学	−0.0917	−0.0782	1								
4	相手：高等専門学校	−0.0355	−0.0470	−0.0734	1							
5	相手：国立研究機関	0.2005	−0.0037	−0.0786	0.0570	1						
6	相手：公立研究機関	−0.0229	−0.0254	−0.2288	−0.0958	−0.0891	1					
7	探索：学会・出版物	0.1862	0.0491	−0.0457	−0.0447	0.0262	−0.1454	1				
8	相手立地：遠隔地	0.1673	0.0224	−0.0497	−0.0395	0.0629	−0.1546	0.1573	1			
9	自社立地：東京・大阪	0.0329	−0.0139	0.0999	0.0262	0.1452	−0.1062	0.0913	0.2064	1		
10	産学連携相手の数	0.1501	0.1347	−0.0680	−0.0387	0.0611	−0.0983	0.1490	0.0711	−0.0607	1	
11	共同研究開発	0.1620	0.0164	−0.0259	−0.0239	0.0819	−0.1123	0.1035	0.0527	0.0462	0.1936	1
12	目的：先端知識の学習	−0.0055	−0.0630	0.1263	−0.0609	−0.0323	−0.0990	−0.0723	−0.0656	0.0678	0.0789	0.0380
13	目的：ニーズの商業化	−0.0826	0.0293	0.0181	0.0373	0.1013	−0.0669	−0.1051	0.0683	0.0338	0.0182	0.0887
14	目的：シーズの実用化	−0.1256	0.0702	0.0349	0.0815	0.0323	0.0344	−0.0961	−0.0483	−0.0441	0.0132	0.0980
15	目的：費用・時間の節約	0.1725	−0.0011	−0.0448	0.1189	0.0729	−0.0539	0.0903	−0.0173	−0.0232	−0.0217	0.0977
16	技術集約産業	−0.0029	0.0690	−0.0148	0.0541	0.0378	0.0047	−0.0293	0.0519	0.0364	0.0743	0.0723
17	企業規模	0.0216	−0.0371	0.0147	−0.0787	−0.0951	−0.0392	0.1018	−0.0058	0.0920	0.0161	0.0298
18	自社研究開発	0.1280	0.0356	−0.0913	−0.0620	0.0952	0.0269	0.2112	0.1925	0.1930	0.1225	0.1380
19	社長学歴：大卒以上	0.0022	0.0710	−0.0481	0.0300	0.0396	−0.1005	0.1488	0.0650	0.2165	−0.0501	−0.0264
20	社長学歴：院修了	0.0135	−0.0643	−0.0682	−0.0092	0.0087	−0.1021	0.0795	0.1690	0.0599	−0.0629	0.0025
21	社長学歴：文系	0.0193	0.0608	−0.0182	−0.0400	−0.1363	0.0045	−0.0478	−0.0098	0.1059	−0.0349	−0.0655
22	社長学歴：理系	−0.0179	−0.0048	−0.0202	0.0648	0.1703	−0.0853	0.1681	0.0622	0.0663	−0.0047	0.0453
23	社長年齢：60歳以上	0.0657	0.0277	0.0134	−0.0448	0.1156	−0.0216	0.0809	0.0501	0.1301	0.0720	0.0374

		12	13	14	15	16	17	18	19	20	21	22	23
12	目的：先端知識の学習	1											
13	目的：ニーズの商業化	−0.1415	1										
14	目的：シーズの実用化	−0.1595	−0.3188	1									
15	目的：費用・時間の節約	−0.0745	−0.1293	−0.0897	1								
16	技術集約産業	0.0084	−0.1451	0.1389	0.0243	1							
17	企業規模	0.0784	−0.0266	0.0037	−0.0410	0.0942	1						
18	自社研究開発	−0.0411	−0.0058	0.0329	0.0391	0.1592	0.2994	1					
19	社長学歴：大卒以上	−0.1152	−0.0594	0.0331	0.0651	0.0387	0.1478	0.1908	1				
20	社長学歴：院修了	−0.0014	−0.0630	−0.0689	0.0565	0.1310	0.0304	0.1452	0.1404	1			
21	社長学歴：文系	−0.0017	0.0299	−0.1164	0.0390	−0.0844	0.1691	0.0783	0.4151	−0.0983	1		
22	社長学歴：理系	−0.0908	−0.0781	0.1448	0.0126	0.1168	−0.0530	0.0737	0.3816	0.2127	−0.6825	1	
23	社長年齢：60歳以上	0.0580	0.0035	0.0487	−0.0629	0.0747	0.0944	0.0729	−0.2324	−0.1266	−0.1576	−0.0265	1

第11章　産学官連携とクラスター[1]

1．はじめに

　イノベーションの達成にはヒト、モノ、カネ、情報と多くの要素が必要である。近年、イノベーションの創出について、クラスター（cluster）という「場」の要素が注目を集めている。クラスターの形成を政策的に促進するため、経済産業省は2001年4月に「産業クラスター計画」を開始した。その目的は、人的ネットワークを核としたイノベーションの環境整備によって、地域経済を内発的に活性化させることにある。本計画は現在、2001－2005年度の第1期を終了し、第2期へと移行している。

　本章は、独自のアンケート調査と特許データに基づいて、第1期の産業クラスター計画と参加企業のイノベーションの関係を分析し、この政策を評価することを目的としている。とくに、サンプル企業の特性、産学官連携の特性、企業が参加している地域別プロジェクトの特性を考慮することで[2]、1）産業クラスター計画に参加することによって企業の特許生産性は向上するか、2）どのような特性を持つ企業が、産業クラスター計画に参加することによって、特許生産性を一層高めることができるのか、3）地域別プロジェクトの特性の違いは参加企業の特許生産性に異なる影響を与えるのか、の3点を検証する。

　クラスターはイノベーション政策立案者の大きな関心のひとつとなっている。産業クラスター計画は、最先端技術産業の集積を目的とした「テクノポリス法」（1983年）、研究所やソフトウェア業等の集積を目的とする「頭脳立地法」

（1）　本章は西村淳一（一橋大学大学院経済学研究科博士課程）との共著である。本書への収録を快諾されたことに感謝する。
（2）　後述するように、第1期産業クラスター計画では全国で19の地域別クラスター・プロジェクトが指定された。本章では、用語上の混乱を回避するために、計画の全体を産業クラスター計画、19のプロジェクトのそれぞれを地域別プロジェクトと呼ぶことにする。

(1988年)、オフィス機能の集積を目的とする「地方拠点法」(1992年)といった一連の立地促進政策に準ずるものである[3]。しかし、これまでの計画が技術開発支援を対象としていたのに対し、産業クラスター計画は、ネットワーク構築、販路開拓、金融面の支援など、技術開発支援以外に様々な支援策を含む点に特徴を持つ。また、これまでの企業誘致型の政策と異なり、地域の独自性を発揮できる内発的産業育成を志向している点も重要である。

科学技術政策の研究者にとっても、クラスターがイノベーションにどのような効果を及ぼすかは、興味深いテーマである(Acs et al. 2002、Anselin et al. 1997、Audretsch and Lehmann 2005、Dahl and Pedersen 2004、Fritsch and Franke 2003、Furman et al. 2006、Jaffe et al. 1993、Owen-Smith and Powell 2004、Rondé and Hussler 2005)。たとえば、Anselin et al.(1997)は大学・研究機関からの知識スピルオーバーが地域のハイテク企業のイノベーションに影響することを確認している。また、Owen-Smith and Powell(2004)は、ボストン地域のバイオクラスターに関する事例研究に基づいて、地域コミュニティー内での共同研究によって同地域のイノベーションが促進されると論じている。

これらの研究から、一般的に地理的な近接性がイノベーションに重要な影響を与えているとされている。しかし、日本におけるクラスターとイノベーションの関係についての実証分析はZucker and Darby(2001)を除いてほとんどなく、産業クラスター計画等のクラスター関連政策の実証的な評価は、筆者の知る限り、これまで行われていない。海外のクラスター研究も、筆者の知る限りでは、上述のように主に自然発生的なクラスターの機能や影響を分析しており、クラスター形成のための政策の効果を検証するものはほとんど見られない。

クラスターがイノベーション創出の「場」として有効に機能するには、組織や人の境界を越えた知識フロー、いわゆる知識スピルオーバーが重要である。また、知識フローの増大を支えるのは組織や人の多様性である(Fujita 2007、Malmberg et al. 1996、石倉他 2003)。知識フローを定量的に分析するのは難し

---

(3) 文部科学省も2002年度に「知的クラスター創成事業」を開始し、経済産業省の産業クラスター計画と連携している。

いが[4]、本研究で用いるアンケート調査のデータによって、産学官連携や知識のスピルオーバーの程度が測定できる。

本章では、企業の特性や産学官連携の特性について産業クラスター計画の参加企業と非参加企業の比較分析を行い、また計量的手法を用いた詳細な分析を試みる。

本章の構成は以下のとおりである。第2節では、産業クラスター計画全体の概要と地域別プロジェクトの特徴をまとめる。第3節では、データセットの構築方法について述べる。第4節では、計量分析のモデルと変数について説明する。第5節では、クラスター参加企業と非参加企業の比較分析を行う。第6節では、計量分析の結果を示す。最後に第7節で結論を述べる。

2．産業クラスター計画
2-1．全体の概要

経済産業省は2001年度に「産業クラスター計画」を開始した。経済産業省(2005) によれば、産業クラスターは、「企業等が、相互に関係性を持たずに単に集積しているのではなく、企業間連携及び産学官連携といった水平的なネットワークによって、互いの経営資源を活用した新事業が次々と生み出されるようなイノベーティブな事業環境が生まれ、この結果として比較優位を持つ産業が核となって産業集積が進む状態のこと」（同16頁）と定義される。また、クラスター政策の趣旨は、「産業クラスターの形成を目指して全国各地に産学官連携、産業・異業種連携のネットワークを形成するとともに、イノベーションを促進することで、新産業・新事業を創出すること」とされる。そして、地域独自の強みとアイデンティティーを考慮しつつ、中堅・中小企業を中心としたイノベーションを促進することが、産業クラスターの目的であるとされる。

この計画は20年間という長期的な視点から構成されている。クラスターが形

---

(4) 産学官連携、共同研究、知識スピルオーバーの測定でよく用いられるのは論文データや特許データである（Cockburn and Henderson 1998、Furman et al. 2006、Hagedoorn 2003、Narin et al. 1997、Nakamura et al. 2007、西村・岡田 2007）。しかし、これらのデータには少なからずバイアスがあることも知られている（Giuri and Mariani 2005、Jaffe and Trajtenberg 2002）。

成され、地域が内発的に産業育成を行うには長期間を要する。経済産業省の計画では、2001－2005年度の第1期（産業クラスター立ち上げ期）に「顔の見えるネットワーク」を構築し、2006－2010年度の第2期（産業クラスターの成長期）に具体的な事業を促進し、2011－2020年度の第3期に産業クラスターの自律的発展を迎えることになっている。本章では既に終了した第1期プロジェクトに焦点をあて、本計画参加企業の特許出願でみた研究開発生産性が向上したかどうかを分析する。

第1期プロジェクトの主な政策プログラムは、1）産学官ネットワーク形成、2）技術開発支援、3）インキュベーション整備、4）販路開拓、5）金融支援である。産業クラスター計画の予算総額は、2001年度172億円、2002年度178億円、2003年度413億円、2004年度490億円、2005年度568億円と増加傾向にある[5]。またその内訳は、たとえば2004年度をみると、産学官のネットワーク形成40億円、技術開発支援385億円、インキュベーション施設等65億円となっている。

第1期には「顔の見えるネットワーク」の構築を目指し、クラスター形成を支援する民間の支援機関の設立、計画参加企業・大学などへのコーディネーターの派遣、支援機関による産学官交流会や成果発表会の開催、企業・研究者・支援者データベースの構築等が実施された。その結果、第1期には約6,800件の研究者訪問、約1,200回のセミナー開催、約1,400回の産学官交流会開催を実現するなど、約6,100社と250大学の間で産学官連携ネットワークが形成されたという（経済産業省 2006）。

研究開発支援策として、地域内の産学官連携を条件として「地域新生コンソーシアム研究開発事業」や「創造技術研究開発補助金」などが実施された[6]。

（5）　5年間の予算合計は1,821億円であるが、実績額は約1,100億円である（経済産業省 2005、2006）。

（6）　開始当初の予算は、地域新生コンソーシアム委託費が110億円、補助金が67億円であった。交付実績では、前者は1件当たり約5,400万円、後者は1件当たり約3,600万円であった。この他にも文部科学省の知的クラスター創成事業との連携である「他府省連携枠」の設定、中小企業庁による「新連携支援制度」（本書第2章参照）、経済産業省による「地域イノベーション創出研究開発事業」などがある。

とくに、「地域新生コンソーシアム」は産業クラスター計画の研究開発支援事業の目玉となり、2004年度までに約1,130件の事業が完了し、うち約6割に産業クラスター計画参加企業が関与している。終了した事業の27％に当たる約300件が商業化に成功している（経済産業省 2006）。本章の分析のサンプル企業の多くがこの制度を利用し、近隣地域内での産学官連携を実施している。

2－2．地域別プロジェクトの概要[7]

第1期の産業クラスター計画には、全国で19の地域別プロジェクトがある（**図表11－1参照**）。**図表11－2**は、これらの地域別プロジェクトの概要を、プロジェクト名、対象とする技術分野（バイオ、ものづくり、IT、環境・エネルギー）、参加している企業・大学・公的研究機関と連携インキュベーション施設・連携

図表11－1　産業クラスター計画　19プロジェクト

全国で世界市場を目指す中堅・中小企業約6100社、連携する大学約250大学が、広域的な人的ネットワークを形成（数値は平成17年4月現在）

北海道経済産業局
◇北海道スーパー・クラスター振興戦略
情報・バイオ分野　約330社　20大学

東北経済産業局
◇情報・生命・未来型ものづくり産業プロジェクト
情報・健康・ものづくり分野　約250社　21大学
◇循環型社会対応産業振興プロジェクト
環境・エネルギー分野　約300社　20大学

関東経済産業局
～広域関東産業クラスター推進ネットワーク～
◇地域産業活性化プロジェクト
・首都圏西部地域（TAMA）
・中央自動車道沿線地域
・東葛・川口地域
・三遠南信地域
・首都圏北部地域
ものづくり分野　約1550社　58大学
◇バイオベンチャーの育成
バイオ分野　約240社　19大学
◇情報ベンチャーの育成
IT分野　約240社　1大学

中部経済産業局
◇東海ものづくり創生プロジェクト
ものづくり分野　約770社　30大学
◇東海バイオものづくり創生プロジェクト
バイオ分野　約30社　47大学
◇北陸ものづくり創生プロジェクト
ものづくり分野　約150社　12大学

沖縄総合事務局経済産業部
◇OKINAWA型産業振興プロジェクト
情報・健康・環境・加工交易分野　約170社　3大学

中国経済産業局
◇中国地域次世代中核産業形成プロジェクト
ものづくり分野　約100社　10大学
◇循環・環境型社会形成プロジェクト
環境分野　約80社　10大学

九州経済産業局
◇九州地域環境・リサイクル産業交流プラザ（K-RIP）
環境分野　約180社　18大学
◇九州シリコン・クラスター計画
半導体分野　約150社　29大学

四国経済産業局
◇四国テクノブリッジ計画
健康・環境分野　約300社　5大学

近畿経済産業局
◇近畿バイオ関連産業プロジェクト
バイオ分野　約230社　35大学
◇ものづくり元気企業支援プロジェクト
ものづくり分野　約500社　26大学
◇情報系クラスター振興プロジェクト
IT分野　約380社　15大学
◇近畿エネルギー・環境高度化推進プロジェクト
エネルギー・環境分野　約110社　8大学

出所：文部科学省編（2006）、278頁、第3-3-14図

（7）　本節の内容は、経済産業省（2005）（2006）に基づく。

図表11－2

番号	プロジェクト名	技術分野	参加企業数	参加大学数
1(1)	北海道スーパークラスター振興戦略（情報産業クラスター）	IT	293	13
1(2)	北海道スーパークラスター振興戦略（バイオ産業クラスター）	バイオ	92	16
2	情報・生命・未来型ものづくり産業プロジェクト	ものづくり、IT、バイオ	260	27
3	循環型社会対応産業振興プロジェクト	環境（エネルギー）	340	25
4(1)	地域産業活性化プロジェクト（TAMA）	ものづくり	300	37
4(2)	地域産業活性化プロジェクト（中央自動車道沿線地域）	ものづくり	240	7
4(3)	地域産業活性化プロジェクト（東葛・川口地域）	ものづくり	350	16
4(4)	地域産業活性化プロジェクト（三遠南信地域）	ものづくり	550	5
4(5)	地域産業活性化プロジェクト（首都圏北部地域）	ものづくり	210	6
5	首都圏バイオ・ゲノムベンチャーネットワーク	バイオ	240	19
6	首都圏情報ベンチャーフォーラム	IT	240	1
7	東海ものづくり創生プロジェクト	ものづくり、IT	864	30
8	東海バイオものづくり創生プロジェクト	バイオ	60	47
9	北陸ものづくり創生プロジェクト	ものづくり	150	14
10	近畿バイオ関連産業プロジェクト	バイオ	230	35
11	ものづくり元気企業支援プロジェクト	ものづくり	531	31
12	情報系クラスター振興プロジェクト	IT	480	15
13	近畿エネルギー・環境高度化推進プロジェクト	環境（エネルギー）	123	8
14	中国地域機械産業新生プロジェクト	ものづくり	110	13
15	循環型産業形成プロジェクト	環境（エネルギー）	110	13
16	四国テクノブリッジ計画	ものづくり、IT、バイオ、環境（エネルギー）	300	5
17	九州地域環境・リサイクル産業交流プラザ	環境（エネルギー）	184	19
18	九州シリコン・クラスター計画	ものづくり、IT	150	33
19	OKINAWA型産業振興プロジェクト	ものづくり、IT、バイオ、環境（エネルギー）	170	4
	合　計		6,577	439

注1）この表では、「北海道スーパークラスター振興戦略」プロジェクトを技術分野によって2つに分け、関東甲信地域の「地域産業活性化プロジェクト」を地域別に5つに分けて表示している。
注2）金額の単位は100万円。

産業クラスター計画の第1期プロジェクト概要（2001-2004年度実績）

参加公的研究機関	自治体	連携インキュベーション	連携金融機関	技術開発支援額	ソフト支援額	インキュベーション設備費	合計投資額	対象地域
3	2	6	8	1,506	145	375	2,026	北海道
5	2	8	42	2,633	62	2,100	4,795	北海道
10	10	5	76	2,682	52		2,734	青森、岩手、宮城、秋田、山形、福島
11	8		76	1,402	38		1,440	青森、岩手、宮城、秋田、山形、福島
5	22	7	17	2,640	117		2,757	東京都、神奈川、埼玉
5	11	3	12	2,399	47		2,446	長野、山梨
4	18	5	7	1,501	71	1,000	2,572	千葉、埼玉
2	5	4	2	1,347	46		1,393	静岡、長野
	21		2	1,589	80	1,480	3,149	栃木、群馬
6	10	9	8	3,168	80	425	3,673	茨城、群馬、埼玉、東京都、神奈川、千葉、静岡
	5		1	1,584	84		1,668	東京、神奈川
18	5	18	18	4,861	101	3,176	8,237	愛知、岐阜、三重
15	4	1	3	718	15	1,508	2,241	愛知、岐阜、三重
6	3	10	7	1,141	52	80	1,273	富山、石川、福井
15	10	21	19	4,458	101	6,520	11,063	福井、滋賀、京都、大阪、兵庫、奈良、和歌山
15	18		25	5,069	209	5,385	10,654	福井、滋賀、京都、大阪、兵庫、奈良、和歌山
3	10	14		814	134		937	福井、滋賀、京都、大阪、兵庫、奈良、和歌山
3			2	3,168	91		3,259	福井、滋賀、京都、大阪、兵庫、奈良、和歌山
8	14	9	54	2,573	169	464	3,206	鳥取、島根、岡山、広島、山口
13	6		54	2,487	169		2,656	鳥取、島根、岡山、広島、山口
9	4		16	2,921	107		3,040	徳島、愛媛、香川、高知
6	22			988	79		1,067	福岡、佐賀、長崎、熊本、大分、宮崎、鹿児島
8	17		5	1,832	99	3,000	4,931	福岡、佐賀、長崎、熊本、大分、宮崎、鹿児島
2	2		6	1,374	48		1,422	沖縄
172	229	120	460	54,855	2,196	25,513	82,639	

注3）ソフト支援とは、ビジネスマッチングや経営・技術指導など、様々なネットワーク構築支援を合わせたものである。
注4）インキュベーション施設費の空欄は不明・非公表を含む。そのため、合計額は実績額と一致しない。
出所：経済産業省（2005）（2006）より筆者作成。

金融機関の数、投資金額（技術開発支援額、ネットワーク構築等のソフト支援額、インキュベーション設備費）、対象地域についてまとめたものである。以下、技術分野別に各プロジェクトの概略を述べる。

バイオテクノロジーを対象としたプロジェクトは7つある。参加企業数をみると、「四国テクノブリッジ計画」や東北地域の「情報・生命・未来型ものづくり産業プロジェクト」の規模がとくに大きい。ただし、これらのプロジェクトはバイオ以外の業種の企業を多く含んでいるため、バイオ企業に限定すると「首都圏バイオ・ゲノムベンチャーネットワーク」と「近畿バイオ関連産業プロジェクト」の規模が大きい。バイオのクラスターには、参加している大学やインキュベーションの数、技術開発支援額やインキュベーション設備費が多いという特徴がある。バイオテクノロジーは大学の知識が重要なサイエンス型産業を代表し（後藤・小田切編 2003）、また多額の研究資金を必要とするからであると考えられる。

ものづくりを対象としたプロジェクトは9つある。とくに、関東地域の「地域活性化プロジェクト」（**図表11-2**では5つのサブプロジェクトに分けて記載）と東海地域の「東海ものづくり創生プロジェクト」は、参加企業数が全プロジェクトの中でもきわめて大きい。「地域活性化プロジェクト」は、TAMA協会など以前から実績の多い推進機関を中心として、メカトロニクス、ナノテクノロジー、半導体、デジタル家電、航空宇宙など、地元の強みを生かした高付加価値産業の創出拠点となっている。「東海ものづくり創生プロジェクト」には、名古屋圏の自動車、自動車部品、工作機械など高度基盤技術産業を中心とした「すりあわせ型」産業の企業が集まっている。また、他のプロジェクトと比べて大手企業の参加も多く、企業間の連携も活発であると思われる。

ITを対象としたプロジェクトは8つある。IT技術を主とするものには、関西地域の「情報系クラスター振興プロジェクト」、「北海道スーパークラスター振興戦略（情報産業クラスター）」、「首都圏情報ベンチャーフォーラム」がある。参加企業数は「情報系クラスター振興プロジェクト」でとくに多く、独自のソフトウェアシステムの提供、地域独自の文化関連素材によるコンテンツ配信を行う企業が多い。次に大きいのは「北海道スーパークラスター振興戦略」である。北海道にはサッポロバレーと呼ばれるようなIT系企業の集積が見られる。

最後に、環境（エネルギー）を対象としたプロジェクトは6つある。環境（エネルギー）を中心としたプロジェクトでは、東北地域の「循環型社会対応産業振興プロジェクト」でとくに参加企業が多い。東北地域は、環境関連産業の基盤となる鉱山技術、選鉱製錬技術、冶金・材料技術等に強みを持ち、たとえば岩手県釜石市はエコタウンとして認定されている。また、連携している金融機関の数も多く、資金面での支援も見込まれる。中国地域の「循環型産業形成プロジェクト」には、リサイクル、エネルギー、環境浄化等に係る広範で優秀な技術・ノウハウ・人材等の蓄積がある企業が多い。また、岡山大学、広島大学、山口大学で環境ネットワークが作られるなど、連携体制も充実している。

以上、産業クラスター計画全体と地域別プロジェクトの概略や強みを解説した。産業クラスター計画の最終目的は、上述のように、ネットワーク構築や連携促進によって新事業の創出を行い、地域の発展に貢献することである。計画開始の2001年度から2003年度までに、新事業（新製品、加工、プロセス技術、市場投入など）の累計件数は約1万7千件に及ぶ[8]。本章では、この第1期を対象にして、プロジェクト参加企業の研究開発効率に基づく政策評価を試みる。

3．データ

本章の分析で用いるデータセットは、独自のアンケート調査データと特許データをマッチングして作成された。以下、アンケート調査のデータと特許データについて説明する。

3－1．アンケート調査データ

本章で用いるデータは、筆者が2005年春に実施したアンケート調査から得られた。調査対象企業として、Bureau van Dijk社のJADEデータベースから、従業者数20人以上の製造業企業約1万社を無作為に選定した。有効回答1,861社（20%）のうち、研究開発費を毎年計上している中小企業（従業者数300人以下）は520社であった。その中で、調査直前の3年間（2002-2004年）に産学官連携

---

(8) より詳細な成果や具体的な成功事例については、産業クラスター計画ホームページ（http://www.cluster.gr.jp/index.html）を参照されたい。

に取り組んだ企業は229社である。本章の分析は、研究開発と産学官連携に積極的に取り組む中小企業に焦点を当てるため、この229社を対象とする。

本アンケート調査は主に2つの質問内容を含んでいる（詳細は、本書巻末の付録資料を参照）。全企業に対して、設立年、従業者数、住所、産業分類[9]、売上高研究開発費比率などの基本情報を調査している。また、産学官連携に取り組んだ企業に対して、連携相手のタイプ（国立大学、私立大学、国立試験研究所など）、相手の立地、連携の動機、連携の方法、過去の取り組み経験などを調査している。

クラスターがイノベーションの促進に有効に作用するには、近隣地域内でのネットワーク構築や知識のスピルオーバーが重要である（Fujita 2007）。基本的に、知識のスピルオーバーの程度を測定するのは難しい。先行研究では、産学官連携や知識スピルオーバーの程度を論文データ（Cockburn and Henderson 1996, Furman et al. 2006）や特許情報（西村・岡田 2007）などから得ている。しかし、すべての研究成果が論文や特許として成立するわけではなく、これらのデータを用いた分析には少なからずバイアスが生じる。この点、我々のデータは産学官連携や知識のスピルオーバーの程度を測定するのに有益であろう。

クラスター政策の効果を測定するために、産業クラスター計画への参加企業を特定した。前節で述べた各クラスタープロジェクトの推進機関は、参加している企業、大学、公的研究機関などの情報をウェブ上で公表している。我々はこの企業リストの社名と住所を元に、サンプル企業229社とマッチングを行い、このうち57社が産業クラスター計画に参加していることを確認した。

3-2. 特許データ

企業のイノベーションの指標として特許データを用いる。特許データはイノベーションの指標としてよく用いられるが、以下に挙げる2つの短所も指摘されている。第1に、特許として認められるためには「新規性」、「進歩性」そして「産業上の利用可能性」という要件を満たす必要があるため、すべての研究成果が特許として成立するわけではない。第2に、企業は発明を特許として出

（9）　本調査の産業分類は日本標準産業分類の中分類に概ね対応している。

願するのではなく、戦略的に秘匿することもある。そのため、特許要件を満たす発明が、必ずしも特許出願されるとは限らない。以上の理由から、特許件数は研究開発のアウトプットを過少評価する可能性があることに注意すべきである。ただし、特許は重要な発明を多くカバーしているのも事実であり、実証分析においてもよく利用され、イノベーションの代理指標として適切であることも指摘されている（Acs et al. 2002、Jaffe and Trajtenberg 2002）。

アンケート調査は2002年から2004年までの産学官連携を対象としているため、2003年と2004年の特許出願データを特許庁電子図書館より収集した。これは、研究開発の成果が1－3年以内に特許として出願されることを仮定している。さらに、特許の価値はそれぞれ大きく異なることが指摘されている。そこで、特許の客観的な価値指標としてしばしば用いられる被引用件数のデータを、Thomson ISI社の特許情報データベース「ダーウェント・イノベーション・インデックス」より収集した。被引用件数が多い特許は、他の研究者・発明者の注目を受ける技術であり、社会的なインパクトも大きいと考えられる（Jaffe and Trajtenberg 2002）。

4．分析の方法

本節では、産業クラスター計画と企業の研究開発生産性の関係を調べるための計量モデルについて説明する。具体的な分析の焦点は、(1) 企業の特性、(2) 産学官連携の特性、(3) 地域別プロジェクトの特性が、企業の特許出願件数と被引用件数にどのような影響を与えるかを調べることである。

4－1．分析モデル

本章の分析では、基本的な特許生産関数のフレームワークを用いる（Griliches 1990）。被説明変数は、2003年と2004年の特許出願件数およびそれらの特許の平均被引用件数である。特許の出願件数によって研究開発の成果を量的に測定し、出願され、後に登録された特許の平均被引用件数によって研究開発の成果の質を把握する。特許の出願件数ないし平均被引用件数を、企業の特性、産学官連携の特性、地域別プロジェクトの特性の変数に回帰する。基本的なモデルは下記のとおりである。

特許出願件数ないし平均被引用件数
　＝f（企業特性、産学連携の特性、プロジェクトの特性）

　特許出願については、被説明変数がカウントデータ、つまりゼロまたは正の整数値であるため、負の二項回帰（Negative binomial regression）を行う。カウントデータモデルの推定方法として、ポワソン回帰がよく知られているが、この分析は被説明変数の平均と分散が等しいという仮定を満たす必要があり、本章のデータには適当ではない[10]。特許の平均被引用件数についてはトービット推定を行う。

　分析の単位 i は企業である。説明変数は企業の特性、産学官連携の特性、地域別プロジェクトの特性に分けられる。また、企業の特性と産学官連携の特性に関する交差項変数も用いる。以下、それぞれの特性を示す変数の作成方法とその予想される効果について述べる。

4－2．説明変数
4－2－1　企業の特性の変数

　企業特性の変数でとくに重要なのはクラスター参加ダミー変数で、これは企業が産業クラスター計画に参加している場合に1、それ以外は0の値をとる変数である。サンプル企業のうち57社がクラスター計画に参加している。産業クラスター計画に参加することで地域内のネットワークが構築・強化され、知識のスピルオーバーが増加し、生産性が上昇するならば、この変数の係数は正である[11]。

---

(10) 推定結果の頑健さを確認するためにトービット（Tobit）推定とゼロ強調（zero inflated）負の二項回帰も行ったが、推定結果はほとんど変わらない。

(11) 産業クラスター計画への参加と特許出願の間には内生性の問題があるかもしれない。たとえば、研究開発や産学官連携に熱心な企業がクラスターに参加しており、特許の出願も活発である場合がそうである。また、経済産業省はそのようなイノベーティブな企業に産業クラスター計画への参加を促しているかもしれない。そこで、このような内生性を考慮して、操作変数法による推定と治療効果（treatment effect）推定を補足的に行った（操作変数として企業の業歴を採用）。しかし、基本モデルの分析結果と変わらなかったので、本章では基本モデルを中心に議論する。詳細についてはNishimura and Okamuro（2008）を参照。

他の企業特性として、従業者数、売上高研究開発費比率、産業ダミーを用いる。従業者数は企業規模の代理変数である。売上高研究開発費比率は研究開発集約度の指標である。これらの説明変数は特許出願活動に対して正の効果を持つことが予想される。また、特許出願は産業によって大きく異なる。たとえば、電気機械産業は多くの特許を出願し、ひとつの製品に多くの関連特許が存在する一方、医薬品産業では物質特許が重要であり、特許出願件数は少ない。そのため産業ダミー変数を入れて、産業による特許出願の違いをコントロールする。

4-2-2 産学官連携の特性の変数

サンプル企業はすべて、産学官連携に取り組んでいる。そこで、まず2002年から2004年までの産学官連携の取り組み件数を産学官連携の頻度の指標として用いる。

2つ目の変数は、主として国立大学と連携している場合に1、それ以外では0の値をとる国立大学連携ダミーである[12]。産業クラスター計画の趣旨に、地域の中核となる国立大学との連携の促進が挙げられているため、他の研究機関と比べて国立大学との連携がどのような影響を持つかを検証する。

連携の内容については、共同研究を行っていれば1、それ以外は0の値をとる共同研究ダミー変数を用いる[13]。産業クラスター計画は産学官連携の中でも主に共同研究を対象にしているため、共同研究開発の効果を他の連携パターンと区別する。

最後に、連携相手の立地について、同一または近隣の都道府県内での産学官連携について1、それ以外（国内遠隔地と外国）について0の値をとる近隣地

---

[12] 対象期間中に複数の産学官連携に取り組んだ場合、あるいはひとつの産学官連携プロジェクトで複数の大学・研究機関と連携した場合には、その中で最も重要なプロジェクトないし最も重要な連携相手を選んで答えていただいた。なお、連携相手に関する質問の選択肢には、国立大学、公立大学、私立大学、高等専門学校、国立試験研究所、公立試験研究所、外国の大学・研究機関が含まれる。サンプル企業の約50%は最も重要な連携相手として国立大学を選択していた。

[13] 連携内容に関する質問の選択肢には、共同研究、委託研究、ライセンス、技術相談、施設・機材の利用、従業員の教育・研修等が含まれる。サンプル企業の約60%は共同研究を選択していた（複数回答方式）。

域内連携ダミー変数を用いる。これは、同一の地域別プロジェクト内部での連携の代理変数である。アンケート調査からは連携相手の立地の概要（同一市町村内、同一都道府県内等）は分かるが、住所情報がないために、連携相手が同じ地域別プロジェクトの地域に立地し、同じ地域別プロジェクトに参加しているのかどうかは分からない。**図表11−2**に示したように、産業クラスター計画ではクラスターの範囲をかなり広域的に設定している。本章でもこれに合わせて、近隣の都道府県までを同一地域に含めることにした[14]。

なお、以上の変数はすべて、企業の研究開発生産性に正の効果があると予想される。

4−2−3 地域別プロジェクトの特性の変数

地域別プロジェクトはそれぞれ対象の技術分野が異なる（**図表11−2**参照）。技術分野の違いによって、発明の特許化の傾向に違いがあるかもしれない。そこで、地域プロジェクトの主要な技術分野（バイオ、ものづくり、IT、環境・エネルギー）ごとのダミー変数によって、その違いを確認する。2つ以上の技術分野を対象とするプロジェクトの参加企業は、各分野のプロジェクトに重複して参加していると見なす。

産業クラスター計画に参加している企業や大学・公的研究機関の総数も、特許出願に影響するかもしれない。企業数が多い地域では競争が活発でイノベーションが刺激される一方、企業間の技術のスピルオーバーも大きいと考えられる。また、参加する大学や公的研究機関が多ければ、知識スピルオーバーも大きくなる可能性がある。そこで、産業クラスター計画全体について参加企業数と大学・公的研究機関数の中央値を計算し、その値より大きい地域別プロジェクトの参加企業は1、その他の地域別プロジェクトの参加企業は0の値をとるダミー変数を作成した。つまり、企業の参加数の多いプロジェクトのダミー変数、大学・公的研究機関の参加数の多いプロジェクトのダミー変数の2つを、クラスター規模の指標として用いる。

---

(14) 同一地域内連携の範囲を市町村レベル、都道府県レベル等に変えて分析したが、推定結果はほとんど変わらない。また、関東地域と関西地域をそれぞれひとつの広域クラスターとした分析も行ったが、結果はほぼ同様であった。

また、各地域別プロジェクトに対して第1期の2001-2004年度に投資された技術開発支援とソフト支援（ネットワーク構築など）の金額をそれぞれ参加企業数で除した変数を推計式に導入する。参加企業の数をコントロールしたうえで、平均的な支援金額が大きいほど、参加企業の研究開発生産性が高いかどうかを検証し、技術開発の助成金とその他の支援を比較する。

4-2-4 変数の交差項

産業クラスター計画参加ダミーと従業者数を掛け合わせた交差項を、説明変数として導入する。産業クラスター計画は中小企業への支援を主体とする。規模の小さい企業ほど、人材や情報の不足から、新たなネットワークを構築しにくい。そのため、産業クラスター計画への参加の効果は、規模が小さい企業ほど大きいと考えられる。一方、規模の大きい企業にとっても、産業クラスター計画への参加によって、ネットワークをさらに強化し、地元の情報を迅速に入手できる可能性がある。この交差項によって、産業クラスター計画への参加の効果が企業規模によって異なるのかどうかを検証する。

さらに、産業クラスター計画参加ダミー、国立大学との連携ダミー、近隣地域内連携ダミーの三重の交差項も用いる。産業クラスター計画に参加しているだけでは、支援プログラムを活用してネットワークを構築し、共同研究を行っているかどうかはわからない。そこで、産業クラスター計画に参加して、各地域プロジェクトの中核を成す地元の国立大学と連携している企業のほうが、産業クラスター計画に参加しているだけの企業よりも、研究開発の生産性が高いと予想する。

5．産業クラスター計画の参加企業と非参加企業の比較

図表11-3は、産業クラスター計画の参加企業と非参加企業のそれぞれについて、上記の変数の基本統計量をまとめたものである。産業クラスター計画に参加していない企業には地域別プロジェクトの特性は関係しないので、以下、特許の特性、企業の特性、産学官連携の特性について、両者の平均値の比較を行う。

図表11－3　産業クラスター計画の参加企業と非参加企業の基本統計量

変数	クラスター参加企業					クラスター非参加企業				
	観測数	平均	標準偏差	最小値	最大値	観測数	平均	標準偏差	最小値	最大値
特許の特性										
特許出願件数(2003年・2004年合計)	57	8.19	11.93	0	52	172	4.95	6.98	0	34
平均被引用件数(2003年・2004年合計)	57	0.11	0.28	0	2	172	0.08	0.39	0	4.86
企業の特性										
従業者数	57	150.49	84.23	20	300	172	139.29	83.09	20	300
売上高研究開発費比率	57	4.28	3.97	0.4	25	165	3.88	3.70	0.05	30
産学官連携の特性										
産学官連携件数	51	2.61	1.65	1	9	159	1.89	1.26	1	10
国立大学との連携ダミー	55	0.58	0.50	0	1	165	0.50	0.50	0	1
共同研究ダミー	56	0.80	0.40	0	1	170	0.58	0.50	0	1
近隣地域内連携ダミー	56	0.77	0.43	0	1	169	0.71	0.46	0	1
地域別プロジェクトの特性										
バイオクラスターダミー	57	0.25	0.43	0	1					
ものづくりクラスターダミー	57	0.86	0.35	0	1					
ITクラスターダミー	57	0.42	0.50	0	1					
環境クラスターダミー	57	0.49	0.50	0	1					
大規模クラスター(参加企業数)ダミー	57	0.51	0.50	0	1					
大規模クラスター(参加大学・研究機関数)ダミー	57	0.70	0.46	0	1					
参加企業1社あたり技術開発支援額(百万円)	57	11.54	6.67	2.45	23.39					
参加企業1社あたりソフト支援額(百万円)	57	0.55	0.50	0.08	1.54					

注）ソフト支援とは、ビジネスマッチングや経営・技術指導など、様々なネットワーク構築支援を合わせたものである。

5－1．特許の特性

　まず被説明変数である特許の出願件数と平均被引用件数をみると、ともにクラスター参加企業のほうが平均値は高い。しかし、被引用件数の最大値は、非参加企業のほうが34件で、参加企業の14件よりもかなり高く、非参加企業の中にも研究開発能力の高い企業があることが分かる。標準偏差は非参加企業のほうが高いため、企業間の研究開発能力のばらつきが大きいと推測される。以上の結果は、産業クラスター計画が企業の研究開発生産性向上に結びついている可能性を示す一方、研究開発能力の高い企業ばかりがクラスターに参加しているわけではないことも示唆する。

5-2. 企業の特性

　企業特性についてみると、従業者数と売上高研究開発費比率の平均値はともにクラスター参加企業のほうが高い。しかし、従業者数の平均値に統計的に有意な差はなく、売上高研究開発費比率の差は10％水準でのみ有意である。そのため、これら２つの変数に関して両者の間に明確な差があるとは言い難い。研究開発に熱心な企業のみが産業クラスター計画に参加している、というわけではなさそうである[15]。

　この表には記載していないが、業歴と産業構成についても両者を比較している。参加企業の業歴の平均値は40年で、非参加企業は45年である。両者ともに、比較的業歴の長い企業を多く含んでいる。アンケート調査対象を従業者数20人以上の企業に限定したために、業歴が浅く小規模な企業が抜けているのかもしれないが、統計的には５％水準で参加企業のほうが業歴は有意に短い。産業構成については、参加企業・非参加企業ともに化学・医薬品、一般機械、電気機械、精密機械と技術集約分野の企業が多い。しかし、両者の産業別分布には統計的に有意な差はない。

5-3. 産学官連携の特性

　産学官連携の特性についてはいくつかの明確な違いがみられた。まず、クラスター参加企業は産学官連携の取り組み件数が多い（１％水準で有意）。しかし、残念ながら、我々のデータでは時系列の変化をみることができないので、クラスター参加以前から産学官連携に活発に取り組んでいたのか、それとも参加することによって産学官連携に取り組むようになったのかを区別できない。

　つぎに、クラスター参加企業は共同研究を行うことがかなり多い（５％水準で有意）。産業クラスター計画は地域新生コンソーシアムの研究開発支援を通して、産学官の共同研究プロジェクトを促している。この支援を受けた参加企業が多く含まれているために、共同研究が活発なのかもしれない。

　連携相手については明確な違いはみられなかった。クラスター参加企業は国

---

(15) 本章の分析で用いるのは産業クラスター計画の開始以降のデータであるが、厳密に内生性の議論をするためには、クラスター計画参加以前の研究開発費比率のデータが必要である。

立大学との連携が多く、非参加企業は私立大学や国立試験研究所との連携が多いが、その差は統計的に有意ではない。さらに、近隣地域内連携ダミーについても明確な違いはみられない。しかし、より細かくみると、クラスター参加企業では同一市町村内や同一都道府県内での産学官連携がかなり多い（5％水準で有意）。クラスター参加企業は地元の研究機関とネットワークを構築し、積極的に産学官連携に取り組んでいると言える[16]。

以上の比較分析から、クラスター参加企業と非参加企業には従業者数や研究開発費比率について大きな違いはないが、産学官連携の特性についてはいくつかの違いがあることが分かった。クラスター参加企業の研究開発成果として特許出願や平均被引用件数が多くなるのは、産学官連携の特性の差異によるのかもしれない。地域別プロジェクトの特性については両者の比較ができないため、アウトプットとの関係をみることができない。そこで次節では、前節のモデルと説明変数を用いた計量分析により、企業の特性、産学官連携の特性、地域別プロジェクトの特性が企業の研究開発成果にどのように影響しているかを明らかにする。

6．分析の結果
6－1．産業クラスター計画参加と企業の研究開発生産性

図表11－4は、企業の特性と産学官連携の特性が企業の特許の出願件数（モデル(1)～(3)）と平均被引用件数（モデル(4)）にどのような影響を与えるかを推定した結果を示す。企業の特性であるクラスター参加有無、従業者数（対数）、売上高研究開発費比率、産業ダミーと、産学官連携の特性である産学官連携プロジェクト数、国立大学との連携ダミー、共同研究ダミー、近隣地域内連携ダミーを説明変数として用いる。さらに、モデル(2)～(4)では、クラスター参加

---

[16] さらに、産学官連携のきっかけについての調査結果から、クラスター参加企業にとって行政機関、異業種交流グループ、大学などの産学連携支援組織が産学官連携を仲介することが多く、行政支援が役立っていることが窺われる。一方、非参加企業では経営者の個人的ネットワークがより重要であり、このような企業はクラスター計画に参加しなくても自力で連携相手を探し出し、産学官連携を行うことができるのかもしれない。

図表11-4 クラスター参加が企業の研究開発生産性へ与える効果

	負の二項分析			トービット分析
	(1)	(2)	(3)	(4)
被説明変数	出願	出願	出願	被引用
説明変数				
クラスター参加ダミー	0.298	−1.495	−0.030	0.031
	(0.225)	(1.429)	(0.274)	(0.098)
従業者数(対数)	1.257***	1.014***	1.268***	0.524***
	(0.290)	(0.344)	(0.284)	(0.134)
売上高研究開発費比率	0.047*	0.047*	0.046*	0.018**
	(0.024)	(0.024)	(0.024)	(0.008)
産学官連携件数	0.142*	0.169**	0.162**	0.030
	(0.077)	(0.083)	(0.080)	(0.024)
国立大学との連携ダミー	0.269	0.259	0.101	−0.051
	(0.197)	(0.193)	(0.206)	(0.077)
共同研究ダミー	0.340*	0.294	0.275	0.137*
	(0.208)	(0.208)	(0.211)	(0.082)
近隣地域内連携ダミー	−0.320	−0.297	−0.474**	−0.259***
	(0.208)	(0.203)	(0.226)	(0.082)
交差項				
クラスター参加ダミー				
×従業者数(対数)		1.334**		
		(0.673)		
×国立大学との連携ダミー			0.730*	0.094
			(0.391)	(0.142)
×近隣地域内連携ダミー				
産業ダミー	含む	含む	含む	含む
定数項	−3.751***	−3.239***	−3.560***	−1.592***
	(0.797)	(0.858)	(0.796)	(0.377)
観測数	199	199	199	199

注1) 有意水準:*** 1％、** 5％、*10％。
注2) カッコ内は不均一分散に対して頑健な標準誤差。

有無と従業者数の交差項と、クラスター参加有無・国立大学との連携ダミー・近隣地域内連携ダミーの交差項を含めている。

クラスター参加ダミーの回帰係数はすべてのモデルにおいて統計的に有意でない。これは、産業クラスター計画に参加するだけでは研究開発生産性を高めることができないことを意味する[17]。一方、近隣地域内ダミーの係数はすべて負であり、モデル(3)と(4)では統計的にも有意である。この推定結果は、近

隣地域内での産学官連携によって対面式のコミュニケーションと知識移転が行われ、生産性が高まるという仮説に反し、むしろ遠隔地の大学等との連携のほうが効果が高いことを意味する。一般的に、企業は研究開発のテーマに応じて、どんなに遠隔地であっても最適な連携相手を見つけることが重要と考えられる（本書第10章参照）。

　クラスター参加の変数の係数値は単独では有意でないが、モデル(2)のクラスター参加と従業者数の交差項の係数は正で有意である。これは、規模が大きい企業ほどクラスターに参加することで研究開発生産性を高めやすいことを意味している。この結果は、産業クラスター計画が、中小企業を主な支援対象とする政策であることと矛盾するかもしれない。しかし、クラスター計画に参加する大企業には中小企業よりも多くの情報が集まることを考えると、大企業により大きな効果がある可能性は否定できない。また、本章の分析は従業者数300人以下の中小企業のみを対象にしているため、この結果から、規模の大きい企業ほどクラスター計画の恩恵を受けているとは必ずしも言えない。

　モデル(3)において、クラスター参加、国立大学との連携、近隣地域内の連携の３変数の交差項の係数が正で有意である。この解釈は２通り考えられる。ひとつの解釈は、クラスターに参加している企業の研究開発生産性は近隣の国立大学と連携することで真に向上しているということである。この解釈が正しければ、産業クラスター計画の研究開発活動に対する成果を高く評価することができる。なぜなら、本計画はクラスター内での国立大学とのネットワーク構築・連携促進を主たる目標としているからである。しかし、他方でクラスターに参加している企業は、支援策の成果物として、特許を出願するように政策的にプレッシャーを受けている可能性がある。これらの解釈のどちらが正しいか

---

(17) 　クラスター参加自体に効果がないのは、同地域内の参加企業から非参加企業への知識スピルオーバーのためかもしれない。しかし、本章のサンプルにおいてはクラスター参加企業が同地域内の非参加企業と連携しているケースは少なく、企業間連携が特許の生産性に有意な影響を与えていないことは確認済みである。また、特許の公開ラグは大きく、出願から公開（18ヶ月）、さらに他企業への知識の普及には相当の時間が掛かると思われる。以上の点から、クラスター参加企業から非参加企業への知識スピルオーバーはあまり大きくないと考えられる。

を判定することは難しいが、出願された特許の価値を調べることで、ある程度の判断は可能である。

モデル(4)では被説明変数に特許の客観的価値指標である被引用件数を用いている。第2の解釈である政策的プレッシャー説が正しいならば、出願された特許の多くは形ばかりの出願であり、その発明の価値はおそらく平均的にみて低いと予想される。そこで同じ3変数の交差項をみると、係数は有意ではない。これは、クラスター参加企業が政策支援の成果として特許の出願を要請されているというプレッシャー説とは整合的でない[18]。したがって、クラスター参加企業は、地域新生コンソーシアムやネットワーク構築などの政策支援を通して、近隣の国立大学と連携し、円滑な知識移転と生産性の向上を行っていると考えられる。

6－2．プロジェクトの特性と企業の研究開発生産性

図表11－5は、前の分析で用いられた変数に加えて、地域別プロジェクトの特性を説明変数として導入した分析の結果を示す。プロジェクトの特性の変数として、バイオ、ものづくり、IT、環境（エネルギー）のクラスターダミー（参加有無）、大規模クラスターダミー（参加する企業数および大学・公的研究機関数）、参加企業1社あたり技術開発支援額とソフト支援額（ビジネスマッチング等様々なネットワーク構築支援の金額）を推定式に含めている。被説明変数は、これまでと同様に特許出願件数と平均被引用件数である。この分析結果によって、どのような特性を持つ地域別プロジェクトが、参加企業の研究開発生産性を高めているのかをみることができる。

地域別プロジェクトの技術分野別ダミー変数をみると、バイオクラスター参

---

[18] 被引用件数は特許価値の客観的指標としてよく利用されるが、欠点も多く指摘されている。たとえば、引用ラグが大きいこと、また先行特許の引用には審査官の判断による追加もあるため、真に発明者がその特許を引用しているか不明であることが挙げられる。そこで補足的に、特許の主観的価値指標として利用できるクレーム（請求項）件数を用いて（Tong and Frame 1994、Lanjouw and Schankerman 2004）、頑健さのチェックを行った。結果は同様で、プレッシャー説はやはり支持されない。

図表11-5 地域別プロジェクトの特徴と参加企業の研究開発生産性

説明変数	被説明変数	負の二項分析 出願		トービット分析 被引用	
		係数	標準誤差	係数	標準誤差
プロジェクト変数					
バイオクラスターダミー		−1.321**	(0.672)	0.362	(0.311)
ものづくりクラスターダミー		0.649	(0.497)	−0.025	(0.330)
ITクラスターダミー		−0.540	(0.426)	−0.121	(0.328)
環境クラスターダミー		2.286***	(0.549)	0.405*	(0.227)
大規模クラスター(参加企業数)ダミー		0.620	(0.387)	−0.352	(0.296)
大規模クラスター(参加大学・研究機関数)ダミー		0.467	(0.473)	0.922**	(0.473)
参加企業1社あたり技術開発支援額		−0.135	(0.129)	−0.064**	(0.031)
参加企業1社あたりソフト支援額		2.000	(1.678)	2.260*	(1.307)
企業変数					
log(従業者数)		1.145***	(0.294)	0.560***	(0.131)
売上高研究開発費比率		0.051**	(0.025)	0.009	(0.010)
産学官連携件数		0.188**	(0.096)	0.016*	(0.025)
国立大学との連携ダミー		0.301	(0.197)	0.012	(0.070)
共同研究ダミー		0.311	(0.207)	0.158**	(0.077)
近隣地域内連携ダミー		−0.299	(0.219)	−0.209***	(0.075)
産業ダミー		含む		含む	
定数項		−3.639***	(0.823)	−1.786***	(0.392)
観測数		199		199	

注1) 有意水準：*** 1％、** 5％、*10％。
注2) カッコ内は不均一分散に対して頑健な標準誤差。

図表11-6 参加する地域別クラスターの技術分野別にみた企業の特性と産学官連携の特性

クラスタータイプ	企業数	平均従業員数	研究開発費比率	産学官連携件数	共同研究比率
バイオクラスター参加企業	14	116.37	5.42	3.46	0.86
ものづくりクラスター参加企業	49	145.48	4.12	2.57	0.83
ITクラスター参加企業	24	160.00	4.82	2.88	0.87
環境クラスター参加企業	28	145.15	3.95	2.69	0.79

注) サンプル中のクラスター参加企業は57社であるが、本表の企業数の合計は115社になる。これは、クラスター参加企業が平均で2つのクラスタープロジェクトにカウントされていることを示す。

加が特許出願件数に負で有意な効果を示す一方、環境（エネルギー）クラスターの係数は特許の出願件数と平均被引用件数の両方で正で有意となっている。バイオや医薬品の分野ではひとつの物質特許が重要であるため、特許の出願件数がバイオクラスター参加企業で相対的に少ないと考えられる。一方で、環境（エネルギー）クラスターに参加している企業は特許を多く出願し、またその価値も比較的高い。

図表11－6は技術分野別に地域別プロジェクトの参加企業の特性と産学官連携の特性の平均値を示している。バイオクラスターに参加している企業は、他の技術分野のプロジェクトの参加企業と比べて規模が小さいものの、研究開発や産学官連携には積極的である。また、各クラスター参加企業の約4割は近隣の国立大学と連携も行っていた。図表11－4に示したように、企業規模はクラスター参加の効果を高めるうえで重要であった。平均規模が小さいことは、バイオクラスター参加企業の研究開発生産性が全体的に低いことの要因のひとつかも知れないが、実際に企業がどのように、またどの程度、産業クラスター計画から支援を受けているかはこのデータからでは判断できないので、解釈に注意が必要である。

技術分野の違いをコントロールすると、地域別プロジェクトの参加企業の数が多いかどうかは参加企業の研究開発生産性に影響しないが、参加する大学や公的研究機関の数が多いプロジェクトのほうが参加企業の特許の平均的な質は有意に高い。そのようなプロジェクトでは、大学や公的研究機関からの知識スピルオーバーが働き、研究開発の質を高めていていると考えられる（石倉他2003）。

地域別プロジェクトにおける政策支援の効果は対照的である。参加企業平均の技術開発支援額が大きいほど、特許の質は低くなるが、ネットワーク構築等のためのソフト支援の平均額が大きいほど、特許の質は高い。この結果は直接的な研究開発助成が非効率に行われていることを示唆する一方、金額の少ないソフト支援が大きな効果を挙げている可能性を示す。

7．むすび

本章では、経済産業省が2001年度から実施している第1期産業クラスター計

画に参加している企業を特定し、同計画への参加や地域別プロジェクトの特性が企業の研究開発生産性にどのように影響しているのかを分析した。主な分析結果は以下の2点にまとめられる。

1）産業クラスター計画に参加するだけでは、特許出願件数と特許の価値を高めることはできない。企業はむしろ、遠隔地を厭わず、研究テーマに応じて適切な相手を探し、連携することで研究開発生産性を高めている。しかし、企業規模が大きくなるほど、また地域の国立大学との連携によって、クラスター計画参加が研究開発生産性に与える効果は向上する。

2）地域別プロジェクトの特性は、参加企業の研究開発生産性に強く影響する。バイオクラスター参加企業の特許出願件数は平均的に少ないが、環境（エネルギー）クラスター参加企業は平均的に高い研究開発生産性を達成している。参加する大学や研究機関の多い大規模プロジェクトでは参加企業の研究開発生産性は平均的に高い。また、直接の研究開発助成よりもソフト支援を相対的に重視するプロジェクトのほうが、参加企業の研究開発成果の質を高める可能性が高い。

以上の結果から、次の3つの政策的含意が導かれる。第1に、産業クラスター計画の趣旨は近隣地域内でのネットワーク構築であるが、たとえ遠隔地であっても、企業が最適な連携相手を見つけられるような支援策が必要である。この点に関して、2006年度に開始された第2期プロジェクトでは、クラスター・リンケージの促進として海外・国内クラスター間での連携や交流の強化を目的としたネットワークの高度化支援策も施されている。域内で不足する人材、技術、販路などを域外に求めることで、海外市場の開拓、事業連携、共同研究などの交流を促進することを目指す。

第2に、産業クラスター計画に参加するだけでは必ずしも研究開発生産性を高めることはできないが、地域内の国立大学と連携することで生産性の向上を図ることは可能である。地域の大学や企業同士でコンソーシアムを結成し、共同研究を行うなど、産業クラスター計画には地域内連携を促進する支援策が用意されている。このような支援策を企業が能動的に活用すれば、潜在的な連携相手を発見し、新たなネットワークを構築することが可能になる。また、産業クラスター計画の効果は規模の大きい企業ほど大きいことから、今後、大企業

がより積極的に参加して地域のリーダー的存在となり、民主導でクラスターが一層発展することが望まれる。

第3に、地域別プロジェクトの設計が、参加企業の研究開発成果の質を左右する。多くの大学や研究機関を参加させ、様々なソフト支援を重視することにより、プロジェクト全体の研究開発の質の向上が期待できる。

本章の分析にはいくつかの限界がある。まず、サンプル企業が限定的で、分析対象のクラスター参加企業数が少ない。そのため分析結果には少なからずバイアスがあると思われる。つぎに、クロスセクションのデータセットであるため、クラスター計画への参加以前と以後で企業の産学官連携やネットワーク形成にどのような変化があったのか判断できない。プロジェクト参加以前と以後の企業特性や産学官連携の特性に関するデータがあれば、内生性の問題に対処した、より詳細な分析が可能である。最後に、本章で用いたアンケート調査は産学官連携を対象にしており、産業クラスター計画の具体的な支援内容とその利用状況については調査していない。今後は産業クラスター計画の参加企業がどのような支援策をどの程度利用し、それによってどのような成果を得ているかを、より詳細に調査・分析する必要があるだろう[19]。

── 【コラム】海外のクラスタープロジェクト ──

　産業クラスターは多くの国で注目を集め、地域活性化とイノベーション促進に向けたクラスターの形成が、海外でも積極的に進められている。海外の代表的なクラスタープロジェクトをいくつか見てみよう。

　クラスター政策の先進国のひとつはフィンランドである。1990年代初頭に、ソ連・東欧経済の破綻から深刻な経済危機に陥った同国は、付加価値の高いハイテク産業の育成に取り組んできた。1994年から、内務省や通商産業省などの連携によって全国14か所に専門技術センター：Center of Expertise（COE）を設置し、それらが地域の技術開発プログラムの立案から実施まで責任を負っている。各センターがバイオ、エネルギー、IT

---

[19] 筆者らはこのような限界を克服するために、多数の産業クラスター計画参加企業を対象とする新たなアンケート調査を2009年2月－3月に実施し、そのデータを分析しているところである。

など23の技術分野から地域の特性に合わせていくつかの重点分野を選び、国が承認するという形で、全体の調整を行っている。国の助成制度を活用し、地域の大学・研究機関、支援機関、地方自治体、民間企業等と連携して成果を挙げている。

フィンランドのCOEプログラムをモデルとして、イギリスでも1999年にクラスター行動計画（Cluster Action Plan）が開始された。全国9地域に設けられた地域開発公社が、貿易産業省や財務省から豊富な補助金を得て、中央政府の主導の下で創業支援や人材育成、地域再開発、インフラ整備など、独自の様々な地域戦略によって産業クラスター形成に取り組んでいる。また、地域開発公社はインキュベーション機能を持つ活動拠点を域内にいくつも設置し、中核的大学の周囲にサイエンスパークを整備し、大学や研究機関、地域の行政機関、民間のコンサルタントやベンチャーキャピタルとの提携を進めている。

ドイツについては、ビオレギオ（BioRegio）計画が知られている。バイオテクノロジーで遅れをとったドイツは、2000年までにこの分野でヨーロッパのトップになるという目標を掲げ、連邦教育研究省によって1996年にクラスター創成プログラム「ビオレギオ」が開始された。国内の多くの地域の中から一次予選で17地域を選出し、一定期間の「育成型コンテスト」によって最終的にミュンヘンなどの3地域を選び、その後1地域あたり5年間に5,000万マルク（約2,500万ユーロ＝約34億円）が投資された。最終選考に残らなかった地域にも、「育成型コンテスト」の結果としてバイオクラスターが形成され、1999年にはドイツのバイオ企業の数はヨーロッパ最大になった。このように、ドイツの政策は、連邦政府が上から一方的にクラスターを決めるのではなく、提案公募方式によって各地域を一定期間競争させるところに特徴がある。

この他、北米ではアメリカとカナダ、東アジアでは日本の他に中国や韓国等でも、政策措置による産業クラスターの形成が進んでいる。国によって政策の背景、目標、重点や方法がそれぞれ異なるので、今後、クラスター政策の国際比較分析が重要な意味を持つようになるだろう。

＊産業クラスター計画ホームページ（http://www.cluster.gr.jp/index.html）、経済産業省（2005）より作成。

【参考文献】

Acs, Z. J., Anselin, L., and A. Varga (2002), "Patents and innovation counts as measures of regional production of new knowledge", *Research Policy* 31, pp. 1069-1085.

Anselin, L., Varga, A., and A. Acs (1997), "Local geographical spillovers between university research and high technology innovations", *Journal of Urban Economics* 42, pp. 422-448.

Audretsch, D. B., Lehmann, E. E., and S. Warning (2005), "University spillovers and new firm location", *Research Policy* 34, pp. 1113-1122.

Cockburn, I. M. and R. M. Henderson (1998), "Absorptive capacity, coauthoring behavior, and the organization of research in drug discovery", *Journal of Industrial Economics* 46, pp. 157-182.

Dahl, M. S. and C. R. Pedersen (2004), "Knowledge flows through informal contacts in industrial clusters: Myth or reality?", *Research Policy* 33, pp. 1673-1686.

Fritsch, M. and G. Franke (2003), "Innovation, regional knowledge spillovers and R&D cooperation", *Research Policy* 33, pp. 245-255.

Fujita, M. (2007), "The development of regional integration in East Asia: From the viewpoint of spatial economics", *Review of Urban and Regional Development Studies* 19, pp. 2-20.

Furman, J. L., Kyle, M. K., Cockburn, I., and R. M. Henderson (2006), "Public & Private Spillovers, Location and the Productivity of Pharmaceutical Research", NBER Working Paper No. 12509, National Bureau of Economic Research.

Giuri, P., Mariani. M., Brusoni, S. et al. (2005), "Everything You Always Wanted to Know about Inventors (but Never Asked): Evidence from the PatVal-EU Survey", LEM Working Paper 2005-20, Laboratory of Economics and Management, Sant'Anna School of Advanced Studies.

Griliches, Z. (1990), "Patent Statistics as Economic Indicators: A Survey", NBER Working Paper No.3301. National Bureau of Economic Research.

Hagedoorn, J. (2003), "Sharing intellectual property rights-an exploratory study of joint patenting amongst companies", *Industrial and Corporate Change* 12, pp.

1035-1050.

Jaffe, A. B., Trajtenberg, M., and R. Henderson (1993), "Geographical Localization of Knowledge Spillovers as Evidenced by Patent Citations", *Quarterly Journal of Economics* 63, pp. 577-598.

Jaffe, A. B. and M. Trajtenberg (2002), *Patents, Citations, and Innovations*, Cambridge, Massachusetts (MIT Press).

Lanjouw, J. and M. Schankerman (2004), "Patent Quality and Research Productivity: Measuring Innovations with Multiple Indicators", *Economic Journal* 114, pp. 441-465.

Malmberg, A., Solvell, O., and I. Zander (1996), "Spatial clustering, local accumulation of knowledge and firm competitiveness", *Geografiska Annaler. Series B, Human Geography* 78, pp. 85-97.

Nakamura, K., Okada, Y., and A. Tohei (2007), "Does the public sector make a significant contribution to biomedical research in Japan? A detailed analysis of government and university patenting, 1991-2002", CPRC Discussion Paper CPDP-25-E, Fair Trade Commission of Japan.

Narin, F., Hamilton, K. S., and D. Olivastro (1997), "The increasing linkage between U.S. technology and public science", *Research Policy* 26, pp. 317-330.

Nishimura, J. and H. Okamuro (2008), "Has the industrial cluster project improved the R&D efficiency of industry-university partnership in Japan?", CCES Discussion Paper Series No.4, Hitotsubashi University.

Owen-Smith, J. and W. W. Powell (2004), "Knowledge Networks as Channels and Conduits: The Effects of Spillovers in the Boston Biotechnology Community", *Organization Science* 15, pp. 5-21.

Rond?, P. and C. Hussler (2005), "Innovations in regions: What does really matter?", *Research Policy* 34, pp. 1150-1172.

Tong, X. and J. D. Frame (1994), "Measuring national technological performance with patent claims data", *Research Policy* 23, pp. 133-141.

Zucker, L. G. and M. R. Darby (2001), "Capturing Technological Opportunity Via Japan's Star Scientists: Evidence from Japanese Firms' Biotech Patents and Products", *Journal of Technology Transfer* 26, pp. 37-58.

石倉洋子・藤田昌久・前田昇・金井一頼・山崎朗（2003）『日本の産業クラスター戦略—地域における競争優位の確立』有斐閣。

経済産業省（2005）『産業クラスター研究会報告書』産業クラスター研究会。

経済産業省（2006）『産業クラスター第1期中期計画』経済産業省経済産業政策局地域経済産業グループ。

後藤晃・小田切宏之編（2003）『サイエンス型産業』NTT 出版。
産業クラスター計画ホームページ（http://www.cluster.gr.jp/index.html）。
西村淳一・岡田羊祐（2007）「バイオ・クラスターと産学官連携―特許発明者情報による実証分析―」、一橋大学 COE/RES Discussion Paper Series No.207。
文部科学省編（2006）『平成18年版科学技術白書』ぎょうせい。

第11章付表　変数の相関係数表

		1	2	3	4	5	6	7	8	9
1	特許出願件数	1								
2	平均被引用件数	0.11	1							
3	クラスター参加ダミー	0.16	0.04	1						
4	従業者数	0.30	0.08	0.07	1					
5	売上高研究開発費比率	0.13	0.19	0.05	−0.14	1				
6	産学連携プロジェクト数	0.16	0.01	0.22	−0.06	0.16	1			
7	国立大学との連携ダミー	0.11	0.04	0.09	0.02	0.08	0.11	1		
8	共同研究ダミー	0.13	0.10	0.22	−0.08	0.05	0.26	0.11	1	
9	近隣地域内連携ダミー	−0.08	−0.16	0.06	0.08	−0.11	−0.05	−0.14	−0.03	1
10	バイオクラスター参加ダミー	−0.01	0.12	0.44	−0.03	0.12	0.24	0.03	0.14	0.06
11	ものづくりクラスター参加ダミー	0.17	0.04	0.95	0.06	0.06	0.21	0.10	0.19	0.06
12	ITクラスター参加ダミー	0.21	0.08	0.63	0.13	0.12	0.23	0.06	0.16	0.01
13	環境クラスター参加ダミー	0.12	0.08	0.68	0.05	0.05	0.18	0.03	0.15	0.07
14	大規模クラスター(企業数)ダミー	0.20	−0.01	0.68	0.10	−0.06	0.01	−0.03	0.12	0.10
15	大規模クラスター(大学等の数)ダミー	0.18	−0.01	0.81	0.09	−0.01	0.19	0.12	0.19	0.01
16	参加企業1社あたり技術開発支援額	0.07	0.02	0.84	0.02	0.02	0.24	0.14	0.19	0.06
17	参加企業1社あたりソフト支援額	0.05	0.01	0.71	0.00	0.00	0.21	0.14	0.15	0.04

		10	11	12	13	14	15	16	17
10	バイオクラスター参加ダミー	1							
11	ものづくりクラスター参加ダミー	0.32	1						
12	ITクラスター参加ダミー	0.50	0.67	1					
13	環境クラスター参加ダミー	0.34	0.68	0.51	1				
14	大規模クラスター(企業数)ダミー	0.34	0.68	0.70	0.42	1			
15	大規模クラスター(大学等の数)ダミー	0.16	0.73	0.49	0.57	0.53	1		
16	参加企業1社あたり技術開発支援額	0.34	0.78	0.36	0.75	0.31	0.82	1	
17	参加企業1社あたりソフト支援額	0.13	0.71	0.19	0.74	0.15	0.73	0.95	1

注）産業ダミー変数を省略

終章　中小企業の技術連携の課題と展望

1．はじめに

　イノベーションの担い手としての中小企業が、近年世界的に注目を集めているが、日本の中小企業のイノベーションに関する研究の蓄積はまだ十分とは言えない。とくに、データの不備・不足のためもあって、計量的な分析が乏しい。経営資源の制約の強い中小企業がイノベーションに取り組む戦略のひとつとして、外部の機関と連携して、社外の技術や知識を活用することは重要な意味を持つ。しかし、企業間の共同研究開発や産学官連携の実証研究はこれまで大企業に焦点を絞り、あるいは中小企業と大企業を区別していないものが多い。中小企業のイノベーションや、企業間連携・産学官連携に関する研究書は少なからずあるが、筆者の知る限り、中小企業の技術連携に関する体系的な実証研究は、海外においてもこれまでほとんど行われていない。

　そこで本書では、筆者自身の3度にわたるアンケート調査データと官庁統計の個票データに基づいて、中小企業の企業間共同研究開発と産学官連携の実態を明らかにし、企業規模間・技術分野間の比較と国際比較を行った。また技術連携への取り組みの要因、技術連携の効果と成功要因、連携相手の探索と選択の要因、技術連携を支援する政策の効果を、計量分析によって検証した。本書にまとめられた筆者の研究はまだ不十分なものであるが、いくつかの新たな知見を提示することができた。この終章では、本書における様々な分析の結果を整理し、中小企業経営者と政策担当者・中小企業支援関係者に対する含意をまとめ、技術連携についての今後の研究課題や研究方法に言及して、本書を締めくくる。

2．本書の内容のまとめ

　本書の第1章から第11章までの内容は、以下の通りまとめることができる。
　第1章では、官庁統計等のデータを駆使して、研究開発における中小企業の

位置づけ、研究開発を行う中小企業の特徴と、中小企業の行う研究開発の特徴を明らかにした。日本の製造業中小企業のうち、研究開発を行っているのは1割程度であり、研究開発を行う企業についても、中小企業のほうが大企業より研究者や研究費の比率が低い。しかし、革新的な中小企業に限定すると、特許出願で計った研究開発の生産性はむしろ大企業よりも高い。また、多くの先行研究は、研究開発の成果について規模の不経済を検証している。したがって、少なくとも成果に注目する限り、中小企業はイノベーションにおいて、大企業より必ずしも不利であるとは言えない。研究開発に取り組む中小企業は、規模が比較的大きく、業歴が浅く、社長の学歴が高く、内部資金が多い傾向がある。企業のガバナンス、産業特性、地域特性も中小企業の研究開発に影響する。中小企業の研究開発は、インフォーマルであるが機敏さと柔軟性に富むという特徴がある。また、企業規模が大きいほど、イノベーションのために多くの外部情報源を活用し、他企業や大学等と技術連携を行う可能性が高い。

　第2章では、日本の企業間・産学官の技術連携の制度的背景とその変化・発展、また技術連携における中小企業の位置づけを、様々なデータを駆使して概観した。これまで、企業間および産学官の技術連携は、主に大企業について把握され、議論されてきた。統計や各種調査のデータは、企業規模が大きいほど技術連携を行う企業の割合が高くなることを示している。各種調査の結果を総合すると、製造業の中小企業で他企業との共同研究開発や産学官連携に取り組むのは1割を下回ると推定される。しかし、もともとフォーマルな研究開発を行う企業の比率が低い状況を考慮すると、中小企業の技術連携への取り組みがとくに弱いとは言えない。大学との連携においても中小企業は最近では大きな比重を占め、連携への新規参入件数でみるとむしろ中小企業が産学連携の主役になっている。近年の一連の産学官連携促進政策は、大企業以上に中小企業の産学官連携を支援する効果を挙げたと言える。とくに、このような政策によって連携相手が探しやすくなり、連携の手続やルールが明確化されたことが、中小企業の産学官連携の発展に貢献したと考えられる。

　第3章では、2005年の企業アンケートのデータを用いて、企業が他社との共同研究開発に取り組む要因と、産学官連携に取り組む要因を、中小企業と大企業に分けてそれぞれ分析した。分析結果をまとめると、中小企業でも大企業で

も、従業者規模と自社研究開発は企業間連携と産学官連携に対して有意な正の効果を持つ。それに加えて、企業の立地条件は中小企業についてのみ、社長の学歴は大企業についてのみ、企業間連携と産学官連携の両方に有意な影響を与える。基本的に、企業間連携と産学官連携の要因に大きな違いはない。大企業と中小企業の参加要因の違いのひとつは社長の学歴にある。中小企業の社長の学歴は、予想と異なって、企業間連携にも産学連携にも影響しない。中小企業については、比較的規模が大きく、自社研究開発を恒常的に行い、地方に立地する企業が、社長の属性に関わりなく、企業間連携にも産学官連携にも積極的に取り組むことが明らかになった。

第4章は、前章と同じ調査データを用いて、企業間連携と産学官連携の取り組み内容について、中小企業と大企業の比較を行った。中小企業と大企業の技術連携への取り組みには様々な違いがあり、中小企業のほうが連携における社長の関与が強く、インフォーマルな合意や協定が多く、成果の特許出願が少ない。産学官連携については、中小企業のほうが国立大学との連携が少なく、連携相手が近隣地域にあることが多く、連携相手を学会等の専門的なネットワークよりも個人的な人脈を通じて見つけることが多い。このような違いは、次のように説明できるだろう。中小企業は大企業と比べて、経営資源の制約を強く受けており、ネットワークが狭く連携相手の探索費用が大きいので、産学官連携において地元の研究機関との関係が大企業以上に重要になる。他方、中小企業では企業行動における経営者の役割が相対的に大きい。このことが、中小企業の技術連携における経営者の直接的な関与、そして経営者の人脈の重要性として現れる。また、技術連携が経営者の個人的な人脈を通じて進められることが多いので、契約に依存しないインフォーマルな連携も多いのである。

第5章では、2008年の調査データに基づいて、3つのサイエンス型産業（バイオ、ME、ソフトウェア）における中小企業の産学連携の内容と成果を比較した。従来の調査や研究の多くは、バイオなど特定の産業分野を対象としており、産業間の直接の比較は少ない。本章では以下の3点について知見が得られた。すなわち、1）産学連携を行う中小企業の多くが、以前の連携で良い経験を積み、同じ相手と新たなプロジェクトを始めたこと、2）そのためもあって、連携相手との情報交換や相互関係は高く評価されており、プロジェクトの進め方

と成果の扱い等について、契約文書にはよらないが、明確な相互了解ができていること、そして3）産学連携の直接の成果はあまり明瞭に現れていないが、多くの企業が連携相手の態度を高く評価し、連携プロジェクトの満足度も総じて高いこと、である。技術分野間の違いは、とくに1）と3）および企業属性について明瞭である。バイオ企業は他の分野、とくにソフトウェア企業に対して、研究開発集約度と過去の産学連携実績において優っており、連携の成果や満足度にも高い評点を与えている。

第6章では、前章と同じ最近の調査データを用いて、日本と韓国の産学連携の内容を比較した。産学連携は韓国でも最近の制度変化に伴って急速に活発化しているが、その実態はまだほとんど知られていない。日韓企業を比較すると、第1に、日本企業のほうが産学連携の経験を豊富に持ち、大学との過去の共同研究の成果を高く評価している。第2に、韓国企業は連携相手を探すさいに経営者の人脈に大きく依存するが、日本企業は学会・学術出版物や行政機関のような他の情報源もよく利用する。第3に、日本の大学の知的財産管理が明確な規則に基づいている一方、韓国の大学では技術移転支援機関のスタッフの裁量が、産学連携にとって重要である。第4に、産学連携に関して契約上のセーフガードは韓国のほうが強いが、連携相手に対する信頼は日本のほうが強い。最後に、日本企業は韓国企業よりも産学連携の成果に対して高い満足感を得ている。このような違いは、産学連携の経験と文化的特徴の違いによるものと考えられる。

第7章では、経済産業省の企業統計の個票データを用いて、製造業企業の各種共同事業（研究開発、購入、生産、販売）が企業の経営成果（利益率、成長率、生産性）にどのように影響するか、またその効果がどのくらい持続するかを、中小企業と大企業に分けて分析した。その結果、中小企業については、各種共同事業の中で共同研究開発だけが様々な経営成果に対して安定して正の有意な影響を与えていることが検証された。ただし、共同研究開発の利益率に対する効果が少なくとも6～7年後まで持続するのに対して、労働生産性上昇率と総要素生産性上昇率に対する効果は3年後までしか持続しない。大企業についても、各種共同事業の効果は基本的に中小企業の分析結果と変わらないが、共同研究開発が総要素生産性成長率に影響しないことと効果が持続しない点で、中

小企業と結果が異なる。以上から、とくに中小企業にとって共同研究開発には持続的な効果があることが明らかになった。

第8章では、前章と同じ個票データを用いて、企業間の共同研究開発への取り組みが、特許と実用新案の保有件数の増加に示される知的財産の形成にどのように影響するかを、中小企業と大企業に分けて分析した。その結果、共同研究開発は自社研究開発と並んで、特許と実用新案の取得を促す効果を持つことが分かった。また、中小企業では大企業と異なって、共同研究開発の効果が4年目以降も持続し、また共同研究開発によって自社の研究開発の生産性が上昇するという間接効果が見られることも検証された。7章で明らかにされた、中小企業における共同研究開発の持続的な効果は、経営成果についてだけでなく、技術成果についても確認されたのである。

第9章では、2002年の企業調査のデータに基づいて、中小企業の他企業との共同研究開発プロジェクトの成功要因を、技術的成功（特許出願）と商業的成功（売上増加への貢献）に分けて分析した。分析においては、とくに参加企業の構成、大学等の関与、フォーマルな組織、費用分担と成果分配のルールの果たす役割に注目した。分析の結果は、共同研究開発の技術的成功と商業的成功の決定要因が大きく異なることを示している。大企業や異業種企業、互いによく知っている企業との連携は、技術的成功に貢献する。一方、公的な補助金を受けず、取引先を含む多くの企業と連携することは、商業的成功の確率を高める。本章の結果は全体として、共同研究開発プロジェクトが、一方では参加企業に補完的な外部資源への最適なアクセスを提供できるように、他方では参加企業のインセンティブとコミットメントを高めてただ乗りを防ぎ、取引費用と調整費用を節約するように設計されるべきであることを示唆している。

第10章では、2005年の調査データを用いて、中小企業の産学官連携の相手の探索と選択が連携の成果にどのように影響するか、またそれがどのような要因に影響されるかを分析した。まず、連携の成果（所期の目的の達成度）は連携相手の選択および連携の内容と目的に有意に影響されるが、企業属性には依存しないこと、とくに、国立研究機関との連携、遠隔地の機関との連携、学会や学術出版物を通じた連携相手の探索が成果と正の相関を持つことが明らかにされた。つぎに、連携相手の探索と選択の要因はそれぞれ異なるが、それらはい

ずれにせよ企業および経営者の属性に有意に影響されることが検証された。とりわけ、研究開発への取り組みと社長の学歴（大学院修了、理系出身）が遠隔地の機関との連携や学会等による連携相手の探索を促進することは、連携相手の探索費用という観点から説明できる。以上の結果は、中小企業における連携相手の探索費用を下げることが、適切な連携相手を見出し、産学官連携の成果を挙げるために重要であるということを示唆している。

第11章では、前章で用いた企業調査データを特許データ等とマッチングした独自のデータセットを用いて、経済産業省が2001年に開始した「産業クラスター計画」の効果を、参加企業の研究開発生産性への影響という形で検証した。本章では、研究開発生産性を量的には特許出願件数、質的には特許1件あたり平均被引用件数で測定した。分析結果によれば、産業クラスター計画に参加するだけでは、研究開発生産性を高めることはできない。しかし、規模が大きくなるほど、またクラスター地域内の国立大学と連携することで、産業クラスター計画参加が特許出願件数に与える効果は向上する。また、参加企業の研究開発生産性は、地域プロジェクトの特性に強く依存する。バイオクラスターに参加する企業の特許出願件数は平均的に少ないが、環境クラスターの参加企業は質量ともに高い研究開発生産性を達成している。また、参加する大学や公的研究機関の数の多いプロジェクトや、ビジネスマッチングや技術コーディネートなどのソフト支援の充実したプロジェクトでは、特許の質が高くなる。

3．分析結果の含意と提言

以上の結果から、中小企業経営者に対するいくつかの含意や提言を導くことができる。

第1に、技術連携は、大企業だけが大掛かりに行うものではない。とくに産学官連携では、むしろ中小企業が主役になりつつある（第2章）。また、産学官連携の成果（目的達成度）は企業の規模には関連しない。技術連携は、経営資源の乏しい中小企業にとって重要な戦略のひとつであるから、中小企業の経営者には、技術連携をひとつの選択肢としてより積極的に捉えてほしい。

第2に、第5章、第6章と第9章では、連携プロジェクトをうまく運営するために、過去の連携経験が重要であることが指摘された。過去の連携経験は連

携業務のノウハウの蓄積に繋がるだけでなく、同じ相手との連携の経験から信頼が形成され、連携が円滑に進められるようになる。したがって、中小企業にも、技術連携の経験を積み、連携の成果を長い目で評価することが求められる。

第3に、共同研究開発には、とくに中小企業にとって、経営成果や技術成果の向上に持続的な効果がある（第7章、第8章）。また、研究開発の生産性を直接高めるだけでなく、自社研究開発の生産性を高める間接的な効果（相乗効果）も確認された（第8章）。これらの結果も、中小企業がより積極的に技術連携に取り組むべきことを示唆する。

第4に、企業間の共同研究開発プロジェクトは、一方では参加企業に補完的な外部資源への最適なアクセスを提供できるように、他方では参加企業のインセンティブとコミットメントを高めてただ乗りを防ぎ、取引費用と調整費用を節約するように設計されるべきである（第9章）。ただし、技術的成功と商業的成功の要因は異なるので、技術連携の目的に応じた連携相手の選択とプロジェクトの設計が重要である（第9章）。

第5に、産学官連携においても、適切な連携相手を探索・選択することが重要である。様々なネットワークや情報源を駆使して、遠隔地まで含めて探索を行うことが望ましい。

また、政策担当者や中小企業支援関係者に対しても、いくつかの提言が可能である。

第1に、第4章と第5章より、産業・技術分野や企業規模間で、技術連携への取り組み方や成果に様々な違いがあることが分かった。したがって、支援政策においても、そのような分野間・規模間の違いを考慮した政策と制度の設計が必要であろう。

第2に、中小企業における連携相手の探索費用を下げることが、産学官連携の成果を挙げるために重要である（第10章）。連携相手の探索費用を下げることによって、同じ費用でよりよい相手を見つけることが可能になり、産学官連携のマッチングの質を高めることができる。より具体的には、学会等の会合や学術出版物から得られる高度に専門的な情報を、それを必要とする中小企業が分かりやすい形で迅速かつ簡便に入手できる（あるいは大学等や行政機関がそのような情報を分かりやすく伝える）仕組みを作ることが重要である。

第3に、上記の点と関連するが、地域の枠を超えた広域的な技術連携のマッチングを支援する仕組みが必要であろう。第4章で、中小企業でも遠隔地の相手との連携が（とくに企業間連携で）意外に多いことを明らかにした。第10章では、遠隔地の大学等と連携したときの目的達成度が、そうでない場合と比べて有意に高いことを示した。さらに第11章の分析結果によれば、遠隔地の大学等と連携するほうが、研究開発の生産性は質量ともに高い。技術連携については相手企業・機関に高度な技術力と専門性が要求されることが多いため、適切な連携相手が必ずしも近隣地域に所在するとは限らないのである。

　このような状況の下では、自治体や都道府県単位での連携の斡旋や支援は、中小企業の技術連携のニーズや実態に必ずしも適合したものではない。むしろ、地域の枠を超えて、全国規模で技術連携の適切なマッチングを支援することが、中小企業による技術革新を促進するために有効であろう。もちろん、近隣地域内での連携には、対面式のコミュニケーションが促進されて連携が効率的になるなど様々なメリットがあるし、対象地域を限定したほうが探索費用を節約できてマッチングが効率的になる可能性はある。したがって、上記の意見は、近隣地域内での技術連携支援の意義を否定するものではない。筆者の主張は、それを補完する形で遠隔地域の企業や研究機関等を含む連携支援を一層充実させるべきだということである。

　ここで、日本の中小企業の技術連携の展望をまとめておきたい。筆者はまず、中小企業の技術連携を今後一層量的に拡大することは可能であり、また必要でもあると考えている。もちろん、すべての中小企業が技術連携に取り組む必要はなく、まして、技術連携に取り組まない中小企業経営者がだめだなどというつもりもない。しかし、中小企業庁編（2002）にあるように、どの規模層でも、技術連携に関心を持っている企業が、連携実績のない企業のほぼ半分を占めている。日本の中小企業の技術連携への取り組み割合は国際的に見てもかなり低く（産学連携取り組み比率はOECD加盟国中最下位）（**図表終－1**）、まだ量的にも拡大の余地はあり、拡大する必要もあると考えられる。

　量的な拡大だけでなく、質的な改善も重要である。すべての技術連携プロジェクトが所期の目的を達成し、十分な成果を挙げているわけではない。第9章と第10章の結果が示すように、適切な連携相手を探索・選択し、プロジェク

図表終-1　中小企業の技術連携への取り組みに関する国際比較
（連携を行う中小企業の比率、単位%）

国	技術連携全体	産学連携	産官連携
デンマーク	20.8	6.1	3.1
スウェーデン	20.0	7.4	2.3
フィンランド	17.2	12.3	9.6
ベルギー	16.6	5.8	4.1
ニュージーランド	16.0	3.0	3.0
アイルランド	15.6	4.5	2.7
ルクセンブルク	14.7	4.3	3.5
アイスランド	14.0	2.1	6.1
チェコ	12.9	4.1	2.4
連合王国（英国）	12.6	3.9	3.0
カナダ	12.4	4.2	2.1
オランダ	12.3	3.5	2.7
フランス	11.5	2.6	1.9
ノルウェー	11.3	4.6	5.2
オーストラリア	11.0	1.0	1.0
韓国	10.8	4.8	2.8
ポーランド	9.1	1.0	1.7
ドイツ	8.6	4.4	2.0
ギリシア	8.4	2.2	0.8
オーストリア	7.7	4.2	2.1
ポルトガル	7.4	2.7	1.7
スロバキア	6.8	2.4	2.0
ハンガリー	6.6	2.2	0.8
日本	6.0	1.0	1.0
スペイン	5.7	1.3	1.5
イタリア	4.3	1.4	0.4

注1）本表の中小企業の範囲：欧州諸国とオーストラリア・日本は従業者10-249人、ニュージーランドは10-99人、韓国は10-299人、カナダは20-249人。
2）調査対象時期は2002-2004年、ないしそれに近い年次。
3）カナダは製造業のみの数値。
原資料：Eurostat, Community Innovation Survey 4 (CIS4)、2007年5月、および各国統計調査
出所：OECD（2008）より筆者作成

トを適切に設計すれば、技術連携の成果を改善できる。とくに中小企業に対しては、マッチングの改善・充実によって連携相手のより適切な探索と選択を支援することが必要である。また、連携の取り組み内容・方法についての助言・

指導を充実させることが望まれる。

中小企業はまさに多種多様であり、規模は小さくても優れた技術やノウハウを持つ企業も少なくない。そのような中小企業との連携は、相手企業や大学・研究機関にも大きなメリットをもたらす。近年、とくに中小企業を相手とする産学官連携が増加しているが、これは社会的にも歓迎すべきことであり、この傾向が今後も持続することが望まれる。

4．今後の研究課題と研究方法

本書の内容を踏まえて、今後の研究課題と研究方法にも触れておきたい。

第1に、本書の分析の大部分は製造業全体を一括して対象にしている。しかし、第5章で産学連携への取り組みと成果について技術分野別の違いが確認されたことから、今後、特定の産業分野・技術分野に対象を限定した分析が必要であろう。

第2に、本書では（第7章と第8章）、技術連携への取り組みを外生変数としているが、これは内生的に決定される可能性がある。第3章の分析で、自社研究開発を積極的に行う企業が技術連携に取り組む可能性が高いことを明らかにしたが、そうすると、技術連携に取り組む企業が高い成果を挙げるのではなく、高い成果を挙げる企業が技術連携に取り組むという、逆の因果関係を否定できない。本書の分析では説明変数と被説明変数の間に一定のタイムラグを置くことによってこの問題をある程度回避しているが、第11章で用いられた操作変数法や治療効果推定によって、内生性の問題により厳密に対処することが必要である[1]。

第3に、第9章で連携の組織・契約特性、つまり連携への取り組み方が連携の成果にどのように影響するかを分析したが、連携への取り組み方の決定要因の分析は、今後の課題として残されている[2]。企業間連携については、研究開

（1） 技術連携の実証分析で、変数の内生性にきちんと対処しているものはほとんどない。第3章で紹介したLopez (2008) は、共同研究開発の取り組み要因の分析において、説明変数のひとつである技術のスピルオーバーの内生性を考慮している。

（2） この点についての筆者の暫定的な分析結果は第9章のコラムで紹介した。

発協定の設計を分析した Lerner and Malmendier（2005）、フォーマルな連携か否かの要因を分析した Casciaro（2003）、Bönte and Keilbach（2005）、Garcia-Canal et al.（2008）など、いくつかの先行研究が見られるが、産学官連携については、公的研究機関との協定を分析した Cicotello and Hornyak（2000）を除いて、まだほとんど研究が行われていないようである。信頼形成が産学官連携の成功のために重要であることが指摘されているが（Barnes et al. 2002、Mora-Valentin et al. 2004）、信頼形成の要因についての実証的な研究はまだほとんど見られない[3]。

第4に、技術連携の支援・促進政策に関する研究はまだ十分に行われておらず、とくに日本では研究が乏しい。大企業を中心とする鉱工業技術研究組合について、あるいは近年の産学官連携の制度的背景については、第2章で紹介したように、いくつもの研究文献がある。しかし、近年の技術連携支援・促進政策が、対象とする中小企業にどのような効果を与えたかについて、本格的な実証分析は筆者の知る限りまだほとんど行われていない。第11章で扱った産業クラスター計画の他に、知的クラスター創成事業（文部科学省）、新連携支援（経済産業省）等の政策プログラムの分析・評価を今後進めていく必要がある[4]。

第5に、本書では大学発ベンチャー（アカデミック・スピンオフ）にほとんど触れていない。「ふつうの」中小企業の産学官連携とはかなり性質が異なるからである。しかし、2002年度からの3年間に大学発ベンチャー1,000社設立という経済産業省の計画以来、大学発ベンチャーは日本でも大いに注目を集めている（中小企業庁編 2004）。最近の資料によれば（科学技術振興機構 2009）、2006年度末の累積設立数は1,574社で、そのうち清算・廃業・休眠等が60社、株式上場・企業売却を終えたものは15社である。年間設立数は2004年度にピークを迎え、以後減少傾向にある。大学発ベンチャーの研究はまだ始まったばかりであり、今後の研究の進展が俟たれる[5]。

第6に、国際比較研究（第6章参照）の不足が指摘できる。技術連携に関す

（3） 筆者が現在進めている国際比較分析（Hemmert et al. 2009）が、このテーマについて最初の実証研究であると思われる。
（4） 技術政策の分析・評価については、たとえば Georghiou and Roessner（2000）や Hospers et al.（forthcoming）を参照されたい。

る従来の研究のほとんどは特定の国を対象にしている。複数の欧州諸国の調査データをプールして分析したものはあるが（Mohnen and Hoareau 2003、Fontana et al. 2006など）、国ごとの比較分析は行われていない。筆者は現在、日本・韓国・アメリカ・ドイツでの同時調査による国際比較研究を進めているが（Hemmert et al. 2009）、このような同じ調査票を用いた同時調査による国際比較研究が今後ますます必要になるだろう。前述の国際比較統計によれば（OECD 2008）、日本の中小企業の技術連携への取り組み割合は、他のOECD加盟国と比べて非常に低い（図表終－1）。2002-2004年に外部とイノベーションの連携をしている中小企業の比率は、日本では外部連携全体で6.0％（26か国中24位）、産学連携で1.0％（同最下位）、産官連携で1.0％（同23位）となっている[6]。このような取り組み程度の違いからみても、中小企業の技術連携の国際比較には重要な意味があると期待される。

最後に、中小企業の技術連携に関する研究の方法について、いくつかの意見を示しておきたい。ひとつは定量（計量）分析と定性分析のバランスである。これまでの日本の中小企業研究の成果のほとんどは定性分析によるものであり、計量的な分析はまだ少ない。中小企業の技術連携についても、状況は同じである。岡室（2006）で論じたように、筆者は定量的研究と定性的研究にはそれぞれ利点と欠点があり、両者がバランス良く、補完的に行われることが望ましいと考えている[7]。今後、定性的な研究に裏付けられた定量的な分析がより

（5） 大学発ベンチャーの「先進国」アメリカですら、体系的な研究が現れたのはごく最近のことである（Shane 2004参照）。日本では、さらに遅れて研究が現れた（渡辺編 2008、Harada and Mitsuhashi 2008）。大学発ベンチャーの「ドイツモデル」の詳細とその日本への適用可能性については近藤（2002）を参照されたい。

（6） このデータは欧州諸国のCommunity Innovation Survey（CIS）と各国の統計調査に基づくものであるが、日本については文部科学省科学技術政策研究所の「全国イノベーション統計調査」に基づくものと考えられる。なお、ここで中小企業は、全産業の従業者数10-249人の企業と定義されている。

（7） 本書の分析のほとんどは計量分析であるが、調査票の設計やチェック、仮説の設定、分析結果の考察や解釈において、定性的研究（聞き取り調査による事例分析）はきわめて有用である。本書では筆者が研究の過程で調査した事例の一部を選んでコラムに収録した。

盛んになることを願ってやまない。

　計量分析には質の高いデータセットが不可欠である。本書の分析は、筆者の独自のアンケート調査のデータと官庁統計の個票データに基づいているが、技術連携の実証分析には適切なデータが必要である。日本でも米国でも、多数の大企業が集まって公的補助金を受ける研究開発組合については、かなりの程度情報が得られるが、中小企業の行う、より小規模で非公式的な技術連携については、第三者に利用可能なデータベースが存在しない。少なくとも、国公立大学や公的研究機関との共同研究開発や、公的補助金を得たプロジェクトについては、文部科学省は連携期間終了後に個別の情報をまとめて分かりやすい形で公開するべきであろう。

　この点に関連して、マッチ・ペア（matched pair）にも触れておきたい。日本でも海外でも、技術連携の実証分析は、ほとんどの場合、連携パートナーの一方しかみていない。連携相手（他企業、大学・研究機関等）にも個別に調査を行い、すべての連携参加者の情報を同時に考慮するマッチ・ペア分析は、連携参加者の見解や評価の共通点と相違点を確認するためにも非常に有効である。調査が困難なこともあって、あまり行われていないようであるが[8]、個別の連携プロジェクトの情報が公開されれば、マッチ・ペアのデータセットの作成は比較的容易になる。このことを強く指摘しておきたい。

　あとひとつ付け加えると、今後重要になるのは、長期的・動態的な研究である。企業の技術連携に関するこれまでの研究は、定量的なものであれ定性的なものであれ、過去のある時点の状況を観察・分析している。しかし、連携の開始時点からの変化と発展を、解散や失敗を含めて追跡的に調査することによって、技術連携を長期的・動態的に把握できるのである[9]。このような研究を今後に期待したい。

　中小企業の技術連携の研究、とくに計量分析に基づく研究は、日本ではまだ始まったばかりである。しかし、研究対象の重要性に比べて、学術的関心はま

（8）　筆者が参加している、産学連携に関する国際共同研究プロジェクトでは、企業調査に続いて（そのデータに基づく研究の一部は第6章に収録）、回答者が具体名を挙げた連携相手の大学教員に対しても調査を行い、小規模ではあるがマッチ・ペアのデータセットを作成中である。

だあまり高いようには見えない。筆者にはこの研究の開拓者の1人としての自負はあるが、研究は未だ道半ばであり、今後の課題はまだいくつも残されている。この拙い研究に触発されて、技術連携、とくに中小企業による技術連携に関心を持つ人が1人でも増えるならば、それは筆者にとって何よりの喜びである。

【参考文献】

Barnes, T., Pashby, I., and A. Gibbons (2002), "Effective university-industry interaction: A multi-case evaluation of collaborative R&D projects", *European Management Journal* 20, pp. 272-285.

Bönte, W. and M. Keilbach (2005), "Concubinage or marriage? Informal and formal cooperations for innovation", *International Journal of Industrial Organization* 23, pp. 279-302.

Casciaro, T. (2003), "Determinants of governance structure in alliances: the role of strategic, task and partner uncertainties", *Industrial and Corporate Change* 12, pp. 1223-1251.

Cicotello, C. S. and M. J. Hornyak (2000), "Cooperation via contract: An analysis of research and development agreements", *Journal of Corporate Finance* 6, pp. 1-24.

Dvir, D. and T. Lechler (2004), "Plans are nothing, changing plans is everything: the impact of changes on project success", *Research Policy* 33, pp. 1-15.

Fontata, R., Geuna, A., and M. Matt (2006), "Factors affecting university-industry R&D projects: The importance of searching, screening, and signaling", *Research Policy* 35, 309-323.

Garcia-Canal, E., Valdes-Llaneza, A., and P. Sanchez-Lorda (2008), "Technological flows and choice of joint ventures in technology alliances", *Research Policy* 37, pp. 97-114.

Georghiou, L. and D. Roessner (2000), "Evaluating technology programs: tools and methods", *Research Policy* 29, pp. 657-678.

---

(9) Reuer et al. (2002) は連携形成後の変化、Dvir and Lechler (2004) は計画の途中変更を、回顧的 (retrospective) な調査に基づくデータを用いて明らかにしているが、筆者の提案するのは連携プロジェクトと同時進行の観察データによる分析である。

Harada, N. and H. Mitsuhashi (2008), "Academic Spin-offs in Japan: Institutional Revolution and Early Outcomes", Department of Social Systems and Management Discussion Paper Series No. 1196, Tsukuba University.

Hemmert, M., Bstieler, L., Ruth, K. and H. Okamuro (2009), "Examining trust formation in university-industry research collaborations: A comparison between East Asian and Western countries", paper presented at the Academy of International Business (AIB) 2009 Annual Meeting, San Diego, USA, June 2009.

Hospers, G.-J., Desrochers, P., and F. Sautet, "The next Silicon Valley? On the relationship between geographical clustering and public policy", *International Entrepreneurship and Management Journal*, forthcoming.

Lerner, J. and U. Malmendier (2005), "Contractibility and the Design of Research Agreements", NBER Working Paper Series No. 11292, National Bureau of Economic Research.

Lopes, A. (2008), "Determinants of R&D cooperation: Evidence from Spanish manufacturing firms", *International Journal of Industrial Organization* 26, pp. 113-136.

Mohnen, P. and C. Hoareau (2003), "What Type of Enterprise Forges Close Links with Universities and Government Labs? Evidence from CIS2", *Managerial and Decision Economics* 24, pp. 133-145.

Mora-Valentin, E. M., Montoro-Sanchez, A., and L. A. Guerras-Martin (2004), "Determining factors in the success of R&D cooperative agreements between firms and research organizations", *Research Policy* 33, pp. 17-40.

OECD (2008), *OECD Science, Technology and Industry Scoreboard 2007*, OECD. (http://masetto.sourceoecd.org/vl=1103100/cl=31/nw=1/rpsv/sti2007/).

Reuer, J. J., Zollo, M., and H. Singh (2002), "Post-formation dynamics in strategic alliances", *Strategic Management Journal* 23, pp. 135-151.

Shane, S. (2004), Academic entrepreneurship: university spinoffs and wealth creation, Cheltenham (E. Elgar)（金井一頼・渡辺孝監訳、『大学発ベンチャー　新事業創出と発展のプロセス』中央経済社、2005年）．

岡室博之（2006）「中小企業研究における計量分析の意義と課題」、『中小企業季報』（大阪経済大学中小企業・経営研究所）2006年第1号（137号）、1-7頁。

科学技術振興機構（2009）『産学官連携データブック2008-2009』科学技術振興機構（http://sangakukan.jp）。

近藤正幸（2002）『大学発ベンチャーの育成戦略　大学・研究機関の技術を直接ビジネスへ』中央経済社。

中小企業庁編（2002）『中小企業白書2002年版』ぎょうせい。

中小企業庁編（2004）『中小企業白書2004年版』ぎょうせい。
渡辺孝編（2008）『アカデミック・イノベーション　産学連携とスタートアップス』白桃書房。

あとがき

　"Geteilte Freude ist doppelte Freude, geteilter Schmerz ist halber Schmerz"（分かち合う喜びは倍の喜び、分かち合う痛みは半分の痛み）。このドイツの諺は、企業間や産学官の技術連携を含む、様々なパートナーシップの理想の状態を示している。また、私が高校時代に覚えた英語の諺に、"Everybody's business is nobody's business"（共同責任は無責任）というものがあるが、これなどは、連携プロジェクトにおけるフリーライディング（ただ乗り）の問題をみごとに言い当てている。このように、古い昔から、人と人（あるいは組織と組織）の協力は望ましいが、難しいものとされている。これが技術連携となると、成果も大いに期待されるが、技術に本質的に伴う外部性や不確実性等が関連して、対処はますます難しくなる。人と人、組織と組織の関係についての研究は、だからこそ重要であり、おもしろい。

　本書は、私が10年近く前から続けてきた、中小企業の共同事業と産学官連携に関する研究をまとめたものである。1992年にドイツのボン大学に提出した博士論文では、ドイツと日本の下請関係を研究対象にしていた私が、その方面の研究をひとまず終えて、中小企業の水平的連携、とくに技術連携に関心を向けた理由は、今となっては定かではない。いずれにせよ、10年近く続けてきた研究を1冊の本にまとめようとすると、己の未熟と研究の不十分さを痛感する。やり残したことは多いが、終章にまとめたように、今後の課題としてこれからも地道に取り組んでいきたい。今は、中小企業の技術連携を計量的に分析した初めての専門書を自分の手で世に出せることを、素直に喜びたい。そして、この喜びを、私の単著が出るのを待ち望んでいたゼミナールの学生・卒業生諸君と分かち合いたい。

　思えば、私を中小企業の研究に導いてくださったのは学部ゼミナール以来の恩師の外池正治先生（一橋大学名誉教授）、私にイノベーションへの関心を持たせてくださったのは、ドイツ留学中の恩師のホルスト・アルバッハ先生（ボン大学・フンボルト大学名誉教授）であった。帰国・奉職後は、当時一橋大学教授であった後藤晃氏（現在、公正取引委員会委員）から、大学院生諸君とともにイ

ノベーション研究の基本を学んだ。この10年ほどは、一橋大学の現在の同僚諸氏、とくに小田切宏之・長岡貞男・岡田羊祐の各氏から、学内の研究会や日頃の議論、著作物等を通じて、いろいろと学ぶことが多かった。この間に研究の重心を歴史的・定性的分析から定量的分析に移した私にとって、様々な研究会や講義・ゼミナールで同僚諸氏や学生諸君から学んだことは実に多い。

　本書を構成する各章のベースとなった研究の一部は、これまでに日本経済学会、日本中小企業学会、企業家研究フォーラム、日本学術振興会産業構造・中小企業第118委員会、ISBC（International Small Business Congress）、ICSB（International Council for Small Business）、RENT（Research in Entrepreneurship and Small Business）、AEA（Applied Econometrics Association）等の学会や研究会で報告された。これらの学会等への参加・報告を通じて、またこれらの報告の成果論文の投稿を通じて、国内外の多くの研究者から有益なコメントや示唆を得て、研究内容を改善することができた。本書の研究になお残る欠点は、完全に筆者自身の責任である。

　この10年近くの間に、私は技術連携の研究のために3回の企業アンケート調査を行い、官庁統計の個票申請を2度行い、いくつものインタビューを行ってきた。アンケート調査への回答者各位、インタビューに快く応じ、また貴重な資料を提供してくださった企業や共同組合、全国中小企業団体中央会の方々、官庁統計の個票申請でご尽力くださった経済産業省企業統計室の方々、ここではお一人ずつのお名前を挙げることを控えるが、この皆様のご協力なしには、このような研究はできなかった。このように拙い研究で、その労に十分に報いることができるか甚だ疑問ではあるが、お世話になった皆様に、私のお礼の気持ちを受け止めていただきたいと思う。

　海外留学中にまとめた博士学位論文を除くと、私にとっては最初の単著となるこの本の構想は2～3年前からあったが、書き下ろしや大幅な加筆・修正を必要とする部分が多く、本格的な執筆に取りかかるまでに予想外の時間が掛かり、同友館の編集担当者の佐藤文彦氏には多大なご心配とご迷惑をお掛けした。同友館には、世界的な不況の中、また出版事情の非常に厳しい折に、格別の条件で本書の出版をお引き受けくださったことに、厚くお礼申し上げる。

　なお、序章でも述べたように、本書の分析の元になったアンケート調査は、

日本学術振興会の科学研究費補助金とドイツのフォルクスワーゲン財団の研究助成によって行われた。筆者の研究は、その他に、一橋大学21世紀 COE プロジェクト「現代経済システムの規範的評価と社会的選択」(平成15-19年度、拠点代表者：鈴村興太郎) からも様々な支援を得た。ここにとくに記して、支援に感謝する。

　最後に、私の研究生活を学生時代から長期にわたって暖かく見守り、経済的にも支えてくれた両親と、私の心身の健康の源であり、最高のパートナーである妻・香緒里に、感謝したい。

　　　　　　　　　　　　2009年初夏　緑あふれる一橋大学国立キャンパスにて
　　　　　　　　　　　　　　　　　　　　　　　岡室　博之

付録資料1：2002年調査票

中小企業の戦略的連携に関するアンケート調査票

一橋大学大学院経済学研究科助教授　岡室博之

＊別紙に明記しましたように、ご回答の内容については秘密を厳守します。
＊ご回答にあたっては、「記入上の注意」をご参照願います。
＊回答欄（かっこ）がない設問については、該当する番号に丸を付けて下さい。該当するものがない場合には、そのままでけっこうです。

1．企業と経営者の概要

1-1. 貴社はいつ創業され、また会社として設立されましたか。
　　　創業：西暦（　　　）年　　設立：西暦（　　　）年

1-2. 貴社の現在の従業者数＊は何人ですか。＊常時雇用者（パートタイムを含む）
　　　約（　　　）人

1-3. 貴社の主たる業務は次のどの業種に含まれますか（ひとつだけ選んでお答え下さい）。
　　①食品・飲料　　②繊維・衣服　　③木製品・家具　　④紙加工品
　　⑤出版・印刷　　⑥化学（医薬品含む）　　⑦プラスチック・ゴム製品
　　⑧窯業　　⑨鉄鋼・非鉄金属　　⑩金属製品　　⑪一般機械　　⑫電気機械
　　⑬輸送機械　　⑭精密機械　　⑮その他製造業

1-4. 貴社は研究開発を恒常的に行っていますか（あてはまるものをすべて選んで下さい）。
　　①毎年「試験研究費」を計上している。
　　②研究開発を専門に担当する常勤の社員がいる。

　　　　③研究開発を担当する部署が存在する。
　　　　④昨年度中に新製品を開発し、販売した。
　　　　⑤昨年度中に特許ないし実用新案を出願した。

1-5．貴社の経営者（社長）の最終学歴は次のどれに該当しますか（旧制の場合は現在の学制に合わせてお答え下さい）。
　　　　①中学校卒　　②高等学校卒　　③大学卒　　④大学院卒

1-6．貴社の経営者（社長）は次のどの年齢層に入りますか。
　　　　①20歳代　　②30歳代　　③40歳代　　④50歳代　　⑤60歳代
　　　　⑥70歳代以上

1-7．貴社の経営者（社長）はこれまで何年間貴社の経営に携わっておられますか。
　　　　約（　　　　）年間

2．過去3年間に実施した共同事業全体の概要

2-1．貴社は昨年度までの3年間に他社と何らかの共同事業を行いましたか（共同事業の定義については「記入上の注意」をご覧下さい）。
　　　　①はい　　⇒設問2-3へお進み下さい。最後までご回答願います。
　　　　②いいえ　⇒設問2-2へお進み下さい。設問2-2で終了です。ご協力ありがとうございました。
　　　　　　　　⇩

2-2．「いいえ」と回答された方に、その主な理由をお尋ねします。最もあてはまるものをひとつ選んで下さい。
　　　　①共同事業のメリットを感じない。
　　　　②自社の意思決定が制約されるおそれがある。
　　　　③自社の事業活動に関する情報が他企業に漏れるおそれがある。
　　　　④共同事業に関心はあるが、適切な相手企業が見あたらない。
　　　　⑤特に理由はない。

→ 2-3. 昨年度までの3年間に他社と実施された共同事業の分野について、<u>あてはまるものをすべて</u>選んでお答え下さい。
①研究開発　②仕入　③販売　④生産　⑤物流　⑥広告宣伝
⑦教育・研修　⑧情報化　⑨その他（具体的に：　　　　　　）

2-4. 上記の分野のうち、今年度も継続して実施されているものを<u>すべて挙げて</u>下さい。　（　　　　　　　　　　　　）

3．過去3年間に実施した最も重要な共同事業の内容と組織

3-1. 昨年度までの3年間に他社と実施された共同事業のうち、<u>最も重要と考えられるもの</u>（「記入上の注意」をご参照下さい）はどの分野に含まれますか。あてはまるものをひとつだけ選んで下さい。
①研究開発　②仕入　③販売　④生産　⑤物流　⑥広告宣伝
⑦教育・研修　⑧情報化　⑨その他（具体的に：　　　　　　）

3-2. 貴社は、設問3-1の共同事業を行う前に、同じ分野で共同事業を行った経験がありますか。
①はい　　②いいえ

＊以下の設問は、3-1で選ばれた「昨年度までの3年間で最も重要と考えられる共同事業」についてお尋ねします。

3-3. その共同事業は何年間継続しましたか（現在まで継続している場合には、現時点での継続年数を答えて下さい）。　約（　　　　）年間

3-4. その共同事業には、貴社を含めて何社が参加しましたか。
①2社　　②3～5社　　③6～10社　　④11社～20社　　⑤20社以上

3-5. その共同事業に参加したのは、貴社と同業種の企業ですか、異業種の企業ですか。
①すべて同業種の企業　②同業種と異業種の混合　③異業種の企業

3-6. その共同事業には、貴社と直接の取引関係を持つ企業（販売先・仕入先）が参加しましたか。
①はい　②いいえ

3-7. その共同事業には、大企業（従業者300人以上の企業）も参加しましたか。
①はい　②いいえ

3-8. その共同事業を始める以前に、参加企業とどの程度の交流がありましたか（<u>最も近いものをひとつ選んで下さい</u>）。
①主なメンバーとは以前にも共同事業を行い、互いによく知っていた。
②ほとんどのメンバーとは共同事業の経験はないが、仕事を超えた付き合いがあった。
③ほとんどのメンバーとは仕事の上での付き合いはあったが、それ以上の交流はなかった。
④ほとんどのメンバーとは面識はあったが、交流はほとんどなかった。
⑤一部のメンバーとはろくに面識すらなかった。

3-9. その共同事業は、貴社の事業活動全体の中でどのくらいの比重を占めていましたか。1（非常に小さい）から5（非常に大きい）までの<u>5段階評価</u>でお答え下さい。　（　　　　　）

3-10. 貴社にとって、その共同事業の主な目的は何でしたか（<u>最も重要なものをひとつ選んで下さい</u>）。
①事業コストの削減
②事業リスクの軽減
③事業に要する時間の節約

④自社で不足する知識やノウハウ等の補完
　　　⑤各社の経営資源の結びつきによる相乗効果
　　　⑥競争相手や取引先に対する地位の強化

3-11. その目的は、共同事業への参加企業の間で共有され、一致していたと思いますか。
　　　①そう思う　　②そうは思わない　　③よくわからない

3-12. その共同事業はどのような組織で行われましたか（最も近いものをひとつ選んで下さい）。
　　　①事業協同組合を新たに設立して行われた。
　　　②既存の事業協同組合の事業の一環として行われた。
　　　③参加企業が共同で出資する会社を設立して行われた。
　　　④協同組合や共同出資会社等の組織によらず、契約書のみに基づいて行われた。
　　　⑤協同組合や共同出資会社等の組織によらず、契約書もなしに行われた。

3-13. その共同事業において、主導的な（中核的な）企業は存在しましたか。
　　　①はい　　②いいえ

3-14. 上記設問で「はい」と回答された方にお尋ねします。主導的（中核的）な企業は、共同事業を実施する上でどのような役割ないし権限を持っていましたか。あてはまるものすべてを選んで下さい。
　　　①共同事業の全体的な方針のとりまとめ
　　　②共同事業の具体的な内容（任務の分担を含む）の調整と決定
　　　③共同事業に関わる実務の多くを負担
　　　④共同事業を対外的に代表して、外部の企業や機関と折衝を行う。
　　　⑤メンバーの間で見解の相違が生じたり、予期しない事態が起きたときに、対応を一任される。

3-15. その共同事業において貴社はリーダー的な存在でしたか。
　　　①はい　　②いいえ

＊以下3-16から3-24までの質問は、最も重要な共同事業として研究開発を行った場合のみを対象とします。その他の場合は設問4-1に進んで下さい。

3-16. 共同研究開発事業はどのような段階から始まりましたか。最も近いものをひとつ選んで下さい。
　　　①新たな研究テーマを模索するところから始まった。
　　　②ある企業が始めた基礎的な研究開発を分担してさらに進める形で始まった。
　　　③ある企業が既に設計・試作段階まで進めた計画を受け継いだ。
　　　④事前に各社が独自に進めていた研究開発の成果を持ち寄る形で始まった。

3-17. 共同研究開発事業における費用の分担について、最も近いものをひとつ選んで下さい。
　　　①メンバー間でほぼ均等に負担した。
　　　②メンバーの規模ないし財務能力に応じて負担を決めた。
　　　③メンバーの研究開発能力や研究開発支出に応じて負担を決めた。
　　　④研究開発成果の配分の見込みに応じて負担を決めた。
　　　⑤メンバーの担当する任務に応じて負担を決めた。
　　　⑥公的補助金など外部からの資金で費用を賄うことができたので、自己資金による負担はほとんどなかった。

3-18. メンバー間の意見の相違や予期しない事態が生じた場合には、どのような対応がとられましたか。最も近いものをひとつ選んで下さい。
　　　①何か問題があるたびに、参加者全員でとことん話し合って解決した。
　　　②代表者に解決や調整を一任することで予め合意ができていた。
　　　③あらゆる問題や事態を想定して、それに対応できるように非常に詳細な契約を作成した。

④意見の相違や予期しない事態は一度も見られなかった。

3-19. 共同研究開発事業は、公的な補助金を受けましたか。
　　　①受けた　　②受けなかった。

3-20. 上記設問で「受けた」と回答された場合：その補助金は、自己負担金と比べてどのくらいの規模でしたか。<u>1（相対的に非常に小さい割合）から5（相対的に非常に大きい割合）までの5段階評価でお答え下さい</u>。なお、補助金総額と自己負担金総額がほぼ同程度である場合を3とします。
　　　（　　　　）

3-21. 共同研究開発事業において大学や公的試験研究機関との協力は行われましたか。<u>最も近いものをひとつ</u>選んで下さい。
　　　①大学や公的試験研究機関のメンバーが共同事業に参加した。
　　　②大学や公的試験研究機関の設備・機材等を利用した。
　　　③大学や公的試験研究機関に対してデータ分析・テスト等の業務を委託した。
　　　④大学や公的試験研究機関から助言等の技術支援を得た。
　　　⑤大学や公的試験研究機関との関わりは一切なかった。

3-22. 共同研究開発事業において、販売先との協力は行われましたか。<u>あてはまるものをすべて</u>選んで下さい。
　　　①主要な販売先が共同事業に参加した。
　　　②主要な販売先から有益な助言や情報が得られた。
　　　③当初から目標製品の販売先が決まっており、売上が見込めた。

3-23. 共同研究開発事業の成果として<u>あてはまるものをすべて</u>選んで下さい。
　　　①新製品ないし新製法の開発が終了した。
　　　②研究開発の成果に対して特許ないし実用新案の出願をした。
　　　③研究開発の成果が売上に結びついた。

3-24. 共同研究開発事業の成果は、メンバー間でどのように配分されましたか。最も近いものをひとつ選んで下さい。
　　①開発された製品の売上収益や特許権など目に見える成果は、メンバー間に均等に配分された。
　　②開発された製品の売上収益や特許権など目に見える成果は、技術的貢献度に応じて配分された。
　　③開発された製品の売上収益や特許権など目に見える成果は、資金的貢献度に応じて配分された。
　　④研究開発成果の商品化や特許出願等は共同事業の中では行わず、メンバーの自由に任された。
　　⑤開発された製品の売上収益や特許権など目に見える成果を生むには至らなかった。

4．共同事業の評価と最近の経営成果

4-1. あなたは過去3年間で最も重要な共同事業の結果（成果）に全体としてどの程度満足していますか。1（全く満足していない）から5（大いに満足している）までの5段階評価でお答え下さい。　（　　　　　）

4-2. あなたは過去3年間で最も重要な共同事業の過程（実施方法・体制）に全体としてどの程度満足していますか。1（全く満足していない）から5（大いに満足している）までの5段階評価でお答え下さい。　（　　　　　）

4-3. 過去3年間で最も重要な共同事業は、その主な目的（設問3-8で選択）をどの程度達成したと思われますか。1（全く達成できなかった）から5（期待した以上の成果を挙げた）までの5段階評価でお答え下さい。
　　（　　　　　）

4-4. これまでの共同事業の間接的な効果としてあてはまるものをすべて選んで下さい。

①今後の事業に関するさまざまなヒントを得ることができた。
②今後の事業のための人脈を拡げることができた。
③共同事業に対する公的支援制度・機関についての情報が得ることができた。
④他企業と比較して自社の強みと弱みなどの特徴を認識することができた。
⑤他の企業や機関との連携に積極的に取り組めるようになった。

4-5．昨年度までの3年間における貴社の売上高の伸びは、同業他社と比べてどのような状況にありましたか。1（業界平均を大きく下回る）から5（業界平均を大きく上回る）までの5段階評価でお答え下さい。
　　　（　　　　　）

4-6．昨年度までの3年間における貴社の利益水準は、同業他社と比べてどのような状況にありましたか。1（業界平均を大きく下回る）から5（業界平均を大きく上回る）までの5段階評価でお答え下さい。
　　　（　　　　　）

＊質問は以上で終了です。調査にご協力いただきまして誠にありがとうございました。

＊中小企業の共同事業について何か他にご意見がありましたら、自由にお書き下さい。

＊また、本調査に関するご意見がありましたら、自由にお書き下さい。

付録資料2：2005年調査票

共同研究開発と産学連携に関するアンケート調査票

一橋大学大学院経済学研究科助教授　岡室博之

＊別紙に明記しましたように、ご回答の内容については秘密を厳守します。
＊ご回答にあたっては、別紙「記入上の注意」をご参照下さい。
＊回答欄□がない質問については、該当する番号あるいは記号にマルを付けて下さい。該当するものがない場合は、そのままでけっこうです。

1．貴社の概要について

1－1．貴社はいつ創業され、また会社として設立されましたか。
　　　　創業：西暦□年　　設立：西暦□年

1－2．貴社の現在の従業者数（パートタイムを含む常時従業者）は何人ですか。
　　　　約□人

1－3．貴社の主たる業務は次のどの業種に含まれますか（最も近いものをひとつだけ選んで下さい）。
　　　　①食品・飲料　　②繊維・衣服　　③木製品・家具　　④紙加工品
　　　　⑤出版・印刷　　⑥化学・医薬品　　⑦プラスチック・ゴム　　⑧窯業
　　　　⑨鉄鋼・非鉄金属　　⑩金属製品　　⑪一般機械　　⑫電気機械
　　　　⑬輸送機械　　⑭精密機械　　⑮その他

1－4．貴社は研究開発を恒常的に行っていますか（あてはまるものをすべて選んで下さい）。
　　　　①研究開発予算を毎年計上している。
　　　　②研究開発を専門に担当する常勤の社員がいる。

③研究開発を担当する部署が存在する。

1-5. 過去3年間における、売上高に対する研究開発費の割合は平均でどのくらいですか。　約□□□パーセント

1-6. 貴社の経営者（社長）の最終学歴はどれに該当しますか（旧制の場合は現在の学制に合わせてお答え下さい）。
①中学校・高等学校卒　　②大学卒（文系）　　③大学卒（理系）
④大学院卒（文系）　　⑤大学院卒（理系）

1-7. 貴社の経営者（社長）は次のどの年齢層に入りますか。
①20歳代　　②30歳代　　③40歳代　　④50歳代　　⑤60歳代
⑥70歳代以上

1-8. 貴社は昨年までの3年間に他社と共同研究開発を行いましたか（共同研究開発の定義については別紙「記入上の注意」をご参照下さい）。
①はい＊　　②いいえ
＊「はい」と回答された方は、プロジェクトの数もお答え下さい。

1-9. 貴社は昨年までの3年間に大学等の研究機関と産学連携を行いましたか。（産学連携の定義については別紙「記入上の注意」をご参照下さい）。
①はい＊　　②いいえ
＊「はい」と回答された方は、プロジェクトの数もお答え下さい。

＊以下の項目2「他社との共同研究開発について」は、他社と共同研究開発を行った企業のみを対象にしています。また、項目3「産学連携について」は、大学等の研究機関と産学連携を行った企業のみを対象にしています。これらに該当しない企業の方は、その項目を飛ばして、最後のページにお進み下さい。

2．他社との共同研究開発について

＊この項目では、昨年までの3年間に他社と行われた共同研究開発プロジェクトについてお尋ねします（現在継続中のものも含みます）。貴社が大学等の研究機関のみと行われた共同研究開発プロジェクトは対象ではありません（これについては次の項目3でお答え下さい）。貴社が他社と行われた共同研究開発プロジェクトに大学等の研究機関が関わった場合には、この項目での質問の対象になります。

＊複数の共同研究開発プロジェクトに参加された場合は、その中で貴社にとって戦略的に最も重要だと思われるもの、あるいは最も規模の大きいものに限定して、以下の質問にお答え下さい。

2－1．共同研究開発には貴社を含めて何社が参加しましたか（必ず貴社を含めた数をご回答下さい）。　　　　　社

2－2．共同研究開発の期間中に、参加企業の増減や入れ替わりがありましたか。
①はい　　②いいえ

2－3．共同研究開発の相手企業のうち、異業種の企業は何社ありましたか。
　　　　社（すべて同業種の企業の場合は、かっこ内に0を記入して下さい。）

2－4．共同研究開発の相手企業には製造業以外の企業も含まれていましたか（あてはまるものをすべて選んで下さい）。
①建設業　　②小売業　　③卸売業　　④運輸・通信業　　⑤サービス業
⑥上記以外の分野（農林水産、エネルギー、飲食店、金融、不動産等）
⑦製造業以外の企業は含まれていない

2－5．共同研究開発には、貴社よりも（従業者数で見て）大きい企業が参加しましたか。
①はい　　②いいえ

2-6. 共同研究開発には、貴社の販売先や仕入先の企業が参加しましたか（あてはまるものをすべて選んで下さい）。
①販売先企業が参加した。　②仕入先企業が参加した。

2-7. 共同研究開発に関連して、販売先の企業からどのような協力が得られましたか（あてはまるものをすべて選んで下さい）。
①技術面での助言や情報が得られた。
②販売面での助言や情報が得られた。
③販売先が当初から目標製品の購入を決めていた。

2-8. 共同研究開発において大学等の研究機関との連携が見られましたか。連携があった場合には、A～Gのパターンのうちあてはまるものをすべて選んで下さい。
①連携はなかった。
②連携が見られた。
　⇒A．大学等の研究機関のスタッフが共同研究開発に参加した。
　　B．大学等の研究機関に対して研究開発に関わる業務を委託した。
　　C．大学等の研究機関から技術のライセンスを受けた。
　　D．大学等の研究機関のスタッフに技術的な相談をし、助言を得た。
　　E．大学等の研究機関の設備・機材等を利用した。
　　F．大学等の研究機関に研究者を含む従業員の教育・研修を依頼した。
　　G．大学院生や若手研究員を、契約社員や客員研究員として一定期間受け入れた。

2-9. 共同研究開発の相手企業は主にどこに立地していましたか（最もあてはまるものをひとつだけ選んで下さい）。
①同じ市区町村内　②近隣の市区町村内　③同一の都道府県内
④近隣の都道府県内　⑤日本国内（遠隔地）　⑥外国

2-10. 主要な相手企業は、共同研究開発事業に関わる研究開発をどの程度行ってい

ましたか。5（非常に活発に行っている）から1（全く行っていない）までの5段階評価でお答え下さい（主要な相手企業が複数あり、企業間でばらつきが大きい場合には、平均的なところをお答え下さい）。

2-11. 貴社の経営者（社長）は共同研究開発に直接関わっていましたか。
①はい　②いいえ

2-12. 貴社はどのようなネットワークを通じて共同研究開発の相手企業を見つけましたか（あてはまるものをすべて選んで下さい。）
①経営者の個人的な人脈　②商工会議所等の地域団体や地縁
③業界団体　④異業種交流グループ　⑤取引関係・取引先の紹介
⑥行政機関の紹介　⑦以前の共同事業　⑧その他

2-13. 貴社は共同研究開発を始める前に、参加企業とどの程度の交流がありましたか（あてはまるものをすべて選んで下さい）。
①以前にも同じようなメンバーで共同研究開発を行ったことがある。
②一緒に仕事をしたことがある・仕事の上での付き合いがあった。
③経営者同士の個人的な付き合いがあった。

2-14. 貴社は共同研究開発の期間中、相手企業とどのくらい頻繁に研究会や打ち合わせを行いましたか。下記のうち最も近いものをひとつだけ選んで下さい。
①参加企業の担当者は毎日のように顔を合わせていた・同じ場所で共同作業を行った。
②参加企業の担当者は少なくとも毎週1度は集まっていた。
③参加企業の担当者は少なくとも毎月1度は集まっていた。
④参加企業の担当者は少なくとも1年に数回は集まっていた。
⑤参加企業の担当者が集まるのはせいぜい年に1～2回だった。

2-15. 貴社にとって、共同研究開発の主な目的は何でしたか（最も重要なものをひとつだけ選んで下さい）。

①基礎研究（具体的な新製品・新製法の開発を目的としない）
②製品の開発・改良（プロダクト・イノベーション）
③工程（製法）の開発・改良（プロセス・イノベーション）
④技術交流・学習

2-16. 貴社にとって、共同研究開発の最大のメリットは何ですか（最も近いものをひとつだけ選んで下さい）。
①研究開発に関するリスクの緩和
②研究開発投資の節約
③外部の技術やノウハウの学習
④自社と他社の技術やノウハウの相乗効果
⑤１社だけではできない大規模な研究開発への取り組み

2-17. 共同研究開発の内容は、貴社自身の事業内容とどのように関連していましたか。５（非常に強く関連している）から１（ほとんど関連がない）の５段階評価でお答え下さい。

2-18. 共同研究開発は、貴社の事業活動においてどのくらいの比重を占めていましたか。１（非常に小さい）から５（非常に大きい）までの５段階評価でお答え下さい。

2-19. 共同研究開発はどのような組織で始められましたか（最も近いものをひとつだけ選んで下さい）。
①協同組合の形態で行われた。
②共同出資会社の形態で行われた。
③協同組合や共同出資会社等の組織によらず、契約書のみに基づいて行われた。
④協同組合や共同出資会社等の組織によらず、契約書もなしに行われた。

2-20. 共同研究開発の途中で、組織の変更がありましたか。あった場合には、どの

ような変更かをお答え下さい。
①変更はなかった
②変更があった　⇒A．事業協同組合を設立した
　　　　　　　　　B．共同出資会社を設立した
　　　　　　　　　C．契約を締結した

2-21. 共同研究開発において、主導的な（中核的な）企業は存在しましたか。
　　　①はい　　②いいえ

2-22. 共同研究開発はどのような段階から始まりましたか（最も近いものをひとつだけ選んで下さい）。
　　　①新たな研究テーマを模索するところから始まった。
　　　②ある企業が始めた基礎的な研究開発を分担してさらに進める形で始まった。
　　　③ある企業が既に設計・試作段階まで進めた計画を受け継いだ。
　　　④事前に各社が独自に進めていた研究開発の成果を持ち寄る形で始まった。

2-23. 共同研究開発は公的な補助金を受けましたか。
　　　①はい　　⇒質問2-24へ
　　　②いいえ　⇒質問2-25へ

2-24. 質問2-23で「①はい」と回答された方にお尋ねします。補助金の受給にはどのような条件が付加されていましたか。下記の記述のうちあてはまるものをすべて選んで下さい。
　　　①共同研究開発の過程と補助金の使途について詳細な報告書を提出することが義務づけられた。
　　　②終了後に何らかの研究成果を示す必要があった。
　　　③研究目的や研究計画の途中変更が認められなかった。
　　　④補助金の使用目的や支出方法に制約があった。
　　　⑤補助金の対象となる企業や研究課題等に制約があった。

2-25. 質問2-23で「②いいえ」と回答された方にお尋ねします。公的補助金を受給しなかった理由は何ですか。下記の記述のうちあてはまるものをひとつだけ選んで下さい。
① 補助金を申請したが、認められなかった。
② 補助金を申請しなかった。
　　理由： A. 申請手続きがよく分からなかったから。
　　　　　B. 申請手続きが面倒だったから。
　　　　　C. 補助金の支給によって研究開発が制約されるのが嫌だったから。
　　　　　D. 補助金の必要がなかった、あるいは補助金に関心がなかったから。
　　　　　E. とくに理由はない。

2-26. 共同研究開発を始めた時点で、費用の分担はどのように予定されていましたか（最も近いものをひとつだけ選んで下さい）。
① 参加企業間でほぼ均等に負担することになっていた。
② 参加企業の規模や資金力に応じて負担することになっていた。
③ 研究開発の中心になる企業に対して他の企業が研究費を支援することになっていた。
④ まず作業分担を決め、それぞれの担当する作業に必要な費用はそれぞれが負担することにした。
⑤ 公的補助金など外部資金で費用を賄うことを予定していた。

2-27. 共同研究開発の費用は、結果的にはどのように分担されましたか（最も近いものをひとつだけ選んで下さい）。
① 参加企業間でほぼ均等に負担された。
② 参加企業の規模や資金力に応じて負担された。
③ 研究開発の中心になる企業に対して他の企業が研究費を支援した。
④ それぞれの企業が受け持った作業に必要な費用を、それぞれの企業がそのまま負担した。
⑤ 公的補助金など外部からの資金で費用を賄うことができたので、自己資金

による負担はほとんどなかった。

2-28. 共同研究開発の成果に関して、下記の記述のうちあてはまるものをすべて選んで下さい。
　　①新製品ないし新製法の開発が終了した。
　　②研究開発の成果を特許出願した。　　⇒質問2-29へ
　　③研究開発の成果が売上に結びついた。　⇒質問2-30へ

2-29. 質問2-28で「②研究開発の成果を特許出願した」を選ばれた方にお尋ねします。特許出願に関する下記の記述のうち、最も近いものをひとつだけ選んで下さい。
　　①参加者全員の名前で特許を出願した。
　　　⇒A．特許収入は均等に分配することになった。
　　　⇒B．特許収入の分配率は資金的貢献度に応じて取り決められた。
　　　⇒C．特許収入の分配率は技術的貢献度に応じて取り決められた。
　　　⇒D．特許収入の分配に関して特に取り決めはしなかった。
　　②一部のメンバーの名前で出願した。
　　　⇒E．他の参加者には対価が支払われた。
　　　⇒F．他の参加者には対価は支払われなかった。

2-30. 質問2-28で「③研究開発の成果が売上に結びついた」を選ばれた方にお尋ねします。研究成果の利用と利益の分配について、下記の記述のうち最も近いものをひとつだけ選んで下さい。
　　①新製品の生産ないし販売を参加者全員が共同で行った。
　　　⇒A．その利益は均等に分配された。
　　　⇒B．その利益は資金的貢献度に応じて分配された。
　　　⇒C．その利益は技術的貢献度に応じて分配された。
　　②新製品の生産ないし販売を参加者の一部が共同で行った。
　　　⇒D．他の参加者には対価が支払われた。
　　　⇒E．他の参加者には対価は支払われなかった。

③新製品の生産ないし販売は各参加者の自由に任された。
　　　④開発された新しい生産方法を各参加者がそれぞれ自由に導入した。
　　　⑤開発された新しい生産方法を一部の参加者のみが導入し、他の参加者には対価が支払われた。

2-31. 共同研究開発の成果の利用と分配の方法について、プロジェクト開始時点で参加企業間の合意ができていましたか。最も近いものをひとつだけ選んで下さい。
　　　①契約等の文書による合意ができていた。
　　　②文書による合意はないが、暗黙の了解があった。
　　　③文書による合意も暗黙の了解もなかった。

2-32. 質問2-31で①または②を選ばれた方にお尋ねします。プロジェクト開始時点で合意されていた分配方法と、実際に得られた成果の分配方法は同じでしたか。
　　　①はい　　②いいえ

3．産学連携について

＊この項目では、貴社が昨年までの3年間に大学や国公立の研究機関と行われた産学連携についてお尋ねします（現在継続中のものも含みます）。該当するものがない場合は、これで質問を終了します。ご協力ありがとうございました。最後の頁にお問い合わせ先等をご記入いただければ幸いです。
＊複数の産学連携プロジェクトに参加された場合は、その中で貴社にとって最も重要だと思われるものに限定して、以下の質問にお答え下さい。

3-1. ご回答の対象となる産学連携において、相手機関の数はいくつありましたか。

3-2. 貴社の（最も重要な）連携相手はどのような機関ですか（ひとつだけ選んで下さい）。

①国立大学　②公立大学　③私立大学　④高等専門学校
⑤国立試験研究機関　⑥公立試験研究機関　⑦外国の大学・研究機関

＊お差し支えなければ、主要な連携相手の大学・学部名あるいは研究機関名を挙げて下さい。

3-3. 貴社の（最も重要な）連携相手機関はどこに立地していますか（ひとつだけ選んで下さい）。
①同じ市区町村内　②近隣の市区町村内　③同一の都道府県内
④近隣の都道府県内　⑤日本国内（遠隔地）　⑥外国

3-4. 貴社は何を通じて連携相手と知り合いましたか（あてはまるものをすべて選んで下さい）。
①経営者の個人的な人脈　②学会等の会合　③学術出版物
④業界団体　⑤異業種交流グループ　⑥取引先企業　⑦行政機関
⑧大学や研究機関の産学連携支援組織　⑨その他

3-5. 産学連携の主な目的は何でしたか（最も重要なものをひとつだけ選んで下さい）。
①最先端の科学知識の吸収
②貴社が直面していた具体的な技術的問題の解決
③貴社の捉えたニーズの商品化
④大学等の研究機関の持っている技術シーズの実用化
⑤研究開発の費用や時間の節約

3-6. 質問3-5で選択された産学連携の目的は、どの程度達成されましたか。5（最高レベル）から1（最低レベル）までの5段階評価でお答え下さい。

3-7. 下記のうち、貴社が行われた産学連携のパターンをすべて選んで下さい。
①大学や研究機関のスタッフと共同で研究開発を行った。

②大学や研究機関に対して研究開発の業務を委託した。
③大学や研究機関から技術のライセンスを受けた。
④大学や研究機関のスタッフに技術的な相談をし、助言を得た。
　（回数　　　　回）
⑤大学や研究機関の設備・機材等を利用した。
⑥大学や研究機関に研究者を含む従業員の教育・研修を依頼した。
⑦大学院生や若手研究員を、契約社員や客員研究員として一定期間受け入れた。
⑧その他

#以下の質問は、質問3－7で①共同研究開発を選んだ方のみを対象にします。

3－8．貴社はその共同研究開発に関して相手機関と契約を結びましたか。
　　　①はい　　②いいえ

3－9．共同研究開発の作業は主にどこで行われましたか。
　　　①貴社　　②連携先の大学あるいは研究機関　　③その他

3－10．主要な連携相手機関のスタッフは、共同研究開発にどの程度コミットしましたか。あてはまるものをすべて選んで下さい。
　　　①貴社の取締役や顧問などの職務を兼任した。
　　　②貴社の研究員を兼任した。
　　　③貴社に大学院生や研究員を派遣した。
　　　④貴社の社員を研究員として大学・研究機関に受け入れた。

3－11．共同研究開発の成果に関して、下記の記述のうちあてはまるものをすべて選んで下さい。
　　　①新製品ないし新製法の開発が終了した。
　　　②研究開発の成果を特許出願した。
　　　③研究開発の成果が売上に結びついた。

＊質問は以上で終了です。調査にご協力いただきまして誠にありがとうございました。
＊後日、ご回答の内容について問い合わせをさせていただくことがあるかもしれません。お差し支えなければ、貴社名と回答者のご所属・ご芳名・連絡先をお書きいただければ幸いです。

貴社名：

回答者ご所属：

回答者ご芳名：

連絡先メールアドレス等：

＊この調査に関してご質問・ご意見がございましたら、下記メールアドレスへご連絡下さい。
okamuro@econ.hit-u.ac.jp（岡室　博之）

付録資料3：2008年調査票

産学連携に関する実態調査　調査票

一橋大学経済学研究科　岡室　博之

＊恐れ入りますが、2008年7月末日までにご回答・ご返送ください。

1．貴社の概要と産学連携への取り組みについて

1－1．貴社の主な製品は何ですか。　（　　　　　　　　　）

1－2．貴社の主たる技術分野は何ですか。次のうちから、最も当てはまるものをひとつお選びください。　（　　）
　　　（1）バイオテクノロジー　（2）マイクロエレクトロニクス
　　　（3）ソフトウェア　（4）その他（具体的に：　　　　　　）

1－3．貴社の昨年度の売上高に対する研究開発費の比率は　約（　　）％

1－4．貴社の研究開発部門の従業者（研究者）数は　約（　　　）人

1－5．1）貴社の社長の最終学歴は何ですか。　　　（　　）
　　　2）貴社の研究開発トップの最終学歴は何ですか。　（　　）
　　　（次のうちから、最も当てはまるものをそれぞれお選び下さい。）
　　　（1）中学校・高等学校・短期大学・高専卒
　　　（2）大学卒（人文・社会科学）　（3）大学卒（自然科学・工学）
　　　（4）修士号（人文・社会科学）　（5）修士号（自然科学・工学）
　　　（6）博士号（人文・社会科学）　（7）博士号（自然科学・工学）

1－6．貴社が過去3年間（2005-2007年）に取り組み、終了した産学連携のプロ

ジェクトはありますか。なお、ここで産学連携とは、<u>大学と企業の間での、技術知識の創造または移転を目的とした共同研究開発プロジェクト</u>を意味します。「はい」または「いいえ」でお答えください。

（1）はい　　⇒1-8および2-1以降の質問にお答えください。
（2）いいえ　⇒1-7にお進みください。これで質問は終了です。ご回答ありがとうございました。

1-7.「いいえ」とお答えになった主な理由は何ですか。次のうちから、<u>最も適切なもの</u>をお選びください。　　（　　）
（1）産学連携に取り組まなくとも十分な技術的強みがあるから、産学連携に興味がない。
（2）以前に産学連携で失敗したから、産学連携に興味がない。
（3）産学連携に興味はあるが、そのための経営資源・予算・人材が足りない。
（4）産学連携に興味はあるが、能力のある適切な相手先が見つからなかった。
（5）産学連携に興味はあるが、法律面の不確実性が予想されるために取り組まなかった。
（6）産学連携に興味はあるが、規制や支援策に関する事務処理のコストが大きいと考えられるために取り組まなかった。
（7）産学連携に興味があり、現在もプロジェクトが進行中であるが、過去3年以内に終了したプロジェクトはない。
（8）その他（具体的に：　　　　　　　　　　　　　　　　）

1-8.「はい」とお答えになった場合、産学連携プロジェクトには<u>いくつの大学・企業等</u>が参加しましたか。過去3年間に貴社が取り組み、終了された<u>産学連携プロジェクトのうち、直近のものについて数字</u>をお答え下さい。該当のないものには0を記入して下さい。

大学　　　　　　　　　　　　　　　　（　　）
大学以外の公的研究機関　　　　　　　（　　）

企業（貴社と民間研究機関を含めて）　　（　　）

＊以下の質問においては、過去３年間に貴社が取り組み、終了された産学連携プロジェクトのうち直近のものについてお答えください。また、そのプロジェクトに複数の大学が参加していた場合、そのうちで最も重要な連携相手である大学についてお答えください。

２．連携先大学との関係

２－１．連携相手の大学は以下のどれに該当しますか。　　（　　）
　　　（１）国内の国公立大学　　（２）国内の私立大学　　（３）海外の大学
　　　＊可能であれば、大学名と教員名を教えてください。
　　　大学名（　　　　　　　　　）　教員名（　　　　　　　　　）

２－２．貴社と連携先大学はどのくらい離れていますか。　　（　　）
　　　（１）10km 以内　　（２）10－20km　　（３）21－50km
　　　（４）51－100km　　（５）101－500km　　（６）500km 以上

２－３．下記の項目が連携相手の大学を見つける際にどの程度重要であるかを、７段階で評価してください（１＝全く関係ない－７＝大いに重要）。
　　　（１）経営者の個人ネットワーク　　　（　　）
　　　（２）学会等の会合　　　　　　　　　（　　）
　　　（３）学術出版物　　　　　　　　　　（　　）
　　　（４）大学の産学連携支援機関　　　　（　　）
　　　（５）業界団体・商工会議所　　　　　（　　）
　　　（６）取引先企業　　　　　　　　　　（　　）
　　　（７）行政機関　　　　　　　　　　　（　　）
　　　（８）大学教員からの連絡・照会　　　（　　）

２－４．当該の産学連携の前に、

（1）全体として貴社はどの程度産学連携に取り組んできましたか。
　　　（　）（1＝一度も取り組んでいない－7＝ひんぱんに取り組んでいる）
＊この質問で1を選ばれた方は、以下の(2)から(7)までの設問への回答は不要です。また、(3)以下は、過去の連携のうち最も代表的なものについてお答え下さい。
（2）それらの過去の産学連携はどの程度成功したと思いますか。
　　　（　）（1＝概して不成功－7＝概して成功）
（3）貴社は連携先大学とどの程度緊密な関係にありましたか。
　　　（　）（1＝全く緊密でない－7＝非常に緊密）
（4）貴社は連携先大学と研究開発プロジェクトに取り組んだことがありますか。
　　　（　）（1＝全く取り組んでいない－7＝多くのプロジェクトを行った）
（5）貴社とその連携先大学との従来の関係はどのように特徴づけられますか。
　　　（　）（1＝非常に不安定－7＝非常に安定）
（6）貴社の社員と大学の研究者の間の人間関係はどうでしたか。
　　　（　）（1＝全く関係がなかった－7＝親密で確固とした関係があった）
（7）貴社はその連携相手と何年ぐらいお付き合いがありましたか。
　　　（　）年

2－5．貴社は連携相手の大学と連携する前に、その大学の研究開発能力をどのように評価していましたか。7段階で評価してください（1＝全く同意しない－7＝全く同意する）。
　　（1）傑出した研究者を擁している　　　　　　（　）
　　（2）優れた研究設備を有している　　　　　　（　）
　　（3）その分野を学術的にリードしている　　　（　）
　　（4）その分野では顕著な知識を有している　　（　）

2－6．貴社は連携相手の大学と連携する前に、その大学と貴社の技術的関連性をどのように評価していましたか（1＝全く同意しない－7＝全く同意する）。

(1) 連携先大学は自社製品に関連した革新的な技術や手法を開発していた。
(　　)
(2) 連携先大学は自社製品に関連した分野において技術発展を促進していた。
(　　)
(3) 連携先大学は自社の中期的経営戦略にとって高い潜在的可能性を持つ新技術の開発に取り組んでいた。
(　　)

3．産学連携の目的

3-1．本調査の対象となる産学連携において、下記の目的は貴社にとってどの程度重要でしたか。7段階で評価して下さい（1＝全く重要でない－7＝きわめて重要）。
  (1) 特定の技術的問題の解決   (　　)
  (2) 新製品や新工程の開発   (　　)
  (3) 特許の取得   (　　)
  (4) 製品の品質向上   (　　)
  (5) 新しい科学知識の吸収・研究開発能力の向上 (　　)
  (6) 将来の研究開発テーマの発見 (　　)
  (7) 研究開発コストの時間と節約 (　　)
  (8) 学生の採用・自社の研究者の研修 (　　)

3-2．貴社と主要な連携先には下記の項目に関してどの程度の共通点がありますか（1＝全く異なる－7＝ほぼ共通である）。
  (1) 意思決定に要する時間 (　　)
  (2) 意思決定の方法   (　　)
  (3) 技術開発に取り組む度合い (　　)
  (4) 顧客や市場についての理解 (　　)
  (5) リスクに対する許容度 (　　)
  (6) 仕事の進め方についての理解 (　　)

4．産学連携プロジェクトの基本的特徴

4－1．プロジェクトの継続期間　　（　　）年（　　）ヵ月

4－2．プロジェクトの技術的性質はどのように特徴づけられますか。次のうちから
　　　ひとつを選んで答えてください。　　（　　）
　　　　（1）基礎研究志向　　（2）応用研究志向　　（3）開発志向

4－3．産学連携の研究開発活動はどこで行われましたか。7段階でお答えください
　　　（1＝すべて大学内－7＝すべて自社内）。　　（　　）

4－4．貴社はその産学連携プロジェクトに対して公的な補助金を得ましたか。プロ
　　　ジェクトの全予算に対する補助金の割合をお答えください。補助金を受けて
　　　いない場合はゼロとしてください。　約（　　）％

4－5．貴社の全般的なイノベーション戦略において、その産学連携プロジェクトは
　　　どの程度重要ですか。7段階で評価して下さい（1＝ほとんど重要でない－
　　　7＝非常に重要、不可欠）。　（　　）

5．産学連携プロジェクトの組織的・契約的特徴

5－1．連携相手とのコミュニケーションや相互関係について、下記のように7段階
　　　で評価してください（連携相手が複数いる場合は、最も重要な人物について
　　　お答えください）。
　　　　＊連携相手とのコミュニケーションは概して
　　　　（1）1＝タイムリーでない－7＝タイムリーである　　　　（　　）
　　　　（2）1＝不正確である－7＝正確で信頼できる　　　　　　（　　）
　　　　（3）1＝不十分である－7＝十分である　　　　　　　　　（　　）
　　　　（4）1＝不完全である－7＝完全である　　　　　　　　　（　　）
　　　　＊以下の記述に同意しますか（1＝全く同意しない－7＝強く同意する）。

（5）私たちは成果に対して連帯責任を負っていた。　　　　（　　）
（6）私たちはプロジェクトの実施計画を共同で立てた。　　（　　）
（7）私たちはプロジェクトに関する協定の修正を双方の合意の下に行った。　　　　　　　　　　　　　　　　　　　　　　　　　　　　　（　　）
（8）私たちはプロジェクトが相互の利益になるように責任を分担した。
　　　　　　　　　　　　　　　　　　　　　　　　　　　　　　（　　）
（9）私たちはプロジェクト期間を通じて産学連携の進捗を共同で評価した。　　　　　　　　　　　　　　　　　　　　　　　　　　　　　（　　）
（10）連携相手の代表者（教授）がプロジェクトを直接に支援した。（　　）
（11）私たちは連携相手に多大なコミットメントを行った。　　（　　）
（12）このプロジェクトは幾つかの困難な時期を経験してきた。（　　）
（13）連携相手との関係は通常以上に波乱に富むものだった。　（　　）

5-2．産学連携プロジェクトの期間中における、貴社の社員と連携先大学とのコンタクトの頻度についてお答えください。
　　　　　(1)(2)(3)：1＝年に1～2度、3＝月に1度、5＝週に1度、
　　　　　　　　　　7＝ほぼ毎日
　　　　　(4)：1＝全くなかった－7＝よくあった（7段階評価）
　　　　　（1）電子メールでの連絡　　　　　　　　　　　　　（　　）
　　　　　（2）電話での連絡　　　　　　　　　　　　　　　　（　　）
　　　　　（3）プロジェクト・ミーティング　　　　　　　　　（　　）
　　　　　（4）貴社の社員が大学で研究、または大学の研究者が貴社で研究　（　　）

5-3．産学連携を開始した時に、下記の事項はどのくらい明確に決まっていましたか。（1＝相互の了解が全くなかった～4＝口頭での相互了解があった～7＝契約文書による明確な相互了解があった）
　　　　　（1）各自の役割と責任　　　　　　　　　　　　　　（　　）
　　　　　（2）各自が達成すべき成果　　　　　　　　　　　　（　　）
　　　　　（3）プロジェクトスケジュール（タイミングと締切）（　　）
　　　　　（4）プロジェクト予算（資金の使途と監査）　　　　（　　）

（5）成果物に関する取り扱い（データと秘密の保護、成果出版）（　　）
　　　（6）知的財産権の取り扱いと帰属　　　　　　　　　　　　　（　　）
　　　（7）新製品・新工法等から得られる利益の分配　　　　　　　（　　）
　　　（8）相手が自分の職務を果たさない場合の法的手続き　　　　（　　）
　　　（9）予期されない出来事に対する手続き　　　　　　　　　　（　　）

5－4．この産学連携を社内および連携相手との間で推進するさいに、貴社において最も重要な役割を担った方についてお答えください。
　　　＊その方の職務は何ですか。A．研究者、B．それ以外（管理職等）
　　　　　　　　　　　　　　　　　　　　　　　　　　　　　　　（　　）
　　　＊その方の地位は何ですか。A．社長、B．会社役員、C．役員以外
　　　　　　　　　　　　　　　　　　　　　　　　　　　　　　　（　　）
　　　＊その方に関する以下の記述に同意しますか（1＝全く同意しない－7全く同意する）。
　　　（1）社内で産学連携の利点を熱心に宣伝した。　　　　　　　（　　）
　　　（2）産学連携の進捗に関して楽観的な考えを示した。　　　　（　　）
　　　（3）社内で産学連携の障害を克服するために粘り強く努力した。（　　）
　　　（4）他の人がこの産学連携は無理だと言ってもあきらめなかった。（　　）
　　　（5）産学連携に関する問題を、解決能力を持つ人に委ねた。　（　　）
　　　（6）産学連携に適した人材を社内で得た。　　　　　　　　　（　　）
　　　（7）産学連携のために経営トップの支持と必要な資金を確保した。（　　）

5－5．連携先大学の知的財産権に関する方針を7段階で評価してください。（1＝全く同意しない－7＝全く同意する）
　　　（1）方針は明確であり、容易に理解できるものであった。　　（　　）
　　　（2）方針は貴社のニーズに見合う程十分に柔軟であった。　　（　　）
　　　（3）方針は発明からの収益や使用料の配分に関して公平であった。（　　）
　　　（4）大学の知識移転機関（TLOなど）は技術移転に役立った。（　　）

6．産学連携の市場・技術環境等

6-1．産学連携に関する製品市場の不確実性を7段階で評価してください。
　　　（1）目標とする市場は　1＝非常に安定的－7＝非常にダイナミックに変化　　　　　　　　　　　　　　　　　　　　　　　　　　　　　　　（　）
　　　（2）目標とする市場は　1＝確立・発達していた－7＝完全に未開拓
　　　　　　　　　　　　　　　　　　　　　　　　　　　　　　　　（　）
　　　（3）その市場の将来は　1＝容易に予測可能－7＝予測が困難　（　）

6-2．産学連携に関する技術的不確実性を7段階で評価してください。
　　　（1）その技術は　1＝成熟・安定－7＝進歩が著しかった　　　（　）
　　　（2）その技術の発展は　1＝容易に予測可能－7＝予測が困難　（　）
　　　（3）その技術の進歩　1＝漸進的と予想された－7＝飛躍的と予想された
　　　　　　　　　　　　　　　　　　　　　　　　　　　　　　　　（　）
　　　（4）その技術は　1＝非常に単純－7＝非常に複雑　　　　　　（　）

6-3．貴社は、さまざまなタイプの産学連携に近年どの程度取り組んでいますか。<u>当該プロジェクトに限らず、全体について</u>7段階でお答え下さい（1＝全くない－7＝非常に多い）。
　　　（1）共同研究　　　　　　　　　　　　　（　）
　　　（2）委託研究　　　　　　　　　　　　　（　）
　　　（3）技術ライセンス　　　　　　　　　　（　）
　　　（4）その他（具体的に：　　　　　　　）（　）

7．産学連携の成果と評価

7-1．貴社が産学連携の<u>直接的</u>な結果として達成した<u>具体的</u>な成果は何ですか。以下のそれぞれについて、7段階で評価して下さい（1＝何もない－7＝多大な成果がある）。
　　　（1）特許出願　　　　　　　　　（　）

　　　　（2）大学の研究者との共同論文　　　（　）
　　　　（3）新工程の開発　　　　　　　　　（　）
　　　　（4）新製品の開発　　　　　　　　　（　）
　　　　（5）売上高の増加　　　　　　　　　（　）

7－2．産学連携のその他の成果は何ですか。以下のそれぞれについて、7段階で評価して下さい（1＝全く同意しない－7＝強く同意する）。
　　　　（1）個別の技術的問題が解決された。　　　　　　　　（　）
　　　　（2）新しい科学的知見を吸収できた。　　　　　　　　（　）
　　　　（3）将来の新たな研究テーマを発見できた。　　　　　（　）
　　　　（4）研究開発の時間とコストを節約できた。　　　　　（　）
　　　　（5）大卒者を新たにリクルートできた。　　　　　　　（　）
　　　　（6）自社の研究者を訓練できた。　　　　　　　　　　（　）
　　　　（7）新製品の開発について多くを学ぶことができた。　（　）
　　　　（8）新製法について多くの情報を得た。　　　　　　　（　）
　　　　（9）連携相手から研究開発のノウハウや秘訣について多くを学ぶことができた。　　　　　　　　　　　　　　　　　　　　　　　　　（　）
　　　　（10）この連携から得たことは、画期的な技術の応用に貢献した。（　）
　　　　（11）この連携から得たことは、技術の革命的な変化に貢献した。（　）
　　　　（12）この連携から得たことは、多くの技術知識の新たな吸収に貢献した。
　　　　　　　　　　　　　　　　　　　　　　　　　　　　　（　）
　　　　（13）この連携から得たことは、これまで市場になかった新製品の創出に貢献した。　　　　　　　　　　　　　　　　　　　　　　　（　）

7－3．産学連携における貴社と連携相手の教員との関係をどのように評価しますか。以下のそれぞれについて、7段階で評価してください（1＝全く同意しない－7＝強く同意する）。
　　　　（1）貴社は連携相手に対して気になることを自由に言うことができた。
　　　　　　　　　　　　　　　　　　　　　　　　　　　　　（　）
　　　　（2）連携相手は貴社のニーズが詳細に記述されていなくてもそれを理解し

た。　　　　　　　　　　　　　　　　　　　　　　　（　）
（3）貴社はビジネスに関する価値観を連携相手と共有していた。（　）
（4）連携相手は貴社との交流において率直な態度を示した。（　）
（5）連携相手が行った約束は信頼の置けるものであった。（　）
（6）連携相手は不当なクレームを出さなかった。（　）
（7）遅延などの問題が生じたとき、連携相手は正直に対応した。（　）
（8）連携相手はプロジェクトの期間中に貴社のために犠牲を払ってくれた。　　　　　　　　　　　　　　　　　　　　　　　（　）
（9）貴社は連携相手を自分の味方と感じることができた。（　）

7-4．以下のそれぞれについて、産学連携に対するご自身の満足度を、7段階で示してください（1＝全く同意しない－7＝強く同意する）。
　　　（1）この連携から得られた成果や利点は期待通りだった。（　）
　　　（2）この連携は設定された目的を達成した。（　）
　　　（3）この連携の維持・発展に費やされた時間と労力にはそれだけの価値があった。（　）
　　　（4）この連携の相手とは生産的な関係を築いた。（　）
　　　（5）この連携によって、同じ相手と今後もさらに連携を行う意欲を持った。（　）
　　　（6）この連携の時間効率は良かった（限られた時間に多くの成果が得られた）。（　）
　　　（7）この連携は予定期間に（予定表通りに）完了した。（　）
　　　（8）この連携の費用効率は良かった。（　）
　　　（9）この連携は技術的な意味で成功であった。（　）
　　　（10）この連携は商業的な意味で成功であった。（　）

これで調査項目は終了です。ご協力ありがとうございました。ご回答の内容について確認をさせていただくことがあるかもしれませんので、ご回答者のお名前・ご所属とご連絡先をご記入下さるようお願いします。

ご　　芳　　名：

貴社名・部署名：

電　話　番　号：

Eメールアドレス：

索　　引

[あ 行]

IT　　275, 278, 284, 291
暗黙の了解　　122
異業種交流グループ　　51, 53, 54, 288
イノベーション・システム　　2, 3, 8
イノベーション・チャンピオン　　166, 169, 170
インキュベーション　　274, 275, 278
インセンティブ　　9, 29, 36, 215, 223, 230, 239
インフォーマルな組織　　221, 229, 230
売上高成長率　　176, 178, 179
営業利益率　　176, 178, 179
オープン・サイエンス　　10

[か 行]

外部性　　6
顔の見えるネットワーク　　274
科学技術基本計画　　60, 157
科学技術研究調査　　21
機会主義　　229
企業活動基本調査　　182, 204
技術カルテル　　7, 10
技術機会　　28, 32, 35, 203
技術研究組合　　46, 47, 48, 49
技術的成功　　224, 225, 232, 237, 238, 239
技術のスピルオーバー　　6, 7, 80, 202, 284
規模の経済　　5, 9, 29, 175, 185
キャッシュフロー　　28, 30, 32, 35
共同仕入　　179, 183, 186
共同生産　　179, 183, 186
共同販売　　179, 183, 186
クラスター　　271, 272, 280
経営者の人脈　　117, 118, 122, 126, 127
契約　　119, 120, 122, 127, 144, 230
経路依存性　　169
研究開発集約度　　139, 180, 201, 204

研究開発生産性　　26, 247, 281, 284, 287, 290, 293, 294
公共財　　6, 7
工業統計調査　　32
公設試（公設試験研究機関）　　45, 63, 64, 65
合弁企業　　119, 120
コミットメント　　54, 223, 229, 239, 254

[さ 行]

サイエンス型産業　　3, 136, 137, 149, 160
サイエンス・パーク　　131
サイエンスリンケージ　　27, 139
最小二乗法（OLS）　　178
産学官交流会　　274
産学官連携コーディネーター　　61
産業クラスター計画　　62, 158, 271, 273, 282, 283, 285, 287, 294, 295
産業財産権　　26
産業組織論　　5, 6, 7
CIS（Community Innovation Survey）　　78, 79, 80, 81
JADE データベース　　32, 81, 279
事業協同組合　　49, 50, 54, 119, 185
資源ベースの企業観　　5, 80
市場支配力　　27
市場集中度　　28, 30
市場の失敗　　6, 7, 9
下請受注　　181, 189, 202
実用新案　　200, 201, 205, 206
集積地域　　87
受容能力　　6, 80, 85, 187, 204
順序プロビット　　250, 265
シュンペーター仮説　　27, 28, 29, 30, 202
小規模企業　　175, 176
商業的成功　　224, 225, 235, 237, 238, 239
情報公開　　265, 266

情報の非対称性　30
新規開業（スタートアップ）企業　33, 34, 40
審査請求　200, 206
信頼　169, 229, 233
新連携　55
成果分配　221, 222, 230, 231, 233, 236, 239
生産委託　189, 202
生産外注　181
セーフガード　164, 168, 169, 170
全国中小企業団体中央会　50
専有可能性　28, 29, 32, 35
操作変数法　283
相乗効果　9, 119, 175, 176
創造法　51, 52
総要素生産性　177, 178, 179, 187
組織・契約構造　215, 223, 239, 240
ソフトウェア　136, 137, 149, 160

[た 行]

ダーウェント・イノベーション・インデックス　281
大学発ベンチャー　59, 62
ダイナミックな能力　5, 6
ただ乗り　7, 9, 185, 223, 228, 230, 239
探索費用　252, 258, 264, 265, 266
地域新生コンソーシアム　274, 287, 291
地域別プロジェクト　271, 275, 282, 284, 293, 294, 295
知識スピルオーバー　272, 273, 280, 284, 293
知識フロー　272
知的クラスター創成事業　62, 158
知的財産　24, 25, 63, 164, 197, 199, 201, 205
知的財産活動調査　25
知的財産方針　163, 168, 169
知的財産本部　61, 63, 70, 157
中小企業基盤整備機構　53, 55
中小企業基本法　1, 19, 66, 112
調整費用　223, 225, 228, 229, 239
治療効果（treatment effect）推定　283
テクノポリス法　271
TSRデータベース　138
TLO　60, 63, 157
トービット　282
特許生産性　27, 271

特許庁電子図書館　281
特許の出願性向　201, 203, 224
取引費用　5, 185, 223, 229

[な 行]

内生性　102, 193, 211, 283, 295
二変量プロビット　100, 238, 258, 260, 263
日本バイオインダストリー協会（JBA）　138, 160
日本版バイ・ドール　60, 157

[は 行]

バイオクラスター　272, 291, 293, 294
バイオテクノロジー（バイオ）　135, 136, 137, 149, 160, 275, 278
範囲の経済　5, 9, 85, 185, 201, 203, 215, 223, 275
被引用件数　281, 286, 288
費用分担　221, 222, 230, 231, 233, 236, 239
フォーマルな組織　221, 229, 230, 233, 236, 239
負の二項分析　200, 282
プロビット　31, 88, 200, 225, 258

[ま 行]

マイクロエレクトロニクス（ME）　136, 137, 149, 160
ものづくり　275, 278, 284, 291

[や 行]

融合化法　51, 52, 53

[ら 行]

ライフサイエンス　135, 136
リーダーシップ　54, 169
リカート・スケール　139
リスク・プレミアム　30
連携相手の選択　247, 248, 250, 258, 260, 265
連結の経済　175, 185
労働生産性　178, 179, 187

【著者略歴】

岡室 博之（おかむろ ひろゆき）
一橋大学大学院経済学研究科准教授、Ph.D.（ボン大学）
1962年大阪市生まれ。1984年一橋大学経済学部卒業、同大学院経済学研究科修士課程修了後、ドイツのボン大学に留学、1992年博士学位取得。1993年から一橋大学経済学部専任講師、1999年から現職。専門分野は産業組織論・企業経済学。日本中小企業学会理事、企業家研究フォーラム幹事・編集委員。

近年の主要業績：「取引関係とパフォーマンス」忽那憲治・安田武彦編著『日本の新規開業企業』（白桃書房、2005年、第5章）。「開業率の地域別格差は何によって決まるのか」橘木俊詔・安田武彦編著『企業の一生の経済学』（ナカニシヤ出版、2006年、第4章）。「存続・成長と地域特性」樋口美雄・村上義昭・鈴木正明・国民生活金融公庫総合研究所編著『新規開業企業の成長と撤退』（勁草書房、2007年、第3章）。"Determinants of Regional Variations in the Start-up Ratio: Evidence from Japan,"（小林伸生と共著）*Journal of Small Business Management* 44, 2006; "Determinants of successful R&D cooperation in Japanese small businesses: The impact of organizational and contractual characteristics," *Research Policy* 36, 2007; "How different are the regional factors of high-tech and low-tech start-ups? Evidence from Japanese manufacturing industries," *International Entrepreneurship and Management Journal* 4, 2008.

2009年7月31日　第1刷発行　〈検印省略〉

技術連携の経済分析
―中小企業の企業間共同研究開発と産学官連携―

　　　　　©著　者　　　　岡　室　博　之
　　　　　　発行者　　　　脇　坂　康　弘

　　　　　　発行所　　　株式会社　同　友　館
　　　　　　　　　　　　東京都文京区本郷6-16-2
　　　　　　　TEL：03(3813)3966　FAX：03(3818)2774
　　　　　　　　　URL：http://www.doyukan.co.jp

乱丁・落丁はお取替えいたします。　印刷：三美印刷／製本：東京美術紙工
ISBN 978-4-496-04575-2　　　　　　　　　　　　　　Printed in Japan